FIFTEEN LECTURES
ON ANCIENT
AND MEDIEVAL
PHILOSOPHY

古代
中世纪
哲学十五讲

吴天岳 / 著

U0369508

北京大学出版社
PEKING UNIVERSITY PRESS

目 录
CONTENTS

第九讲

奥古斯丁与波埃修论个体自由

哲学思考以追求永恒真理为己任，但哲学问题总是出现在具体的历史语境中。时代的变迁不仅改变着哲学家提问的内容，也塑造着它所特有的思考方式。但在所有历史分期中，"中世纪哲学"无疑是最不幸的，从这个名称诞生的那一刻开始，它就被包裹在重重偏见之中，甚至常常被毫无理由地视而不见。

无论西文还是中文，"中世纪"这个概念都带有强烈的贬义色彩。最早将"中世纪（media tempestas, medium aevum）"作为历史概念使用的，很可能是意大利人文学者弗拉维奥·比翁多（Flavio Biondo）。他在《罗马帝国衰亡以来诸历史时期》（*Historiarum ab inclinatione Romanorum imperii decades*）（图9.1）一书中，用"中世纪"来指410年哥特人洗劫罗马之后，到1442年意大利城市复

兴之间的历史。[1] 19 世纪法国的米什莱等文艺复兴研究者，不过是把中世纪的标志性事件换成了公元 475 年西罗马帝国的灭亡和 1453 年君士坦丁堡的陷落。始终未变的，是将这 1000 多年看作古典消亡和古典重生之间的中间时期，而且是一个漫长的黑暗年代。

图 9.1　比翁多《罗马帝国衰亡以来诸历史时期》抄本（1494 年），慕尼黑巴伐利亚州立图书馆。图上方引用贺拉斯的名句："缺乏智慧的力量会因自身的力量而崩溃。"这里显然是指晚期的罗马帝国。

中世纪人自己无意于以历史的方式讲述前人的哲学思考；文艺复兴时期的人文学者才热衷于让沉默已久的古代世界重新发声。所以，哲学史这门学科，尤其是古代哲学史的出现，很大程度上是人文主义者致力于让古典世界获得新生的结果，它是一个所谓文艺复兴的产物。[2] 反过来，人文主义者致力于重建古典世界的动机，使得他们在历史的书写中，专注于为人类思想史中的不同倾向提供一个统一的哲学图景。他们将这漫长的千年中前后差异巨大的哲学实践都放在一个框架下来解说；此外，人文主义者们关心的首先是拉丁世界的哲学传承，附带地会注意到拜占庭所继承的希腊哲学传统。

人文主义站在文艺复兴的"高地"上俯视中世纪，从历史书写者的当下立

[1]　Johannes Fried, *The Middle Ages*, translated by Peter Lewis, Cambridge, MA: Belknap, 2015, p. vii.

[2]　Eugenio Garin, *L'umanesimo italiano*, Bari, 1964, pp. 14-24, cited from Gregorio Piaia and Giovanni Santinello (eds.), *Models of the History of Philosophy*, Vol. 1, Dordrecht: Kluwer, 1993, pp. 4-5.

场回顾历史，这是一种所谓辉格派的史学，它显然不利于公正地呈现中世纪的历史。经过后世历史学家数百年的努力，人们才慢慢意识到中世纪远不是一个黑暗时期，这一时期在文化、艺术、宗教、政治等领域都有非常卓越的贡献。甚至可以说没有中世纪漫长的积累，近代文明是完全没有办法想象的，哲学也不例外。在进入色彩斑斓的中世纪哲学之前，有必要根据当代哲学史家的基本共识，对中世纪哲学的基本特征做一个简单描述。

一、什么是中世纪哲学？

1. 中世纪哲学的历史和地理边界

要回答"什么是中世纪哲学"，首先要给中世纪哲学划定一个清晰的历史和地理边界。暂且不论人文主义者对中世纪的历史分期是否恰当，哲学史的分期显然不能简单照搬历史分期。因为思想的发展，有时会有巨大的惯性。它在重大历史转折发生之后，仍然会以过去的方式延续。例如希腊化哲学延续到罗马帝国的早期，并没有随着希腊化作为一个历史时期的结束而结束，中世纪哲学也是如此。

我们这里追随阿兰·德利贝拉（Alain de Libera）、马仁邦（John Marenbon）等当代中世纪哲学史家的做法，采纳一个源自法国史学家勒高夫（Jacques Le Goff）的主张，认为存在一个更加漫长的中世纪。[1] 按照马仁邦的讲法，它向上延伸到公元 3 世纪古代晚期新柏拉图派思想的诞生和发展，向下延展到近代莱布尼茨。取这样一个漫长的历史分期，是因为典型的中世纪哲学思考和实践的方式并不是出现在西罗马帝国灭亡之后，同时也没有随着文艺复兴的兴起而消亡，甚至也没有随着笛卡尔的新方法的发明而退出历史舞台，而是一直延续到 17 世纪后期。[2] 在本书中，我基本沿用这一分期，但仍然将异教新柏拉图主义

---

[1] Jacques Le Goff, *Un long moyen âge*, Paris: Tallandier, 2006.

[2] 参见约翰·马仁邦：《中世纪哲学：历史与哲学导论》，吴天岳译，北京：北京大学出版社，2016 年，第 4—5 页。

传统划入古代晚期哲学，一是因为他们并不像其他中世纪哲学家那样在一神论语境中展开自己的哲学思考，二是因为他们仍然在延续希腊化以来的学派哲学传统，在学术建制上也不同于我们接下来要谈论的其他哲学家。不过，该时期已经出现了卓越的基督教背景的哲学家，如奥利金（Origen，约185—253年）、尼撒的格列高利（Gregory of Nyssa，约335—395年）。因此，公元3世纪至529年雅典学园关闭这段时期，是古代晚期哲学和中世纪早期哲学重叠的时期。

在拓展中世纪哲学历史边界的同时，当代学者也打破了拉丁基督教传统中心论的历史叙事，引入多元文化论，强调在这样一个漫长的历史时期中，不仅西欧基督教世界在推进来自古希腊罗马的哲学传统，在东方的拜占庭、在阿拉伯世界，这一古老的哲学传统同样在延续和发展。我们可以根据中世纪哲学家信仰和地域的不同，划分四个主要的哲学传统：

（1）用希腊语写作的拜占庭希腊传统；

（2）主要用阿拉伯语写作的阿拉伯传统——需要注意的是，除伊斯兰作家外，这个传统也包括当时的犹太作家、基督教聂斯托利派作家，他们在阿拉伯得到庇护，同时也在这里进行哲学翻译、写作和研究工作；

（3）以希伯来语写作的犹太希伯来传统；

（4）用拉丁语写作的西方传统。

略有遗憾的是，我们谈得最多的仍将是拉丁哲学传统，因为其他三个哲学传统还有大量文献用当代学者并不熟悉的古代语言写成，研究也还远远谈不上深入。所以，本讲以下的讨论还不能真正公正地对待这四个不同的传统。它主要反映当前中世纪哲学研究的现状。

中世纪的多元文化传统仍然具有一些共同特征，将它们同此前和此后的西方哲学区别开来，这里强调两点：

首先，该时期的哲学是在神学语境，尤其是亚伯拉罕宗教传统中展开的。犹太教、基督教、伊斯兰教都是一神论宗教，它们的基本信条和生活方式成为当时哲学反思的核心内容，而宗教信仰并没有妨碍哲学家们开展高质量的、富有原创性的哲学讨论。

其次，中世纪哲学是在庞大的希腊哲学遗产基础之上构建的。上述亚伯拉罕的宗教也被称作圣书的宗教，它们都以一部神圣经典作为信仰的起点和根基，因此神学家们也热衷于通过评述经典的方式来表达自己的主张。在哲学实践上，中世纪哲学家也采用类似的方式，通过评注经典文本来推进他们自己的思考。因此，中世纪不同于其他哲学传统的第二个共同特征，是将哲学反思建立在经典文本解释之上。这一点很早就被哲学史家注意到，但他们首先关注的是亚里士多德对于中世纪哲学的影响，把中世纪哲学家称为"亚里士多德的孩子们"。这种说法很大程度上也受到西方拉丁中心主义的影响，尤其强调13世纪以后的经院哲学很大程度上是在亚里士多德传统中展开的。当我们把视野拓展到四个不同的哲学传统时，就会发现这种说法的狭隘。甚至当我们回到拉丁传统自身

图 9.2　戈佐利《托马斯·阿奎那的胜利》蛋彩画（1471 年），卢浮宫。阿奎那在天堂与教会之间，他的身后是亚里士多德（左）和柏拉图（右），脚下则是阿拉伯哲学家阿维洛伊。这幅文艺复兴时期的作品虽然带着拉丁中心主义的偏见，但中世纪哲学的几个特征还算齐全。

更复杂的发展史中，也会发现这种说法是片面的（图 9.2）。此外，即使我们认为中世纪继承了亚里士多德的哲学研究进路，也必须提到其中新柏拉图派的贡献。新柏拉图派在某种意义上也可以看作新亚里士多德派，因为从波斐利起，

他们就开始评注亚里士多德的著作，把它作为哲学思考的新起点。而中世纪哲学的四个传统至少一开始，都是通过新柏拉图派的棱镜去接受和了解亚里士多德。只有在哲学发展相对成熟的时期，更为正统的亚里士多德派思想才进入他们的视野。因此，如果我们要强调中世纪哲学的共同哲学遗产的话，或许更应该把新柏拉图派和亚里士多德一起看作他们哲思的起点。

2. 中世纪哲学的历史演进

图 9.3 可以帮助我们了解将近 1500 年间中世纪四个不同哲学传统的演进。此处略微提示一些容易被忽略的历史时期和人物。

最下方是普通读者最为熟悉的拉丁传统，它可以追溯到像奥古斯丁这样的古代晚期教父作家，向后则延伸到苏亚雷斯（Suarez，1548—1617 年）、扎巴雷拉（Zabarella，1533—1589 年）等中世纪晚期、近代早期的经院哲学家，该时期也被称为经院哲学的"白银时代"，它使得阿奎那（Aquinas，1224 或 1225—1274 年）、司各托（Scotus，1265—1308 年）等人的经院哲学思考重新获得活力，成为当时大学讲授的主流哲学，直到 17 世纪末期才有所转变。

提到中世纪犹太传统，人们自然会想到迈蒙尼德（Maimonides，1138—1204 年）。这里要提醒的是，在他之前有萨阿迪亚（Saadya，882—942 年）、阿维森布朗（Avicebron，1021—1070 年）这样的哲学家；在他之后，也有格森尼德（Gersonides，1288—1344 年）、克雷斯卡（Crescas，1340—1410 年）这样一些有影响的作者仍在继续写作。

在阿拉伯传统中，图 9.3 用两个白框列出了斐洛珀诺斯（Philoponus，490—570 年）和塞尔吉乌斯（Sergius，殁于 536 年）。这两位并不用阿拉伯语写作，也不属于伊斯兰传统，但他们翻译和评注的希腊哲学著作，经过叙利亚语的中介，对阿拉伯世界产生了深远影响。我们后面会讲到铿迭（al-Kindi，801—873 年）和阿拉伯的翻译运动为后来的哲学发展奠定了基础，接下来是大家相对熟悉的法拉比（al-Farabi，870—950 年）、阿维森纳（伊本·西那 [Ibn Sina 或 Avicenna]，970—1037 年）、阿维洛伊（伊本·路世德 [Zbn Rushd 或 Averroes]，1126—1198 年）。但还有一些不容忽视的和伊斯兰信仰结合更紧密的宗教哲学家，如安萨里（al-Ghazali，1056—1111 年），苏赫拉瓦迪（Suhrawadi，1154—

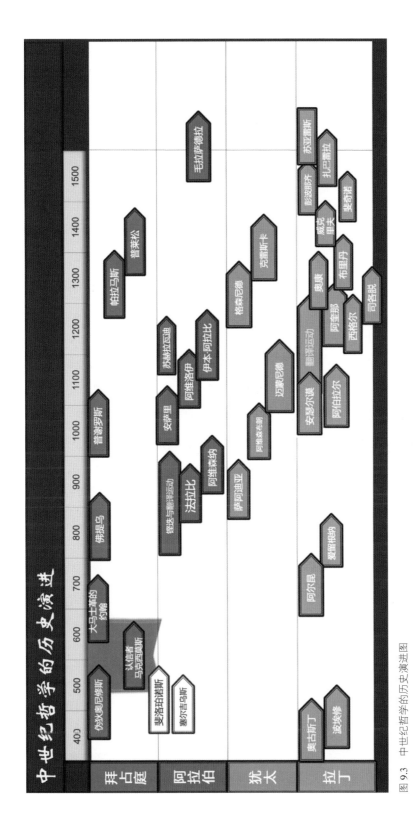

图 9.3 中世纪哲学的历史演进图

中世纪哲学的历史演进

	400	500	600	700	800	900	1000	1100	1200	1300	1400	1500
拜占庭		伪狄奥尼修斯	认信者马克西莫斯 大马士革的约翰		佛提乌		普谢罗斯			帕拉马斯 普莱松		毛拉萨德拉
阿拉伯		斐洛珀诺斯 塞尔吉乌斯			理译与翻译运动	法拉比 阿维森纳		安萨里 阿维洛伊 苏赫拉瓦迪 伊本·阿拉比				
犹太						萨阿迪亚	阿维森布朗	迈蒙尼德	格森尼德	克雷斯卡		
拉丁	奥古斯丁 波埃修			阿尔昆	爱留根纳		安瑟尔谟 阿伯拉尔	翻译运动 阿奎那 西格尔	奥康 布里丹 彭波那齐 司各脱	威克里夫	苏亚雷斯 扎巴雷拉 斐奇诺

1191年）、伊本·阿拉比（Ibn Arabi，1165—1240年）、中世纪晚期的毛拉萨德拉（Mulla Sadra，约1572—1641年）等。他们和伊斯兰神秘传统有着深刻渊源，但这不妨碍他们的哲学洞见值得关注。

拜占庭世界应该说是四大哲学传统中被关注最少的一个，因为大量著作仍藏于隐修院中，鲜为人知。在奥利金、尼撒的格列高利之后，值得关注的哲学家包括伪狄奥尼修斯（Pseudo-Dionysius，5世纪晚期、6世纪早期）、大马士革的约翰（John of Damascus，675—749年）等折中派哲学家。他们深受新柏拉图派影响，但也会引入亚里士多德和斯多亚派的主张，其著作不仅直接影响了拜占庭传统，也通过译本向拉丁世界渗透。拜占庭此后的哲学发展和理论贡献我们知之不多，这里只提到一些已经得到关注的名字：普谢罗斯（Psellos，1018—1078年）、神秘主义者帕拉马斯（Palamas，1296—1359年），还有对西方文艺复兴产生直接影响的普莱松（Plethon，1355—1452年）。

图9.3只是粗略展示四大哲学传统在漫长中世纪的发展。我们不难注意到，不同时期、不同地域哲学的发展是不均衡的，例如11、12世纪时阿拉伯世界汇聚了一批才华卓绝的哲学家，而13世纪翻译运动和经院哲学兴起后，拉丁世界则出现了一个群星璀璨的时代。

3. 中世纪哲学的实践与写作方式

中世纪哲学的独特性同样体现在其组织和传播方式上，而且四个哲学传统各有其特点。

（1）拉丁传统：教父哲学和黑暗时期，哲学思考的传播主要依赖思想家的个人魅力。要等到8世纪晚期，随着加洛林王朝的文艺复兴，才在亚琛出现了由阿尔昆（Alcuin，约732—804年）等人主导的宫廷学校，在接下来约一个世纪这里成为西方的学术中心。不过，中世纪拉丁哲学的繁荣要等到12世纪，一系列学术和教育机构的建立推进了哲学思考的广泛传播：12世纪主要是主教座堂学校，13世纪之后则是中世纪大学。哲学研究的中心首先出现在巴黎，随后是牛津、科隆以及德国的一些学校；到中世纪晚期，则扩展到整个欧洲。

13世纪之后的拉丁哲学常被称作"经院哲学（scholastic philosophy）"，或译"士林哲学"。它是一种非常典型的学院派哲学，讲读（lectio）和辩论

（disputatio）是它最基本的两种实践方式：一方面，中世纪的导师会通过对经典文本的评注或构造基本的论证，以讲授的方式展示他们的哲学思考；另一方面，他们在辩论中更多起到研究引导者的作用，让学生们直接进入哲思的现场，而他们所采用的研究方法也被称作辩证法（dialectica）（图 9.4）。在辩论中，参与者会展示正反两方不同的立场和基本的哲学论证，然后导师来对它们进行评价，给出他自己的论

图 9.4 托马斯·勒梅西耶《柳利著作精编》抄本（约 1321 年），卡尔斯鲁厄巴登州立图书馆。柳利（Ramon Llull，1232—1315 年）是中世纪最难归类的神秘思想家，曾数次到北非传教，与当地穆斯林论辩。图中呈现的是柳利（左）和他的追随者勒梅西耶引经据典（中间的书籍）、激烈辩论的场景。这些飘逸的对话框逐条展示各自的论点，堪称古早漫画。

证，并解释其中的疑难。出色的经院哲学家，并不像古早的哲学教科书臆想的那样，只是在正反两种立场间简单地给一个折中方案，而是真正深入问题本身，平衡不同的论证和证据，考察它们各自的效力，探寻新的解释可能性。中世纪经院哲学家们的努力，无疑为近代以来的学院哲学奠定了根基。

（2）拜占庭传统：同为基督教世界，拜占庭的哲学发展则有所不同。当地并没有与主教座堂学校或大学相似的教育机构，哲学的传承更多依托隐修院的图书馆这样的宗教文化机构，所以很多拜占庭哲学家都是隐修士。此外，拜占庭帝国长期中央集权，它对思想的控制显然要胜过其他几个哲学传统。至少从当前掌握的材料来看，中世纪拜占庭的哲学活力不如其他几个地区。

（3）阿拉伯传统：与拜占庭不同，中世纪伊斯兰世界存在大大小小的宫廷，长期处于混战之中。哲学家们往往依附不同的宫廷，伟大如阿维森纳也不得不在不

图 9.5 《哈利里玛卡梅集》抄本（1236—1237 年），法国国家图书馆。图中描绘的是主人公艾布·宰德与学者们在巴士拉图书馆中的场景。

同的宫廷中飘零，阿维洛伊也长期在宫廷任职。伊斯兰的统治者乐意为依附他们的知识分子建立图书馆等文化机构，以供研究和讲学之用（图9.5）。其中最著名的无疑是巴格达的"智慧宫（House of Wisdom）"，它搜罗诸多善本书籍，招揽各方学者，成为阿拉伯翻译运动的中心。伊斯兰世界的哲学文化总体而言高度精英化和圈子化，在铿迭、法拉比、阿维森纳等核心人物周围形成小的学圈以传播其思想，并没有使哲学事业制度化，以形成稳定的高等教育和学术机构。

（4）犹太传统：相对来说，中世纪犹太哲学的圈子和影响都要小一些，毕竟犹太社区人数有限。犹太哲学的一个重要特点是，他们的哲学领袖往往也是当地犹太社区的领袖。以迈蒙尼德为代表的犹太哲学家的著作因此涉及两个方面的内容：一是延续世俗的哲学思考，二是深入自己的宗教实践。这一点也体现在部分伊斯兰哲学家身上。我们之前提到的安萨里和阿维洛伊，都曾担任伊斯兰教法官。

总而言之，中世纪的哲学实践非常多样化，四大传统有着各自的发展进路，而一个传统内部也绝非整齐划一。例如拉丁传统在经院哲学之外，还有学院外的哲学，如德国的莱茵神秘主义传统，包括宾根的希尔德加德（Hildegard von Bingen，1098—1179 年）（图9.6）、大师埃克哈特（约 1260—1328 年）等推崇的神秘派哲学思考。

中世纪哲学家采用的写作文体也比我们要丰富得多。今天的哲学思考主要通过专著和论文来呈现，最多再加上少量教材和哲普著作。近代以前的哲学家有着更为多样的选择。

（1）首先，和我们提到的中世纪哲学的共同特征有关，不同传统的哲学家都热衷于以**评注**的文体传承他们共同的一神论信仰和希腊哲学遗产。评注的对象，可以是圣书，也可以是亚里士多德和新柏拉图派的著作。在拉丁传统中，还有一部特殊的神学文集，即 12 世纪彼得·隆巴德编纂的《箴言集》。该书以主题的方式收集中世纪早期基督教神学家的主张，它们往往包含着理论上的冲突，其中奥古斯丁是最受关注的一位。《箴言集》在 13 世纪时成为大学基础教材，大阿尔伯特、阿奎那、司各托、奥康等一批哲学家，都为《箴言集》写过评注，因为讲解《箴言集》是他们拿到教席必须要完成的工作。

图 9.6　宾根的希尔德加德《识途》，原抄本二战期间失踪，此图出自 20 世纪 30 年代复刻本。希尔德加德领受神视（visio），将之绘于蜡板。

（2）另一个值得关注的文体是**问答体**，它首先同拉丁传统的论辩实践紧密相关。中世纪大学的论辩主要有两种，一种是给定题目的专题论辩，例如阿奎那的《论真理》《论恶》《论权能》等；另一种是即席论辩，参加讨论的任何人都可以针对任何问题要求与主持者展开论辩。值得一提的是，不仅专门的论辩整理成书后会采用问答体的写作方式，甚至像阿奎那的《神学大全》，它的微观结构也是以问答方式展开的，有的哲学评注也是如此。

（3）不过《神学大全》宏观上是一种独立的文体，即**大全**。它尝试用一种系统化的方式展示哲学思考。这种无所不包的百科全书式写作方式，其代表人物首推阿维森纳，他的巨著《论治疗》堪称哲学大全。阿奎那还有一部《反异教大全》，大阿尔伯特、根特的亨利等也有自己的《神学大全》。

（4）接下来是当代读者更熟悉的**专论**，它围绕特定的主题进行深入论述，

图 9.7　《阿维森纳、雄鹰与蟾蜍》，出自 Michael Maier, *Symbola Aureae Mensae Duodecim Nationum*, Frankfurt: typis Antonij Hummij, 1617, p. 192。阿维森纳撰有书信体作品《鸟之吟唱》，以隐喻的方式描述追求真知的过程，其中写道："在鸟儿们的腿上有陷阱的残余，这些陷阱没有阻碍它们，使它们无法逃脱，但也没有完全释放它们，使生活变得甜蜜。"（原图意在展示作为炼金术大师的阿维森纳，与此书无关）

尤其出现在论战性的著作中。在拉丁传统中，从古代晚期的奥古斯丁，到经院盛期的阿奎那、司各脱，到文艺复兴时期的彭波那齐，一直有犀利的专论面世。犹太作家也非常喜欢这种写作形式。

（5）古代读者已经熟悉的**对话录**，在教父作家中很受欢迎，奥古斯丁早年的著作有时被称作他的《哲学对话录》。拜占庭的一些作家也乐于延续这种希腊传统。到了 11 世纪末，深受奥古斯丁影响的安瑟尔谟也用对话的方式写作，文艺复兴时期的人文主义者则以此文体来表达他们的复古姿态。此外，还有箴言集、独语录、隐喻、辩谬等一些相对少见的文体，就不再一一介绍了（图 9.7）。[1]

无论我们如何评价中世纪哲学的成就，以上关于中世纪哲学浮光掠影的描述足以表明，在 1500 余年的漫长岁月中，哲学以非常丰富的形态在不同文化传统中生长。宗教信仰的引入确实改变了哲学的基本语境，但并不见得就因此阻碍了哲学的发展。

---

[1]　详见 Eileen Sweeney, "Literary Forms of Medieval Philosophy," *SEP*, URL = 〈https://plato.stanford.edu/archives/sum2019/entries/medieval-literary/〉。

二、奥古斯丁：神学语境中的哲学

本讲以奥古斯丁和波埃修为例，深入考察哲学思考在一神论信仰引入之后发生的变化。首先要展示的是，奥古斯丁的哲学在什么意义上延续了古代的哲学传统，又在什么意义上改变了哲学发展的方向，以至于像哈尔纳克、雅斯贝尔斯、查尔斯·泰勒等不同背景的思想史家们都把他称为第一个现代人。

1. "非洲哲学家" 奥古斯丁

奥古斯丁，公元354年出生于塔加斯特（Thagaste），今阿尔及利亚境内。把他称作一个"非洲的哲学家"，不仅仅因为他出生于此，而且因为他的后半生也扎根于此。他的思想深受当地政治、宗教和文化的影响。

按奥古斯丁在《忏悔录》里的自述，他年轻时并不是特别勤奋的学生，尤其对希腊文化传统没多大兴趣（图9.8）。不过，他对拉丁文学倒是非常痴迷。他的母亲莫妮卡是虔诚的基督徒，父亲在临终时也接受了基督教信仰，但他早年对基督教所知甚少，直到19岁时读到西塞罗的《荷尔顿西乌斯》（*Hortensius*）。这是一部劝勉人

图9.8 尼科洛·迪彼得罗《莫妮卡送奥古斯丁上学》蛋彩画（1413—1415年），梵蒂冈博物馆。"我童年不欢喜读书，并且恨别人强迫我读书；但我仍受到强迫，这为我是好的，而我并不好好地做·不受强迫，我便不读书。"（《忏悔录》1.12.19）[1]

---

[1] 该书引文参考周士良译本，偶有改动，下不另注。

们研究哲学的对话录，今已失传。受此书的感染，奥古斯丁开始对哲学产生浓厚兴趣。但更让青年奥古斯丁着迷的是摩尼教。摩尼教当时还是基督教的一个异端，受到传统的诺斯替教和更早的拜火教思想影响。

将近 30 岁时，奥古斯丁离开家乡北非前往意大利，在米兰谋得一个修辞学教职——修辞在奥古斯丁自己的写作和哲学思考中有决定性的影响。奥古斯丁在米兰和当地的知识界建立了紧密联系。尤其值得一提的是，他通过维克托里努斯（Victorinus，290—364 年）的拉丁译文，深入了解了新柏拉图派的宇宙论和形而上学体系，这引导奥古斯丁重新阅读《圣经》。之前他受摩尼教的影响，在读到《旧约》时遇到很大困难，尤其是对于恶的起源，他也满足于摩尼教的宇宙论解释，拒绝正统的大公教会的说法。

到了 386 年，奥古斯丁年近 32 岁时，新柏拉图派的影响，还有《圣安东尼传》《保罗书信》等宗教著作，最终促成了他思想的一个根本性转变，这也就是他在《忏悔录》第七、八卷中详细描述的心灵皈依的过程，这是他精神生命的一个决定性转折（图 9.9）。

奥古斯丁皈依基督教之后就退隐卡西齐亚根（Cassiciacum），并开始大量写作。他早年有一部题为《论美》的著作，但未能流传。我们今天读到的奥古斯丁著作都在 386 年以后完成。在卡西齐亚根期间

图 9.9　瓜里恩托·迪阿尔皮《奥古斯丁的神视》湿壁画（14 世纪），帕多瓦隐修教堂。图中描绘了奥古斯丁在米兰花园中突然决定皈依的心灵转变："突然我听见从邻近一所屋中传来一个孩子的声音——我分不清是男孩子或女孩子的声音——反复唱着：'拿着，读吧！拿着，读吧！'……我急忙回到阿利比乌斯坐的地方，因为我起身时，把使徒的书信集留在那里。我抓到手中，翻开来，默默读着我最先看到的一章：'不可狂宴豪饮，不可淫乱放荡，不可争斗嫉妒；但该穿上主耶稣基督；不应只挂念肉性的事，以满足私欲。'"（《忏悔录》8.12.29）

他写了不少哲学对话录，例如《驳学园派》《论美好生活》《独语录》《论自由决定》《论秩序》等。

390年，奥古斯丁回到北非，次年被强迫祝圣，接受神职成为神父。他当时接受基督教信仰，并决定摒弃世俗生活做个隐修士，一开始并没有想要接受神职，成为一个需要照管堂区普通信徒的神职人员。但事与愿违。395或396年，他再次违背自己的意愿被当地热情的信众选为希波主教（图9.10），他也因此需要承担更多牧灵的责任，需要布道、反驳异端和照管信众的灵修生活。

大家相对熟悉的奥古斯丁大部头著作，都是在他接受主教职之后完成的，包括《忏悔录》《三一论》《〈创世纪〉字义解》《上帝之城》等。在成为希波主

图9.10　奥古斯丁大师《希波的圣奥古斯丁生平》油画（约1490年），纽约大都会艺术博物馆。图中包含五个场景：左上奥古斯丁接受神职；左下他在母亲莫妮卡前布道；画面中央是接受主教职；右上一个神秘孩童向奥古斯丁启示：解释三位一体的奥秘，如同将整个大海填到一个沙坑中；右下奥古斯丁教导他的信众。

教之后，奥古斯丁还卷入很多论战，例如同多纳图斯派的论战。不过，从哲学史角度来看，更重要的是他跟裴拉基派（Pelagians）的论战。裴拉基派回到奥古斯丁早期的《论自由决定》，强调人有拒绝上帝恩典的自由，人的得救不仅是神意的安排，也包含着人通过自由决定做出的独立贡献。奥古斯丁在对他们的反驳中强调了恩典的决定性作用以及人与生俱来的原罪。尽管原罪说也可以追溯到奥古斯丁早期的思想，但晚年的奥古斯丁显然需要更有力的论证，以便在罪和恩典的背景下辩护人的自由。

430 年，奥古斯丁在希波去世，此时的西罗马帝国已经风雨飘摇。他所生活的古代晚期世界马上就要面临崩解。

2. 奥古斯丁的神学概念

奥古斯丁浓墨重彩的一生中，除了早期的哲学对话录之外，他最重要的理论贡献还是在神学领域（图 9.11）。他的哲学洞见，更多地散落于《三一论》《上帝之城》这样的神学著作中，而且篇幅有限。但就像当代哲学家和神学家马里翁等已经注意到的，即使在奥古斯丁这里，当我们将他的著作归于神学范畴时，也需要小心他的神学思考不同于中世纪以来的经院神学传统，也

图 9.11　奥古斯丁《上帝之城》抄本（1450 年），切塞纳马拉泰斯塔图书馆。奥古斯丁在一间罗马古典风格的小屋中哲思，但他的目光望向的是天上的耶路撒冷或教会，在它们之间是代表着基督圣体圣血的圣杯。未来的天国是他一切反思的根本目标，而神学也是他思考的底色。

376

古代中世纪哲学十五讲（下）

不同于我们之前提到的作为一门特殊形而上学的神学。[1] 因此，当我们要去了解一种神学背景下的哲学时，可能先要澄清这里的神学究竟指什么。

奥古斯丁曾引述博学的罗马作家瓦罗（Varro，前116—前27年）的定义，把神学界定为有关神性的理论思考或理性谈论。瓦罗进一步将传统的神学区分为三个类别：神话神学、自然神学和公民神学。其中，神话神学指诗人和文学家的神话故事；公民神学则是普通民众对于众神和日常生活关联的思考，即一种民间宗教信仰或宗教谈论。显然，只有自然神学才适合哲学家。[2]

需要注意的是，瓦罗所说的自然神学不同于后世的自然神学。后者与启示神学相对，指不依赖《圣经》及其神圣启示，单纯凭借自然理性和日常经验谈论神圣的存在者及其本性的学问。这里的"自然"指自然理性。而瓦罗所说的则是关于神的自然本性的反思，这里的"自然"指自然界。它将神看作自然的一部分，并追问一个很基本的问题：神是否存在？如果答案是肯定的，那么他是何种存在，归于哪个属？他有什么特性？他是赫拉克利特的火、毕达哥拉斯的数，还是伊壁鸠鲁派的原子？

在《上帝之城》第八卷中，奥古斯丁列出古代哲学神学的基本立场。在比较权衡之后，他认为柏拉图及其追随者的哲学反思最为贴近基督教真理，但仍然是通过世界的构成要素或世俗原理（elementa mundi），而不是根据世界的创造者来谈论上帝。[3] 奥古斯丁在此刻意与传统哲学神学——特别是柏拉图派的神学——或瓦罗所说的自然神学的立场划清了界限。他坚持把对上帝的言谈放在启示宗教的背景中，就像我们在上面的细密画（图9.11）中所看到的那样。

3. 奥古斯丁的哲学概念：自我作为哲学问题

奥古斯丁对于神学概念的审慎态度也提醒并敦促我们反思"哲学"这个词在其整个思想中的意义，尤其要小心避免当下主义史学的时代错乱。

奥古斯丁和哲学的相遇，按他自己在《忏悔录》中的交代，始于阅读西塞罗

---

[1]　Jean-Luc Marion, *In the Self's Place: The Approach of Saint Augustine,* translated by Jeffrey L. Kosky, Stanford: Stanford University Press, 2012, p. 7.

[2]　奥古斯丁：《上帝之城》6.5。

[3]　同上书，8.10。

的《荷尔顿西乌斯》。西塞罗劝诫他的读者，只有哲学家才能断定我们所持有的意见的真假。同时，也只有通过拥抱永恒不朽的智慧（sophia），我们才有可能获得幸福生活。[1]

西塞罗的著作不仅点燃了奥古斯丁对哲学的热情，也唤醒了他儿时接受的基督教教育——他开始阅读《圣经》。不过，这热情很快就因《旧约》里难以理解的神话而受挫。此外，当时流行的《圣经》拉丁译本（Vetus Latina），还没经过哲罗姆这样出色的文体学家修饰，它的语言是粗鄙的。受过良好古典拉丁教育的奥古斯丁很排斥这种用通俗语言翻译的经典（图 9.12）。他对基督信仰的热情很快就消散了。

尽管如此，有两点值得注意：一是西塞罗著作的鲜明实践导向，它跟希腊化哲学的整体风向联系在一起；二是它将哲学首先呈现为一种爱的方式（或生活方式），即爱智慧，但智慧在这里首先指向的，并非某种确定的知识甚至不是真理，而是美好生活的实现。当然，奥古斯丁后来思想的发展，受到柏拉图派影响，非常明确地把人所能达至的至善界定为神，把真正的智慧等同于上帝。在他看来，一个人只有爱上帝才是真正的哲学家。[2]

奥古斯丁在

图 9.12 扬·范斯科雷尔《奥古斯丁祭坛画》（局部），耶路撒冷斯提凡教堂。奥古斯丁不顾莫妮卡的苦苦挽留，毅然前往意大利教授修辞学。对修辞的迷恋在奥古斯丁的思想和写作中留下了深刻的印记。

[1] 奥古斯丁：《忏悔录》3.4.7。
[2] 奥古斯丁：《上帝之城》8.8。

早年完成的《论美好生活》（De beata vita）一开篇，就对哲学给出了非常清晰的定位，强调它和幸福的内在关联：只有从哲学的港口出发，我们才能前往美好生活的国度。[1] 和他的古代哲学先辈一样，奥古斯丁将美好生活看作人的生命最为完善的方式，同时也是哲学思考和实践所指向的最终目标。拉丁语"beata vita"和希腊语"eudaimonia"一样，它们都暗含着与超越尘世的神祇的关联。"eudaimonia"意味着命运守护神的眷顾，而"beata vita"字面上指的就是蒙神祝福的生活（blessed life），这里的被动态暗示了幸福生活中不能由人完全掌控的因素。因此，在有关美好生活的讨论中，古代哲人不仅强调个人自身的理性活动和伦理美德是幸福实现的必要条件，而且需要解释如何应对不可控的运气要素（图9.13）。

图 9.13　奥古斯丁《上帝之城》抄本（约 1475 年），海牙荷兰皇家图书馆。前景中的幸福女神（Félicité）独处于"密闭花园"中，它是我们孜孜以求的目标。背景深处蒙眼的运气女神（Fortuna）则被拒之于花园之外，她手里转动的正是命运之轮，上一刻你可能还身居高位冠冕堂皇，下一刻就可能沦为奴隶被万众践踏。

要理解运气对伦理生活的重要性，至少有两个因素值得关注：首先，人的生活不是自足的，即使是人的理性自身也不是生来就可以成为现实的活动，而

[1]　奥古斯丁：《论美好生活》1.1。

仅仅是一种潜能——更不必说其他和身体紧密相关的官能，例如欲望和感知；其次，在传统的古代宗教中，就像柏拉图所抱怨的那样，诸神的行为难以理喻，甚至是自相矛盾的；如果诸神的意志同样能够施行在人世，那么它的变化莫测，就成为美好生活不确定性的一个重要来源。

同柏拉图和希腊化时期的哲学家们一样，奥古斯丁很大程度上需要通过哲学来对抗运气的不确定性。他试图证明爱智慧这种生活方式能够保证美好生活的实现。而基督教因素的引入使得这一需要更加迫切：因为爱智慧也就是爱上帝，如果对上帝的信仰不能保证人的救赎或美好生活的实现，信仰也就失去了意义。

当然，要证明哲学和信仰紧密相关的价值或意义并不容易。我们需要说明：（1）哲学实践和美好生活在概念上的关联，即哲思如何使我们的生活不受运气或纯粹偶然性的左右；（2）对基督教上帝的信仰和哲学对智慧的追求为什么是一致的。

奥古斯丁首先强调：美好生活是人就其本性而言可以获得的至善，它的一个重要特征就是不可能违背人的意愿而被夺走，否则的话，这种可能性所带来的不安全感或恐惧本身就会使人不幸，或表明人所拥有的并非至善。[1] 这意味着，能毁掉美好生活的只是我们的意愿。反过来，只要我们意愿，就能在其他善好实现的前提下享受美好生活，这也说明了一个幸福的人必然是自足的，不受运气和其他偶然因素的左右。显然，财富、荣誉，甚至快乐，这些善好都可以违背我们的意愿，随着我们身体、社会地位的改变而被夺走，它们因此也不能成为人的幸福所在。

与此同时，人所能获得的至善也应当是恒久的。因为一个可以朽坏的善好会带来这样的恐惧：它在时间上会走向终结，当下拥有的美好将会消失。这会进一步产生如下后果：首先，我们至少可以设想一个比这个可朽坏的美好生活更伟大的善存在；其次，恐惧会破坏内心的平静，使我们无法进入万物皆备于我、不受我意愿之外因素左右的理想生活状态。

当然，我们可以追问奥古斯丁：真的存在不可朽坏的、最高的善吗？人真

---

[1] 奥古斯丁：《上帝之城》14.25。

的有可能实现万物皆备于我的理想状态吗？奥古斯丁并没有直面涉及美好生活或至善现实性的问题，而是直接断言人可以获得的至善就应该是永恒的；构成美好生活的基础，也应当是永恒不朽的。因为可以朽坏的东西，远远不如不朽之物，而且它们毫无例外地可以违背我们的意愿被夺走。与此相反，上帝作为不可朽坏的神圣存在，只要我们愿意，任何东西都不能将他从我们的信仰中夺走，都不能使上帝不再成为我们所爱的对象。因此，只有那些真正通过认识上帝和爱上帝而拥有上帝的人才是幸福的。[1]

以上论证尽管有其内在理论困难，但它清楚地指明，为什么奥古斯丁认为哲学作为美好生活的基础，会把我们指向将上帝作为不朽存在者的反思。他常常说：

> 哲学的问题，有两重含义，一关乎灵魂，一关乎上帝。[2]

奥古斯丁也因此一再强调，他想知道的只是上帝和灵魂。[3] 不过，沉思上帝和灵魂，并非两个独立活动。我们通达灵魂本性的唯一途径就是内省（introspection）或自我反思。而在奥古斯丁看来，"认识你自己"和"认识上帝"，都是实现美好生活必由的心灵路径。他还延续新柏拉图派的思路，认为灵魂只是上帝的肖像，认识上帝因此就是更好地认识自我。他也因此强调哲学反思要有两个转向，一是向内的转向，从对外在事物的思考转向内在的自我；二是向上的转向，从我们的灵魂转向比它更高的存在者。而它们的实质都是更好地认识"我是什么"，也因此在真正的内省活动中合为一体。奥古斯丁在此明确突出第一人称视角，强调自我成了不解之谜，而且是一切理论和实践问题的根源。[4] 值得强调的是，与普罗提诺等古代哲学家谈及主体性问题时习惯使用复数的"我们"不同，奥古斯丁毫不避讳地通篇使用单数的"我"，将"我是什么"看作哲学反思必须解决的首要难题。

由此可见，奥古斯丁之所以不明确区分哲学和神学，反而把真正的宗教

---

[1]　奥古斯丁：《论美好生活》11。

[2]　奥古斯丁：《论秩序》2.18.47。

[3]　奥古斯丁：《独语录》1.2.7。

[4]　奥古斯丁：《忏悔录》7.10.16; 10.6.9; 10.33.50。

图 9.14 奥古斯丁《上帝之城》抄本（约 1475 年），南特市立图书馆。奥古斯丁认为，斯多亚派宣称他们的美德能使自己免于不幸，但在某些极端情境却用自绝的方式来追求幸福。这样的自大让他们不惜违背他们赞扬的自我保存的自然冲动，意识不到只有谦卑才能指向救赎和永恒的幸福。（19.4）

等同于真正的哲学，是因为在他看来：对于人来说，无论对智慧的追求，还是有关神性的理性谈论，它们共同指向个体自我理想生活的实现。换句话说，对神的本性的认识，被内在地包含在哲学的定义中。

当然，就像要和传统的自然神学划清界限一样，奥古斯丁在谈论美好生活时，也非常警惕古代哲学家的传统立场。他认为异教哲学家最大的问题，在于他们的自大或自以为是（superbia）（图9.14）。这是一个极其严厉的批评，因为"自大"被奥古斯丁看作一切罪恶的根源，是撒旦和亚当最初背叛的表现。在他看来，包括柏拉图派在内的哲学家们都否认救赎的历史和道成肉身的意义；或者像斯多亚派那样，认为人们可以单凭自己的美德通达幸福，这些都是对美好生活的错误解读。显然，神学语境的出现要求奥古斯丁在继承传统幸福论的同时，重新思考其形而上学根基，尤其是自我作为伦理行动者的存在根基和价值源泉。[1]

---

[1] 参见奥古斯丁：《上帝之城》12.14；19.4。

4. 奥古斯丁的内省概念与怀疑论

我们从哲学与美好生活的内在关联出发，揭示出自我之为实践哲学反思的核心，而内省则是通达自我本性的通道。内省的哲学意义还不止于此，它同时为奥古斯丁在理论哲学的探索中拒斥古代怀疑论指明了方向。

（1）奥古斯丁首先重构了怀疑论的问题。古代怀疑论主要关心的是真值的断定，而不是知识的获取，或如何通过得到辩护的信念来达到确定的知识，后者属于近代怀疑论的问题。而奥古斯丁在古代怀疑论到近代怀疑论的转化中起了关键作用，他认为这里最重要的问题，不是真值的断定，而是知识本身，特别是关于上帝和自我的知识。前面有关美好生活的讨论已经表明，这样一种知识，不仅是理论的要求，而且是追求美好生活的实践要求。因为问题的关键就在于我们是否**有可能**真正获得关于上帝的知识，获得关于神圣存在者确定的、不可错的、可以得到辩护的真信念。

（2）与笛卡尔相似，奥古斯丁也采取了一定意义上的普遍怀疑，去找寻一个不能再被怀疑的立场。他也因此引入一系列怀疑论论证，不过目的不是要悬置判断，而是要指出什么样的论断才是确定无疑的知识。更有意思的是，他在《三一论》《上帝之城》，甚至早期的《论自由决定》中，都给出了一个被称为"我错故我在（si enim fallor, sum）"的著名论证来反驳怀疑论。[1]

和笛卡尔的"我思故我在"一样，奥古斯丁的论证同样从第一人称视角出发：我在怀疑论论证中进行质疑，我在探寻幸福的旅程中反躬自省，在这些心灵活动中我都会犯错；但是，即使在我犯错时，我作为一个能犯错的认知者的存在，其本身是不能被质疑的。这个论证在拉丁语里修辞效果会更强，因为"fallor"有被动的含义，它指的不仅是"我犯错"，而且是"我被骗了"。这就意味着，我在做出错误的认知判断因而受到欺骗时，我作为受骗者仍然是存在的。奥古斯丁因此认为，如果我们可以通达这种自我指涉的知识——"我被骗了"或"我在反省自身"——那么，我们就可以通过内省确认"我作为内省者的存在"。

需要强调的是：（a）这个论证和之前的讨论一样，并不局限在知识论的领

---

[1]　奥古斯丁：《论自由决定》2.3.7；《三一论》15.12.21；《上帝之城》11.26。

域。奥古斯丁认为，在内省中，我不仅意识到，我作为一个认知者的存在；同时也意识到了"我**想要**知道我自己"，也就是说意识到了我作为一个有意愿的人、作为一个爱者的存在；（b）"我作为认知者（或爱者）存在"这种自我指涉的知识，确实是在第一人称视角下实现的，是他人不能通达的。和笛卡尔一样，奥古斯丁的"我错故我在"论证也会遭遇所谓"他心问题"，即如何断定其他与我相似的心灵的存在。不过，奥古斯丁认为，我们可以获得的知识不局限于自我指涉的知识。我们还可以由此出发，去获得关于形式的、逻辑的、数学结构的知识，甚至还有以柏拉图式的理念或者形式为根基的知识。不过，与"我思故我在"在笛卡尔哲学理论中的基础性地位不同，对于奥古斯丁来说，"我错故我在"只是一个回应怀疑论的雄辩反驳，他并不打算把整个哲学体系都构建在这样一个自我反思之上。[1]

奥古斯丁在知识论上的贡献当然不止于对怀疑论者的反驳，对中世纪哲学影响更为深远的是他的光照说。该学说强调我们的认知和作为绝对认知者的上帝之间的直接关联，我将结合阿奎那的认识论来比较论述。[2]

三、奥古斯丁论恶的起源

在对奥古斯丁的哲学理念有初步了解之后，我们接下来通过贯穿奥古斯丁哲学思想的一个核心论题，来具体说明对上帝的认识和对人的灵魂的质询如何有机地结合在他的理性反思中，而这又如何推动他在新的语境中，拓展对于人性自身的理性考量。我们既会看到他对希腊化以来哲学的继承和发展，更将见证他在新的视野中开拓的哲学洞见。

"恶从何而来？"这是奥古斯丁从青年时代就为之困惑的问题。这不仅是因为恶的存在——无论是道德的恶，还是自然的恶——构成了美好生活的最大危

---

[1] 此处参考 Christian Tornau, "Saint Augustine," *SEP* (Summer 2020 Edition), URL=〈https://plato.stanford.edu/archives/sum2020/entries/augustine/〉。

[2] 见本书 12.4.1。

险，而且是因为在有神论框架下，恶的起源问题也构成了神正论（Theodicy）的问题：一个至善的全能的上帝，如何能与恶共存？其中的两难在于：如果恶最终起源于上帝，那上帝如何还是至善的？而如果恶不起源于上帝，一个全知全能全善的上帝，如何能够容忍恶的存在？

前面已经提到，神正论的问题，虽然在一神教的语境中成为关注的核心，但它可以上溯到柏拉图派的哲学传统，尤其是柏拉图本人在《蒂迈欧篇》中关于世界形成的神话，其中将恶解释为出于偶然事件和不规则运动的本体论缺陷。[1] 有意思的是，奥古斯丁虽然很有可能读过西塞罗翻译的《蒂迈欧篇》以及卡尔西迪乌斯的评注，但首先为他解决恶的起源难题的，是当时非常流行的摩尼教。

1. 摩尼教的二元论解释

初始的摩尼教可以看作基督教的一个非正统派别。他们接受《新约》中的信仰，相信上帝至善，但并不认为上帝是世界唯一的创造者；同时也不认为上帝是全能的。因为他们强调上帝能抵御恶，但没有强大到可以击溃它。

摩尼教的宇宙论，可以用**二宗三际论**来概括（图9.15）。所谓二宗，指明暗二宗，亦称善恶二宗。他们认为世界由

图9.15 《摩尼教宇宙图》绢布彩绘（13—14世纪），日本私人收藏。此画起源于元朝，画面顶端为明界，中部如肋骨般的是十重天，下方是以须弥山为中心的凡间，最底部可能是地狱。

---

[1] 见本书8.4.1。

两种基本物质实体构成：一宗为善、为光明、为上帝，另一宗为恶、为黑暗、为魔鬼。这是一种二元论思想，但并非物质和精神的二元论，而是一种唯物论内部的善恶二元论。所谓**三际**，指的是世界发展的三个不同阶段：初际、中际和后际。初际，天地未分，但明和暗分开，上帝和黑暗并不相混；中际，黑暗侵入光明，光明和黑暗斗争，这也正是我们生活的时代；后际，明暗会重新分开，但暗不会消失，它仍然会作为另外一个本原制约着世界的存在。

根据奥古斯丁的理解，在摩尼教二元论宇宙图景中，人由灵魂和身体构成，实际上就是由明和暗两部分构成；而人本身就构成了中际世界善恶交战的战场，即灵魂和身体的斗争。摩尼教也持一种灵肉二元论，尽管它所谈论的灵魂作为上帝的光的一部分、一个碎片，仍然是一种物质，一种更加精微的、像光线一样的物质，但同时和由污秽之物构成的身体形成善恶对立的关系。

对于年轻的奥古斯丁来说，摩尼教对恶的来源的解答简单明快：在上帝之外，这世界还有一个黑暗本原，它是恶的最终来源。而恶最明显的体现，就是我们所依托的源自秽土的身体。和《蒂迈欧篇》一样，奥古斯丁也将外在于真正自我的身体看作恶的来源。[1]

摩尼教摆脱邪恶获得救赎的方式分两种：一种强调通过苦修的方式摆脱身体的束缚，从而使灵魂破碎的光返回光的本原中；另一种则干脆纵情声色，因为身体实际上来自黑暗本原，并不属于我们自己，任其放纵又有何碍。摩尼教的灵肉二元论使得它的实践呈现出一种相互抵牾的图景。[2]

奥古斯丁逐渐意识到，摩尼教的解释虽然看起来简洁明快，但它至少有两个巨大的理论代价：一是将上帝看作物质的和有限的，受到暗的本原的限制；二是对于道德的恶并没有恰当的解释，所以在实践上才会产生苦修和纵欲两种极端派别的对立。其中的关键在于，他们没有意识到人的真正自我亦即灵魂同样需要为自身的恶承担责任，而不仅仅是将其归之于外在的身体。因此，摩尼教的主张，和正统基督教传统关于罪和人的罪责的教义存在严重冲突，也和至善全能的上帝所创造的人的形象存在冲突。

---

[1]　奥古斯丁：《忏悔录》5.10.18-11.21；《大公教会之路与摩尼教之路》2.15.36-37。

[2]　参见《大公教会之路与摩尼教之路》2.19.67ff.

2. 奥古斯丁论恶与虚无

奥古斯丁逐渐不满于摩尼教粗糙的神话。他在米兰期间通过某个世俗哲学家，开始接触到一些柏拉图派的著作，这里面可能既有普罗提诺，也有波斐利的著作。

从上一讲的讨论可知，在柏拉图派著作中，奥古斯丁可以读到两种关于恶的起源的解释：一种认为恶来源于质料，另一种则认为恶来源于人类灵魂自身的决定。当然，这两种解释并不是完全分离的。柏拉图和普罗提诺都会将必然性或质料作为恶的来源看作人的灵魂选择恶的必要条件。但在奥古斯丁思想的发展中，随着他对基督教创世理论的深入理解（图 9.16），这样一种把恶归于质料的解释，或者恶的本体论解释，就变得不再适用。要理解这一点，我们需要对奥古斯丁的本体论有所了解。

图 9.16　奥古斯丁《上帝之城》抄本（约 1475 年），海牙荷兰皇家图书馆。奥古斯丁（左）向伊壁鸠鲁（右）解释上帝如何创世，反驳他有关原子的随机运动主宰世界以及存在无数个世界的主张。（11.5）

奥古斯丁首先认为，上帝根据定义就是至善，因为没有比他更伟大的存在。这个定义会在安瑟尔谟的上帝存在论证中大放异彩。[1] 奥古斯丁自己的上

---

[1]　奥古斯丁：《论基督教教诲》1.6.6-7.7，参见本书 11.2.2。

帝存在论证则类似普罗提诺关于理智存在的论证：我们能够进行理性思考，可以把握可理解对象，而可理解对象是独立于个别心灵的，因为它们为所有思考者共有。与此同时，可理解对象本身又是非物质的，因为它们是永恒不变的；而物质性的存在总是暂时的、变化的。奥古斯丁进一步认为，可理解对象是比我们更高的存在，因为我们要"依赖"可理解对象来进行判断，判断我们的理性思考是否正确。我们依赖智慧或者真理来进行判断，而不是我们"去"判断智慧或真理。当然，要继续论证上帝的存在，奥古斯丁还需要从可理解对象出发，去推导一个单一的、高于心灵的神圣存在。奥古斯丁引入一个新的预设，认为所有比理性更高的可理解对象都包含在一个单一的真理中，都因这个单一的真理而为真——一个非常柏拉图式的论证。在证明了真理本身的存在之后，奥古斯丁认为他就完成了有关上帝作为至高者存在的证明。

　　这里需要注意：与普罗提诺不同，奥古斯丁援引《圣经》七十子译本《出埃及记》3：14 的表述："我是我之所是（ego sum qui sum）"[1]，以此断定上帝是至高的是者或存在者。而在普罗提诺体系中，"太一"或"至善"是在是者之外的，严格来说并非存在者。

　　上述差异带来的一个重要理论后果是：在奥古斯丁的本体论中，存在和善是可以互换的（the convertibility of being and goodness），存在即善，善即存在。因为至高的善和至高的存在被等同起来，同时其他所有存在又来源于这个最高存在。由此可以推断，一个事物只要存在，它就是善的，因为任何存在者或所是之物，它都是善的。这是一个让人费解的断言：我们今天一直在谈论的恶的存在，难道也是善？

　　有一个办法看起来可以缓解这里的困难。普罗提诺已经指出，恶本身是一种缺乏，而非存在。奥古斯丁接受这样的刻画，认为恶是一种非实体的现象。在恶败坏了某种存在物的意义上，我们可以谈论恶的存在。但恶本身作为败坏，它不能独立于它所败坏的存在物；因此真正存在的只有那些被恶败坏的善，而不是恶本身。

---

[1]　一译"我是自有永有。"

在这种情况下，恶从何而来呢？这种败坏究竟是什么，它从何而来？它来自没有任何形式的质料吗？奥古斯丁非常明确地否定这一点，他强调上帝自虚无中创造了世界（Creatio ex nihilo）。这也就意味着在创世之前不仅没有什么水、火、土、气，甚至也没有"没有任何形式的质料"，奥古斯丁认为这种原初质料本身也由上帝所造，是受造世界的一部分，而不是创世的条件。[1]

在这样的本体论图景中，善即存在或所是，恶则为非存在，或非是者。我们甚至不能够用"是"这个词来谈论恶，因为恶本身就是"是"的缺乏，就是"无"。这是奥古斯丁关于上帝自虚无中创造学说的理论后果。但是我们又必须面对恶及其起源问题，必须谈论这个什么也不是的东西。

我想引用辛波斯卡的小诗《三个最奇怪的词》来帮助大家感受这种关于"无"的谈论为什么如此困难：

> 我说将来，
> 第一个音节还未落下，它已成为过去。
>
> 我说安静
> 安静已被打破。
>
> 我说无
> 它已经有。

我们的任何言说和谈论都是关于某个是者。奥古斯丁在追问恶的起源时强调，上帝从虚无中创造世界，世界因此包含着恶或者缺陷，但这与至善全能的上帝无关。因为恶来自虚无，来自由虚无而来的可变性、败坏和认识上的短视等一系列缺陷，而不是来自实有。这个主张既含混又费解。特别是，我们上一讲已经提到，在普罗提诺体系中，质料也是一种非是者、一种无。而奥古斯丁拒绝将无等同于质料，那他谈论无时究竟在谈论什么？另外，什么叫"来自"？难道说，虚无也像质料一样，是恶的某种原因，可以解释恶的产生吗？

---

[1]　奥古斯丁：《忏悔录》12.8.8。

奥古斯丁在谈到魔鬼堕落的原因时，给出了一个有趣的解释（图 9.17）。他说虚无是魔鬼堕落的原因，但这个原因并不是四因说中的任何一个，而是效力因或动力因的反面，或许可以译作失效因（causa deficiens）。这听起来更让人费解，而如何解释它也是学界争议的话题。奥古斯丁的一个基本想法是，与效力因带来现实的效用或后果相反，失效因的作用是使某物丧失效能，消解其作用，例如黑暗使视觉失效，黑暗并未直接产生任何存在，而是仅仅导致对象缺乏可见的形式。当虚无被看作恶的失效因时，奥古斯丁想要表达的是：无并不是任何事物得以生成的原因，无并不会造成任何事物。[1] 所以"失效因"这个概念，实际上是向我们揭示，在我们谈论魔鬼的意愿和他的选择所造成的恶的原因时，我们实际上选择了一种错误的谈论方式；因为它的原

图 9.17　林堡兄弟《贝里公爵的豪华时祷书》抄本（15 世纪初），尚蒂伊孔代博物馆。奥古斯丁认为天使路西法的堕落源自对造物主的背叛，这背叛出自恶的意愿。"但如果我们寻求他的恶的意愿的效力因，那么，我们什么也找不到……恶的意愿是恶行的效力因，而恶的意愿没有任何效力因。"（《上帝之城》12.6）

因就是无、就是没有——这并不仅仅是一个修辞性的回答，而是要告诉我们，除了魔鬼自身或者最初的理性存在者之外，并没有其他的原因可以解释他们的行动。

---

[1]　奥古斯丁：《上帝之城》12.6，相关讨论见拙著《意愿与自由：奥古斯丁意愿概念的道德心理学解读》，北京：北京大学出版社，2010 年，第 185—199 页。

这也将我们带到奥古斯丁恶的起源学说的另一个维度，即对灵魂作为恶的原因的考察。因为当他把虚无说成是恶的失效因时，他实际上就拒绝对于我们的恶行给出灵魂之外的任何形而上学解答。他也因此需要另辟蹊径，回到灵魂的道德选择中去辨析恶的起源。

3. 奥古斯丁论道德恶的起源

传统的灵魂学说通常将人的灵魂能力粗略地分为理性和非理性的部分。理性的部分既包括思辨理性，也包括实践理性。人的思辨理性，作为构建知识的能力，它是真理得以被认识的心理基础。在奥古斯丁看来，它自身是善的，也不可能被误用。比方说，当我们理解了整体大于部分，就绝不会认为任何一个部分大于它所属的整体；否则的话，就不是在运用理性认识能力，也没有真正获得理解。所以，思辨理性及其理论认识不可能是恶的来源，因为它是不可错的。

另一方面，人的非理性关涉欲望和情感。在整个希腊化和古代晚期哲学中，情感被看作一种被动的感受。希腊语"pathos"和拉丁语"passio"都暗示了人的情感经验的被动性质。如果我们接受这样一个前提，亦即欲求和情感必然包含某种念头（thought, idea, image），那么，我们就会发现这些念头常常会不请自来，突然出现在心间。如果恶来源于此的话，我们作为情感的经历者就对这些念头的产生没有任何积极的、实质性的贡献，而道德主体性在此就难以得到确立。

当然，我们仍然可以说，这些念头出现在某个特定的行动者身上，而没有出现在别人身上，所以它们也可以归于该行动者。但问题在于，这样一种归属并不见得可以成为道德责任归属的基础，因为我们并不总为念头的产生本身而承担责任，比如说在伦理学课堂上谈论一出罪行的时候，脑子里会有关于这罪行的念头或心灵图像，但并不见得因此就在心灵中犯了罪。

由此可见，似乎理性的认识能力和非理性的情感或欲望能力，都没法直接建立起我们对于恶行的道德责任。因此，当奥古斯丁试图论证人的灵魂是恶的来源时，他觉得有必要说明，人的灵魂究竟是通过哪一种能力或活动成为恶行的主人？

> 我探究邪恶究竟是什么，我发现它并非实体，而是败坏的意愿叛离了
> 最高实体，即叛离了你天主，而自甘下乘，是"委弃自己的肺腑"而表面
> 膨胀。[1]

> 除了自己的意愿和自由抉择，没有什么能使心灵成为贪欲的同伙。[2]

奥古斯丁实际上在理性认识能力和欲望之外，引入了另一种心灵能力和它的活动作为道德责任的心理基础。所以，很多哲学史家，包括阿伦特在内，把奥古斯丁称为第一个"意愿哲学家"，或者说他发现了"意愿"这个概念。这当然是可以争议的话题，但我们会看到，在奥古斯丁的道德心理学中，意愿作为心灵的一种决定性力量确实获得了前所未有的关注。[3]

要恰当评价奥古斯丁的成就，我们就必须考虑意愿和欲望情感以及理性认识能力之间，存在什么样的区别。单纯引入一个新的术语，并不足以表明奥古斯丁的整个道德心理学都发生了根本的变化。

首先看意愿和欲望的区别。如果说欲望中的念头或心灵图像是我们不能控制的，那么是否屈从于这一念头对我们的行为所做出的建议，这一决定的自由则在于意愿。意愿可以同意或不同意心灵图像隐含的行动建议：例如在愤怒时我们会产生自己受到伤害的念头，这种"被伤害"的心灵图像往往伴随行动建议，让我们对这种伤害做出回应。此时，意愿可以拒绝心灵图像所提出的建议。显然，奥古斯丁的说法很接近斯多亚派的"认可"理论。[4]

不过，对斯多亚派来说，认可或拒绝的根基在于理性的判断，尤其是实践理性的判断。在亚里士多德和斯多亚派看来，恶行的心理根源不在于某种难以解释的邪恶欲望或意愿，而在于"错误"的判断。亚里士多德提到的不自制，最终也源自实践三段论对特殊情境做出了错误的判断。在他们看来，我们不会因为意愿而"自愿地作恶"；当我们作恶时，一定是在先的理性判断发生了错误。这当然是源自苏格拉底的一种唯理智论道德心理学。

---

[1] 奥古斯丁：《忏悔录》7.16.22。

[2] 奥古斯丁：《论自由决定》1.11.21。

[3] 参见拙著《意愿与自由》，特别见导论。

[4] 见本书 7.3.4。

与此相反，在奥古斯丁看来，当我们的意愿做出自由决定，它并不必然奠基于理性判断之上，这也符合我们在现象层面所经历到的"抉择"这种心理现象：我们有时会违背理性判断行事，例如不自制时。此时，我们仍然需要为自己的行为承担责任。所以，奥古斯丁所谈论的"意愿"，并不是经院哲学家谈论的"理性欲求"。正相反，他认为，包括理性认识和情感在内的一切心灵活动都奠基意愿之上的；因为所有心灵活动，不论是理性的还是非理性的，都是"意向性"的活动，都是关系到心灵活动之外的对象。而能够把心灵和它的对象连接起来的，就是意愿。意愿是一个更具奠基性的能力，没有它，其他一切心灵活动都无从产生。没有意愿，我们的认识对象就不能被给予；没有意愿的认可，心灵中常常不请自来的念头就不能转化为情感态度。

那么，奥古斯丁所说的意愿，会不会因此就被神秘化呢？在中世纪的道德心理学中，除了上述唯理智论传统之外，还有唯意愿论的传统，很多人也把奥古斯丁归入其中。唯意愿论者认为意愿是一种完全独立的心灵力量呢，它在任何一个时刻都能做出不同于其实际选择的决定。所以，意愿看起来类似当代所谓在两种不同的可能路线中做出违背实际的选择的能力，至少在理论上有这种可能性。那么，奥古斯丁所谈论的意愿是不是这样一种绝对的心灵力量呢，它进行自由决定的能力在任何情形下都不能够被夺走吗？

4. 奥古斯丁论意愿与自我

我们有必要回到奥古斯丁的皈依经历中来思考意愿的力量。因为奥古斯丁把自己的皈依描述为意愿内部的斗争，一段意愿如何克服自身软弱性的经历。我们可以在他的自述中发现他的意愿道德心理学模型。

奥古斯丁的反思仍然从内省出发。他一再强调，阅读柏拉图派的著作，甚至阅读《圣经》都不能使他全身心地接受基督教信仰。通过阅读这些著作，他对上帝是什么有了正确的认识，摆脱了摩尼教错误的二元论主张，认识到上帝是至高的、至善的、全能的、非物质的存在。同时，他也超越了柏拉图派的局限，开始理解上帝为什么要道成肉身。但是，他仍然缺乏对这样一种全新信仰的**全身心的爱**。在他看来，理性的判断自身并不能成为他行动的直接动机。当他犹豫不决的时候，他所需要的是爱：

因为不仅要走向〔信仰〕，而且要到达那里，只需要有去走的意愿，不过，这意愿必须坚定而完整，不能是那半心半意的意愿（semisaucia voluntas），时而扭向这边，时而转向另一边，在部分上升和部分坠落中挣扎。[1]

然而，奥古斯丁坦承，他当时就处于一种半心半意的状态中。他的内心中两个意愿相互冲突：一个指向尘世的欲望，另一个指向信仰。他认为，这两个意愿本身不能被强制改变，因为当我们命令自己的意愿改变时，命令本身就是一个意愿。因此，命令的力量取决于意愿的力量。如果命令的意愿——这个高阶的意愿——是全心全意的，那么它根本就不需要命令自身；反过来，如果它是半心半意的，那么这种命令就必然不会被执行。因为一个半心半意的命令，怎么会带来全心全意的改变呢？[2] 所以，在奥古斯丁的内省中，当他的灵魂陷于两种意愿的相互冲突时，意愿的独立性恰恰在于它的每一个具体的行为或者决定，甚至不能受意愿能力自身所强制：我们不能够通过"下命令"的方式使自己的意愿直接获得改变。这就是人自由决定的自由，它不仅使人免受外力的强迫，而且不受任何其他心理力量的强迫。

在《论自由决定》中，奥古斯丁断言，"没有什么比意愿更在我们的意愿〔能力〕之中"[3]。表面上看，这是在延续柏拉图派关于"什么取决于我们"的思路，但奥古斯丁通过自己的皈依经历表明了他独特的立场：意愿可以自我分裂，朝向不同的运动方向。它和柏拉图派所说的真正属于理智的认识有根本区别。

与此同时，奥古斯丁的意愿并不拥有绝对独立性，并不像后来的唯意愿论者所认为的，是一种绝对的力量，在任何时刻都控制我们，任何时刻都能使我们从当下的情景脱身而出，选择完全不同的道路。不！在奥古斯丁看来，拥有意愿的人绝不是没有过去的人。意愿作为灵魂的力量，它和灵魂整体一样处于历史中。每一个新的意愿的产生无疑都受到心灵当下状态的制约，特别是它已有的意愿倾向的制约。在奥古斯丁晚期的著作中，他区分出肉欲、无知和习惯

[1] 奥古斯丁：《忏悔录》8.8.19，此处是我的译文。

[2] 同上书，8.9.21。

[3] 奥古斯丁：《论自由决定》1.12.26。

作为制约意愿的要素。其中，肉欲无疑来自原罪，被视为意愿的条件，或者说构成了意愿的软弱。正是在这一语境中，古希腊人的不自制问题变成了意愿软弱的问题，这也是奥古斯丁在皈依时所面临的困境，而它最终来自原罪。如何在哲学上谈论原罪的意义是一个复杂的问题，[1] 但我们至少可以理解：原罪意味着人是有限的，而且这种有限性是在具体的历史中展开的。人的意愿并非全能，并不存在完全控制自己行动、决定自己选择的绝对能力。

此外，谈论意愿的软弱性及其与原罪的关联，并不意味着我们因此就不需要为意愿的软弱性及相关的行为负责。在奥古斯丁看来，由于原罪，从被逐出伊甸园的那一刻起，我们就失去了凭借自身努力达于至善的意愿能力——或者在某种意义上可以说是意愿的"自由"，即古人所谈论的成为理想自我的"自由"，但并没有失去"自由决定"的能力，并没有失去意愿的每一个决定不受心灵其他力量左右的自由。而如果我们要解释心灵的决定从何而来，我们就会发现，它把我们重新指向美好生活：奥古斯丁始终坚信，我们从没有失去这样一种决定的能力，因为所有的人都必然意愿美好生活，而这一点就使得我们可以在拥有原罪的前提下，仍然有其他选择的可能性。尽管这种可能性对于意愿成为理想自我的自由来说，并不是必要的，但它足以使我们承担起因为意愿软弱而行的恶：

> 在我这个例子中，当我谋划如何服侍我主天主，我倾心已久的天主时，那愿意去服侍天主的自我（ego）和那不愿意〔去服侍〕的自我是同一个自我，我既不是全身心地愿意也不是全身心地不愿意，我和我自己构成了对立。我同自我分离开来。[2]

拉丁语作为一种屈折语，通常不需要把"我（ego）"作为主语单列出来，但奥古斯丁在这里特别强调是"同一个自我"在意愿中分裂。我们不难注意到他和普罗提诺的一个重要差异：奥古斯丁关心的始终是单数的、第一人称的自我，作为个体的自我。这和他对于道德责任的关注，特别是对于作为恶的起源的道

---

[1] 我认为奥古斯丁尽管有效地辩护了不自愿之罪的概念，但他仍然没有办法在哲学上辩护出于原罪的道德责任。参见《意愿与自由》，第 270—306 页。

[2] 奥古斯丁：《忏悔录》8.10.22。

德行动者的关注联系在一起：如果恶不是源于我作为行动个体的错误选择，那么我不必为之承担责任。同理，我对美好生活的意愿也必须属于个体，属于同一个意愿着的自我，否则这样的生活不值得去过，更谈不上美好。

借助对恶的起源问题的扼要分析，我们展示了古代哲学传统和基督教教义在奥古斯丁追求智慧的历程中如何相互交织：他总是在用哲学化、理性化的语言表述教义带来的新问题，尽管他拒绝将来自启示的信仰还原为一种理性神学，但仍然以理性谈论的方式推进关于美好生活的反思。如果一定要用一个标签来评价奥古斯丁的哲学贡献（图 9.18），与其把他称作意愿的发现者，不如把他称为个体自我的发现者。他通过意愿这一特殊心灵能力去刻画我们的个体自我和世界打交道的本初方式，自我就是在不同价值秩序中被撕裂，但没有丧失自由的意愿者。

四、波埃修论神圣预知与人之自由

在神学语境下反思人的自由，是奥古斯丁和古代晚期基督教背景的哲学家要面临的重要理论挑战。波埃修在这一话题上也做出了卓越贡献。

1. 波埃修生平与著作

波埃修（475 或 477—526 年）常被称为最后一个古代哲学家，因为他精通希腊语，曾雄心勃勃地计划将柏拉图和亚里士多德所有著作译成拉丁语，并为之作注，很遗憾未能完成。不过，他完成了亚里士多德《工具论》大部分翻译，这成为 12 世纪前拉丁世界了解亚里士多德逻辑学传统的基础，也是沟通古代和中世纪哲学的一座桥梁。

需要强调的一点是，波埃修自己从来没有放弃过他的基督教信仰。即使在他因为叛国罪被起诉，身陷囹圄时，他仍然坚持这种信仰（图 9.19）。但如何理解他的信仰和哲学的关系，却并不容易。这尤其关系到他的最后一部著作《哲学的安慰》。在书中，主人公并没有向基督教的上帝求助，而是转向想象中的哲学女神，通过和她的对话来推进哲学思考，并从中寻求慰藉。不过，该书最

图 9.18　萨索菲拉托的巴托鲁斯《〈学说汇纂新编〉评注》抄本（1360—1370 年），马德里西班牙国家图书馆。中世纪拉丁世界深信，奥古斯丁的出现，改变了整个世界的思想版图。在著名细密画师博洛尼亚的尼科洛笔下，奥古斯丁端坐于中央上方的宝座之上，右手边是《圣经》主要人物（摩西、圣保罗、福音约翰、哲罗姆等），左手边是著名哲学家（亚里士多德、柏拉图、苏格拉底、塞涅卡），下方是自由七艺和七枢德的象征，如画框般包围着他们的是 35 幅来自奥古斯丁著作的场景，仿佛奥古斯丁的思想和著作容纳了整个精神世界，从神学到哲学，从修辞到数学，从世俗道德到灵性操练，无一不在其中。

重要的话题之一，仍然是关于一个全知全能的上帝和我们的自由如何相容。

因此，结合本讲对中世纪哲学历史分期及其内在特征的刻画，我愿意把他看作一个中世纪哲学家，尽管是一个少有的对古希腊哲学传统非常了解的拉丁哲学家。值得一提的是，波埃修出生时西罗马帝国灭亡，而他去世后不久，公元529年，雅典的柏拉图派学园被关闭。这标志着古代哲学的实践方式退出历史舞台。

谈到波埃修的著作，需要介绍一下经他改造的"自由七艺（artes

图 9.19 波埃修《哲学的安慰》抄本（1385 年），格拉斯哥大学图书馆。波埃修是伟大的学者，也是东哥特王国的重要官员，后一身份最终为他招来牢狱之灾，并因子虚乌有的叛国罪而被处死。

liberales）"（图 9.20）。这涉及中世纪拉丁世界基础教育的七个学科，有时也被称作"人文七艺"。但后一个译法有很大误导性，因为七艺所涉及的并不仅仅是今天的人文学科。它可以进一步分成前三艺（trivium）和后四艺（quadrium）。前者指与语言相关的三门技艺：文法、修辞和辩证法（或逻辑）。通过前三艺，中世纪学生收获的不仅是基本的语言能力训练，而且有逻辑和批判性思维。后四艺则是与数学结合紧密的学科：算术、几何、天文和音乐。算术和几何自不用说，音乐主要研究音步之间的比例与和谐，而天文也关心天体间的数学关系。

图 9.20　波埃修《哲学的安慰》抄本（1460—1470 年），洛杉矶盖蒂博物馆。被波埃修（左一）称为"至高安慰"的哲学女神（左二）向他介绍自由七艺和她们的象征物：自左至右依次为文法（书籍）、修辞（卷轴）、逻辑（代表逻辑论证模式的蒸篦）、音乐（乐谱）、几何（角尺）、算术（带有符号的卷轴）和天文（浑天仪）。

波埃修的著作涉及自由七艺的各个领域，包括数学教科书、逻辑学和修辞学翻译、评注、论著。在这些世俗著作之外，他还留下几个重要的神学短篇，其中关于三位一体中"位格（persona）"的讨论包含卓越的洞见，成为后世讨论的重要理论支点。当然，波埃修最重要的著作，还是《哲学的安慰》。和奥古斯丁的《忏悔录》一样，它文采和哲思并重，在中世纪拉丁世界成为《圣经》之外最为流行的著作。

2.《哲学的安慰》中的神圣预知难题

《哲学的安慰》内容丰富，我们集中看最后一卷有关上帝的预知如何与人的自由相容的论证。书中的波埃修在哲学女神面前构造了以下论证，来说明上帝的预知为什么会对我们的自由构成威胁：

（1）上帝知道所有事件，包括所有未来事件。（前提）

（2）当某人知道一个事件将会发生，那么该事件就会发生。（前提：知道的含义）

（3）命题（2）不仅为真，而且必然地为真，因为知道的内容并非事实，这是不可能的。〔前提：命题（2）的澄清〕

（4）如果某人知道一个事件将会发生，那么该事件就会**必然地**发生。（2，3）

（5）所有的事件，包括未来的事件在内，都会必然地发生。（1，4）

（6）如果所有事件都必然发生，那么就不存在偶然事件（图9.21），人也就有没有行动的自由。（前提）

（7）人没有行动的自由。（5，6）[1]

这里需要澄清的是前三个前提。命题（1）是有神论者普遍接受的前提，在亚伯拉罕一神论宗教传统中尤其如此，人们对先知的信仰可以看作它的一个旁证。命题（2）作为前提也不难理解，因为"知道"的一个必要条件是所知的内容为真。如果你所知的内容是一个事件，根据符合论真理观，则该事件就会如你所知地发生。命题（3）将"必然"这个模态算子赋予命题（2），它意味着所知的内容必然为真，同时也澄清了"不可能"这一模态算子的含义：即如果非 p 是不可能的，那么 p 就是必然的。接下来的推理看起来只是诉诸人们的不相容论直觉，认为在一个一切皆必然的世界里，并不存在自由。

我们暂且不论偶然事件的存在是不是人的自由的必要条件，现在只关心上述论证的核心：当

图9.21　波埃修《哲学的安慰》抄本（1491年），巴黎法国国家图书馆。哲学女神告诫波埃修（坐立者），偶然事件绝非没有原因的随机事件，而是行动者未能预见和预期的，与其行动目的不吻合的事件，例如农夫为了耕种而犁地，却在地里发现了一堆别人埋藏的黄金。（5.1.13-16，参见亚里士多德《物理学》2.4-5）

[1]　波埃修：《哲学的安慰》5.3.3-6，此处论证重构参考马仁邦：《中世纪哲学》，第46—47页。

上帝预知未来的时候，未来还有没有可能存在偶然事件。哲学女神在安慰波埃修时，敏锐地注意到命题（3）的含混。

我们先借用当代的模态逻辑中的辖域概念来说明这一点。当我们谈论某个条件句"必然地，如果 p，那么 q"时，"必然"这个模态算子所支配的辖域有两种读法：（a）从言的（de dicto）解读：必然性支配的是整个条件句；（b）从物的（de re）解读：必然性所支配的不是整个条件句，而是这个条件句的后件。在波埃修的论证中，要从命题（3）推导出命题（4），我们就必须得接受从物的解读。也就是说，当我们说"必然地，如果某人知道一个事件会发生，那么，这个事件就会发生"中的"必然性"是支配后件的，即这个事件一定会发生，不可能不发生；但显然命题（3）从言的解读更加自然，因为我们所知的内容并不只是必然发生的事件。因此，从命题（2）和3）中，只能得到：

> （4'）以下推论是必然的：如果某人知道一个事件会发生，那么该事件会发生。

与命题（4）不同，命题（4'）并没有无条件地断定某个事件必然发生。它所断定的是，当我们有关于某事件的知识时，那么，该事件会发生。这并不意味着该事件本身就因此变成一个无条件地会发生的事件，或者说与偶然事件相对的必然事件。

波埃修的时代还没有辖域区分这样的理论工具，但他借哲学女神之口，尝试区分绝对的必然性和有条件的必然性。哲学女神认为在这里，我们只能推导出未来事件发生的有条件的必然性，而不是绝对的必然性。但是，要彻底否定未来偶然事件的存在和自由，需要的前提是一切未来事件绝对地必然发生，因此，上述论证并不成立。

3. 神学决定论的挑战

辖域区分也好，绝对必然性与有条件的必然性的区分也罢，它们确实是了不起的洞见。但遗憾的是，这样的区分不见得足以帮助我们摆脱上帝的预知对人的自由造成的威胁。以下借助当代著名宗教哲学家扎伦布斯基（Linda Zagrebski）的重构，我们来看一个更强版本的神学决定论论证。它将表明上述哲学女神的解释策略不见得能直接奏效：

> T 代表一个未来的事件：你将会在明天早上 9 点钟去上课。

> （1）上帝昨天已经知道事件 T 的发生。（前提）

> （2）如果一个事件 E，它出现在过去，那么 E 在那个时刻出现对于当下来说就是必然的。（前提：过去的必然性）

> （3）上帝昨天已经知道 T 会发生，这在当下是必然的。（1，2）

> （4）必然地，如果上帝昨天已经知道事件 T 会发生，那么 T 会发生。（前提：知道的含义）

> （5）如果命题 p 在当下是必然的，并且必然地（如果 p，那么 q），那么 q 在当下也是必然的。（前提：必然性转移原则）

> （6）因此，T 的发生在当下是必然的。（3，4，5）

> （7）如果 T 的发生在当下是必然的，那么，你不能做 T 之外的事情。（前提：必然性的含义。）

> （8）因此，你不能做 T 之外的事情。（6，7）

> （9）如果你在行动时不能做你实际行动之外的其他事情，那么你就不是在自由地行动。（前提：其他行动的可能性原则）

> （10）因此，当你明天早上 9 点钟去上课时，你不是在自由地行动。（8，9）[1]

命题（1）和（4）是我们已经谈到的前提，不必多言。命题（2）强调发生在过去的一个事件，因为我们无法改变过去，它在当下这个时刻就是必然的。例如苏格拉底在公元前 399 年饮鸩而死。对于我们当下来说，这个事件在那个时刻发生就是必然的。这里我们可以将"当下必然的"粗略地理解为：我们没有办法改变它的发生，或它的发生不取决于我们。

命题（5）引入的是模态逻辑中一个被广泛接受的定理。我们从"必然地，p 蕴涵 q"不能直接推出"必然 q"；但如果我们有另外一个前提"必然 p"的话，那么我们就能得出"必然 q"。这一定理的引入，正是用来表明，即使我们

[1] David Hunt and Linda Zagzebski, "Foreknowledge and Free Will," *SEP*, URL = 〈https://plato.stanford.edu/archives/sum2022/entries/free-will-foreknowledge/〉.

在上一节的论证中采用从言的读法，也仍然可以经由引入这条定理，通过上帝的预知对于我们而言的当下必然性，来推导上帝所知事件的发生对于我们而言的当下必然性。

接下来的推理不难理解，我们在此可以更清楚地看到命题（6）对人的自由所造成的威胁，特别是对一个自由意志论者所接受的自由概念造成的威胁，因为它明确地要求行动者有其他行动的可能性，即不同于实际选择的其他行动可能性。而根据命题（8），在上帝对 T 有不可错的信念时，我们显然没有 T 之外其他行动的可能性。因此，我们不得不接受神学决定论者的最终结论：T 事件的发生对于当事人来说并不是一个自由的行动，或者至少不是一个偶然事件。

这是一个威力强大的论证，先前提到的奥古斯丁的主张也会面临类似的挑战。篇幅所限，这里只能提到奥古斯丁的一个应对策略，它强调上帝对未来事件 T 的预知并没有剥夺意愿的绝对独立性，即按照意愿自身行动倾向来决定的能力，因为上帝在预知 T 的同时也预知了我们的意愿相应的行动倾向，而且是在不破坏我们的行动倾向的前提下预知它的出现。当然，这里的麻烦在于，上帝过去所预知的，它必然出现，因此当他预知我们的意愿倾向时，我们的意愿倾向也必然会出现。只要我们将 T 的内容换为"我明天早上 9 点钟有接电话的意愿"，命题（1）到命题（6）的推导似乎仍然适用。因此，奥古斯丁的策略要实现，要否定命题（6）会对我们的自由造成威胁，他就必须放弃命题（9）有关自由的定义，认为我们即使在没有其他意愿可能性的条件下仍然拥有自由，这也是当代哲学家如法兰克福（Harry Frankfurt）等人采取的论证策略。

4. 波埃修对神学决定论的回应

波埃修的回应与奥古斯丁有所不同。根据主流的解释，波埃修出人意料地要去否认命题（1）。他回到柏拉图派的传统，强调上帝作为至高存在者本身并不在时间中，也并不具有任何属于时间的属性。命题（1）所说的"昨天预知"，命题（2）谈到的"昨天预知所造成的过去事件的必然性"，对上帝来说都是不适用的。上帝以一种超越时间的方式认识这个世界。借用波埃修的说法，所有在时间中发生的事件，无论过去、现在还是未来，它们都以永恒当下的方式向

图 9.22　波埃修《哲学的安慰》抄本（1460—1470），洛杉矶盖蒂博物馆。天使环绕的上帝左手拿着天球，象征着神意对尘世的支配，右手则做出赐福的手势。"上帝作为观照者仍然自高处俯视，预知一切，他的目光的永恒性始终在当下，与我们行动的未来属性共存，分与好人奖赏，给予恶人惩罚。"（5.6.45）

上帝的心灵呈现出来（图 9.22）。需要注意的是，这里的"当下"是一种非时间性的当下或在场。因此，上帝对这些事件的把握也就是一个单纯的对于时间中演进的所有事件的简单把握。波埃修为了维护上帝思维方式的简单性，强调他不会像我们一样，先认识一个过去事件，再看它现在如何，未来会造成什么后果。在上帝中，所有这些事件都直接在他眼前呈现、直接被把握。所以上帝的这种认识甚至不该叫预知，而只是单纯地知道。因为并不是上帝在 T 发生之前知道 T。绝非如此！T 和过去所有事件一样，对于上帝来说没有前和后的区别，因此之前的神学决定论的论证是不成立的。

这个方案真的能挽救波埃修的理论免受神学决定论的威胁吗？

首先，让我们引入"同时性"的概念，它是一种可以传递的关系：如果 A 和 B 同时，B 和 C 同时，那么 A 和 C 同时。如果所有事件都为上帝所知，也因此与上帝同时，这就意味着，所有事件彼此也是同时的。例如尼禄在看罗马被大火烧了，这与上帝同时；然后上帝和我在讲这门课同时。所以在我讲波埃修时，尼禄正在看着罗马被大火焚毁。这显然是一个荒谬的结果。一个挽救的方案，或许是去强调，对波埃修来说，这种"同时"也是一个非时间性概念，因此我们或许没法用传递性的方式去刻画它。[1]

第二个批评对波埃修本人比较麻烦：上帝的非时间性看起来会同基督教上帝的其他神圣属性相冲突，特别是和第二位格——圣子耶稣的道成肉身相冲突。这个反驳主要涉及神学，此处不再多讲。

第三个反驳来自扎布伦斯基，它在哲学上更致命：如果上帝不在时间中，我们只需将神学决定论中的"过去的必然性"替换为超越时间的必然性，整个论证仍然有效。因为上帝超越我们的经验世界，上帝的知识也不在我们能力范围内，我们也没办法改变上帝所知的事情的发生。[2]

当然还有一种可能去挽救波埃修的论证，这是马仁邦（John Marenbon）的解决方案，它强调在谈论预知时，要区分不同的认知模式。上帝对未来事件的认知，并不会改变这些事件本身的形而上学属性，而只是改变它们被认知的属性。认知活动总是根据认知者的能力来把握对象。人本身是时间中的存在，人的认知必须按时间先后的方式把握在时间中发生的事件；而上帝是永恒的当下存在，没有过去、现在和未来，他以永恒当下的方式把握世界中的事件。他的"预知"并不会改变事件本身的形而上学属性：未来偶然事件只有被上帝认知时才是当下的和确定的，它们本身在形而上学上并不具有这样的当下性和确定性，也不具有绝对的必然性。所谓绝对的必然性，这里是指事物因其自身本性具有的不可变性，例如太阳照常升起。它只会产生一种有条件的必然性，类似于，"当我坐着的时候，我就必然坐着"。这种必然性是一种当下的必然性，表明当下发生的事情就是它当下的样子，但这不意味着坐着这个行动不是一个自由的行动。而上帝将一切把握为当下，他的认知所带来的这种必然性也只是这样一种当下的必然性，并不会威胁到我们的自由。[3]

这无疑是一个极为精巧并且贴近原文的解释，但它会遇到的困难是，当上帝不把时间中的事件把握为在时间中展示的样子，我们在什么意义上说，上帝的认知是对时间中发生的事件的"正确"知识？更重要的是，波埃修仅仅断定

---

[1]　参见 John Marenbon, *Boethius,* Oxford: Oxford University Press, 2003, p. 138。

[2]　Hunt and Zagrebski, "Foreknowledge and Free Will"。

[3]　Marenbon, *Boethius*, chapter 7.

了神圣预知所包含的有条件的必然性并不会改变我们行动的本性和威胁我们的自由，并没有做出相应的论证和解释，也没有考虑当上帝的预知本身是必然时，这会不会导致有条件的必然性演变为绝对的必然性。更糟的是，在《哲学的安慰》结尾处，哲学女神断定上帝不仅预知未来事件的发生，而且这超验的知识因果地导致了部分事件的发生，包括人的心灵活动在内，例如我明天上午9点去上课的意愿。显然，神圣预知此时完全有可能改变这类事件的形而上学属性。[1] 因此，波埃修引入的一系列概念和论证工具固然精巧，但不足以驱散神学决定论的阴霾，他的后继者仍然需要以各自的方式去面对决定论对自由的威胁。[2]

阅读材料

1. Augustine, "Augustine on the Origin of Moral Evil" (Klima, 311-317).

2. Augustine, "Augustine on the Divided Will" (Klima, 325-330).

3. Boethius, *Consolatio* V (excerpts see Klima, 331-336).

4. 《中世纪哲学》，中译本导论；第一章；第二章，第7—9节。

进一步阅读指南

原始文献

奥古斯丁的拉丁原文校订本通常出自以下两个系列丛书：

[CSEL] *Corpus Scriptorum Ecclesiasticorum Latinorum* (Wien: Holder, Pichler, Tempsky, latest volumes Berlin: De Gruyter).

[CCL] *Corpus Christianorum Series Latina* (Turnhout: Brepols).

以下丛书是目前最新和最全的奥古斯丁著作英译文：

[WSA] *The Works of Saint Augustine. A Translation for the 21st Century*, 46 vols., John E.

---

[1] 波埃修：《哲学的安慰》5.6.37-43。

[2] 见本书14.3.3-4。

Rotelle et al. (eds.), New York: New City Press, 1991-2019. （译文质量参差不齐，重要哲学著作译文请优先考虑下面的单行本）

奥古斯丁：《忏悔录》，周士良译，北京：商务印书馆，1963 年。（文采斐然的中译本，哲学术语翻译不够严格准确）

奥古斯丁：《论三位一体》，周伟驰译，北京：商务印书馆，2015 年。

Augustine, *Augustine: Confessions,* 3 vols. J. J. O'Donnell (ed.), Oxford: Clarendon Press, 1992. （《忏悔录》拉丁原文与详细评注）

Augustine, *Confessions*, translated by Henry Chadwick, Oxford: Oxford University Press, 1991. （《忏悔录》最佳哲学译本）

Augustine, *De beata vita*, ed. W. M. Green (CCL 29), Turnhout: Brepols, 1970. （《论美好生活》拉丁原文标准校订本）

Augustine, *De ciuitate Dei*, eds. B. Dombart and A. Kalb (CCL 47-48), Turnhout: Brepols, 1956. （《上帝之城》拉丁原文标准校订本）

Augustine, *De libero arbitrio*, ed. W. M. Green (CCL 29), Turnhout: Brepols, 1970. （《论自由决定》拉丁原文标准校订本）

Augustine, *De trinitate libri XV*, ed. W. J. Mountain and Fr. Glorie (CCL 50/50A), Turnhout: Brepols, 1968. （《三一论》拉丁原文标准校订本）

Augustine, *On the Free Choice of the Will, On Grace and Free Choice, and Other Writings*, edited and translated by Peter King, Cambridge: Cambridge University Press, 2010. （《论自由决定》的出色译文，另附有几篇重要的晚期论著，对全面了解奥古斯丁有关自由的思考非常有用）

Augustine, *On the Trinity Books 8-15*, trans. Stephen McKenna, Cambridge: Cambridge University Press, 2002. （《三一论》后半部出色译本，适合哲学读者）

Augustine, *The City of God against the Pagans,* edited and translated by R. W. Dyson, Cambridge: Cambridge University Press, 1998. （《上帝之城》最为可靠的英译本）

Boethius, *Opuscula Sacra* and *De consolatione Philosophiae*, C. Moreschini (ed.), revised edition, Munich/Leipzig: K.G. Saur, 2005. （拉丁原文标准校订本）

Bruce Foltz (ed.), *Medieval Philosophy: A Multicultural Reader*, London and New York: Bloomsbury, 2019. （从中世纪继承的古代哲学遗产选起，涵盖四个传统）

*Joel C. Relihan, *Boethius, 'Consolation of Philosophy'*, Hackett: Indianapolis, 2001. （最佳哲学译本）

David Slavitt, *Boethius, 'Consolation of Philosophy'*, Cambridge, MA: Harvard University Press, 2008. （可读性强的文学译本）

赵敦华、傅乐安主编：《中世纪哲学》，两卷本，吴天岳审校，北京：商务印书馆，2013 年。

The Cambridge Translations of Medieval Philosophical Texts, 3 vols, Cambridge/New York: Cambridge University Press, 1988-2002. （分论题收录了拉丁传统哲学文献，很多译文只出现在这套文集中）

研究文献

Peter Brown, *Augustine of Hippo. A Biography. A New Edition with an Epilogue*, second edition, London: Faber & Faber, 2000. 《希波的奥古斯丁》，钱金飞、沈小龙译，北京：中国社会科学出版社，2013 年。（奥古斯丁标准传记，古代晚期思想史研究经典）

Sarah Byers, *Perception, Sensibility, and Moral Motivation in Augustine: A Stoic-Platonic Synthesis*, Cambridge: Cambridge University Press, 2013. （奥古斯丁哲学心理学的较新研究，强调其与古代哲学的连续性）

*Henry Chadwick, *Augustine of Hippo: A Life*, Oxford: Oxford University Press, 2009. （出色的思想史研究，适合初学者了解奥古斯丁宗教思想）

Henry Chadwick, *Boethius. The Consolations of Music, Logic, Theology, and Philosophy*, Oxford: Oxford University Press, 1981. （波埃修研究经典，对于全面了解其思想仍然重要）

Brian Dobell, *Augustine's Intellectual Conversion: The Journey from Platonism to Christianity*, Cambridge: Cambridge University Press, 2009. （奥古斯丁思想转变历程的新研究）

Antonio Donato, *Boethius' Consolation of Philosophy as a Product of Late Antiquity*, London/New York: Bloomsbury, 2013. （一部较新的《哲学的安慰》专题研究）

*Allan D. Fitzgerald, (ed.) *Augustine through the Ages. An Encyclopedia*, Grand Rapids, MI: Eerdmans 1999. （精简的奥古斯丁研究百科全书，适合初入门者）

*Anthony Kenny, *Medieval Philosophy*, (New History of Western Philosophy 2), Oxford: Clarendon Press, 2005. （一部简明扼要的导论，历史线索清晰，分论题介绍中世纪哲学成就，适合初学者）

Christopher Kirwan, *Augustine*, London: Routledge, 1989. （较早的分析哲学传统的奥古斯丁研究，重论证分析，仍然可读）

*Henrik Lagerlund (ed.), *Encyclopedia of Medieval Philosophy*, second edition, Dordrecht, Heidelberg, London and New York: Springer, 2020. （方便实用的中世纪哲学百科全书，条目覆盖面广，内容精当）

William E. Mann, (ed.), *Augustine's Confessions: Philosophy in Autobiography*, Oxford: Oxford University Press, 2014. （《忏悔录》哲学研究文集）

Robert A. Markus, *Saeculum. History and Society in the Theology of St Augustine*, Cambridge: Cambridge University Press, 1970. （奥古斯丁社会政治思想研究经典）

*John Marenbon, *Boethius*, New York: Oxford University Press, 2002. （出色的波埃修哲学导论，对其文体特征也有独到之见）

*John Marenbon, *The Cambridge Companion to Boethius*, Cambridge: Cambridge University Press, 2009. （出色的导论文集）

John Marenbon, (ed.), *The Oxford Handbook of Medieval Philosophy*, New York: Oxford University Press, 2012. （出色的多人合作哲学史，覆盖中世纪四个传统）

Jean-Luc Marion, *In the Self's Place: The Approach of Saint Augustine,* translated by Jeffrey L. Kosky, Stanford: Stanford University Press, 2012. （法国著名现象学家的奥古斯丁自我概念研究，视角独到）

*Gareth Matthews, *Augustine*, Malden: Blackwell, 2005. （精彩的哲学导论，适合初学者）

Cornelius Mayer (ed.), *Augustinus-Lexikon*, edited by et al., Basel: Schwabe, 1986–. （奥古斯丁研究集大成之作，已出版四卷，词条由英法德三种不同文字写成，适合进阶读者）

*David Vincent Meconi (ed.), *The Cambridge Companion to Augustine's 'City of God'*, Cambridge: Cambridge University Press, 2021. （《上帝之城》入门文集）

*David Vincent Meconi and Eleonore Stump (eds.), *The Cambridge Companion to Augustine*, second edition, Cambridge: Cambridge University Press 2014. （剑桥指南第二版，优秀的哲学导论文集）

Stephen Menn, *Descartes and Augustine*, Cambridge: Cambridge University Press, 1998. （笛卡尔与奥古斯丁的深入比较研究，适合进阶读者）

*Gerard O'Daly, *Augustine's City of God. A Reader's Guide*, 2nd edition, Oxford: Oxford University Press, 2020. （《上帝之城》的精彩导论，简明扼要，适合初学者）

Robert Pasnau (ed.), *The Cambridge History of Medieval Philosophy*, second edition, 2 volumes, Cambridge: Cambridge University Press, 2014. （多人合作的中世纪哲学史，突出拉丁传统，附有极其详细的书目和阅读指南）

Karla Pollmann, *The Oxford Guide to the Historical Reception of Augustine*, 3 vols., Oxford: Oxford University Press, 2013. （奥古斯丁接受史基本工具书）

*John Rist, *Augustine: Ancient Thought Baptized*, Cambridge: Cambridge University Press, 1994. （出色的奥古斯丁思想导论，视野开阔）

*Tarmo Toom (ed.) *The Cambridge Companion to Augustine's 'Confessions'*, Cambridge: Cambridge University Press, 2020. （《忏悔录》入门文集）

Johannes van Oort, *Mani and Augustine: Collected Essays on Mani, Manichaeism and Augustine*, Leiden: Brill, 2020. （奥古斯丁与摩尼教关系的重要论文集）

James Wetzel, *Augustine and the Limits of Virtue*, Cambridge: Cambridge University Press, 1992. （奥古斯丁伦理学的精彩研究）

《斯坦福哲学百科》（*SEP*）词条

*Boethius

Foreknowledge and Free Will

Literary Forms of Medieval Philosophy

*Medieval Philosophy

Medieval Theories of Emotions

Moral Responsibility

*Saint Augustine

Sin in Christian Thought

The Concept of Evil

The Problem of Evil

伊斯兰世界的中世纪哲学：以灵魂和理智为核心

　　本讲关注"伊斯兰世界的中世纪哲学"。大家可能更熟悉伊斯兰哲学或阿拉伯哲学这样的说法。这里借用了当代学者亚当森（Peter Adamson）一个相对冗长的表述，是因为该时期在这片地域活跃的哲学家，不仅有穆斯林，也有犹太教徒和基督徒，而他们所使用的语言不仅是阿拉伯语，还有叙利亚语、波斯语，以及后来的希伯来语。采用"伊斯兰世界"这样一个地域性概念，或许能更好地反映该时期哲学的丰富性。[1]

---

[1]　Peter Adamson, *Philosophy in the Islamic World: A Very Short Introduction*, Oxford: Oxford University Press, 2015.

一、伊斯兰世界的哲学与翻译运动

1. 伊斯兰世界的三个知识门类

伊斯兰世界哲学的发展与公元 8—10 世纪的一场声势浩大的翻译运动紧密联系在一起。不过，在这场翻译运动完成之前，伊斯兰世界就已经出现了非常有趣的哲学探索，这关系到伊斯兰世界三个重要的知识门类或伊斯兰科学。

首先是凯拉姆（Kalam），它的本意是有关言辞的知识。这里特指涉及神圣主题的言辞，即关于他们所信奉的真主和他的神圣属性的讨论，与《古兰经》中启示的内容紧密相关。凯拉姆也因此被看作伊斯兰世界的教义神学（图 10.1）。穆斯林更愿意把凯拉姆称为他们的"认主学"，因为伊斯兰教义的核心，就是认主独一，强调真主是唯一的神。由此也不难理解，为什么新柏拉图派，特别是普罗提诺的太一学说，

图 10.1　阿卜杜拉·穆萨维尔《神学家们的会议》细密画（1540—1550），堪萨斯城纳尔逊－阿特金斯博物馆。一间神学院的拱门下，一个年轻人在听他的老教师讲课，其他神学家在庭院里交谈。门顶上的铭文意味深长，右侧是"自从你的天性对文法燃起了激情，理性的画面就从我们心中抹去了"；左侧是"啊，恋人的心被你的陷阱困住了／我们为你着迷，但你却中意一个普通人"。

会在伊斯兰世界大受欢迎。研究凯拉姆的神学家被称作穆台凯里姆，他们的哲学探索不仅局限于太一及其属性的形而上学、宇宙论反思，还涉及一些更加实践层面的话题。比如说真主的正义和人们的自由之间的关联。例如穆尔太齐赖派（Mu'tazilites）和宿命论者的论战，给后人留下了丰富的关于人的自由意志的论述。

第二个知识门类是"Falsafa"，它借自希腊语"Philosophia"，这是一种系统性的反思，来自当时被称为"哲学家（Falasifa）"的一批思想家，他们所探索的领域也和后世的哲学类似，包括自然哲学、形而上学、伦理学、政治哲学等，甚至还会触及数学、物理学、天文学等学科（图10.2）。第一位享有"哲学家"称号的正是翻译运动的关键人物铿迭，这一知识门类或许可以称作狭义的伊斯兰哲学。

最后要提到的是教法学（fiqh），它实际上是关于沙里亚或伊斯兰教法的理解和阐释。教法学家们撰写专门的论著，讨论伊斯兰教法的理论基础，由此触及伦理学、政治哲学的一些重要话题。像阿维洛伊这样的哲学家，同时也是教

图 10.2　《精诚兄弟会书信集》抄本（1287年），伊斯坦布尔苏莱曼手稿图书馆。"精诚兄弟会"是9—10世纪一群神秘的哲学家，他们以书信体完成的巨著是中世纪最完备的科学百科全书之一。作者身为穆斯林，但深受毕达哥拉斯派和新柏拉图派影响，坚信古老的科学有助于人们以理性的方式把握启示和宗教律法所包含的内容。

法学家。而犹太世界的宗师迈蒙尼德，也是一边写哲学论著，一边诠释犹太的律法。

我们将谈到四位早期伊斯兰哲学的代表人物：铿迭、法拉比、阿维森纳和阿维洛伊。当时哲学的发展遍布整个伊斯兰世界，铿迭和法拉比在帝国的中心巴格达，而阿维森纳出现在阿拉伯世界的边缘布哈拉，今乌兹别克斯坦境内。阿维洛伊则生活在地中海西岸的安达卢西亚，今西班牙境内。

篇幅关系，后面不会再谈中世纪犹太哲学的发展，这里简单提几位值得关注的哲学家。首先是萨阿迪亚（Saadiah Gaon，882—942 年），他是中世纪第一位犹太哲学家，用阿拉伯语写作，涉猎范围很广。另一位是伊本·加比罗尔（Ibn Gabirol，1021—1058 年），他的著作《生命的源泉》阿拉伯原文仅存残篇，但很早被译为拉丁语，对西方世界产生了深远的影响。加比罗尔认为，除了神或者上帝之外，所有的事物都由质料和形式构成，包括天使和我们的灵魂在内，这一主张拓展了亚里士多德形而上学的一个重要论题，被后世称为"普遍质形论"。很多基督教世界的哲学家会批评或者回应这样的主张。有意思的是，当时的基督教世界误认为他是阿拉伯哲学家，还给了他一个与阿拉伯语对应的拉丁名阿维森博朗（Avicebron）。最后要提到的是犹太历史上最伟大的哲学家摩西·本·迈蒙（Moses ben Maimon，1138—1204 年），他在拉丁世界被称作迈蒙尼德（Maimonides）（图 10.3）。他出生在西班牙科尔多瓦，这是一个当时以宗教宽容著称的城市。伊斯兰世界在中世纪思想的繁荣，和它对其他宗教相对宽容和开放的态度是分不开的。遗憾的是，13 世纪开始，随着基督教收复西班牙的军事政治运动的兴起和发展，这种宽容就不断被削弱。到了1492 年，多宗教共存的状态就最终消失了。迈蒙尼德为了避祸逃到埃及。他同时用阿拉伯语和希伯来语写作，其中对后世哲学影响最大的无疑是《迷途指津》。这是一部百科全书式的著作，其中的类比学说、否定神学、上帝存在证明等哲学神学成就对后来的拉丁世界影响也很大。迈蒙尼德之后，犹太哲学的中心转到法国南部。他之后的犹太哲学家更愿意用希伯来语，而不是阿拉伯语写作。

2. 翻译运动

阿拉伯世界的翻译运动，可以追溯到伊斯兰教兴起之前的叙利亚。早在公元4世纪和5世纪就有哲学著作从希腊语译成叙利亚语。当时最有代表性的译者是雷塞纳的塞尔吉乌斯（Sergius of Reshaina，殁于536年）。他和同时期的波埃修一样，曾立志要将亚里士多德的著作译成自己的母语，也采用波斐利给亚里士多德的《范畴篇》所写的《导论》作为哲学的入门教材，试图在新柏拉图主义框架下展示柏拉图和亚里士多德理论的和谐。不过地中海两岸的这两位博学之士，命运颇为不同。

图 10.3 迈蒙尼德《迷途指津》抄本（1348年），哥本哈根丹麦皇家图书馆。端坐于六芒星椅子上的导师，很可能是亚里士多德。

当波埃修因为莫须有的叛国罪名被囚禁时，他只完成了亚里士多德部分逻辑学著作的翻译和评注。此后西方拉丁世界的哲学翻译陷入停顿。塞尔吉乌斯要幸运得多，他的事业一直后继有人。一批叙利亚基督徒经过数世纪的努力，不仅完成了亚里士多德逻辑学著作的翻译，而且把大量宇宙论、灵魂哲学、伦理学和神学著作译为叙利亚文。这批学者后来又被阿拉伯统治者招募到巴格达。

图 10.4　约翰·斯凯里兹《拜占庭编年史》抄本（12 世纪），马德里西班牙国立图书馆。阿拔斯王朝的哈里发马门（Al-Ma'mun）（左）是翻译运动最重要的推动者。而他和拜占庭皇帝塞奥菲鲁斯（右）的和平协议使他得以获得大量希腊抄本。在两位君主间周旋的是有"文法学家"之称的君士坦丁堡普世牧首约翰七世（左三和右二）和他的随从们。

伊斯兰世界的翻译运动真正蔚为大观，是在阿拔斯王朝 762 年建都巴格达之后（图 10.4）。哈里发曼苏尔在巴格达建立了"智慧宫"，从阿拉伯各地广泛招募有识之士翻译希腊的学术著作，"智慧宫"同时也成为学问传承的中心。到 10 世纪末，几乎所有关于科学和哲学的希腊语世俗著作都被译成了阿拉伯语。

在翻译运动中，有两个学术圈子贡献巨大。首先是铿迭和他的追随者。铿迭本人可能并不懂希腊语，但他身边聚集了一群非常勤奋的译者。他们不仅把柏拉图、亚里士多德的经典译成阿拉伯语，还翻译了逍遥学派的亚历山大、新柏拉图派的斐洛珀诺斯、奥林匹克多鲁斯等人的著作和亚里士多德评注。

这里需要强调的是新柏拉图派著作的翻译。一是普罗提诺的《九章集》的第四至六卷，一是普罗克洛的《神学原本》。他们都被阿拉伯学界当成了亚里士多德的著作：普罗提诺的《九章集》的后三卷被称为《亚里士多德神学》，而普罗克洛那本纲领性著作则被当作亚里士多德的所谓《纯善之书》，后又被拉丁世界译成《论原因》，深刻塑造了 13 世纪经院哲学早期的形而上学传统。由此可见，伊斯兰世界对古希腊哲学传统的接受，非常依赖新柏拉图派的滤镜。不过，还需要一提的是亚历山大的影响。他是正统的逍遥学派哲学家。他关于灵魂和理智的讨论，也给阿拉伯乃至中世纪和文艺复兴时期拉丁哲学的发展留下了深刻印记。

阿拉伯世界翻译运动的迅速发展，与铿迭这样影响力巨大的思想家的推动密不可分。他以开放的胸襟面对希腊的哲学传统，在《论第一哲学》中曾经写道：

> 希腊人中在哲学上最了不起的亚里士多德说过："我们应当感激那些对真理有所贡献的人的父辈，因为他们的父亲是他们存在的原因；更不用说要感谢这些孩子本人；因为他们的父辈是他们的原因，而他们则是我们获得真理的原因。"他在这件事情上说得真好！当我们不管真理从何而来而去赞赏真理、获取真理时，我们不应感到羞愧，哪怕它来自遥远的民族，来自和我们截然不同的国度。[1]

直到今天，还有很多学界中人纠缠所谓中西之分，而不关注真假之别。读到阿拉伯先哲的这段话，了解到他们为学术迁移和哲思发展所做的贡献，不知会不会感到羞愧。我们没有时间细讲铿迭自己的哲学贡献，与本讲主题相关的是，阿拉伯传统将亚里士多德所说的理智区分为四个不同的类别，并且强调人的理智认知的过程是同第一理智或者神圣理智相结合的过程，这两点都可以追溯到铿迭整合希腊哲学传统的工作。

不过，阿拉伯世界这场翻译运动，如果从翻译质量和对后世的影响来看，最重要的工作是由一批聂斯托利乌斯派基督徒完成的，其中影响最大的是侯奈因·伊本·伊斯哈格（Ḥunayn Ibn Isḥâq，809—873年）和他的儿子伊斯哈格·伊本·侯奈因（Isḥâq Ibn Ḥunayn，830—911年）（图10.5）。他们和一群得力的助

图10.5　曼弗雷都斯《药草与植物》抄本（14世纪），巴黎法国国家图书馆。图为希波克拉底与侯奈因。侯奈因本人也是一位医生，他将希波克拉底和盖伦的著作译为阿拉伯文。

---

[1]　此处翻译根据英译文，见 A. Ivry, *Al-Kindi's Metaphysics. A Translation of Ya'qub ibn Ishaq al-Kindi's Treatise 'On First Philosophy' (fi al-Falsafah al-Ula)*, with Introduction and Commentary, Albany: SUNY Press, 1974, pp. 57-58。

手一起将亚里士多德几乎所有著作译为阿拉伯语。他们的工作极为严谨，例如本讲最为关注的亚里士多德《论灵魂》一书，侯奈因不仅先将它译成叙利亚语，而且又参考不同的希腊文底本，给出了两个阿拉伯语译文。随后不断修订译本，使之臻于完美。和铿迭学圈一样，侯奈因父子不仅翻译亚里士多德和柏拉图著作，也翻译评注家的著作，尤其是把亚历山大的《论理智》一文译成了阿拉伯文。

在以上两个学圈之外，值得一提的是阿布·比什尔·马塔（Abu Bishr Matta，870—940 年）。他并不懂希腊文，但从叙利亚文将很多著作转译成阿拉伯语，包括部分今天已经失传的《〈论灵魂〉评注》。马塔更重要的贡献，是建立了巴格达逍遥学派，培养了包括法拉比在内的一批杰出的哲学家。巴格达逍遥学派对亚里士多德传统推崇备至，尤其强调要把逻辑思考作为一切反思的出发点，来整合关于自然哲学、形而上学和伦理学的理论探索。他们在对理智的分析中，不仅关注知识论和宇宙论的维度，而且强调它在实践维度的意义，认为人的理智和神圣理智的结合，不仅是我们获得真理的途径，而且是达至美好生活、拥有真正美德的必要条件。这一点虽然在普罗提诺的著作中已有端倪，但伦理学毕竟是新柏拉图派的短板。而阿拉伯的哲学传统在接受古代哲学遗产时，则进一步将理智论的实践维度发扬光大。

二、亚里士多德《论灵魂》中的灵魂与理智

进入伊斯兰世界的理智论之前，我们需要简单介绍一下亚里士多德《论灵魂》一书关于灵魂本性、能力以及理智这种特殊活动的讨论。

1. 作为实体性形式的灵魂

首先要强调的是，在亚里士多德哲学传统中，灵魂不仅同认知、欲求等有意识的活动联系在一起，而且被看作生命的本原，是包括植物在内的一切有生命物共同具有的本原。相应地，一切有生命物，都可看作灵魂和身体的复合物。

亚里士多德在质形论[1]形而上学框架下，进一步检讨灵魂和身体的关系。他认为，在我们生活的物理世界（月下世界）中，所有事物都由形式和质料复合而成，有生命的事物也不例外。其中，形式规定一类事物之本质或者是其所是，把该类事物同其他事物区别开来。而灵魂作为生命的本原，把有生命的事物同其他事物区别开来，它也因此被等同为有生命事物的形式（图 10.6）：

图 10.6 　《戈莱斯顿圣咏》抄本（14 世纪初），大英图书馆。亚里士多德指出，如果人的身体是一把斧子，那规定了斧子之为斧子的就是它的灵魂，例如劈砍的活动。一把不能劈砍的斧子不仅是丧失了灵魂的斧子，而且根本就不是斧子，身体也是如此。（《论灵魂》2.1 412b11-15）反之，一个动物的灵魂能完成专属于人的活动，它也就不再是动物了。

　　　　灵魂之为实体，必然是如同一个潜在地拥有生命的自然物的形式那样。[2]

这里所谈论的实体，并不是《范畴篇》中类似苏格拉底那样的个别实体，而是《形而上学》核心卷中能够成为其他存在方式基底的形式实体。与它相对的身体也是实体，不过是作为质料的实体。

　　这种质形论框架下的灵魂－身体二元论，和前苏格拉底时期流行的还原论物理主义有明确区别。亚里士多德认为：灵魂作为实体，虽然只是一个形式，但它所具有的属性不能被还原为身体属性，否则灵魂就失去了它作为实体的意义，因为实体正是一种基础性的存在物，其他存在物通过它得以解释，而它自身不能被还原为其他存在物。另一方面，形式和质料的区分，也不同于柏拉图式的二元论。亚里士多德认为，灵魂作为一个形式，和其他所有质形复合物的形式一样，会随着质料的毁坏而消亡。一张桌子，如果我们砍去桌腿，将它付

---

[1] 　hylo morphism, hylo 指质（料），morphism 指形（式）。

[2] 　亚里士多德：《论灵魂》2.1 412a19-21。

之一炬，桌子的形式也就随之毁灭。动物、植物也是如此。他认为人或许也不例外。之所以用"或许"，是因为亚里士多德在谈到人和他的灵魂时会非常谨慎。让他觉得谨慎的原因，是人拥有理智这一特殊的活动（图10.7）。但是，至少在不考虑理智活动的情况下，亚里士多德的质形论看起来是在还原论的物理主义和柏拉图式的实体二元论之外，找到了第三条道路。

在亚里士多德的体系中，灵魂被进一步分成不同类别。而区分的标准，正是灵魂的特征性活动（即功能）：（1）植物灵魂或营养灵魂：它负责吸收营养、生长、生殖繁育等活动。这是所有生命共有的，包括植物在内；（2）动物灵魂：动物也有植物灵魂来维持它的生命，但在此之外，还拥有感知以及位移的能力，通过感知获取关于外界世界的信息，并根据这样的信息来决定它的行动，动物灵魂也被称为感性灵魂；（3）理性灵魂：将人和其他事物区别开来的最重要活动，就是理性的活动，尤其是思考活动。[1] 这也正是让亚里士多德对理性灵魂是否可朽稍感犹豫的原因。而理性活动的特殊性和亚里士多德的认识论内在相关，我们有必要做进一步的了解。

2. 亚里士多德的认知理论

理解亚里士多德认知理论的关键，仍然是形式。不过，这里的形式首先指的并不是之前所谈论的质形论框架下的形式。

图10.7　亚里士多德《论灵魂》抄本（14世纪初），图尔市立图书馆。亚里士多德在给学生讲授他的灵魂学说，一旁的天使正在接引一位死者的灵魂。中世纪的读者通常愿意相信亚里士多德也接受灵魂不朽的说法，不认为人的理智灵魂会随着身体的死亡而毁灭。

[1]　亚里士多德：《论灵魂》2.3。

那是本体论意义上的形式，它规定着一个事物的本质属性，可以独立于我们的心灵而存在。认知理论首先关心的是心灵可以通达的可知形式，包括可感形式和可理解形式。

亚里士多德把我们的认识过程或获取信息的过程解释为获得形式的过程。英文的"information（信息）"词源就来自亚里士多德传统的形式。获取信息的字面意思就是一个被形式化的过程。由此可以引出亚里士多德认识理论的一个根本原则：认识一个事物 x，就是具有和 x 相同的形式。我将它简称为**同化认知原则**。亚里士多德把人的认知分为两大类：感性认识和理性认识。它们的区别在于所关系到的认知对象或认知的形式不同，一个是个别的，另一个是普遍的。无论哪种情况，感知和理解，都是使灵魂具有和所认知对象相同形式的过程。

亚里士多德认为，人的一切认识都源于感知，是从感知到理性上升的过程，也是从个别到一般的抽象过程。他的抽象理论和认知形式化理论紧密结合在一起。"抽象（abstraction）"字面义为剥离，这里指将事物的可知形式同事物本身相剥离的过程。认知的第一步，实际上就是个别的可感形式和它的质料相剥离的过程。亚里士多德把感知（图 10.8）描述为在不接受质料的情况下获得个别的可感形式。就像把一枚戒指放入融化的蜡块中，蜡块在某种意义上获得了戒指的形式，但并不因

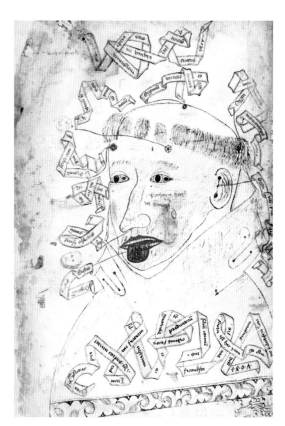

图 10.8　蒙特的兰伯特斯《以阿奎那学说为本的亚里士多德〈论灵魂〉串讲》抄本（1485 年），美国国家医学图书馆。这幅插图并非原书内容，而是出自某个使用者。他在飞舞的纸带上写满了灵魂在身体中的活动，借着描述亚里士多德的外感知理论，顺带着嘲笑了修士们的发型和面相。

此接受戒指的金属材质，而我们的灵魂也以类似的方式获得可感形式。[1] 那么，这是在什么样的意义上获得形式呢？举个例子，当我们看到红色的时候，如果我们的视觉要获得和所见的红色事物同样的形式，是不是意味着我们的感知或感官要因此变红呢？这里牵扯到过去 50 年间，亚里士多德研究中争论最为激烈的一个话题：亚里士多德所描述的感知中的变化，究竟是一个物理的、生理的变化，还是一个属于心智层面的、精神性的、意向性的变化？可以确定的是，不管在哪种意义上，感知都使我们的感性灵魂获得了对象的某种形式和特征。[2]

接下来的麻烦是：感知获得的是个别的可感形式，而理性需要的是普遍的可理解形式。这种从个别到普遍的飞跃是如何实现的呢？起关键作用的是想象（phantasia）。因为感知的一个特点是，只有当可感对象在场时，我们才会有相应的感知。如果把眼前的事物移开，在不考虑后象的情况下，对它的视觉也就随之消失了。听觉和其他感觉也是如此，想象力则不然。在亚里士多德这里，想象力首先不是凭空虚构或幻想的能力，而是一种保存心灵图像的能力，其次才是根据已有的心灵图像构造新的心灵图像的能力，例如想象一只独角兽。无论是否虚构，想象力的一个重要作用就是在外感知不在场的情况下，让心灵仍然可以拥有表征外物的心灵图像。此外，我们可以把不同情境中相似的心灵图像并置，也可以对这些图像进行组合。在这个基础上，我们既可以形成判断，也可以从相似的事物中抽象出它们的共同特征，从而获得对事物的一般认识。[3] 不过，在亚里士多德看来，这种一般认识不是由想象力自动完成的，而是需要另外一种能力——理智或努斯（nous）。

3. 理智的暧昧地位

让后世评注者头疼的是，理智在亚里士多德哲学中究竟具有什么样的地位，并没有一个明确的答案。亚里士多德首先给出的一个界定是：努斯是灵魂

---

[1] 亚里士多德：《论灵魂》，2.12 424a17-24。

[2] 相关争议，参见 Victor Caston, "The Spirit and the Letter: Aristotle on Perception," in Ricardo Salles (ed.), *Metaphysics, Soul and Ethics: Themes From the Work of Richard Sorabji*, Oxford: Oxford University Press, 2004, pp. 245-320。

[3] 参见亚里士多德：《论灵魂》3.3。

的一个部分，通过它我们可以进行认知和理解。[1] 认知和理解的对象是普遍必然的知识，或者说是可以理解的普遍形式。根据同化认知原则当我们的理智获得关于事物的普遍必然认识时，在某种意义上理智也就成了普遍必然的形式。这里的"某种意义"，就不能单纯用感知活动中的认知形式来解释，因为感知所涉及的是有质料的和个别化的可感对象，而理智的对象是普遍的，而且是没有质料的，因为质料被看作个别化的来源，有质料的就一定是个别化的。什么是理智认识的普遍形式？它作为非质料化的形式如何存在？能够接受非质料化形式的理智能否在作为质料的身体中存在？这些都是亚里士多德之后的哲学传统必须面对的难题。

在进一步分析理智的本体论地位之前，我们还要补充亚里士多德有关理智认识的一个重要假设。他对人的理智能力非常乐观，坚信人在理论上可以理解所有事物。亚里士多德非常明确地提出，人的认知是没有界限的。个人的认知之所以会有界限，是因为理智思考离不开想象，而个人的想象是有限的。[2] 这一假设带来的一个重要后果是，理智的本体论地位变得暧昧。

（1）首先，理智要认识所有事物，根据我们之前所说的同化认知原则，它就要在某种意义上变成所有事物，或者说具有所有事物的形式。亚里士多德认为，由此可知，理智本身在进行思考之前，不能现实地是任何存在着的事物，而只能是某种纯粹**潜在的**存在物。因为如果理智本身已经现实地是某种事物的话，那么，无论是根据同类相知还是异类相知的原则，都会把或者与理智相同、或者与理智不同的一类事物排除在它可以理解的对象范围之外，理智就没法认识所有事物。那么，如果理智不能现实地是某个事物，它是什么？我们在讲亚里士多德的形而上学时提到过，现实性是"所是"或者"存在"的一个重要含义：一个事物是什么，或者作为什么样的事物而存在，首先是它现实地是什么。如果事物之所是或存在首先对应的是它的现实性，那么，与潜在相应的就是事物之非所是或非存在。那么，这里所谓纯粹潜在的理智是什么呢？

在亚里士多德本体论中，还有一个东西也被看作纯粹的潜在，因为它可以

---

[1]　参见亚里士多德：《论灵魂》3.4 429a10-11。

[2]　同上书，3.4 429a18; 3.7 431a16-17。

成为所有的物质存在，这就是所谓的原始质料。但这里有一个很重要的差别，原始质料在所有事物的物质变化中保持不变，在某种意义上可以作为所有事物来现实地存在。但是，原始质料一定是作为一个个别事物而存在。这里所谈论的理智，它要认识的是普遍必然的可知形式，所以它要成为的也是普遍必然的可知对象。更麻烦的是，原始质料本身的本体论地位一直遭到后世研究者的质疑，引入原始质料概念并不能帮助我们更好地理解纯粹潜在的理智。

（2）理智与普遍事物的关联，同时将我们引向亚里士多德理智论的第二个困难：亚里士多德形而上学理论和柏拉图的一个重要区别在于，亚里士多德不认为普遍必然的事物能够独立于我们的心灵、独立于我们感觉所通达的个别事物存在。他很明确地拒绝柏拉图的形式。因此，在心灵之外的世界中，并没有作为普遍物而存在的认知对象。或者更确切地说，心灵之外没有现实地可被理解的普遍认知对象，因为心灵之外的事物都是现实地作为个别物而存在的。

这就意味着，亚里士多德必须解释理智如何获得现实的、可理解的普遍形式。它显然不可能来自纯粹潜在的理智，因为纯粹潜能自身不可能产生任何现实性。亚里士多德在《论灵魂》第3卷第5章，给出了一个非常暧昧且极富争议的解释。下面引用的这一段话，也是整个西方哲学史上被评注最多的一段哲学文本。

> 由于在一切自然物中，都存在某个东西作为每一种事物的质料（它也就是那潜在地是所有这些事物的东西），也存在另一个东西作为〔每一种事物的〕原因和生产者，因为它产生了万物，而〔这两个东西之间的〕关系就如同技艺和它的质料，因此，在灵魂中必然也存在这样的区分。也就是说，存在着那种可以如此变成一切的理智，也存在着那种可以产生一切的〔理智〕，它是某种状态，就像光一样。从某种意义上说，正是光使得那些潜在的颜色成了现实的颜色。这个理智因此也就是分离的、不受作用的、不相混合的、本质上就是现实性。[1]

这段话的基本主旨不难把握。亚里士多德对理智的功能做了一个区分：一个功

---

[1] 亚里士多德：《论灵魂》3.5 430a10-25。

图 10.9　但丁《神曲·天堂篇》抄本（1440—1550 年），大英图书馆。"我见有一个点发出如此锐利的光，任何人面对它闪耀的光芒，都不得不闭上双眼。"（28.16-18）上帝如同光点一样创造了一切可见光，让一切天体和整个自然因它而可见。

能是作为一个纯粹潜在的可理解对象的接受者，另一个功能是作为可理解对象的生产者，并因此成为理解活动现实性的来源。后者是一种更加正面和积极的状态，就像光一样。这一光的类比，很可能来自柏拉图的太阳喻，它对之后的理智论产生了深远影响（图 10.9）。和柏拉图一样，亚里士多德将理智活动与视觉类比：在某种意义上，光赋予了颜色可见的现实性。一个事物被照亮之前，它的颜色只是潜在地可见，不能被我们现实地看到；但当事物被光线照亮之后，颜色就现实可见了。而类似生产者的理智就像光一样，它可以照亮被我们理解的知识对象，使其成为现实地可以被理解的普遍形式。

　　亚里士多德认为与光相似的理智应当具有如下四个特征：分离、不受作用、不相混合、本质上就是现实。（a）这里所说的"分离"，指的是某种独立性，但它的具体含义是不清楚的，既可以指与我们的身体分离，也可以指与我们的灵魂分离，甚至是与我们的生活世界分离；（b）"不受作用"的含义相对明确，即它不会被动地承受其他事物的作用，尤其是不会像自然变化的承受者那样在变化中丧失自己原有的属性，例如苏格拉底的脸色由白变红，它就丧失了原来的白色，而苏格拉底在理解了别人提出的美德定义之后，并不会丧失自己的理智能力；（c）"不相混合"指的是理智与身体不相混合。亚里士多德认为无论是潜在的理智还是作为生产者的理智，都不能是身体的某种属性，也不能以身体的某个部分作为其认知的工具或器官。他的理由是与身体的混合会导致理智像感知那样依赖身体，从而无法认识一切普遍的可知对象；（d）"本质上就是现实"字面上不难理解，它意味着理智永远处于现实活动之中。困难在于：什么样的存在物才具有这样的现实性？

亚里士多德去世以后，他的追随者对理智的理解分裂为两大派：一派以他的继任者特奥弗拉斯托斯（Theophrastus，前371—前287年）为代表，认为理智仍然是人的灵魂的一部分，是人的一种特殊能力。他们要面对的困难，是如何解释人的这一可朽的理智，在什么意义上是分离的？在什么意义上永远处于现实活动中？因为我们并不总是在进行理智思考。

另一派以阿芙罗蒂西亚的亚历山大为代表，认为作为生产者的理智是一个超越物理世界的神圣存在者。它显然和我们的心智甚至物理世界相分离。但它会遇到的最大麻烦是：在什么意义上理智活动仍然是属于人的活动？

这段文本涉及的理论问题当然不止于此，值得一提的是，亚里士多德所说的"努斯（nous）"不仅可以指人独特的认知能力，可以指人的某种心智实体，还可以指独立于人的神圣理智实体，甚至可以指以上含义所指向的理解活动，在伦理学中还指某种特殊的理智美德。它的多义性，使得相关讨论异常复杂和精细。从古代晚期开始，理智暧昧的本体论地位就成为哲学反思的核心问题，在伊斯兰世界深受亚里士多德和新柏拉图派双重影响的哲学传统中尤其如此，而它所涉及的概念化思考的起源、抽象认识论、心灵的非物质性等话题，仍然可以为我们今天的哲学反思提供有益借鉴。

三、法拉比的理智论

1. 法拉比：生平与著作

法拉比（图10.10）公元870年出生于今土耳其法拉布小镇，也因此得名。他年轻时移居伊拉克，接触到前文提到的巴格达逍遥学派，就此选择哲学为业。

据说法拉比在学习哲学之前，曾担任伊斯兰教法官，因为偶然读到别人让他保管的亚里士多德著作，才决心皈依哲学。13世纪讲述这段轶事的叙利亚学者乌塞比（Ebn Abī Oṣaybe，1203—1270年）曾这样描述法拉比思想的转变：

> 人们说他最初曾以教法官为业，但当他意识到〔哲学〕究竟是什么样的知识（'ulūm），他就放弃了这职业，立誓要全心学习这门知识，不再把时间像过去那样耗费在世俗的事情上。[1]

这个评述初听起来让人费解：为什么选择哲学、放弃教法官的职业和宗教事务，会被解释成离开世俗和皈依神圣呢？

首先要注意的是，这里所说的"知识"指的是我们之前提到的伊斯兰科学，它在阿拉伯语中首先指的是与《古兰经》相关的神圣知识。更重要的是，对法拉比来说，哲学并不是一门纯粹的理论知识和学问，而首先是一种生活方式，一种使人通往神圣生活的事业。他一再强调，理论知识如果不能造福自己和他人，它就是一种有缺陷的哲学。因此，在法拉比的思想体系中，哲学最终指向政治哲学，指向政治共同体中人类幸福的实现。[2]我们很快会看到，在有关理智的讨论中，他认为人类的理智通过不断爬升的方式去把握第一本原，这是我们超越世俗生活、通达神圣者的唯一途径。

由此可见，对法拉比来说，选择哲学不是选择一门职业，而是选择了一种通向神圣世界的生活方式。这一点也体现在他的著作中，共分三大类：（1）哲学研究的导论性著作。例如著名的三部曲《论获取幸福》《柏拉

图10.10 土耳其1950年发行的法拉比纪念邮票。

---

[1] 引自 Abū Naṣr al-Fārābī, *Epître sur l'intellect*, introduction, traduction et commentaires de Ph. Vallat, Paris: Les Belles Lettres, 2012, p. x。

[2] 法拉比：《论获取幸福》54。

图哲学》《亚里士多德哲学》，再如《知识举要》；（2）为经典著作撰写的评注或释义。他为柏拉图的《法篇》写过述要，给《尼各马可伦理学》《工具论》、波斐利的《导论》等都写过评注；（3）原创作品。例如《存在事物的本原》《美德的城邦》《论理智》等，还包括他的形而上学经典之作《字母之书》（亦称《小词之书》）。

谈到法拉比的著作，自然绕不过有关隐微写作的争议。列奥·施特劳斯的隐微写作概念的一个重要来源就是法拉比的《法篇》评注。法拉比提到古代哲学家为了保护哲学不受世俗政治或宗教的迫害，往往将自己的真正教诲隐藏起来。施特劳斯认为微言大义或字里行间写作的手法是一种普遍存在的哲学写作方式，法拉比本人的著作也是如此写成。[1]这样的推断不仅缺乏依据，而且也未能注意到：法拉比的显白教诲，已经足够极端和惊世骇俗，例如他曾断然否认灵魂的不朽和来生，因此读者很难想象他还需要隐藏什么会招来麻烦的观点。[2]此外，法拉比在他著作的显白层面，也已为哲学思考做出了非常重要的贡献。

2. 法拉比宇宙论中的理智

在论及理智时，法拉比曾公开指责同时代的神学家混淆了理智的不同用法，他们的讨论往往指代不清。在《论理智》一书中，法拉比系统地区分了"理智"一词的六种不同用法：（1）日常用法，当人们说一个人是有理智的，实际上是说他是有美德的，总是懂得如何趋善避恶；（2）神学家们通常的用法：理智肯定和否定的内容，实际上就是理智所把握的共同概念；（3）《后分析篇》中的理智能力，它使我们得以把握一个知识体系不证自明的前提或公理；[3]（4）《尼各马可伦理学》第六卷中的理智，它同样使我们得以把握一个实践知识体系的前提。和前一种用法的不同在于，这里的前提涉及什么应当追求、什么应当回避，具有明确的实践导向；[4]（5）亚里士多德在《论灵魂》中所谈到的理智，稍后我们会看到法拉比对此还有更进一步的区分；（6）是亚里士多德在《形

[1] Leo Strauss, *Persecution and the Art of Writing*, Chicago: The University of Chicago Press, 1952, esp. pp. 17-18.

[2] 马仁邦：《中世纪哲学》，第98—99、104—105页。

[3] 亚里士多德：《后分析篇》2.19。

[4] 亚里士多德：《尼各马可伦理学》6.6。

而上学》中谈到的理智，即第一推动者或者说第一理智。[1] 不过，法拉比在指责神学家们滥用理智概念的同时，明确否认理智的不同含义是完全不相关联的同名异义现象，而是尝试在他的宇宙论框架中整合理智的不同含义，使它们最终都指向政治共同体中的美好生活。

图 10.11　托勒密的宇宙图景，出自 Andreas Cellarius: *Harmonia macrocosmica*, Amstelodami: apud Joannem Janssonium, 1661, Plate 1.4。地球位于宇宙中心，地球之外有 9 个等距天层，由里到外的排列次序是：月球天、水星天、金星天、太阳天、火星天、木星天、土星天、恒星天和原动天。

　　法拉比的宇宙论尝试调和不同的希腊思想遗产，最核心的是三个支柱：（1）亚里士多德关于因果理论的形而上学主张：凡是结果必有其原因，尤其是动力因；（2）普罗提诺的流溢说，它用来解释不同层级的存在者之间的本体论关系；（2）托勒密的天文学体系（图 10.11）。[2]

　　法拉比首先认为存在第一存在者或者第一因。在他看来，亚里士多德的因果理论表明，因果关系没有办法向前无穷追溯，因此必须有一个第一因确保因果链条的实现。法拉比认为第一因必然是一个理智的存在。通过它的流溢产生了第二理智，与此同时还产生了恒星天。这是和新柏拉图派很重要的一点不同，法拉比认为月上世界不同存在物在流溢时，总是既产生一个理智，又产生一层天体。与此类似，第二理智又会通过流溢产生第三理智和另一层星体。如此往下，共有九重天，对应第一理智之外的九重理智。其中，最后一重理智，

[1]　亚里士多德：《形而上学》11.7。

[2]　Peter Adamson and Richard C. Taylor (eds.), *The Cambridge Companion to Arabic Philosophy*, Cambridge: Cambridge University Press, 2005, p. 56.

就是亚里士多德在《论灵魂》III.5 中谈到的作为生产者的理智，又称主动理智。法拉比认为它是一个超验的存在，支配着月亮以下的物质世界。地球位于物质世界的中心，它的核心是水和土这两个比较重的元素，在它们之上是气和火。而图中（图 10.11）不可见的，但位于最底层的则是四种元素之下的原初质料。这四种元素构成了各类物质存在。不过，法拉比把人的灵魂从其他形式中抽取出来，认为它介于诸理智和物质世界之间，可以成为一个独立的本原。由此，整个宇宙包含六个本原：第一存在者或第一因、第二理智（即第一因和主动理智之间的其他理智）、主动理智、灵魂、形式和质料。

3. 法拉比论灵魂及其能力

法拉比之所以将灵魂视为独立本原，首先是因为灵魂的理智活动。和亚里士多德一样，法拉比也区分灵魂的不同官能：（1）营养生长官能；（2）感知和欲求的官能。法拉比明确区分外感知和内感知，尤其把内感知和想象力等同起来，强调想象力是我们在外感知缺席时仍能获得可感知形式的特殊能力。它是将感性经验和理智认识连接起来的枢纽；（3）人所独有的理性或理智官能。

法拉比关于想象力的谈论尤为惹人注目。他一方面延续古代晚期哲学家们的思考，认为想象力可以帮助我们保存所获得的感知印象，同时又可以通过组合或分离的方式来加工甚至是操纵这些感知印象。想象力甚至可以被看作一种特殊的表征能力，使我们获得关于个别事物的判断。在他的想象力学说中，最有趣的是想象力具有一种特殊的再生性模仿能力：它既可以模仿和创造我们听到的声音、看到的图像，也可以模仿理性的能力所获得的可理解形式。不仅如此，法拉比认为想象力还可以模仿欲求能力，包括饥渴或性欲。他甚至认为我们的某些营养生长活动，乃至身体的状态，也可以在想象力中得到表达。在法拉比的灵魂学说中，想象力承担了前所未有的枢纽作用，把灵魂的不同官能纠集在一起。可以附带一提的是，想象力对于法拉比解释宗教知识，尤其是先知们通过启示所获得的宗教知识也非常重要。他认为由于超越物理世界的主动理智的作用，那些本来要通过理智把握的可理解对象，先知们单凭想象力直接通达。此处，法拉比显然是在尝试为宗教中的启示知识提供一个自然主义和理性主义的解释。[1]

与先知不同，正常人通过理智能力来把握可理解对象。在法拉比的灵魂学说中，人的理智指的是我们的内在品质，它就是理性灵魂或其官能。人的理智首先处于潜能状态，它使我们可以进行抽象活动。这里所说的抽象，不仅仅是在感知经验中把可感对象和它的质料相分离的过程，而且是把一个可感的形式如颜色和它的个别性相分离的过程，它使得颜色本身为我们所知，或者使得一个事物的本性直接为我们的理智所把握。这里包含从个别到一般的上升过程。法拉比认为我们具有理智这样一种内在品质，它使我们已经准备好，只要满足外在的条件，就能通过抽象的方式，从想象力所保存、所再生的心灵图像中获得理智知识。[2] 不过，人的理智首先处于潜能中，那么，它是怎样从潜能到现实，最终获得理智知识的呢？

4. 法拉比论理智认识活动

亚里士多德在《论灵魂》中引入潜能理智和主动理智的区分，以此解释人的理智认识活动的来源。法拉比受铿迭的影响，在《论灵魂》中进一步区分理智的四种不同含义：（a）潜能理智或质料理智；（b）现实理智或处于现实性中的理智；（c）获得理智或品质性的理智；（d）主动理智或能动理智。其中，前三种理智都存在于人的灵魂中，构成理智认识的三个不同阶段；只有第四种理智是超越于人之外的神圣理智，并被看作前三种理智活动的现实性来源。

前面已经谈到人内在地拥有进行抽象的能力或品质。在法拉比看来，这种（a）潜能理智内在于灵魂中，无须通过理智思考活动习得。但因为它始终处于潜能的状态，它的存在本身并不能使得我们获得理解。要获得理解，就需要想象力所保留的心灵图像现实地被抽象为可理解的对象。法拉比断言，当我们现实地进行理解时，作为理解者的（b）现实理智和作为理解对象的可理解形式，就是一回事，因为潜能理智在此所获得的一切现实性均来自理解对象的现实性。这也就意味着，当一个可理解形式被理解的时候，该形式本身也就变成了

---

[1]　法拉比：《美德的城邦》，参见 Luis Xavier López-Farjeat, "al-Farabi's Psychology and Epistemology," *SEP*, URL = 〈https://plato.stanford.edu/archives/sum2020/entries/al-farabi-psych/〉。

[2]　法拉比：《论理智》11—13 节。

一个可以进行理智思考的活动。此时，理智、理智对象和理智思考活动三者之间的区别也被取消了。

法拉比进一步断言，对任何现实的可理解形式的理解，都是现实理智的自我理解，因为它们之间没有差异。这实际上等于说所有理解都是自我理解。[1] 法拉比没有进一步处理的困难是，在我们的内省经验中，对心灵之外的事物本质的理解和对自我本身的理解至少在现象层面是不同的，这一点我们在奥古斯丁相关讨论中看得非常清楚。[2] 此外，即使从本体论角度看，如果现实理智仍是人灵魂的一部分，那么在人现实地获得灵魂之外的可理解形式的现实性之前，理智本身就应该拥有某种现实性，否则就没有办法把它和一个纯粹的潜能区别开来，也没有办法解释为什么它有能力去接受被抽象的信息。而该现实性应该能够使潜能理智成为现实。这就意味着，法拉比承认理智甚至在被理解之前，就已经是现实地可理解的。然而，现实的理智为何在理解外物之前不能理解自身呢？

法拉比没有直接回答这样的疑难，而是引入一个更让人费解的概念：（c）获得理智。在法拉比之前，铿迭也谈到过获得理智，但他将其等同为抽象能力，并且认为我们需要通过理解活动才能习得这种能力。[3] 而法拉比认为，人生而具备的第一阶层的潜能理智已经包含这样一种能力。相应地，他所说的获得理智，实际上是人的理智的一种完满状态。当我们的理智成为获得理智时，所有可理解对象都内在于我们的灵魂中，不再需要任何抽象活动去把握可理解对象，也不需要通过对可理解对象的理解来实现自我理解，而是在某种意义上万物皆备于我。此时，获得理智也更接近新柏拉图派所说的理智本体。不过，法拉比坚持亚里士多德传统，不认为这样的理智拥有柏拉图式的形式，它所拥有的一切可理解形式都来自人的理智自身的抽象活动。

从潜能理智到现实理智再到获得理智，这是理智的自我理解不断实现和上升的过程，也是理智的现实性不断增强的过程。在法拉比看来，这些不断增强的现实性，并不来自人的理智自身，而是出自一个始终处于思考活动中的（d）主动理智。主动理智从来不在质料之中，而是一个超越物理世界的存在。

---

[1] 法拉比：《论理智》14—16 节。

[2] 见本书 9.2.4。

[3] 铿迭：《论理智》8 节。

它承担两个功能：一是在认知中，使潜能理智成为现实理智，潜在的可理解物成为现实的可理解物；二是在本体论上赋予月下世界有质料的事物以本质。主动理智之所以能够实现这两种功能，是因为它和新柏拉图派所谈论的理智本体一样，内在地包含了一切现实的可理解形式。这些可理解形式使我们的抽象活动得以可能。

和亚里士多德一样，法拉比利用光的类比来展示主动理智在认知中的作用，不过对其作用机制做了更为深入的解析。（1）主动理智作用于我们的灵魂，首先使我们的潜能理智或质料理智转变为现实理智。其转变的方式，就是让潜能理智的抽象能力从一种品质变成现实的活动，例如从我们所看到的所有红颜色中抽象出红本身；（2）此时，红本身作为我们的理解对象，也从潜在的变成现实的。所以，就像光既照亮了可见物，也照亮了眼睛一样，主动理智既作用于认知对象，也作用于认知者；（3）更进一步，光在照亮可见物和视觉器官的过程中，它本身也成了可见的对象，因此，在改变我们的理智和可理解对象时，主动理智对我们的作用也成为我们的理解对象；（4）最后，可见光使得它的来源太阳间接地成为可见对象，主动理智对我们的作用也使得与我们相分离的主动理智本身，间接地成为可理解对象。[1]

有意思的是，与亚里士多德不同，但与柏拉图《理想国》中的太阳喻相似（图10.12），法拉比认为，一方面，主动理智像光一样，在认知活动中照亮了我们的潜能理

图 10.12　《预兆之书》抄本（1580 年），伊斯坦布尔托普卡帕宫博物馆。在伊斯兰的占卜传统中，天使托举的太阳被看作明显的吉兆。

---

[1]　法拉比：《论理智》22—24 节；《存在物的本原》12 节，参见 López-Farjeat, "al-Farabi's Psychology and Epistemology"。

智；另一方面，它所产生的可理解形式又被质料接受，进而成为我们心灵之外的物质形式。后者超出了认识论的范畴，从本体论上解释了月下世界物质形式的来源。法拉比强调，我们在理解活动中把握的可理解形式和心灵之外的物质形式，都来自同一个主动理智，这确保了人类理智认识的实在论基础。

此时，法拉比提到的理智的六种不同含义，它们之间的内部关联也就清晰起来。一方面，他的宇宙论解释了月下世界和月上世界，乃至第一理智、第一推动者之间连续的本体论依存关系，同时也指明了月下的尘世通往来生的救赎路径：在主动理智的光照下，通过理智的直观和实践理智的能力，去把握神学家们所谈论的普遍必然真理，从而使我们的潜能理智变为现实理智，进而获得日常所说的美德。而我们获得美德的过程，就是不断地趋近于（与第一理智最为相似的）获得理智的过程，也是不断趋近幸福的过程。[1]

法拉比的理智论，以实践哲学为引导，通过宇宙论来完成对人的理智认知活动的解释。当然，它引入了心灵之外甚至超越经验的神圣存在物，来解释我们的理智经验。但与此同时，法拉比拒绝将主动理智这样的神圣存在的作用神秘化，而是尽可能用自然主义的方式解释它在理智认知过程中的作用，同时通过它的本体论后果来保证心灵之外的世界既是实在的又是我们的理智可以通达的。由此可见，法拉比是一个彻底的理性主义者，他在引入新柏拉图派宇宙论的同时，又通过来自亚里士多德的思想资源，剔除了其中的神秘因素。他的学说尽管有很多烦琐之处，但无疑为阿维森纳、阿维洛伊等人理智论的发展敞开了广阔的理论空间。

四、阿维森纳的灵魂学说与形而上学

1. 阿维森纳：生平与著作

阿维森纳本名伊本·西那，公元 970 年出生于丝绸古道上的文化重镇布哈

---

[1] 法拉比：《论理智》26 节。

拉（今乌兹别克斯坦境内）。他是人类历史上少有的天才，16 岁时已在布哈拉宫廷行医，因为高超的医术而获得进入皇家图书馆的特权，在那里博览群书。他在《自传》中宣称自己已经掌握了当时几乎所有的知识："当时我对于这些知识的理解，已经达到了人类可能性的极致。"[1] 这并非妄自尊大，阿维森纳确实拥有那个时代最强大的头脑（图 10.13）。不过，唯一的例外是亚里士多德的《形而上学》，他把这本书反反复复读了 40 遍，仍然不得其解。直到有一天，有个书商坚持要把法拉比的《论亚里士多德〈形而上学〉的宗旨》这本小书给他。

阿维森纳一读之后豁然开朗，从此无所不知。

幸运的是，法拉比的《宗旨》一书完整流传了下来。[2] 不幸的是，它只有寥寥几页，让人很难理解为什么聪明绝顶的阿维森纳需要用它来扫清理解形而上学的障碍。学者们通常认为阿维森纳的顿悟可能来自该书的一个重要主张，即形而上学研究的对象，应该是最为普遍和广泛的是或存在，而不是某个特殊的是者或存在者。阿维森纳在构建自己的形而上学体系时，进一步明确地区分

图 10.13　约翰·卡达莫斯托《论医事》抄本（15 世纪），维也纳奥地利国家图书馆。中世纪基督教世界常常将阿维森纳描绘为国王的形象，他既被称为"哲学之王""逍遥派之王"，也被称为"医学之王"。图中他高居宝座，德谟克利特、盖仑、铿迭等哲学家和医学家在他身边争论不休。

---

[1]　Roy Jackson, *What Is Islamic Philosophy*, London and New York: Routledge, 2014, p. 49.

[2]　英译文见 Amos Bertolacci, *The Reception of Aristotle's Metaphysics in Avicenna's Kitâb al-Šifâ': A Milestone of Western Metaphysics*, Leiden: Brill, 2006, pp.66-72。

了形而上学研究的主题和宗旨。前者必须是该学科研究的对象。而一个学科的研究对象的存在是预先给定的，不需要该学科去证明。例如数学不需要证明数或线的存在。对于形而上学来说，它需要去为包括自然哲学在内的其他学科奠基，需要去证明它们所研究的对象的存在。因此，形而上学所研究的，不需要它去证明其存在的，只能是最为普遍的是或存在本身。但与此同时，正如亚里士多德自己也承认的，形而上学作为第一哲学，同时也是关于神圣事物或第一存在者的研究。阿维森纳强调，第一存在者是形而上学的宗旨或研究目标。因为第一存在者是需要通过形而上学的知识去认识，甚至需要去证明其存在的这样一个对象。通过对形而上学的主题和宗旨的区分，阿维森纳找到了一条沟通一般形而上学和特殊形而上学的内在路径。

阿维森纳18岁读通《形而上学》之后，自认古往今来第一哲人。不过，博古通今的他一生却谈不上幸福。他很早得到布哈拉宫廷的赏识，但该王朝很快覆灭。阿维森纳多次辗转于不同的宫廷，不少著作都是题献给世俗的君主。尽管常常颠沛流离，阿维森纳始终是一个特立独行的思想家，没有承担过任何宗教职务，也不是某个哲学学派的宗师，他甚至对当时的巴格达学派嗤之以鼻。

阿维森纳是一位惊人高产的写作者，归在他名下的作品有300余种。按保守估计，至少有100种出自他本人之手，这其中包含了《医典》这样的长篇巨制，该书到了17世纪仍然是欧洲和阿拉伯世界最重要的医学百科全书。

阿维森纳在哲学写作上最重要的贡献，是创造了涵盖一切哲学知识的百科全书式写作，把人类可知的理性知识作为统一的整体予以呈现，这就是所谓的"哲学大全"。阿维森纳有五部这样的大全流传至今，四部用阿拉伯语，一部用波斯语写成。其中只有《治疗论》一书在12世纪时被翻译成了拉丁文，但这足以奠定他在拉丁世界的崇高地位。《治疗论》包括逻辑学、自然哲学（包括灵魂论）、数学和形而上学。

2."悬浮者"思想实验与灵魂的非物质性

我们从著名的"飞人"或"悬浮者"思想实验谈起。假设有一个一下子被创造为完满的理性存在者，他不需要从婴儿成长为少年再成年的过程，初生之际就具有完备的理性能力。比较特殊的是，他的视线被遮蔽，看不见外在事物，他被创造出来的那一刻，就悬浮在真空中，感觉不到任何流动的空气支撑着他，而他的四肢伸展、互不接触。总之，他的眼耳鼻舌身所有的外感官都与可感对象隔绝，没有任何外感知，当然也没有内感知（图 10.14）。那么，这个理性存在者脑中会空空如也吗？不！阿维森纳断定，他必然会意识到自己的存在，会毫不犹豫地肯定自己存在，但他不会肯定任何外在于他理性的存在，

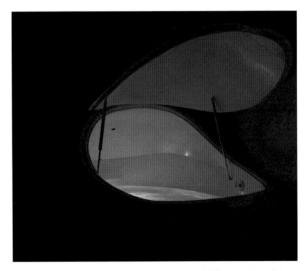

图 10.14　约翰·C. 利利 1954 年发明"隔离箱"，又称"感官剥夺箱"。箱中的水加热到体温，并含有足够的泻盐（硫酸镁）保持特定的密度使人容易漂浮其上。裸体进入箱内，当盖子封闭时，整个人被切断所有外部感官刺激，包括声音、视觉、重力等，如同阿维森纳思想实验中的漂浮者。此图为改进后的商用版本，但有不少人报告在外感官被剥夺后出现了幻觉。(图片来源：Galen Crout on Unsplash)

无论是他的肢体，还是身外之物，还是任何隐藏在他肌肤之下的事物——既不肯定他的心，也不肯定他的大脑的实在。他在肯定自我存在的同时，并不会肯定他的身高体重或其他任何物质属性。即使他那时候可以想象一只手或其他肢体，也不会把它想象为自己的一部分，或者某种对他的本质而言必要之物。阿维森纳由此断定，这个理性的存在者可以清醒地意识到自己作为理性灵魂的存在不同于作为身体的存在。[1]

　　如何理解阿维森纳的这一奇思妙想是个难题：（1）首先，它究竟是一个论证，还是启发性的说明？如果是论证，那它就有逻辑谬误的嫌疑。因为我们并不能够从"我知道 S 不是 P"，推导出"S 事实上就不是 P"。很多学者因此转而认为"悬浮者"思想实验只是帮助他的学生理解灵魂的存在和本质的一个启发性案例，因为在它之外，阿维森纳对灵魂的非物质性存在给出了一系列有趣的

[1]　阿维森纳：《治疗论·论灵魂》1.1。

证明。

（2）除了论证效力之外，更多的争议涉及"悬浮者"思想实验的实质内容：它所涉及的究竟是灵魂的存在，还是灵魂的本质？它关心的是灵魂存在的本体论论证，还是对灵魂可以进行自我意识和自我认知的知识论论证？它和笛卡尔的"我思故我在"的说法有什么样的关联？这些都是值得大家在近代哲学史的学习中进一步思考的话题。

无可争议的是，阿维森纳显然认为：灵魂在被剥离感知之后，仍然可以意识到自己的存在，但却无法再察觉到自己身体的存在。在这一点上，阿维森纳和法拉比有明显的差异：阿维森纳将理智的自我认识和理智对其他事物的认识截然区分。与此同时，一个理性的存在者，完全可以不把身体设想为自己的一部分，也不把它设想为灵魂存在的必要条件。这至少足以证明，人的灵魂在概念上是可以同身体相分离的。因为在对人的灵魂的定义中剔除了身体，以及和身体相关的活动，并不会带来矛盾。当然，这并不意味着灵魂在存在上就是同身体相分离的。所以，无论这个思想实验是否能被看作严格的证明，它至少说明了人的灵魂可以被设想为非物质性的存在。

阿维森纳并未止步于此，而是进一步从基本形而上学原则出发，试图证明灵魂**就是**非物质存在。

他首先非常明确地拒绝亚里士多德对灵魂的质形论定义，认为灵魂是一个非物质实体，不能简单地看作身体的形式或官能。他有时把灵魂说成是身体的完满性，同时强调完满性并不必然随着它的基体的消失而毁灭。

术语上的差异反映出亚里士多德和阿维森纳在理论上的根本分歧，其中的关键就是如何解释理性灵魂的理解活动，因为这被看作理性灵魂的本质活动或属性，也是其完满所在。通过理解活动，我们获得可理解形式，在这个意义上，理性灵魂也成了可理解形式的容器。在阿维森纳看来，一个物质性的存在不能成为可理解形式的容器。他为此给出了一个缜密而精彩的论证，证明无论物质可分还是不可分，都无法充任这一角色。[1]

（1）首先看不可分的物质，它就像数学上的点一样，不包含任何可分的量。

[1] 以下参考阿维森纳：《拯救·灵魂学》6.9，英译文见 Hyman et ali (eds.), *Philosophy in the Middle Ages*, pp. 256-258.

阿维森纳进一步把点区分为两种：（a）一种是其存在在本质上依赖线的点。这是亚里士多德传统所谈论的点，他们认为不存在脱离线的点：一个点，总是两条线中间的界限；（b）另一种点，则是和线相独立的。

先来看（a）作为线的本质部分的点。一方面，这个点作为可理解形式的容器，而理解活动被看作它的本质活动，所以它的本质属性就是接纳可理解样式。相应地，作为一条线段上的点或作为某条线段的界限，这仅仅是它的一个偶然属性。但在亚里士多德体系中，这样一个被看作本质上不能和线分离的点，它本质上又必须是线段的界限。所以，这样的点就既本质上又偶然地是线段的界限，这是荒谬的。

再看（b）和线独立的点。我们可以设想，这样的点 x 作为可理解形式的容器，可以和某个线段接触于 y 点。此时，x、y 和可理解形式之间关系会有两种情况：（I）一是 x 把可理解形式和 y 分开。而要实现这种分离，x 这个点就会有一个部分是和 y 相接触的，另一个部分是和可理解形式相接触的。这也就意味着，x 可以区分为这两个部分，这同我们一开始假设它不可分相矛盾；（II）另一种情况则是 x 不能够阻止可理解形式和 y 相接触，同样也不能阻止 y 和与 x 相邻的另一个点 z 相接触。这就意味着，x 成为可理解样式的容器，而其他与它相邻的点 y、z 也就成为该可理解样式的容器，这显然也是荒谬的。

（2）那么，可分的物质作为可理解样式的容器会不会好一些呢？显然不是。首先，所有物质在理论上都是无限可分的，它所容纳的可理解样式也会随之无限可分。但我们所理解的对象，例如人的概念，虽然包括"理性的"和"动物"两个要素，而"动物"又可以分成"有感知的"和"生命体"两个要素，但这些概念显然不能无限可分，否则我们就不能对人这个概念有所理解。更重要的是，有一些简单的概念，例如"统一性"这样的原初概念，其他概念必须通过它被解释，而它本身不通过其他概念被解释。它是一个简单的概念，我们对它的把握是不可分的。

阿维森纳进一步指出，我们所把握的可理解形式，实际上是从位置和处所中抽象出来的认知形式，它并没有空间的物质作为其基体，而且也只能以非物质的方式或者说概念化的方式，存在于理智或理性灵魂中。更重要的是，我们的理智可以一个接一个地去理解无穷多可理解的对象。但一个物质作为容器，总有损坏的时刻。

当阿维森纳否认了物质可以成为可理解形式的容器，强调理性灵魂的非物质性时，这是否意味着他要走向一种彻底的、柏拉图式的二元论呢？也不尽然。在阿维森纳看来，理智凭借自身就可以接受可理解形式，并不需要身体或者其他物质作为其工具或器官。但与此同时，他不否认理智需要感性认识的辅助，例如它需要从个别的感觉内容中抽取简单的共相，需要从有规律的经验中获取构建知识体系的前提，等等。这是因为与悬浮者不同，人的理性灵魂存在于物质身体之中，它需要通过这些感性活动来获得进行理智认识所必需的基本原则和前提，以此开启它的自我理解之路。所以，阿维森纳断定，在本质上与身体分离的理性灵魂，在存在上却是和身体同源的。他甚至不惜**否定**新柏拉图派普遍接受的灵魂先在说。

阿维森纳认为，假如灵魂在身体之前存在，那么，它（1）要么是多，（2）要么是一。（1）如果先在的灵魂是多，灵魂成为多的原因只有两种可能：（a）一是因为它自身所拥有的形式或本质而成为多。但这显然不可能，因为预先存在的人的灵魂，它们的本质是一样的，我的灵魂跟你的灵魂没有本质的区别；（b）二是灵魂通过与它相结合的质料而成为多。但预先存在的灵魂并没有身体作为它的质料，因此也不可能成为多。（2）反过来，如果灵魂是一，那么，当它被接受到身体中时，它（a）要么仍然为一，（b）要么变成多。（a）如果它没有变成多，这就意味着同一个灵魂可以在不同的身体中存在；（b）而如果灵魂在进入身体时变成了多，这就意味着原来没有质料或者量的单一的灵魂至少是可分的，这也跟我们的前提相冲突。由此可知，灵魂不能在进入身体前预先存在。[1]

有趣的是，阿维森纳在强调人的灵魂与身体在时间上同时进入存在时，并不因此认为灵魂会随着身体的毁灭而毁灭。我们再次看到阿维森纳论证的一个很重要的形式特点，他经常会用归谬法、反证法。先假设要否定的论题成立，然后再用析取的方式穷尽所有可能，最后一一排除，这是一种非常强大的论证方式。

阿维森纳首先断言，如果灵魂随着身体的毁灭而毁灭，这就意味着灵魂在

---

[1]　阿维森纳：《拯救·灵魂学》6.12，Hyman et ali (eds.), *Philosophy in the Middle Ages*, pp. 258-259。

某种意义上依附于身体。这种依附关系有三种可能:(1)灵魂与身体共存;(2)灵魂在存在上后于身体;(3)灵魂在存在上先于身体。

(1)首先看灵魂与身体共存。此时,灵魂对身体的依附关系(a)要么是本质性的,(b)要么是偶然的。(a)如果是本质性的,这就意味着灵魂不是实体,因为它的存在本质上依赖身体,不满足实体因其自身而存在的定义。(b)而如果是偶然的话,灵魂就不必随着身体毁灭而毁灭,因此至少可能不朽。——当然,这里的论证有乞题的嫌疑,因为阿维森纳已经预设了灵魂是实体,而实体的存在不可能在本质上依附于其他事物。但在亚里士多德及其追随者看来,灵魂仅仅是作为形式的实体,并不是一个独立存在的实体。

(2)如果灵魂的存在后于身体,那么根据此前所提到的身体与灵魂的结合方式,身体就应该是灵魂存在的原因,或者是理由。根据四因说,身体就应该至少从其中一个方面解释灵魂的存在。我们显然很容易否认身体是灵魂的形式因和目的因。身体也不可能是灵魂的动力因,因为身体只有通过某种官能才能作用于他物,而这种官能本身依赖身体的质料,是不可能产生像灵魂那样凭自身而持存的事物的——当然,这里同样有乞题的危险。阿维森纳同时也断然否认身体是灵魂的质料因,他的理由是灵魂不能作为形式刻印在任何物质质料之上,这显然是在引述他的灵魂定义和之前有关灵魂非物质性的论证。

(3)如果灵魂先于身体,那么这个"先于"(a)要么是在时间上先于,(b)要么在本质上先于。(a)如果在时间上先于的话,前面我们已经证明了灵魂没有在身体之前的预先存在。(b)如果在本质上先于的话,这就意味着身体本质的定义必须包含灵魂的定义,因为 A 在本质上先于 B,则对 B 的本质的定义不能离开 A 的定义而成立。那么,身体必然只能因灵魂的毁灭而毁灭,不可能有其他导致自身毁灭的原因。阿维森纳认为这与事实不符,因为导致身体毁灭的可能是它内部体液平衡遭到破坏等纯物质原因。[1]

阿维森纳由此得出结论:灵魂并不依附于身体,而身体只是灵魂存在的一个**偶然原因**。身体使得灵魂得以个体化,它受造为灵魂的容器,充当灵魂得以完满的必要工具。身体和灵魂在时间上有共同的开端,但却没有共同的终结。

---

[1]　阿维森纳:《拯救·灵魂学》6.13,Hyman et ali (eds.), *Philosophy in the Middle Ages*, pp. 259-261。

因为灵魂作为完满性的存在，不依赖身体，而是依赖主动理智。在这个意义上，我们确实看到阿维森纳的灵魂哲学有强烈的柏拉图传统的二元论倾向，并且以此为个体灵魂的不朽做了有力的辩护。但与此同时，阿维森纳为了辩护灵魂的个体性，强调了灵魂在现世生命中同身体的亲密关联。他把身体看作灵魂内在的自然倾向，这一点同样前无古

图 10.15　内扎米·阿鲁兹依·撒马尔罕迪《四类英才》（Chahar Maqala）抄本（16 世纪），伊斯坦布尔土耳其与伊斯兰艺术博物馆。阿维森纳通过号脉和问诊就诊断出卧榻之人饱受相思之苦。阿拉伯－伊斯兰的医学传统认为身体的功能展示出灵魂与身体的交互性，相思成疾就是体液失衡与心理事件交互作用的结果。

人。他以一种隐蔽的方式重新回归亚里士多德对灵魂和身体统一性的强调（图10.15）。所以，他的灵魂哲学不再是对过往哲学体系的一种简单调和或折中，而是基于他自身的哲学洞见，对过往理论的一种批判性综合。

3. 阿维森纳论内感知和理智认知

在展示了阿维森纳灵魂本体论的基本框架之后，我们进一步考察他的认识论。着重介绍内感知和理智认知理论。

阿维森纳对人的内感知做了很多原创性的区分，并且将不同的内感知能力同大脑中不同的腔体对应起来，这可以看作后世官能心理学的前驱（图10.16）。我们今天的认知科学，执着于定位心灵活动，也可以追溯到阿维森纳的

努力。而他之所以有如此创见，和他作为医生的理论研究和实践工作是分不开的。

阿维森纳首先引入两个基本法则：（1）接受和保持可感物的能力不同。在自然界中，善于接受的东西通常不善于保存，反之亦然。水善于接受其他事物的作用，但并不善于保存。反过来，土则因为它自身的坚固性，善于保存却不善于接受；（2）感知能力的区分取决于感知活动所涉及对象的区分。阿维森纳认为，感知能力可以接受两种不同对象的作用：一种是通常所说的可感形式，比如说形状、声音、气味等；另一种则是个别事物的意向（ma'na）——这个词在阿拉伯语中用法多样，可以指逻辑上的概念，特别是属和种这样的二阶概念；也可以指一个语词本身的意义。这里指的是一个自然物和其他事物的内在关联。举个例子，当一匹狼看到羊时，它感知到的不仅仅是一团毛茸茸、白乎乎的东西，而是可以充饥的食物。这匹狼可以把握到羊作为食物和它自身存在的关联。反过来，当一只羊看见狼的时候，它看到的也不仅仅是一个灰色的、尖牙利齿的动物，而是一个会对自己生命造成威胁的敌人。狼和羊所把握到的都是可感对象与它自身的关联，阿维森纳因此认为，把握颜色、毛发等可感形式的能力，不同于把握可感对象和认知主体之间关联的意向的能力。

根据上述法则，我们的内感知就应该拥有四种能力：一种

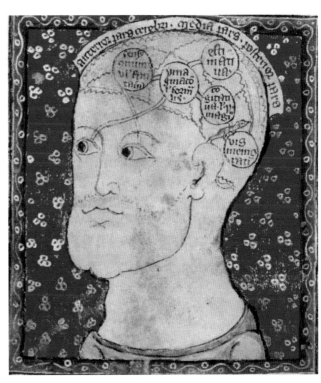

图 10.16　《二语文献汇编》抄本（14 世纪初），剑桥大学图书馆。此图说明大脑的不同区域，依据阿维森纳和阿奎那的内感知理论，将其区分为五个腔体，自左至右依次为共通感、想象力、判断力、思辨力和记忆力。

接收可感形式，一种接收意向，一种保存可感形式，一种保存意向。第一种能力被称作共通感（common sense），负责收集我们通过外感官获得的可感印象，接受这些可感形式；第二种能力是传统所说的想象力（phantasia），阿维森纳将它的能力限定为保存共通感所接受的可感形式；第三种能力是判断力，它帮助我们接受可感对象的意向，例如羊感受到的狼的敌意；第四种能力则是记忆或回忆能力，它专门负责保存意向而不是可感形式。

在上述四种内感知之外，阿维森纳还指出了一个特殊的感知能力，将其称为组合性的想象力，它对应于希腊语的"phantasma"。该能力可以追溯到法拉比提到的创造性的模仿能力。阿维森纳把它和古希腊人通常归于想象的组合和区分的能力结合起来。在人的灵魂中，组合性的想象力有一个特殊的名字，"思辨力（cogitative power）"，也称特殊理性认知能力。它的一个独特功能就是，将我们用理智把握的概念和个别事物联系起来。在亚里士多德的三段论推理中，小前提需要将个别事物同某个概念联系起来，例如我们一方面需要通过理智来把握"人是会死的"这样的大前提，同时也需要特殊理性认知能力将"苏格拉底"和"人"联系起来，从而把握"苏格拉底是人"这样的小前提，才能得出"苏格拉底是会死的"结论。组合性的想象力通过将"苏格拉底"和"人"相组合或者相分离，帮助我们做出肯定的或否定的判断，这为理智的进一步抽象和将理智的一般认识运用到个别事物上提供了心理机制保障。

阿维森纳同他的先行者一样，将理智区分为不同的层级，其根据是基于作为接受者的人类理智所处的不同潜能状态。第一种是处于绝对潜能中的质料理智，这是人类婴儿所拥有的理智，它完全没有任何思考，只是拥有接受思考的潜能；第二种是拥有了原初的可理解对象时的品质理智。此时，理智所拥有的只是"整体大于部分"，"S不能既是P又是非-P"等高度形式化的法则；第三种理智则在原初的可理解对象之外，拥有其他可理解形式，例如狼、羊、颜色等，但并未现实地关照这些可理解对象，这被称为现实理智。它拥有一系列概念和信念，但并没有现实地进行思考，而是将它们存储起来；第四种是人类思考者在现实地进行理智思考时所具有的理智，它被称为获得理智。阿维森纳强调，最后一个层级之所以被称作获得理智，是因为它的现实活动来自一个始终进行理智思考的主动理智，来自这个超越物理世界的神圣理智。[1]

与铿迭不同，阿维森纳明确地将品质理智同获得理智区分开来；与法拉比不同，阿维森纳谈论的获得理智没有强烈的救赎论色彩，单纯指人的理智能力的完全实现。不过阿维森纳所说的第三种理智和第四种理智的区分，同法拉比的学说一样预设了这样一个前提：可理解形式的在场，本身并不能够确保理智活动的实现，还需要额外的条件。不过，法拉比的主张非常暧昧，并没有交代清楚这个额外的条件。而阿维森纳基于他对主动理智的原创性理解，给出了一个独特的解释。首先，和所有亚里士多德传统理智学说的解释者一样，阿维森纳同样强调主动理智是人的理性灵魂获得普遍形式的原因。它为人类理智提供了理解所必需的抽象概念、公理性的命题和其他一些普遍命题。也就是说，刚才我们所说的人类理智从潜能到现实的每一步转化，同样都需要主动理智的因果干预。当然，除此之外也需要人类特殊的组合性想象力的参与，以此触发主动理智对我们的质料理智的现实化作用。

主动理智如何促成人类理智从潜能到现实的转化呢（图10.17）？当代学者有严重的分歧：主流的意见强调，主动理智把可理解形式赐予灵

图 10.17　尼扎米《五卷诗》抄本（1665 年），大英图书馆。此处描绘夜行登霄：穆罕默德骑着神兽布拉克，在天使哲伯勒依来（最右，即加百列）的引领下登上七重天。阿维森纳和法拉比一样，将主动理智等同于支配着最底层的月球天的理智实体，即天使哲伯勒依来。他不仅是人类理智认知得以现实化的原因，而且它的流溢生成了质料，也生成了在质料中出现的自然形式，包括人的灵魂。

[1]　阿维森纳：《治疗论·论灵魂》1.5。

魂或刻印在灵魂之上的过程，就是一个可理解形式从主动理智流向人类理智的过程。这种源自新柏拉图派的解释，将理智认识和感性认识截然分割，强调超验的主动理智的绝对主导作用。人的理智被看作普遍概念的被动接受者。[1]但最近也有学者，如哈瑟（Dag N. Hasse）指出，阿维森纳的理智学说包含着真正的抽象理论：在主动理智的作用下，人的理智可以重新考察在想象中保存的个别事物，找到它们在功能上的相似，从而将所获得的可理解形式刻印在自己的理性灵魂中。因此，人类理智认知的过程确实需要主动理智的参与，但主动理智就像光一样，只起中介作用，而人的理智发挥着更积极的作用。[2]不过，无论哪种解释，不管是流溢说，还是抽象说，我们都无法回避光的类比：阿维森纳强调主动理智的光照是人类理智认识的必要条件。

阿维森纳为了强调主动理智在人类理智认知中的主导作用，强调我们的记忆可以保存可感的形式，保存意向，但是不能够保存理智思考的结果。这是一个听起来非常反直观的主张。因为我们一旦理解了一个命题，或者掌握了某种语言，这个认知成果通常就会在大脑中留下痕迹，只要我们愿意，就可以自如地运用它。这里，我们需要关注亚里士多德理智学说的一个重要困难：如何解释不同个体的理智活动在思考同一个对象，即我所理解的勾股定理和毕达哥拉斯的并没有不同？阿维森纳之所以否认我们具有理智记忆，他担心的是：如果普遍的可理解形式可以存储在我们的心灵中，而我们的心灵因为和身体的结合而被个别化，那么，普遍的可理解形式就会产生个体差异，我和毕达哥拉斯理解的就不再是同一个勾股定理。因此，为了确保我们的理智思考所指向的是同一对象，就需要一个更稳定的机制来确保这一点。阿维森纳因此认为，一个独立于我们心灵的主动理智去储存普遍的可理解形式，比我们的心灵要可靠得多。

与此同时，阿维森纳强调，我们的理智活动仍然取决于我们的意愿。因为我们的想象力，特别是人所特有的思辨力，使得我们总能把苏格拉底放在人这样的概念下来把握，以此触发主动理智的光照。此时，在与主动理智结合时，我们就不再需要像第一次理解时那样从头（大前提）进行推理，而是可以直接

---

[1]　例如 Herbert A. Davidson, *Alfarabi, Avicenna, & Averroes, on Intellect*. New York, Oxford University Press, 1992, pp. 93-94。

[2]　Dag N. Hasse, *Avicenna's De anima in the Latin West*. London, Warburg Institute, 2000, pp. 183-186.

得出"苏格拉底是会死的"这样的结论。

阿维森纳（图 10.18）在他的理智认知论中，努力平衡主动理智和人类理智在整个认知过程中的贡献，就像他平衡亚里士多德和新柏拉图派传统一样。他一方面既要保证人类理智的可靠性，另一方面又不想否认人类理智的个体性。无论我们是否接受他独特的理智论主张，都很难否认它的原创性和对后世阿拉伯哲学、犹太哲学和拉丁哲学发展的巨大影响。它已成为心灵哲学史上的一座丰碑。

4. 阿维森纳论事物性（thingness）与存在

人类理智最终把握到的可理解形式究竟是什么？对于阿维森纳来说，这个问题的难解之处在于：一方面它作为严格知识的基础，应当是普遍必然的；但另一方面，它源自我们的可感印象，又要和个别事物建立联系。我们前面展示的是认识论上的困难，接下来将简单考察它在形而上学上的挑战和阿维森纳的天才解决方案。

法拉比无疑意识到了理智认识的实在论会带来的困难。他利用一种独特的宇宙论，通过强调同一个主动理智的认知和形而上学功能，来解释物质世界的形式与人的理智把握的普遍形式的同构。这个解决方案思路清奇，但多少有些机械降神的意味，将一切疑难都交付一个形而上学地位可疑的神

图 10.18　阿维森纳《医典》抄本（15 世纪），博洛尼亚大学图书馆。此抄本为《医典》希伯来语译本，以装饰华丽著称，上图为两城交战的寓意画，下图为阿维森纳授课场景。

圣理智。

阿维森纳的解决方案则扎根于他一个重要的形而上学洞见，即对事物的存在、理智把握的事物概念和事物本身三者的明确区分。要理解这一洞见，需要回到形而上学的一个核心问题：人这样的自然类别，为什么既可以拥有不同的个别成员柏拉图、苏格拉底，而这些不同成员又能因为共同的、单一的本性而被称为人？换句话说，一个自然物的本性与它作为个别事物的存在有何关联？这个问题之所以困难，是因为如果这个事物的本性和它的存在一样也是个别化的，也和它具体的偶性结合在一起，比如说苏格拉底的秃头，柏拉图游历过西西里岛的经历，这时我们就会问：我们有什么理由认为苏格拉底和柏拉图仍然拥有共同的、单一的人性？反过来，如果他们的人性没有被个别化，这时我们又会问：这样一个共同的本性，在什么意义上既属于柏拉图，同时也属于苏格拉底？简单来说，一个事物的本性，究竟是一还是多？

从柏拉图的形式理论开始，哲学家们对这个形而上学难题给出的答案让人眼花缭乱。他们在形而上学上的立场，往往会影响到各自的认识论主张。有的哲学家认为心灵之外事物的存在都是个别化的，因此，我们的理智所把握到的共同本性，就是通过心灵的概念化思考方式实现的，它完全依赖我们的心灵。这无疑牵扯到那些普遍谓词、普遍概念所意指对象的本体论地位，即所谓共相问题。我们下一次会结合阿伯拉尔的著作进一步展开。[1]

阿维森纳的独到之处在于他用一种全新的视角来思考事物的本性：当我们思考事物的本性，比如说人之为人时，我们思考的并不是人性在个体中的显现，也不是我们的心灵对于人性概念的把握，而是人性本身。因为我们在定义人性时，首先考虑的不是它是否适用于不同的个人，或者我们如何理解人性，而是人性如何区别于其他自然本性。因此，当我们思考事物本性或对它进行定义时，我们就是在绝对地把握它的本性，既没有承诺人性在我们心灵之外作为个别事物而存在，也不牵扯有关人的普遍本性的概念在心灵中的存在。但另一方面，正因为事物的本性在存在上是**中立的**，它又可以被个别的事物在我们心灵之外例示，也能被我们的心灵以概念的方式抽象地把握（图 10.19）。

---

[1] 见本书 11.3。

图 10.19 《宝座经文》纸上水彩与黄金（16 世纪晚期），多哈伊斯兰艺术博物馆。"马性拥有一个不需要普遍性的定义。更应该说普遍性是附着其上的。马性本身就只是马性。因为它既不是多也不是一，既不存在于可感的个体之中，也不在灵魂之中，它并非潜在地或现实地是以上事物中任何一个以至于需要将其置于马性的定义之中。"（《治疗论·形而上学》5.1.228.31-6）

　　在此基础上，阿维森纳对我们之前所说的本体论形式和可理解形式之间的关系，给出了一个独特的回答。首先，他认为这两种形式都不是我们所谈论的事物的本性自身，而只是事物本性的不同显现方式。我们的理智通过抽象的方式所把握到的普遍的、共同的概念，之所以可以成为对外在世界中的个别事物的正确认识，在阿维森纳看来，就是因为依赖心灵的概念和心灵之外的个别事物都是同一事物性（thingness）本身的不同存在样态，它们都是事物本性进入存在以后的结果。当然，我们仍然需要追问：心灵的概念在什么意义上是关于事物本性的概念，而不是我们向壁虚构的结果？这就需要回到之前的认识论，回到流溢说和抽象说的争议：或者是主动理智将它对事物的恰当把握刻印在我们心灵中，或者是我们剥离了可感形式中与事物的个别存在相关的属性，从而认识在个别事物中例示的事物本性本身。当然，无论哪种解释，阿维森纳同样需要一个主动的理智来保证我们的理智认知活动通达事物本性。但这和法拉比让主动理智成为外在事物的形式的创造者的学说有了根本的区别，因为主动理智在人类认知活动中的贡献被限制在照亮事物本性上。同时，他的形而上学通过区分事物本性、个别事物和事物概念，为解决传统的事物本性的一与多之争开创了一条独特的解释路径。

阿维森纳指出"事物本性"或"事物性"在存在上的中立地位，无疑是其本体论学说的神来之笔，巧妙地回避了传统解决方案的诸多困难。但事物性本身的本体论地位是含混的，它既不同于我们心灵直接通达的普遍概念，也不同于心灵之外的事物所例示的个别本性，那么，它是什么？相比亚里士多德所说的实体性形式，柏拉图所说的形式或理念，或新柏拉图派所说的可理解对象，它有何特异之处？阿维森纳是不是为了解决普遍本性个别化的问题，反而引入了一个难以定位的事物性范畴？这些问题留给大家在阅读本讲材料时思考。

在接受事物性这一概念之后，需要进一步澄清的是它和存在（或所是）之间的关联。因为事物性在存在上的中立地位，预设了事物的本性或本质和存在的区分。亚里士多德已经暗示了这一区分，但正是阿维森纳明确而系统地阐释了本质和存在的区分，从而在根本上改变了此后形而上学的基本理论框架。

首先，阿维森纳认为事物和存在是共外延的：只要 x 是一个事物，它就是存在的；反之，只要 x 存在，它就是一个事物。后者看起来好像不言自明：存在者总是某类事物。但我们可以谈论独角兽或孙悟空这样的事物，难道这些虚构对象也是存在的吗？在回答这个问题之前，阿维森纳首先强调的是，事物和存在尽管外延相同，但它们具有不同的内涵：事物指所有我们可以有意义地谈论的对象，尤其是那些可以成为一个句子的主词所意指的对象。需要注意的是，并非所有的语句都有意义。不仅"咿咿呀呀"这样的语句没有意义，而且像"方的圆"这样包含着逻辑矛盾的短语，也是没有意义的。阿维森纳认为，这样的短语意指的并不是事物，而是"不可能者"。它不是事物，它也不存在。[1]

在将没有意义的不可能者排除在事物与存在之外后，我们就可以进一步考虑其他可以谈论的对象是否在同样的意义上存在了。阿维森纳依照伊斯兰哲学的传统，区分出三类：①虚构对象，例如独角兽；②心灵中有关现实存在的事物的概念，例如我们所理解的"人"这一普遍存在者或共相；③心灵之外的个

---

[1]　阿维森纳：《治疗论·形而上学》1.5。

别可感事物，例如苏格拉底。

以上三类都被看作事物，也因此具有存在，但并不具有同样的存在论地位。阿维森纳强调，就作为事物而言，它们并无区别，因为它们都可以成为主词所意指的对象，我们都可以对它们进行分类，也因此可以谈论它们作为一类东西的存在，也可以回答"它们是什么"这样的问题。尽管如此，这三类事物具有的存在是不同的。因为，当我们追问有没有事实说明该事物确实如此时，我们的回答是不一样的：像"苏格拉底"这样指称个别事物的语词，它所对应的是心灵之外的个别事物，它是最实在的。而"人"这样的概念，它首先是心灵中的存在，但因为我们的心灵通过一种复杂的理智认知过程才能获得这一概念，这可以保证"人"的普遍性：它是多，不像"苏格拉底"只能用来说苏格拉底，"人"这一概念适用于苏格拉底、柏拉图和所有个别的人。因此，"人"具有心灵中的存在，而它所适用的个体则具有心灵之外的个别存在。最后是独角兽：在某种意义上，"独角兽"这一概念也可以像"人"一样说成是多，因为它看起来适用于不同国度不同时期谈到的一个个不同的独角兽。但与"人"不同，事实上并不存在心灵之外的个别的独角兽。

阿维森纳在此明确地将事物和存在区别开来：只要 x 能被有意义地谈论，它就能够以某种方式被我们的心灵把握，也因此成为一类事物，具有特定的事物性，无论 x 是个别事物、虚构对象还是心灵的概念；与此相对，能够被有意义地谈论的事物 x 可以具有不同类型的存在：（a）或者在心灵之中，（b）或者在心灵之外。 回到事物的本性是一还是多这一难题，在谈到"苏格拉底的人性"时，它的存在就会有这样的区别：一方面它是个别化的，是属于苏格拉底这个特殊个体的，因为它在心灵之外的存在总是个别化的；另一方面，它在心灵中的存在是普遍的、单一的，被我们的理智把握为一个能够适用于其他人类个体的这样一个单一的概念。

阿维森纳区分事物（性）和存在，不仅为他的理智认识论提供了一个全新的形而上学基础，而且为我们重新理解存在之为存在提供了新的理论框架，也为他解决青年时代就为之困惑的形而上学的主题和宗旨难题提供了全新的思路。

形而上学的宗旨要求我们证明第一存在物的存在。阿维森纳首先借助事物性和存在的差异区分了必然存在和可能存在：如果 x 的事物性中包含了 x 的存在，那么，x 就是必然存在；而如果 x 的事物性中不包含 x 的存在，那么，x 就是一个可能存在。

之前提到的马性和人性，有关它们的定义并不包含它们的存在，无论是在心灵中，还是在心灵之外的存在。作为事物性而言，马性和人性实际上和独角兽性没有区别，因此，具有马性或人性的事物只是一种可能存在，因为它的存在外在于它的事物性或本质。对这样的可能事物而言，从事物性到存在，就需要一个外在于它的原因。而另外一类事物，它的本性中就包含着它的存在，无需外在于本性的原因来解释其存在。阿维森纳认为上帝（真主）就是这样的存在。上帝的本性中一定包含着它的存在，否则就会跟上帝无可争议的神圣属性冲突，例如他是最伟大的、至善的、因其自身而存在的。

区分了必然存在和可能存在之后，阿维森纳进一步给出上帝必然存在的证明。我们感知到个别事物如苏格拉底、赤兔马的存在，这是一个经验事实。随后，我们认识到在他们的本性中并不包含着他们的存在，因此他们只是可能存在。而可能存在之存在必然有其自身之外的原因。而它的原因，如果仍然是可能存在的话，就必须有自身之外的原因。但阿维森纳认为，这个因果链条不能无穷地向前追溯——我们会在阿奎那关于上帝存在的证明中，进一步讨论这个命题及其困难 [1]，因此，它的终点必然不能是可能存在，而只能是一个其本性包含着存在的必然事物。而且这个必然事物的存在不能有自身之外的原因，否则因果链条仍然可以继续往前追溯。由此可知，从我们经验到的可能事物的存在，可以推出它存在的第一原因是因其自身的必然存在。

值得赞赏的是，阿维森纳并没有由此断定一个可能存在的第一因就是一切存在的原因，否则他就犯了量词转换的谬误，即从所有事物的存在都有第一因，推出有一个原因是所有事物存在的第一因。阿维森纳接下来尝试论证，因其自身的必然存在只能是一个单一的存在，不能有两个因其自身的必然存在。他采用了归谬论证的方式，假如存在两个因其自身而必然的存在，那么，它们一方面就具有共同性，就像苏格拉底和柏拉图具有共同的人性一样；另一方面，它们又要具有差异性。如果没有差异性，它们就是同一个存在，就不必再

[1] 见本书 12.3.2。

论证了。这就意味着这两个因其自身而必然存在的事物本身都各自包含着两个不同的部分，一个是共同性，一个是差异性。而当一个事物拥有不同部分的时候，就意味着它自身和它的部分是不同的。前面我们说了，它是因为它的差异性和

图 10.20　亚里士多德《著作集》抄本（13 世纪末），巴黎马萨林图书馆。亚里士多德身着阿拉伯服装，向一群拉丁世界的基督教僧侣讲授形而上学的内容。

共同性才获得了存在。那么，它就不是因为它自身而必然存在，因为它自身作为整体并不必然包含这两个部分，因为整体的概念显然不包含它的特定部分的概念。由此可知，因其自身而必然的存在只能有一个，它就是作为一切其他存在原因的上帝。[1] 阿维森纳的上帝存在证明，引入了有关存在的全新模态理论，决定性地影响了后世形而上学和哲学神学的发展（图 10.20）。

五、阿维洛伊论质料理智

1. 阿维洛伊：生平与著作

　　回到伊斯兰世界的理智论，对拉丁传统影响最大的无疑是阿维洛伊。他的阿拉伯名为伊本·陆世德（Ibn Rushd，1126—1198 年），出生于今西班牙科尔多瓦一个极有影响力的宗教学者家庭，比同城的迈蒙尼德年长一轮，在西方世界

---

[1]　阿维森纳：《治疗论·形而上学》1.6-7; 8.4。

以亚里士多德哲学评注而知名。他取代了阿弗洛迪西亚的亚历山大和法拉比，被后世学者尊称为"评注家"。在中世纪拉丁世界不加限定地提到"哲学家"，指的是亚里士多德，而提到"评注家"，说的就是阿维洛伊。阿维洛伊认为，他作为一个评注者的最重要贡献，就是回到亚里士多德自己的哲学话语体系，使其摆脱法拉比、阿维森纳等阿拉伯哲学家的随意解释。

阿维洛伊自己的哲学工作并不局限于亚里士多德评注。在伊斯兰世界，最让他出名的是一系列为哲学辩护的论战作品，例如《决定性的论文》《宗教信仰中例证方法揭示》《矛盾的矛盾》等。其中，《矛盾的矛盾》针对的是 11 世纪著名神学家安萨里（al-Ghazali，约 1056—1111 年）对阿维森纳等哲学家的批评，逐条反驳安萨里的名著《哲学家的矛盾》。在这一系列论辩著作中，阿维洛伊愈发意识到有必要回到亚里士多德的文本：这既是为了更好地捍卫哲学作为证明性知识的地位，也是为了更好地解决纷繁的哲学论战——他深信亚里士多德的著作包含着所有科学知识和科学方法论。

阿维洛伊一共撰写过 36 部亚里士多德评注，因为不同的写作宗旨和篇幅的长短，可以分为短篇、中篇和长篇评注。其中短篇评注又称之为"精要（Epitomes）"，很可能是他年轻时期的作品。它以教条的形式精要地重塑逍遥学派（而不仅仅是亚里士多德本人）的主张。中篇评注又称之为"释义或意译（Paraphrases）"，它不仅用评注者的语言转述原文，而且试图用系统的方式重新安排亚里士多德论述的内容。不过，阿维洛伊强调，它的宗旨仍然是澄清亚里士多德的本意。长篇评注代表着阿维洛伊评注事业的巅峰，它遵循古代晚期的评注传统，一段一段地完整引用原文，逐字讲解文义，然后进一步详述文本解释和理论上的疑难。阿维洛伊还常常激烈地批评其他亚里士多德解释者，捍卫一种在他看来正统的逍遥学派主张。他为《后分析篇》《物理学》《论天》《论灵魂》和《形而上学》五部重要著作都撰写了长篇评注。

2. 阿维洛伊《〈论灵魂〉中篇评注》中的理智论

《论灵魂》是阿维洛伊最看重的著作之一，他为之撰写的短篇、中篇和长篇评注，也以不同形式完整地保存下来。我们将聚焦其中有关潜能理智的讨论。不过，麻烦的是，阿维诺依自己在这三部著作中的立场不尽相同，有时候甚至截然相反。

在早期的《〈论灵魂〉精要》中，阿维洛伊延续先前阿拉伯哲学家的思考，认为潜能理智也是个体灵魂的一部分，而且和我们的想象力的品质紧密结合在一起。

到了《〈论灵魂〉中篇评注》，阿维洛伊引入了一种相对比较复杂的说法：潜能理智并不是一个单纯的存在，而是我们的灵魂所具有的一种内在品质和主动理智的结合。其中，灵魂的内在品质来源于想象力，但它首先是一种去结合的品质，让灵魂准备好接受主动理智的光照（图 10.21）。和《精要》中的讨论不同，阿维洛伊认为潜能理智不再是一个单纯只属于人的品质，而是必须包含外在于灵魂的神圣理智的参与。不过，因为我们的内在品质来源于和身体相结合的理性灵魂，潜能理智在一定意义上是质料化和个别化的。当主动理智跟我

图 10.21 托马斯·勒梅西耶《柳利著作精编》抄本（约 1321 年），卡尔斯鲁厄巴登州立图书馆。本图描绘的是"亚里士多德的大军带着评注摧毁谬误之塔"。冲在最前方的骑士自然是亚里士多德，他的战马是"推理（racionatio）"，紧随其后的是阿维洛伊，他的战马是"想象力（ymaginatio）"。

们的这种品质结合在一起时，主动理智就具有了某种潜能和质料性，变成了质料理智。但与此同时，因为主动理智就其本身而言，是与我们相分离的、超验的、神圣的存在，它可以保证我们理智思考活动的单一性、共同性和普遍性。[1]

阿维洛伊在此强调，潜能理智或质料理智是我们自己的品质和主动理智结合而成的产物，主动理智本身成了它的一个形式。此时，我们的思考活动之所以属于我们，并不是因为主动理智是我们灵魂的能力，也不是因为潜能理智完全是我们的能力，而是因为去和主动理智结合的内在品质，是取决于我们的、通过生活和实践而获得的品质。所以，当我们不愿与主动理智结合时，我们就不能进行思考。但另一方面，阿维洛伊又强调，主动理智在其自身中只能思考自身，不能思考自身之外的东西。当主动理智与我们的品质结合时，它因此具有了质料性，也就可以思考自身之外的物质性存在。在这里，不仅是我们需要主动理智来获得对事物本性的认识，主动理智也通过与我们的结合来认识物质性的存在。从人的视角看，当我们进行理解活动时，主动理智和潜能理智，实际上是同一个事物的两个侧面：强调我们的理解活动的现实性来源时，它就是独立于我们的主动理智；强调它与心灵的结合时，它就是一种潜在的有待实现的能力，也就是质料理智。

不过，或许是限于中篇评注的文体性质，阿维洛伊并没有进一步解释潜能理智中的两个要素之间有何关联，只是强调主动理智同人的灵魂的结合是偶然的，潜能理智在本质上属于普遍的主动理智。至于本质上属于灵魂之外的理智实体，它的品质如何能够内在于我们的灵魂之中，与此同时，内在于我们的灵魂中的品质，如何能够进行超越个体的理智思考，针对这两个让人困扰的理论问题，阿维洛伊并没有给出让人信服的解释。他只是断言，人的灵魂的品质与超验的理智实体，就是以这样一种近乎神秘的方式结合在一起。但阿维洛伊没有意识到的是，质料理智的质料性，如果来自主动理智和我们的灵魂品质的结合，或者说它在我们的灵魂中的延伸，这也就意味着，只有当它在我们的灵魂中时，它才是质料理智，那我们又如何能像上文所说的那样，去断言它和我们灵魂的结合只是偶然的呢？

[1]　阿维洛伊：《〈论灵魂〉中篇评注》（Ivry 英译本）111-112。

3. 阿维洛伊《〈论灵魂〉长篇评注》中的单一理智论

阿维洛伊的中篇评注只以阿拉伯语流传，主要影响了伊斯兰和犹太的哲学家。而他的长篇评注的完整版本只通过拉丁语译文保存了下来，这也是拉丁世界的哲学家读到的阿维洛伊唯一的《论灵魂》评注。

阿维洛伊在长篇评注第三卷第五章中提出了一个更为极端、引发巨大争议的主张。他认为主动理智和潜能理智都不是人的理性灵魂的能力，而是一个单一的、永恒的、非物质实体。作为接受者的潜能理智或质料理智同样是与我们的灵魂相分离的存在。人的理解活动，实际上只是人通过在先的外感知、内感知（尤其是想象力）所触发的主动理智和潜能理智在人的灵魂中的一次结合。在某种意义上，我们或许可以把一个人的灵魂看作一块屏幕，而主动理智是一台巨大的主机，潜能理智只是他的一个终端，理解活动不过是在屏幕上显示了主动理智的一次运算而已。在这样的图景中，人的理性灵魂在理解活动中有什么样的贡献，自然就成了一个麻烦（图 10.22）。

不过，首先要问的或许更应该是：为什么阿维洛伊会接受这样一个看起来非常反直觉的主张？一个很重要的理由，来自理智作为接受者和它所接受的普遍的可理解对象的关系：我们所接受的可理解形式是普遍的、非物质的形式，它在本性上不同于特殊的、物质

图 10.22　曼弗雷都斯《药草与植物》抄本（14 世纪），巴黎法国国家图书馆。虚构的阿维洛伊和波斐利针对节食的论辩，显然，时空隔绝的两位哲学家被当成了此书作者的传声筒。然而，如果理解活动只是与个体相分离的质料理智与神圣的主动理智相结合的产物，那正在进行理解的你和我与这些纸片人又有什么区别呢？

性的形式，因此能够接受可理解形式的质料理智，也应该不同于接受物质形式的原始质料，或者其他的个别物质的存在。比其他哲学家更进一步，阿维洛伊认为潜能理智不仅不能是个别的物质存在，也不能是个别灵魂所拥有的官能。

阿维洛伊从以下两个方面进行论证：（1）亚里士多德认为质料理智可以理解所有的物质性存在。这也就意味着质料理智能接受所有物质的可理解形式。而如果质料理智本身具有某种特定的物质形式，这就会妨碍它接受所有物质的可理解形式。我们之前已经讲过，这是亚里士多德为什么认为理智活动不需要身体器官参与的原因。不过，阿维洛伊更进一步。他坚持亚里士多德关于灵魂是身体的形式的主张，但是因此认为理性灵魂也是一种质料化的形式。所以，如果质料理智是理性灵魂的一种官能，那么，它就会和灵魂与身体结合之后所具有的质料性发生关联。更重要的是，这种关联就会导致质料理智没有办法接受所有物质的可理解形式。因为阿维洛伊强调，质料理智必须以一种非物质的方式来接受这些物质的可理解形式，否则它接受的就不是可理解形式，而是个别的可感形式。因此，质料理智本身就必须是非物质的，并且因此是不可毁坏的和单一的。因为一旦质料理智是多样化的，而只有质料才是多样化和个别化的来源，这就意味着质料理智本身包含着质料。这是不可接受的，因为质料理智是作为质料的理智，并不是具有质料的理智。在亚里士多德的体系中，不存在具有质料的理智，因为一切理智都是非物质的存在。这是从质料理智作为接受者来论证质料理智的单一性。

（2）阿维洛伊的另一个论证则是从可理解对象来考虑。如果质料理智与我们的理性灵魂相结合，并因此多样化了，比如说柏拉图所具有的质料理智不同于苏格拉底的质料理智，那么，质料理智的多样化导致的一个后果，就是它所接受的对象也会因为接受者的多样化而多样化。因此，柏拉图所理解的毕达哥拉斯定理就不再是苏格拉底所理解的毕达哥拉斯定理。在这个论证中，阿维洛伊引入了一个重要原则：一个事物 a 接受另一个事物 b 时，决定这一接受活动性质的，首先是接受者 a 自身的存在样态：它决定了什么样的东西能被接受。这一点其实不难理解，一个容器的容量，并不是由被装到容器中的事物，而是由容器本身的容积、形状等内在属性决定的。因此，如果质料理智因为与我们的理性灵魂的结合而多样化，即使它本身还是非物质存在，这种多样性就会导致它只能以多样性的方式来接受可理解形式。如此，我们就不能通达个别事物中单一的共同本性。

简而言之，阿维洛伊正是为了捍卫理智思考的普遍性和共同性，才选择了强调理智活动的接受者本身的非物质性的极端路径，将理智活动和我们个别化的理性灵魂严格区隔开来。

阿维洛伊的极端路径会造成的后果是：我们在什么意义上还可以说，一个个别的理性存在者如苏格拉底在理智思考？阿维洛伊并非没有意识到这样的理论困难。实际上，在长篇评注中，他仍然坚持中篇评注中的立场，认为没有人的理性灵魂的参与，质料理智本身并不能进行任何理智活动，因为质料理智就其自身而言，只是纯粹的潜能，没有任何现实性。而质料理智又是同主动理智相分离的，因此无法独立完成任何理解活动。不过，在长篇评注中，阿维洛伊不再认为潜能理智是通过与人的某种品质的结合来实现理解。而是给出了一个更为精致的"双基体学说（Doctrine of Two Subjects）"，来解释人的理性灵魂和潜能理智的互动。

阿维洛伊认为，一个理解活动的发生，需要两个不同的基体来承载这样的活动。就像我们的感觉活动，既需要外在的可感事物，也需要我们的感官作为同一个感觉发生的两个不同基体。其中，外在的可感事物是使我们的感觉**得以为真的基体**（subject of truth），而感官则是使我们的感觉**得以存在的基体**。这两个基体其实分别针对我们今天所说的认知客体和认知主体，只不过阿维洛伊从本体论的角度来描述，在实在论框架下强调，认识过程就是可知形式从以客体为基体到以认知主体为基体的过程。与感觉不同，在阿维洛伊看来，理智认识最直接的来源不是灵魂之外的客体，而是灵魂之中保存的可感形式，尤其是想象力中经过内感知加工过的可感形式，阿维洛伊把它称为意向。人所特有的想象力也被称之为特殊理性认知能力，它的一个重要功能就是把心灵中的意向，连同它们的相似性和差异性，呈现于质料理智之前，推动质料理智去接受主动理智从这些意向中抽象出来的、普遍的可理解形式。此时理智活动，就需要另一个基体，使得这些可理解形式能够现实地存在。根据上文的讨论，理智活动的认知主体不能是作为物质身体形式的个别灵魂，否则它就只能接受物质化的可感形式，因此它就只能是灵魂之外的、永恒的质料理智自身。我们个别化的理性灵魂本身不能直接接受可理解形式。

因此，理智认知活动不能简单地看作主动理智和潜能理智的结合，它还缺少一个重要的环节，即人的想象力或特殊理性认知能力的触发作用。只有当我们的想象力把那些相似的事物并置时，主动理智才能以光照的方式，在我们的心灵中完成抽象认知活动。想象力源自我们质料化的生存状态，它是已经被身体个别化的理性灵魂的一种官能，也因此跟感性经验紧密融合在一起。想象力所产生的意向作为理智认知得以为真的基体，它是我们理智认识的来源，也使得我们的理智思考得以个别化。在这个意义上，阿维洛伊也和他的前辈学者一样，强调想象力在理智认知活动中所起的枢纽和连接作用。通过这样一种方式，阿维洛伊实际上弱化了亚里士多德对感觉和理智的截然区分，因为对于人来说，我们凭借自身所能达到的最接近理智的活动，实际上也是一种被称为特殊理性认知能力的内感知。

阿维洛伊的双基体学说真的解决了理智活动个别化的困难吗？虽然阿维洛伊深信，他有关想象中的意向如何同质料理智结合的学说轻易地解决了这个难题，但在接下来的经院哲学旅程中，我们将会发现，阿维洛伊的理论尤其是它的质料理智单一论引发的争议远比他解决的问题要多。[1]

阅读材料

1. Avicenna, "Avicenna on Common Nature" (Klima, 225-226).

2. Avicenna, *The Cure,* "The Soul" 5.7 (Hyman, 261-263).

3. Averroes, "Averroes on the Immateriality of the Intellect" (Klima, 198-202).

4.《中世纪哲学》，第四章，第2—5节；第六章，第6节。

[1] 见本书 12.4.3; 14.1.1-2。

进一步阅读指南

原始文献 [1]

Alfarabi, *The Political Writings: "Selected Aphorisms" and Other Texts* (Volume I), Ithaca, NY: Cornell University Press, 2001.

Alfarabi, *The Political Writings: "Political Regime" and "Summary of Plato's Laws"* (Volume II), Ithaca, N.Y.: Cornell University Press, 2015. （以上两部收录法拉比最重要的政治哲学著作）

Averroes, *Averrois Cordubensis Commentarium magnum in Aristotelis De anima libros*, ed. F. S. Crawford, Cambridge, MA: Medieval Academy of America, 1953. （长篇评注拉丁文校订本）

Averroes, *Long Commentary on the De anima of Aristotle*, tr. Richard C. Taylor, with Thérèse-Anne Druart (New Haven: Yale University Press, 2009. （长篇评注英译文，参考了现存阿拉伯文残篇）

Averroes, *Middle Commentary on Aristotle's De Anima*, ed. and tr. A. L. Ivry, Provo, UT: Brigham Young University Press, 2002. （中篇评注阿英对照本）

Avicenna, *Liber de anima*, Édition critique de la traduction latine médiévale par S.Van Riet, Louvain-Leiden: Peeters-Brill, 1968-1972. （《治疗论·论灵魂》拉丁文校订本）

Avicenna, *Liber de philosophia prima sive scientia divina*, édition critique de la traduction latine médiévale par S.Van Riet, introduction doctrinale par G. Verbeke, Louvain-Leiden: Peeters-Brill, 1977, 1980, 1983. （《治疗论·形而上学》拉丁文校订本）

Avicenna, *The Metaphysics of 'The Healing'. A parallel English-Arabic text*, translated, introduced, and annotated by M. E. Marmura, Provo, UT: Brigham Young University Press, 2005. （阿英对照本）

阿维森纳：《论灵魂》，王太庆译，北京：商务印书馆，1963 年。

*Muhammad Ali Khalidi (ed.), *Medieval Islamic Philosophical Writings*, Cambridge: Cambridge University Press, 2005. （选段相对完整的选辑，仅包含法拉比、阿维森纳、安萨里、伊本·图法里和阿维洛伊的各一部著作，译文年代较早）

Maimonides, *The Guide of the Perplexed*, translated by S. Pines, Chicago: University of Chicago Press, 1963. （《迷途指津》的标准英译）

*Charles Manekin (ed.), *Medieval Jewish Philosophical Writings*, Cambridge: Cambridge University Press, 2007. （核心哲学著作选段）

---

[1] 因本书作者不识阿拉伯语，故仅列出中古拉丁文和现代语言译本。

*Jon McGinnis and David C. Reisman (eds. and trans.), *Classical Arabic Philosophy: An Anthology of Sources*, Indianapolis: Hackett Publishing Company, Inc., 2007. （较为完备的英文中世纪伊斯兰哲学文选，收录从铿迭到苏赫拉瓦迪之间的重要哲学作品）

Peter Pormann and Peter Adamson (eds.), *The Philosophical Works by al-Kindī*, Karachi: Oxford University Press, 2012. （铿迭哲学著作英译本）

John Renard (ed.), *Islamic Theological Themes: A Primary Source Reader*, Oakland: University of California Press, 2014. （依主题编选的文选，涉及不少重要的宗教哲学、形而上学和伦理学议题，收录众多此前未翻译的义段）

赵敦华、傅乐安（主编）:《中世纪哲学》（下卷），吴天岳审校，北京：商务印书馆，2013 年。

研究文献

*Peter Adamson, *Al-Kindi*, New York: Oxford University Press, 2007. （经典的铿迭哲学导论）

*Peter Adamson, *Philosophy in the Islamic World: A Very Short Introduction*, Oxford: Oxford University Press, 2015. （以论题为纲的简明而精彩的导论，适合在西方哲学框架下了解伊斯兰世界哲学的初学者）

*Peter Adamson (ed.), *Interpreting Avicenna. Critical Essays*, Cambridge: Cambridge University Press, 2013. （较新的导论文集）

*Peter Adamson and Matteo Di Giovanni (eds.), *Interpreting Averroes: Critical Essays*, Cambridge: Cambridge University Press, 2019. （较新的导论文集）

Peter Adamson and Richard C. Taylor (eds.) *The Cambridge Companion to Arabic Philosophy*, Cambridge: Cambridge University Press, 2005. （出色的导论文集，偏重逍遥派传统）

Jan A. Aertsen and Gerhard Endress (eds.), *Averroes and the Aristotelian Tradition,* Leiden: Brill, 1999. （阿维洛伊研究重要论文集）

*Herbert Davidson, *Moses Maimonides*, Oxford: Oxford University Press, 2005. （不错的哲学导论）

Herbert Davidson, *Alfarabi, Avicenna, & Averroes, on Intellect*. New York, Oxford University Press, 1995. （伊斯兰理智论的经典研究，适合进阶读者）

Daniel De Haan, *Necessary Existence and the Doctrine of Being in Avicenna's* Metaphysics of the Healing, Leiden: Brill, 2020. （阿维森纳形而上学的最新专题研究，聚焦必然存在与是的概念）

*Majid Fakhry, *Averroes (Ibn Rushd): His Life, Works and Influence,* Oxford: Oneworld, 2001. （阿维洛伊哲学导论）

*Daniel H. Frank and Oliver Leaman (eds.), *The Cambridge Companion to Medieval Jewish*

Philosophy, Cambridge: Cambridge University Press, 2003.（仍然重要的导论文集）

Dimitri Gutas, *Greek Thought, Arabic Culture: The Graeco-Arabic Translation Movement in Baghdad and Early ʿAbbasid Society (2nd–4th/8th–10th Centuries)*, New York: Routledge, 1998.（翻译运动的经典研究）

Dimitri Gutas, *Avicenna and the Aristotelian Tradition. Inroduction to Reading Avicenna's Philosophical Works. Second, Revised and Enlarged Edition*, Leiden: E.J. Brill, 2014.（第一版已成为阿维森纳研究经典，此版有进一步修订和扩充）

Dag N. Hasse, *Avicenna's De anima in the Latin West*. London, Warburg Institute, 2000.（有关阿维森纳灵魂学说及其西方影响的精彩研究）

*Roy Jackson, *What Is Islamic Philosophy*, London and New York: Routledge, 2014.(一部适合初学者的伊斯兰哲学导论，不仅涵盖中世纪，也涉及当代伊斯兰哲学论题)

Damien Janos, *Method, Structure, and Development in al-Fârâbî's Cosmology*, Leiden: Brill, 2012.（法拉比宇宙论专题研究）

Jules Janssens, *Ibn Sīnā and His Influence on the Arabic and Latin World*, Aldershot, Hampshire: Ashgate, 2006.（阿维森纳接受史的经典论文集）

Jari Kaukua, *Self-Awareness in Islamic Philosophy: Avicenna and Beyond*, Cambridge: Cambridge University Press, 2015.（阿维森纳自我意识理论的精彩研究，兼及学界较少关注的后阿维森纳传统）

*Luis Xavier López-Farjeat, *Classical Islamic Philosophy: A Thematic Introduction*, London and New York: Routledge,2022.（以论题为纲的最新导论，语言平易近人，历史视野与当代关切并重）

*Charles H. Manekin and Daniel Davies (eds.), *Interpreting Maimonides*, Cambridge: Cambridge University Press, 2019.（最新的导论文集）

Michael Marmura, "Avicenna's 'Flying Man' in Context", *The Monist,* 69, 3 (1986): 383-395.（关于"飞人"或"悬浮者"的经典论文）

*Jon McGinnis, *Avicenna*, Oxford: Oxford University Press.（一部出色的哲学导论，适合初学者）

T. M. Rudavsky, *Jewish Philosophy in the Middle Ages: Science, Rationalism, and Religion*, Oxford University Press, 2018.（收入"牛津哲学史系列"，视野开阔的最新研究）

Robert Wisnovsky, *Avicenna's Metaphysics in Context*, Ithaca, N.Y.: Cornell University Press.（阿维森纳形而上学的精彩研究专著，适合进阶读者）

《斯坦福哲学百科》（*SEP*）词条

al-Farabi

al-Farabi's Psychology and Epistemology

al-Kindi

Arabic and Islamic Metaphysics

*Arabic and Islamic Psychology and Philosophy of Mind

Aristotle's Psychology

*Greek Sources in Arabic and Islamic Philosophy

Ibn Rushd

Ibn Sina

Ibn Sina's Logic

Ibn Sina's Metaphysics

Ikhwân al-Safâ'

Influence of Arabic and Islamic Philosophy on the Latin West

安瑟尔谟的本体论论证与阿伯拉尔的共相理论

本讲回归西方拉丁世界，考察 11—12 世纪哲学在该地区的发展。波埃修之后，拉丁世界的哲学研究相对缺乏活力，落后于伊斯兰甚至拜占庭世界。但进入 11 世纪中叶之后，逐渐涌现出安瑟尔谟（1033—1109 年）、阿伯拉尔（1079—1142 年）、普瓦捷的吉尔伯特（Gilbert of Poitiers，1085—1154 年）等一批出色的哲学家，使拉丁世界的哲学探索逐步跟上了其他区域的步伐，为 13 世纪经院哲学的黄金时代奠定了基础。我们将以安瑟尔谟和阿伯拉尔两位哲学家为例，考察在伊斯兰世界的哲学走上前所未有的巅峰时，他们的西方同行取得了什么样的成就。

一、1200 年前的中世纪拉丁哲学

之所以将波埃修之后 6 个多世纪的拉丁哲学看作一个整体，首先是因为当

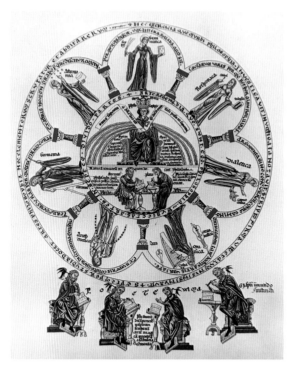

时的哲学讨论具有相对共同的思想背景和核心论题（图11.1）。另一个很重要的原因是，哲学在不同历史时期的发展是不均衡的。这600多年所取得的哲学成就，和其后150年经院哲学的辉煌，很难同提并论。

如果哲学史上存在一个所谓的"黑暗时期"或低潮期，那么，波埃修去世之后，到8世纪后半叶加洛林王朝文艺复兴（图11.2）之前，这200多年大概可以算作这样一个时期。因为西罗马帝国覆灭、蛮族入侵、政权不断更迭和传统教育的分崩离析，拉丁世界出现了一个文化衰落时期。人们很少有机会直接接触古希腊哲

图11.1　兰茨贝格的赫拉德《愉悦花园》是史上第一部女性主笔的百科全书，原稿完成于1185年，毁于普法战争。此图为后世据19世纪摹本重制，颇能反映12世纪前的西方哲学图景："自由七艺"环绕着哲学女王，她的脚下是苏格拉底和柏拉图，皇冠的三个面孔对应伦理学、逻辑学和自然哲学（physica），手中的条幅写着"一切智慧源自上主天主，唯有智者得偿所愿"。四位诗人或魔法师被逐出哲学圈外，因为他们的工作依赖不洁的邪灵启发——各自肩头都站着黑鸟。

学，不得不依靠少量的翻译和其他拉丁作家的转述来了解古代哲学遗产。8世纪加洛林文艺复兴，带来了文化上的转变。随着修道院学校以及主教座堂学校的兴起，在当时基督教世界政权稳固、经济发展的基础上，哲学才在西方得以复兴。

把这个时期同之前和之后的哲学史区别开来的，是两次翻译运动，尤其是亚里士多德著作的翻译。一是之前提到的波埃修翻译的亚里士多德逻辑学著作。波埃修生不逢时，未能完成翻译柏拉图和亚里士多德著作的宏大志向，只完成了《工具篇》中的一部分。不过，这些工作构成了此后600年间哲学发展的重要起点。一直要到12世纪后半叶，在意大利、西班牙才掀起另一场声势浩

图 11.2　不来梅市政厅壁画，巴特尔·布勒因绘（1532 年）。查理曼（左）创建不来梅主教辖区，并将之转交当时的主教维尔哈德。查理曼在位期间广揽学者，收集整理古代文献，广建修院和教堂，并为之配备图书馆和学校，以推广基础教育，这些文化和教育改革措施史称"加洛林文艺复兴"。

大的翻译运动，直到 13 世纪中叶完成，它才从根本上改变了拉丁世界哲学发展的基本面貌。[1]

　　两场翻译运动之间的 6 个世纪中，哲学研究和写作主要以注解和评注经典哲学或神学作品的方式展开。这很大程度上是因为当时的思想资源非常有限，它主要包括：（1）亚里士多德的逻辑学著作，尤其是《范畴篇》《解释篇》和《前分析篇》；（2）波埃修为之撰写的评注以及波斐利的《导论》——后者是为研习《范畴篇》准备的引论，此时也成为拉丁世界了解古代哲学最重要的入门书；（3）深受新柏拉图派影响的两位基督教思想家的作品：一是奥古斯丁，一是伪狄奥尼修斯（5 世纪晚期或 6 世纪）。后者比奥古斯丁略晚，用希腊语写作，他的著作被爱留根纳（John Scotus Eriugena，800—877 年）等人译成拉丁文。因为他自称是与使徒保罗几乎同时的狄奥尼修斯，这些著作很长一段时间被看作最早的教父著作，在拉丁世界享有非常高的权威；（4）古代晚期和中世纪早期的百科全书，例如卡西奥多鲁斯（Cassiodorus，约 485—585 年）的《教育》，伊西多尔（Isidore

----

[1]　12—13 世纪的翻译运动，见本书 12.1.2。

图 11.3 《法兰西大编年史》抄本（1332—1350 年），大英图书馆。阿尔昆被时人誉为"寰宇最博学之人"，他受查理曼之邀渡海而来，长期执掌查理曼宫廷学校，卸任后又受查理曼委托接管图尔的马尔穆捷修院。

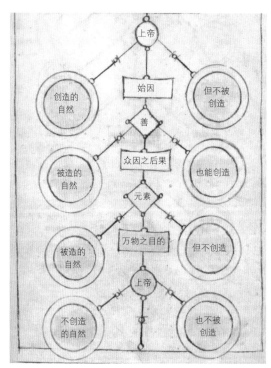

图 11.4 奥坦（？）的奥诺里于斯《自然哲学密钥》抄本（12 世纪），巴黎法国国家图书馆。爱留根纳区分了四种自然：不被创造但进行创造者（上帝）、被创造同时又进行创造者（始因）、被创造但不进行创造者（自然界）、不被创造且不进行创造者（万物所归向的上帝）。此图做了一个简单而清晰的动态概括。为方便阅读，上图中的拉丁文替换为了中文。

of Seville，约 560—636 年）的《辞源》，卡培拉（Martianus Cappella，活跃于 410—420 年）的《论斐萝萝嘉和墨丘利的婚姻》。

该时期哲学的发展非常依赖重要的文化中心。首先要提到的是亚琛，它是查理曼帝国的首都，加洛林文艺复兴即发源于此。查理曼和他的继任者聘用了一批博学之士到他们的宫廷来恢复传统文化。首先要提到的是阿尔昆（Alcuin of York，约 735—804 年）（图 11.3）。阿尔昆写有不少神学著作，但很难算严格意义的哲学家。不过，他关于语文学的讨论，对后来的语义学甚至逻辑都有影响。

阿尔昆之后，加洛林王朝宫廷学校中最出色的人物无疑是爱留根纳。他将伪狄奥尼修斯的著作译为拉丁语，还翻译过希腊教父尼萨的格列高里、宣信者马克西姆斯等人的著作，成为后世重要的思想资源。他自己有一本非常独特的专著，叫《论自然》(Periphyseon)。该书区分了自然的四种不同形态，构建了一个深受新柏拉图派影响，但又非常有独创性的宇宙论体系（图11.4）。爱留根纳的思想，对后世的斯宾诺莎和德国唯心主义传统都有影响。

宫廷之外，另一个重要的学术中心是大型隐修院。修士们除了祈祷之外，将大量时间用于阅读。他们通过抄写和阅读的方式，保存了很多重要的古代文献。他们开办的学校也成为当时传承古代学术的中心。例如培养了安瑟尔谟的法国贝克(Bec)隐修院，德国的福尔达(Fulda)，瑞士的圣加仑(St Gallen)等。

从10世纪末开始，文化的传承又有新变化。大城市的主教座堂开设了文法学校，讲授传统的自由七艺。此时的从业者不再限于隐修士，开始包括像阿伯拉尔这样的平信徒或在俗教士。这些主教座堂学校主要集中在今天的巴黎附近，形成了不同的学派，彼此论战（图11.5）。

该时期关注的哲学领域和论题相对集中。它的理论哲学成就，首先集中在逻辑学领域，尤其是关于共相的讨论。不过，共相问题不仅仅是一个纯粹关于谓述的逻辑学话题，而是同时牵扯语义学争论，更重要的是会引发

图11.5　圣维克多的休《著作集》抄本（12世纪下半叶），牛津博德利图书馆。休在圣维克多修院的学校里向僧侣们讲授神学和哲学。这间12世纪初由香蒲的威廉在巴黎附近建立的修院和学校吸引了不少饱学之士和青年学子，成为日后巴黎大学的摇篮之一。

对普遍事物的本体论反思。与此同时，拉丁哲学家们在讨论亚里士多德的《范畴篇》时，注意到一个独特的范畴，即个别偶性。它之所以得到特殊关注，是因为牵涉三位一体以及圣餐的神学反思。神学家们对于圣餐中饼和酒所具有的个别偶性的本体论地位投入了巨大的理论热情。

中世纪早期拉丁哲学的另一个重要成就是哲学化的神学。该时期的一部分思想家如安瑟尔谟，对于用自然理性来讨论神学问题充满自信。但与此同时，也有一些不同的声音，会怀疑我们是否可以通过理性的方式通达信仰的核心。所以唯信论或信仰至上的主张（fideism），在这个时期也有反映，例如彼得·达米安（Peter Damian，1007—1072年）、明谷的伯纳德（Bernard of Clairvaux，1090—1153年）等神学家。[1]

二、安瑟尔谟与本体论论证

安瑟尔谟无疑是拉丁世界11世纪最有原创性的思想家，但他的成长也和当时的文化积累和学术传承机制密不可分。安瑟尔谟1033年出生于意大利小镇奥斯塔，青年时代到法国诺曼底的贝克隐修院修习，接受完整的人文和神学教育，并在那里开始写作生涯。

安瑟尔谟的第一部著作名为 De Grammatico。这个标题难以翻译，因为这本书讨论的主题就是"Grammaticus"的用法。这个词在拉丁语中既可以作名词指文法学家，也可以作形容词指和文法相关的一些性质。比如说懂文法的，或者是合乎文法的。它首先涉及亚里士多德在《范畴篇》中谈到的词语派生现象，尤其是名词和形容词的词源派生关系。更重要的是，它牵扯到范畴理论中一些深刻的本体论问题：一个语词可以既指作为偶性的性质（懂文法的），也可以意指一个个别的实体（文法学家）。这给中世纪早期的逻辑学家和形而上学家带来

---

[1] 本节内容参考了 Christophe Erismann, "Latin Philosophy to 1200," in John Marenbon (ed.), *The Oxford Handbook of Medieval Philosophy*, Oxford: Oxford University Press, 2012, pp. 166-191。

了很多困扰，也引发了有趣的讨论。安瑟尔谟这部著作在过去的研究中没有得到太多的注意，近来则有所变化。

安瑟尔谟正式成为隐修士后，写作中断了一段时间，40多岁时才重新开始著述。最广为人知的是两部哲学神学代表作：《独白》和《宣讲》。它们为上帝存在及其神圣属性提供了哲学证明。

1078年，安瑟尔谟成为贝克修道院的院长，接替他的老师拉夫朗克。这是他比较高产的一个时期。最值得一提的是三部讨论自由意愿的著作：《论真理》《论决定的自由》《论魔鬼的堕落》。后两部著作很显然是在延续奥古斯丁《论自由决定》和《上帝之城》中的相关思考。而《论真理》不仅讨论了认识论和本体论意义上的真，而且认为真的定义首先与意愿的正直、正当、正确相关。他在实践哲学领域的这些卓越贡献，也常常为教科书所忽视。

1093年，安瑟尔谟成为坎特伯雷宗主教，但他终究是书生，并不能承担这一重要职位所要求的宗教和政治使命（图11.6）。他不善于平衡和处理世俗和神圣权利的冲突，曾经两度被流放，最后在坎特伯雷去世。该时期也有神学著述流传，例如反思道成肉身的《论天主何以为人》和讨论神圣预知和人的自由如何共容的《论和谐》。

图11.6 安瑟尔谟《祈祷与冥想》抄本（1160年），阿德蒙特修道院图书馆。安瑟尔谟将他的著作题赠给卡诺萨的玛蒂尔达（Matilda，左）。作为中世纪少数因军事成就而出名的女性，玛蒂尔达在主教叙任权之争中极为活跃。

1. "信仰寻求理解" 的两种误读

和奥古斯丁一样，安瑟尔谟的哲学和神学紧密地结合在一起，但他对二者的理解与奥古斯丁又有所不同，并且直接影响了之后的经院哲学乃至整个西方宗教哲学，因此有必要对此再做些一般性的澄清。

哲学反思人类活动的各个层面，考察其中包含的核心论题和概念，宗教传统自不例外。而上帝作为一神论的根基，他不仅是犹太教、基督教和伊斯兰教信仰的对象，也是中世纪四个不同哲学传统理论反思的焦点，涵盖了形而上学、知识论、语言哲学、科学哲学、伦理学、律法、政治哲学等哲学分支。

然而，有关上帝的哲学反思若要得以可能，有两个问题亟待解决。一是有关上帝的哲学反思的**必要性**：为什么我们要在神学之外引入一个哲学的分支来谈论上帝？我们必须澄清它同神学之间的关联；二是有关上帝的哲学反思的**合法性**：理性如何可以谈论一个超验的存在者？

关于第一点，需要强调的是：尽管我们可以像奥古斯丁那样，把神学笼统地定义为有关神祇的推理或言谈，即有关上帝观念和宗教真理的系统和理性的研究，但一切神学反思仍然是以启示为前提，以信仰为归宿。[1] 神学的理性主要体现在揭示宗教信条所隐藏的理论和实践后果，解释部分表面不一致的宗教教诲。为达此目标，理性化的神学不仅可以采取哲学的进路，也可以从历史的、属灵的维度来进行分析和论述，因此也有历史神学和属灵神学。与此不同，有关上帝的哲学反思或宗教哲学，用康德的术语来说，它追求在自然理性的限度内思考最高的存在者以及他同世界的关联。

当然，我们在这里所作的区分，已经引入了启示和自然、信仰和理性等宗教哲学本身必须进一步澄清的概念。可以明确的是，宗教哲学当然也需要启示，但它并不把启示作为无需反思和证明的起点，而是作为研究对象去思考启示得以可能的认知和本体论条件，这一反思，不仅对哲学探索是有益的，对于这种信仰本身也是有益的：它可以更加可靠地向我们揭示理性自身的限度和启示的必要性。

这也将我们导向哲学反思上帝的合法性问题。与其他哲学分支的研究对

---

[1] 奥古斯丁：《上帝之城》8.1。

象不同，上帝的存在并不是自明的，包括阿奎那这样的神学家也这么认为。否则，任何有正常认识能力的人都能拥有上帝的观念，而这并非实情。此外，启示本身也因此变得没有必要，因为理性或经验已经足够向我们证明上帝的存在。哲学神学因此往往需要证明上帝的存在。当然，在此之前，人们需要对上帝或上帝的观念做初步的界定。其次，从有关上帝的定义出发，经过理性反思，进而证明了上帝存在之后——假设这样的证明是成功的或可以接受的，哲学家们仍然必须思考人如何可以谈论神圣存在者，因为证明并不能够解决所有问题。这一点之所以重要，是因为哲学家的上帝通常是作为超验者的上帝，经验语言在什么意义上可以通向超越经验的存在，这是宗教哲学家必须面对的困难。

当然，宗教哲学的困难不止于此。它还必须考虑所谈论的上帝的理论和实践后果：上帝的存在与恶的事实，上帝的全知全能与我们的自由，神迹与我们的科学知识等等。在相关的哲学讨论中，即使我们不接受有关上帝存在的证明，因为相关反思被限定在自然理性的限度之内，它们仍然可以向我们展示有关恶的本体论根源、人的自由、知识的限度等一系列基本的哲学论题、洞见和有力的论证。从思想史的角度来看，上述哲学和神学反思同样是近代科学以及伦理、政治实践的重要根源。当然，要展示中世纪哲学的理性力量，就需要在神学语境中重构哲学分析和论证。

有意思的是，安瑟尔谟的《宣讲》不仅试图构想出单一的、理性可以把握的论证，只凭它就能揭示上帝的存在及其属性，而且对我们有关上帝的理性谈论和宗教信仰的关系进行了方法论的反思：

> 主，我不奢望达到你的高度，因为我凭我的理智不能和你企及。但是我还是渴望理解你的真理，那是我心所相信和所爱的。因为我寻求的不是理解了再信——不是通过理性的把握来通往信仰，把信仰建立在理性的基础之上——而是我信了，再理解。我相信这一点：除非我信，否则我不能理解。[1]

---

[1] 安瑟尔谟：《宣讲》1 节，引自赵敦华、傅乐安主编《中世纪哲学》（上卷），吴天岳审校，北京：商务印书馆，2013 年，第 764—765 页。

这段话所展示的宗教哲学立场，常常被概括为"信仰寻求理解"或"信仰以便理解（credo ut intelligam）"。它尝试在自然与启示、信仰和理性之间寻求平衡，然而这句箴言也常常被误读，以下两种尤为典型：

（1）第一种误解认为，安瑟尔谟希望用理解取代信仰。相应地，它把这里的"信仰"解释为希腊人所说的 *doxa*，即建立在见证或感知经验上的意见或信念；而取代它的"理解"，则是建立在理性反思、哲学证明或洞见基础上的坚实信念。

然而，在上面这段话中，安瑟尔谟总是把信仰作为我们的态度和爱绑定在一起。对他来说，上帝以及与上帝相关的真理，不仅仅是信仰的对象，而且是爱的对象。在奥古斯丁以来的哲学传统中，信仰首先是一种"爱"的表达，是一种和"意愿"紧密相关的心灵状态，而不是单纯的认知状态。信仰所表达的，是心灵朝向一个值得去爱的对象，而不仅仅是对某个事实相关的信息的接受。因此，信仰首先是对上帝的爱，是想要按照上帝所意愿的那样去行动的动机。信仰和理解之间并不构成冲突：因为一个首先与意愿相关，另一个与认知理性相关，它们之间完全可以是互补的关系。在安瑟尔谟看来，信仰是我们求知的动力，但求知本身并不是我们行动的最终目的。求知是为了更好地信仰，更好地爱上帝（图 11.7）。在讲奥古斯丁生平时我们提到，作为一个理性的行动者，单纯认识到上帝是什么，并不能保证人拥有对上帝的爱。奥古斯丁在理智接受信仰之后，

图 11.7　安瑟尔谟《祈祷与冥想》抄本（12 世纪中叶），牛津博德利图书馆。莎乐美在希律王的宴席上表演剑舞，求施洗者约翰的头颅作为她的奖赏。安瑟尔谟在给约翰的祈祷词中将他称为见证者和治疗者，祈求约翰用他的言辞给予安慰，"让我能够证明我所听到的，让我能够经历我所信仰的"。

还需要一个意愿的皈依。安瑟尔谟也是如此，他所说的"信仰寻求理解"，实际上是对上帝的积极主动的爱，去寻求对上帝更加深刻的知识，在此基础上更好地去爱上帝。

图 11.8 　《圣经·诗篇》抄本（15 世纪初），大英图书馆。"愚人（右）在心中说：'没有上帝。'"（《诗篇》52：2）

（2）第二种误解则认为"信仰寻求理解"，说的是要以信仰作为理解的出发点，认为安瑟尔谟接下来的讨论，不过是针对那些已经有信仰的人，启发他们去了解自己的信仰对象。他根本不考虑怀疑论者，因此也不试图说服那些没有信仰的人。

对这种误解的回应非常简单。我们马上就会看到，安瑟尔谟有关上帝存在的本体论证明，直接针对的是"愚人"。这里的"愚人"并非智力上有缺陷的人，而是一个在他的心中说"上帝不存在"的理性思考者，或许可以看作否认上帝存在的、理性健全的无神论者（图 11.8）。安瑟尔谟认为他在《宣讲》中所展示的论证，正是针对这样的不信者或怀疑论者的。[1]

2. 《宣讲》第二章中的上帝存在证明

安瑟尔谟在《宣讲篇》中的论证，常被称作**本体论论证**。这源自康德的一个著名区分，它将此前哲学家有关上帝存在的证明分为本体论论证、宇宙论论

---

[1]　以上参考 Thomas Williams, "Saint Anselm," *SEP*, URL = 〈https://plato.stanford.edu/archives/win2020/entries/anselm/〉。

图 11.9　列瓦纳的贝亚图斯《〈启示录〉评注》抄本（10 世纪末），大英图书馆。此图描绘的是七封印开启前的图景，居于天堂宝座统治万有的君主，这是中世纪人设想至高存在时常常采用的形象。

证和目的论论证。（1）**宇宙论论证**是从经验可以观察到的可感对象出发，去证明我们需要一个第一因来解释它们的存在和运动变化；（2）**目的论论证**也同样是从我们所观察到的世界出发。强调有一些复杂现象（如生命现象）的出现，需要很多概率很低的条件同时被满足，以此论证只有当这个世界由一个理智存在者所设计，这些概率极低的条件才能同时满足；（3）与前两种论证不同，**本体论论证**的出发点并不是可以观察到的经验世界，而是那些分析的、先天的、必然的命题。它往往从讨论与上帝相关的概念和定义出发，论证这些概念和定义必然蕴涵上帝的存在。[1]

　　安瑟尔谟在《宣讲篇》中，试图向一个否认上帝存在的愚人证明，只要他能够理解"无法设想比其更伟大的事物"这样一个概念，他就没有办法否认这个概念所指称的对象的存在；而我们如果接受这个概念所刻画的就是上帝的话，那么，愚人就没有办法否认上帝的存在（图 11.9）。论证的核心出现在《宣讲篇》第 2 章：

（1）上帝是无法设想比其更伟大的事物。（前提：关于上帝的定义）

（2）如果某个人理解了"a"这个表达式，那么 a（"a"所意指的对象）就存在于这个人的理智中。（前提：理解的含义）

（3）愚人可以理解"无法设想比其更伟大的事物"。（前提）

---

[1]　康德：《纯粹理性批判》B618-619。

（4）无法设想比其更伟大的事物存在于愚人的理智中。（2，3）

（5）无法设想比其更伟大的事物并不在现实中存在。（进行归谬的前提）

（6）一个现实中存在的事物，〔在某种意义上比只在理智中存在的事物〕更伟大。（前提）

（7）如果无法设想比其更伟大的事物存在于理智中而不存在于现实中，那么，就可以设想某物比它更伟大，亦即同时在现实中存在的无法设想比其更伟大的事物。（6）

（8）可以设想某物比无法设想比其更伟大的事物更伟大。（4，5，7）

（9）无法设想比其更伟大的事物是一个可以设想比其更伟大的事物。（8）

（10）无法设想比其更伟大的事物不在现实中存在，这不是事实。（通过归谬否定5）

（11）上帝在现实中存在。（1，10）[1]

如何重构安瑟尔谟的论证，一直是学界争议的焦点。马仁邦的这一重构方案较为贴近原文的表述，可以成为我们讨论的出发点，我们依次来考察它的前提。

命题（1）是大部分一神教信仰者会接受的上帝定义，它可以追溯到奥古斯丁，甚至更早的塞涅卡。[2] 命题（2）看起来也像是一个自明的前提，因为很难否认我们所理解的对象不存在于我们的心灵之中。命题（3）之所以成立，是因为"无法设想比其更伟大的事物"这个表达式看起来是有意义的，它可以用来指世界上最伟大的事物。即使一个无神论者也可以设想这样一个完满事物的存在。需要注意的是，这个命题并没有肯定有这样的事物存在，而只是说愚人或者任何理性存在者都可以理解这个表达式。

命题（5）没有太多可说，如果上帝被定义为无法设想比其更伟大的事物，那么一个无神论者自然要否认它在现实中存在。

安瑟尔谟的论证中，接下来一句表述比较含混，在论证重构中也争议最

[1] 引自马仁邦：《中世纪哲学》，第131页。

[2] 奥古斯丁：《论基督教教诲》1.6.6-7.7，见本书9.3.2；塞涅卡：《自然论题集》1.praef.13。

大。可以确定的是，他引入了一个新的前提来表明一个现实中存在的事物，〔在某种意义上比只在理智中存在的事物〕更伟大。但问题的关键当然是：在什么意义上？一种强的解读是：所有在现实中存在的事物——哪怕是最渺小的事物——也比任何只在理智中存在的事物更伟大。而弱的解读则可能是：一个事物 x 如果同时存在于现实和理智中，就比 x 只存在于理智中伟大。但即便是弱的解读，也会面临这样的问题：一个在现实和理智中同时存在的邪恶行为，比只在理智中存在的它更伟大吗？因此，有的解释者如马仁邦会进一步限制这个前提适用的范围，认为 x 的取值只是我们这里谈到的"无法设想比其更伟大的事物"，因此得到一个修正的命题：

（6a）当无法设想比其更伟大的事物同时在现实和在理智中存在时，就比它只在理智中存在更伟大。[1]

按照马仁邦的重构，由命题（6a），我们可以得出结论（7）。但需要指出的是，一个逻辑上更完备的重构是没有办法直接从（6）或者（6a）推出（7）的。因为命题（6）并不涉及某个事物如何被我们**设想**，而只是断定什么样的**存在模式**会更伟大。

巴恩斯在《本体论论证》一书中给出了上述推导得以实现的两个关键条件：（I）如果一个事物存在于某人的理智中，那么，这个人就可以**设想**该事物存在于现实中。因此，从命题（4）可知，（4a）愚人可以设想无法设想比其更伟大的事物同时存在于现实中。第二个关键条件是：（II）如果 p 蕴涵 q，而一个人可以设想 p，那么同时他就可以设想 q。[2] 而命题（6a）可以理解为 p 蕴涵 q 的形式，p 为"无法设想比其更伟大的事物同时在现实和在理智中存在"，q 为"同时在现实和在理智中存在的无法设想比其更伟大的事物比只在理智中的无法设想比其更伟大的事物更伟大"。而我们从（4a）已知愚人可以设想这里的 p，因此，愚人也能设想这里的 q，而这恰好就是马仁邦的命题（7）的后件。所以，从（4a）和（6a）我们至少可以得到（7a）：愚人可以设想，同时在现实中和

---

[1] 马仁邦：《中世纪哲学》，第 132 页。

[2] Jonathan Barnes, *The Ontological Argument,* London: McMillan, 1972, pp. 4–15.

在实际中存在的无法设想比其更伟大的事物比只在理智中的无法设想比其更伟大的事物更伟大。当然，这里引入的条件（Ⅰ）和条件（Ⅱ）都是可争议的，但它们至少保证了从一个关于存在模式的断定到关于什么事物可以设想的推导。

回到马仁邦重构的论证，在导出命题（8）和（9）的前提中，除了以上补充的两个隐蔽前提（Ⅰ）和（Ⅱ），在安瑟尔谟看来最不可靠的就是用来归谬的命题（5），由此得以完成整个归谬论证（图11.10）。

因为引入了若干未加言明的前提，上述重构比原文精简的表述要复杂。在批判性地考察这一论证时，我们需要考虑这些前提是否能如安瑟尔谟或他的解释者所设想的那样成立。

首先，命题（2）中的"在某人的理智中"具体指什么，其实并不明确。要知道，安瑟尔谟和柏拉图主义者一样，认为理智/心灵是非物质的，那么，怎么会有"在"这种具有强烈空间色彩的关系呢？或许，这只是一种形象的说法，"在某人的理智中"是指某人对其有所理解，至少能把握其意义。但是，把握一个表达式的意义和获得有关它的知识，以及理解由表达式所推导出的结果，它们之间有什么关联？这是一个问题。

命题（3）断言愚人能理解"无法设想比其更伟大的事物"这个表达式。但是，并非所有的表达式都可以被我们理解。例如，"方的圆"这样的表达式看起来就没法被理解。"无法设想比其更伟大的事物"真的就和"方的圆"不一样吗？它会不会像

图 11.10 埃德默《安瑟尔谟传》抄本（约 1200 年），哥本哈根皇家图书馆。一身主教穿戴的安瑟尔谟站在小人（愚人？）头上。

"最大的自然数"或"无法设想比其更大的自然数"这样的表达式一样,它的内容或指称的对象并不存在。

至于归谬的命题(5),它是安瑟尔谟证否的命题,因此它的论证并不需要对其成立与否直接作出承诺,我们也无需在此讨论。

命题(6)则涉及"现实中的存在"和"只在心灵中的存在"的比较,而康德对安瑟尔谟本体论论证的著名批评正聚焦于此,我们稍后再讲。

我们刚才已经指出,命题(7a)的成立,依赖两个额外的前提(I)和(II)。前提(I)试图说明我们可以把存在于心灵中的事物设想为在现实中也存在,但它可能遇到的麻烦是:如果我们确知自己所生活的世界不存在孙悟空或麒麟这样的虚构对象,我们就很难相信它们在现实中也存在。当然,或许接受前提(I)的人可以要求我们区分设想和相信,我们完全可以设想在我们这个物理世界中本不存在的东西在现实中存在,只要关于它的描述不包含"方的圆"那样的矛盾。即使是这样的回应,也没法否认,我们无法设想那些包含着矛盾的事物存在于现实中。前提(II)认为如果 p 蕴涵 q,同时我可以设想 p,那么,我就可以设想 q。这里的问题在于我可能不知道甚至不能**设想** p 蕴涵 q(尽管事实如此),而它会导致该命题不成立。借用著名的晨星与昏星的例子:如果金星是晨星,那么金星就是昏星。我知道金星是晨星,但我并不知道晨星是昏星,因此,我也不知道如果金星是晨星,那么金星就是昏星。在这一情形下,我知道金星是晨星,并不能推出我知道金星就是昏星。而且,如果我错误地认为晨星不可能是昏星,那么我可以设想金星是晨星,却不可能同时设想晨星是昏星。当然,我们可以进一步修正前提(II),将其增补为(II')如果 p 蕴涵 q,同时一个人可以设想 p,并且这个人可以设想 p 蕴涵 q,那么,这个人就可以设想 q。但这付出的代价就是这个人必须能设想 p 蕴涵 q,而这在论证中就意味着愚人要能够设想命题(6),它会把我们带回康德等人的批评。

以上是对安瑟尔谟的论证前提可能存在问题的初步展示。接下来,我们将考察其他哲学家提出的批评和辩护。这也是哲学史研究最有趣的一个地方,这些著名的命题和论证,可以引领我们,不仅仅同一个古代的哲学家一起思考和对话,而且可以和他之后的整个哲学解释传统对话。

3. 阿奎那对本体论论证的批评

阿奎那在不同的著作中谈到安瑟尔谟的上帝存在论证，其中最为著名的是在《神学大全》开篇中提出的批评，包括两个方面：

（1）阿奎那首先指出："上帝存在"这个命题，它就其自身而言是自明的，但相对于我们而言，并不是自明的。在亚里士多德传统中，当我们说一个命题，"S is P"就其自身而言是自明的，这就意味着或者 S 的定义在 P 中，或者 P 的定义在 S 中。例如"人是动物"就其自身是自明的，因为它的谓词的定义包含在主词的定义中。我们只要理解了主词，就必然接受这一命题。阿奎那认为，这也同样适用于"上帝存在"这一命题：只要正确地理解了什么是上帝，就会意识到上帝和他的存在是同一的，是不可分离的，也就没有办法否认上帝存在。

但并非所有因其自身自明的命题对于我们来说都是自明的，否则的话，我们就没有什么必要去学习知识了。一个儿童可能并不理解人的定义，当然也就没法把握"人是动物"这样的命题。对愚人来说，"上帝存在"也是如此。[1]

这个批评所引入的区分本身确实是有意义的，它涉及一个分析命题本身和我们对于该分析命题的把握之间的区分。但问题在于，安瑟尔谟的论证真的依赖一个分析命题吗？它真的依赖"上帝存在"这个命题对于愚人来说是自明的吗？或者换一个角度，它试图去论证"上帝存在"是自明的吗？这些问题留给大家自行探索。

（2）阿奎那的第二个批评是：即使为了论证的缘故，假设"上帝"一词的含义可以等同为"无法设想比其更伟大的事物"，但以这样的方式被定义的事物，并不会在现实中被赋予存在，而只是被设想为在现实中存在。这个批评针对的正是刚才我们说到的从命题（6a）到命题（7）的论证空隙，它缺少关于"设想"这个动词如何出现的解释。在阿奎那看来，这也就意味着：除非一个人在定义和设想之外，确实获得了有关"无法设想比其更伟大的事物"存在的事实，否则没法得出这样的事物亦即上帝存在的结论。[2]

---

[1] 参见阿奎那：《神学大全》1.2.1。

[2] 同上书，1.2.1, ad 2。

这里隐含的是亚里士多德传统关于事物之本质和存在的区分：我们通过定义所确定的是一类事物的本质，对事物的理解也是如此，从对事物本质的把握，我们并不能直接推出该事物的存在，而是需要通过定义之外的其他认知途径去确认所定义的事物的存在（图11.11）。

图 11.11 《被囚的独角兽》挂毯（15 世纪末），纽约大都会艺术博物馆。在阿奎那看来，对于独角兽这样的虚构事物，我们完全可以理解它的定义例如"有一只角的马形动物"，但却不能通过设想它必然具有的某种属性或完满性而断定它的存在。

这个批评看起来更贴近安瑟尔谟的论证，但它具体的着力点其实并不清晰。它首先针对的是整个论证的结论，强调论证过程中并未给出上帝存在的事实性说明。但这很可能错失了本体论论证的宗旨，即通过分析超越经验事实的先天必然命题来证明上帝的存在。换句话说，阿奎那的批评可能从一开始就拒绝了本体论论证的可能性，拒绝通过从某个关于上帝的概念出发，得出该概念所意指的对象必然存在。在阿奎那看来，概念只是思考的对象，它所意指的对象能否在心灵之外存在需要思考活动之外的事实。当然，我们也可以从更正面的角度来看待阿奎那的批评：和后来不少关于本体论论证的批评一样，阿奎那实际上认为这样的论证有乞题的危险，因为它要去论证的是上帝这个概念所指称的对象的存在，但是论证中的某一步——尽管阿奎那并没有明确表明是哪一步，实际上假定了它要去证明的结论，即上帝存在这一事实。当然，关键仍然在于，究竟是哪一步犯了窃取论点的错误呢？

值得一提的是，阿奎那在他的《反异教大全》中，对安瑟尔谟的论证还提出了一个独立的批评，它触及一个更根本的问题：只有对于一个相信无法设想比其更伟大的事物在现实中存在的人，此时，仍然认为对于任何事物，无论是在理智中存在还是在现实中存在，都可以设想有一个比它更伟大的事物，才是自相矛盾的。因为，后者意味着不存在无法设想比其更伟大的事物。反过来，对于安瑟尔谟论证中根本不相信上帝存在的愚人来说，这并不是个问题。[1] 正如莱夫托（Brian Leftow）在评述这段文字时指出的，阿奎那暗示了：愚人完全可以认定"无法设想比其更伟大的事物"就是这样一个自相矛盾的概念，甚至"上帝"这个概念本身也是如此，它可以像"方的圆"一样出现在我们的心灵中，但它所意指的是一个不可能的个体。[2] 换句话说，在阿奎那看来，安瑟尔谟有义务说明"无法设想比其更伟大的事物"和"方的圆"不一样，不是一个关于不可能个体的概念。当然，阿奎那的这段批评尽管富有洞见，但语焉不详。在哲学史上第一个明确地从这个角度批评本体论论证，并且尝试对之进行修补的哲学家，是莱布尼茨。

4. 莱布尼茨对本体论论证的修正

在莱布尼茨看来，本体论论证在逻辑上并没有谬误，但它仍然是一个不完整的证明，因为它所依赖的前提包含着需要预先加以证明的内容。

莱布尼茨批评的对象，首先是笛卡尔的证明。笛卡尔的本体论论证结构非常简单：（1）上帝根据定义就是全然完满的事物，因此他就拥有所有的完满性；（2）存在是一种完满性；所以（3）上帝拥有存在这种完满性。

莱布尼茨是在模态逻辑的理论框架下，重新审视安瑟尔谟和笛卡尔的证明。在他看来，它们的一个共同缺陷，就是不加言明地预设了"一个全然伟大的事物"或者"一个全然完满的事物"的概念或想法是可能的。在莱布尼茨的模态逻辑中，"不可能的"等价于"包含着矛盾"。因此，"一个概念是可能的"就等价于"它不包含着矛盾"或"它是可以设想的"。

回到安瑟尔谟的论证，莱布尼茨的批评指向的显然是命题（3）：愚人能够

[1] 阿奎那：《反异教大全》1.11。

[2] Robert Pasnau and Christina Van Dyke (eds.), *The Cambridge History of Medieval Philosophy* (Cambridge: Cambridge University Press, 2010), v. 2, p. 738.

理解"无法设想比其更伟大的事物"。莱布尼茨认为，理解或其他认知活动的一个最小条件是其对象是可设想的，它不能包含矛盾。值得一提的是，当代学者如安东尼·肯尼，也是从这个角度来批评安瑟尔谟的论证，他明确地质疑："全然完满的事物"或"无法设想比其更伟大的事物"，很可能是（a）空的表达式，如"最大的自然数"，或（b）包含矛盾的表达，如"不能用少于18个字命名的最小自然数"。而后者之所以是自相矛盾的，是因为如果存在这样的数，那么它至少可以用刚才这个表达式去命名它，而该表达式本身是少于18个字的，这就意味着不能用少于18个字命名的最小自然数事实上可以用少于18个字的表达式去命名。因此，这是一个非常隐蔽地包含矛盾的表达式。[1] 所以，安瑟尔谟和笛卡尔首先需要说明他们所使用的概念，既不是空的，也不包含矛盾。

有意思的是，莱布尼茨自己在批评笛卡尔的同时就做了这样一个修补工作。他指出：一个概念如果包含着矛盾的话，那么它就会有两个属性是不相容的。因此，我们有必要澄清什么是属性，以及不同的属性在什么情况下不相容。他先引入一个前提：所有属性，要么是（a）简单的、正面的属性，要么就是（b）复合的属性。前者如"智慧""勇敢""全能"等；而复合的属性则在简单属性之外，还包含着对于它的否定或析取、合取等逻辑范畴，负面属性如"不勇敢的"因为包含着对简单的、正面的属性"勇敢的"否定，因此是复杂属性。此时，莱布尼茨引入另一个重要的前提：如果两个属性是不相容的，那么，其中至少有一个属性是复合的。比如说，和一个简单的属性 F 不相容的就是它的否定非 -F；更复杂一些的情况：一个复合属性"F 或 G"，与它不相容的则是"非 -F 并且非 -G"，此时，两个属性都是复合的。

莱布尼茨进一步断定：上帝的所有完满性，都是简单的、正面的属性，例如全能、智慧、至善等。而我们刚才已经指出，一个概念要有矛盾的话，它至少得有一个复合的属性。但笛卡尔的上帝概念（"全然完满的事物"）的所有属性都是简单的、正面的属性，没有复合的属性，因此不可能出现不相容的属性，也就不包含矛盾。[2]

---

[1] Anthony Kenny, *A New History of Western Philosophy*, vol. II, Medieval Philosophy, Oxford: Clarendon Press, 2005, pp. 293-294.

[2] 莱布尼茨：《人类理智新论》4.10。

莱布尼茨的修正无疑是本体论论证一个非常精巧的推进，但它会带来新的问题。如果我们把之前有关否定神学的讨论考虑进来，就会发现他的论证从一开始就会遇到麻烦。在迈蒙尼德的否定神学中，所有关于上帝属性的肯定陈述，都可以转写为相应的否定陈述。比如说"上帝是全能的"，可以被理解为"上帝不是无力的"。这些对于上帝属性的否定陈述对应的则是否定的属性，它们根据定义就是复合的属性。[1] 而按照莱布尼茨的理解，只要存在复合属性，就有与其他属性不相容的可能，因此，他仍然没能像所期待的那样排除"全然完满的事物"这样的表达式包含着矛盾的可能性。

不过，就算莱布尼茨的修正可以成立，这也没法让本体论论证最著名的批评者康德满意，因为在他看来，它并没有触及此前所有本体论论证都犯下的一个共同错误。

5. 康德对本体论论证的批评

康德认为，本体论论证的致命伤是把存在当成了一个实在的谓词。康德区分逻辑谓词和实在谓词，前者只是标明一个词项在命题中的功能，即充当谓词，而后者不仅仅具有这样的逻辑功能，而且作为概念能够有助于确定一个事物属性。比如说，"秃头的""勇敢的""会笑的""住在雅典的"，这些表达式都可以用来刻画苏格拉底的属性。每当我们多了解一个这样的属性，就会对苏格拉底这个人有更进一步的了解，因为它们使苏格拉底的特征变得更加明确。

康德断定，存在并不属于"实在谓词"。因为存在并不是一个使事物的特征得以确定并区别于其他类事物的属性，相应地，当我们说"苏格拉底存在"时，尽管"存在"在命题中占据了谓词的位置，但它并不能使我们对苏格拉底这样一个个体事物，有更多实质性的了解。

康德认为，当我们想到苏格拉底时，我们就获得了关于苏格拉底的概念"苏格拉底-1"。随后，我们可以通过任何一个适用于他的谓词来设想他，除了刚才提到的，还可以有"柏拉图的老师""克桑蒂贝（Xantthipe）的丈夫""饮鸩而死"等等。所有这些都可以让我们获得更多关于苏格拉底的信息，因为它们并

---

[1]　迈蒙尼德：《迷途指津》1.58。

不包含在我最早设想的"苏格拉底-1"这个概念中。但当我们穷尽了所有这些想法之后，再额外断定"苏格拉底确实存在过"或者"有苏格拉底这么个人"。在康德看来，这个断定并不能让我们获得任何关于苏格拉底的特征的信息，或者更严格一点说，没有在我们设想苏格拉底时增添任何概念内容。

康德采用归谬的方式来证明这一点。如果"存在"可以给"苏格拉底-1"增添任何概念内容的话，那么它所增添的就是所谓"存在的属性"。反过来，这也就意味着我原来设想的"苏格拉底-1"缺少"存在的属性"，哪怕我已经想到了所有与他相关的实在谓词，穷尽了他所有明确的特征。这就意味着我原来设想的"苏格拉底-1"所对应的苏格拉底-1这个人本身并没有存在的属性，或者说苏格拉底-1并不存在，这也就意味着当我们断定"苏格拉底确实存在过"时，真正存在的并不是我原来设想的苏格拉底-1，而是另有其人，某个我没有办法设想的苏格拉底-n。这显然是荒谬的，因为它会导致的后果是，所有我们可以设想的对象，我们都没有办法断定他们存在。由此可反推，"存在"作为谓词并不能给主词增添任何实质性的概念内容[1]。

如何准确地理解康德此处的论证，超出了我们这门课的范围。但它提醒我们阿维森纳曾经明确做出的区分：一个事物存在与否并不构成对于这个事物的本质规定（定义）。[2] 例如，恐龙的定义并不包含恐龙是否存在。恐龙并不存在这个事实，并不会导致我们对于恐龙的定义失效。而只有在定义或实质性描述中，我们才会去穷尽恐龙这类事物具有的属性。如果我们可以定义一只个别的恐龙的话，那么就要去穷尽这只恐龙所具有的这些属性。但是无论是在类的还是个体的定义中，都不包含存在。

由此，我们就不难理解康德那个著名但初看让人费解的例子：一百块真正的钱并不比一百块可能的钱更多一分钱（图11.12）。这听起来太荒谬了：一百块可能的钱，或者说我设想中的、概念中的钱，和我真正拥有的钱难道不是有着天壤之别吗？我现在可以设想自己拥有亿万家财，但这改变不了我是穷教书匠的事实。同为教书匠的康德并不否认这一点，他想要表达的是，如果我们关

---

[1] 康德：《纯粹理性批判》B626-628。
[2] 见本书10.4.4。

于一百块钱的概念是准确的，能够穷尽一百块钱所具有的所有属性，尤其是它在当下的购买力，那么，在我们的概念中所构建出来的一百块钱，它和现实中我们拿到

图 11.12 联邦德国 1974 年发行的康德诞辰 250 周年 5 马克纪念币。这枚纪念币或许已经升值，但它也不比我们正确设想的纪念币多值一分钱。

的一百块纸钞或数字货币，在购买力或其他属性上，都不应该有哪怕一分钱的区别。否则的话，我们最开始的一百块钱的概念就是错误的。我们凭借设想中的一百块钱，当然没法买一本售价一百块的《纯粹理性批判》。但是，我们之所以能够拿一百块纸钞买到这本书，正是因为它们在概念上是等价的。因此，尽管康德未必完全认可，但我们可以引入概念内容和概念对象的区分：一个事物的属性包含在有关这个事物的概念内容之中，这个事物作为概念对象的存在却不在其中。

回到安瑟尔谟的论证，哪个命题最让康德不满呢？传统的解释会选择命题（6），即一个现实中存在的事物，〔在某种意义上比只在理智中存在的事物〕更伟大。因为安瑟尔谟看起来不仅认为"在现实中存在"指某种属性，而且是使一个事物变得更加伟大、更加完满的属性。

与此相应，安瑟尔谟的辩护者可以主张，安瑟尔谟并没有把"存在"当作一种属性，因为命题（6）可以解释为（6a），它所涉及的是两种不同的存在方式：一个是在心灵中存在，一个是既在心灵中又在现实中存在。他是在比较两种存在方式的大小和完满；这不涉及存在本身是否一种属性的断定。例如我们可以谈论在现实中的存在优先于在心灵中的存在，这种实在论立场至少是可以辩护的。

但是，如果以上对康德的解释成立的话，安瑟尔谟本体论论证的问题会更麻烦。因为在命题（7）中，我们看到他引入关于"设想"的讨论，认为愚人可以在理智中设想一个事物在现实中的存在。然而，在康德看来，这样的设想并

不会增添任何我们关于该事物的概念内容，它和单纯在心灵中设定概念的对象并没有实质性的区别，因此，把一个同时在现实和在理智中存在的事物设想为比单纯在理智中存在更伟大，这从一开始就是一个错误的概念或者设想。

所幸的是，当代受安瑟尔谟启发的本体论论证，既没有把存在作为属性或实在的谓词，也没有把存在列入设想的概念内容，甚至从根本上放弃了含混的设想概念，采用界定更为清晰的模态概念来完成论证。

6. 普兰丁格的本体论论证

当代本体论论证中最受关注的是普兰丁格的版本，它依赖模态概念的可能世界语义学。[1] 根据该语义学，真陈述指在我们生活的现实世界中为真的陈述，而可能陈述至少在一个可能世界为真；必然陈述在所有可能世界中为真；不可能的陈述则在所有的可能世界中都不为真。

在可能世界框架下，普兰丁格引入两个相关概念至尊（maximum excellence）和至大（maximum greatness）来刻画上帝的神圣属性。前者适用于一个可能世界，后者则涉及所有可能世界。具体论证如下：

（1）一个存在者在一个给定的可能世界 W 中拥有至尊的属性，当且仅当它在 W 这个世界中是全能、全知和全善的。（前提：至尊的定义）

（2）当且仅当一个存在者在所有可能世界中都拥有至尊的属性时，它才拥有至大的属性。（前提：至大的定义）

（3）可以设想有一个存在者 x 拥有至大的属性 = 这是可能的：一个存在者 x 拥有至大的属性。（前提）

（4）因此，以下命题可能地必然地为真：x 是全能、全知和全善的。（1，2，3）

（5）因此，以下命题必然地为真：x 是全能、全知和全善的。（4，S5）

（6）仅当一个存在者在一个给定的可能世界 W 中存在时，它才能在 W 中拥有一个属性。（前提）

（7）因此，x 存在于所有可能世界之中。（5，6）

[1] 以下参见 Alvin Plantinga, *God, Freedom, and Evil*, Grand Rapids: Eerdmans, 1974, pp. 85-112。

前两个命题只涉及定义，无须多言。命题（3）给出了两个等价的表述，是因为在当代模态理论中，可设想性常常等同于可能性，而根据可能世界语义学，这可以转写为"存在一个可能世界 W*，在 W* 中至大这种特性能够被例示（或者说在 W* 中有一个事物具有至大这样的特性）"。这个前提如何成立稍后再谈。根据至大的定义，拥有至大属性的事物 x 在所有可能世界中都拥有至尊的属性，根据可能世界语义学，这就等价于，"必然地，x 拥有至尊的属性"。因此，我们可以从前提（1）（2）（3）可推导出命题（4）。

这里需要注意的是："x 是全能、全知和全善的"这个命题前面有两个不同的模态词或模态算子：离它最近的是"必然地"，这一必然性来自至大的定义，它在所有可能世界都是至尊存在者；在"必然地"前面还有"可能地"，这是从至大的存在可以被设想这一前提而来，它等价于安瑟尔谟论证中（3）愚人可以理解"无法设想比其更伟大的事物"。

接下来，普兰丁格引入了一个在 S5 体系的模态逻辑中被广泛接受的一个重要法则，如果一个命题拥有多个模态算子，则命题最近的模态算子之外的其他模态算子都可化简。形式化如下：

S5:00... □ = □ and 00... ◊ = ◊，其中□为"必然地"，◊为"可能地"，0 则为"必然地"或"可能的"。

由此"可能地必然地为真"就等价于"必然地为真"。这也保证了我们可以从（4）推导出（5）。这一点，从可能世界语义学来看，也不难理解。因为当我们说某个命题 p "可能地为真"，就意味着在一个可能世界 W# 中，命题 p 为真；然而命题 p 本身是一个必然命题，它的基本结构是"必然地，命题 q 为真"。而这就意味着"命题 q 在所有可能世界为真"。这就意味着，不管命题 p 是可能地为真还是必然地为真，是在一个可能世界 W# 中还是在所有可能世界中为真，命题 q 都是在所有可能世界为真。因此，命题 p 前面的命题算子是什么，与命题 q 必然地为真没有关联。用普兰丁格的话说，在不同的可能世界中，命题 q 的必然性和不可能性是不变的。

命题（6）很难被质疑，因为一个事物的存在被看作它拥有某种属性的前提。根据可能世界语义学，由（5）和（6）不难推出结论（7）。因此，x 存在于所有可能世界中。这就意味着拥有至大属性的存在者 x，当它可以被设想在可能世界 W* 中存在时，它就不仅仅在 W* 中存在，而且在所有可能世界中存在，包括我们生活的现实世界。而这样的至大的存在者正是上帝。

这是一个受到安瑟尔谟启发的精巧论证。它不再依赖"存在是一种属性"的预设，而且在很大程度上接受了康德的理论预设。在康德看来：任何一个属性，只要能被例示，那么例示它的个别事物一定已经存在。我们只要谈论一个个别属性，例如个别的红，那么它就一定属于某个特定的存在者。在以上论证中，命题（6）实际上就是这一主张的模态表述。因此，普兰丁格的论证策略不是将存在本身看作某种完满的属性，而是从上帝可能的属性出发去推断他在所有可能世界中的存在。

尽管如此，这个论证仍然有它自身的问题。如果我们用它的基本思路来重构安瑟尔谟的论证，就会倾向于将安瑟尔谟论证的命题（3）愚人理解"无法设想比其更伟大的事物"理解为愚人可以设想"无法设想比其更伟大的事物"，再将这里的"可设想"转译为"可能的"，同时将"无法设想比其更伟大的事物"理解为"该事物在所有可能世界中都是最伟大的"。由此可以得到：

（3a）以下命题可能地必然地为真：无法设想比其更伟大的事物是最伟大的。

再根据 S5 去除掉多余的模态算子，自然可以得到该事物在所有可能世界都是最伟大的。由此也可以推出，该事物在所有可能世界中存在。这看起来同样可以抵挡康德等人的批评。

但是，这里付出的文本解释的代价是沉重的。首先，我们并不清楚安瑟尔谟是否接受可能世界语义学。更重要的是，即使他接受可能世界的存在，他也不会将这里的"设想"或"可以设想"理解为可能性。因为他在《宣讲》中明确地断言：上帝是超出人的设想之外的。如果可设想的是可能的，那么超出设想之外的就变成不可能的，这也就意味着上帝是一个不可能的存在，这显然是荒谬的。[1]

---

[1] 安瑟尔谟：《宣讲》15 章，见马仁邦：《中世纪哲学》，第 135 页。

以上是普兰丁格的思路在解释安瑟尔谟时会出现的问题。回到普兰丁格的论证本身，整个论证非常依赖命题（3）这个看起来无害的前提，即"我们可以设想一个至大者的存在"，它等价于承认"上帝的存在是可能的"。普兰丁格认为：如果我们没有其他理由来判定在一个可能世界中存在还是不存在至大者，那么，即使以上论证没有证明至大者存在，它至少论证了"相信至大者存在"并不比"相信至大者不存在"更不理性。但普兰丁格的反对者会说，我们也有同样的理由相信，至大者在所有的可能世界中都是不可设想的，或者说它的存在是不可能的。看起来，双方的理由旗鼓相当。不过，普兰丁格和他的反对者所承担的论证负担是不同的。对于普兰丁格来说，他只需要给出一个理由，说明我们可以理性地相信，至大者在一个可能世界中存在就行了。而反对者需要指出的是，所有的可能世界都没有至大者。

以上略显冗长的讨论希望展示的是，安瑟尔谟的本体论证，在近千年的哲学史发展中，始终葆有活力，因为它的结构简单，论证形式貌似严密，而且迫使后世的哲学家深入地思考"存在与属性""可能性与可设想性"等一系列一般形而上学核心问题，远远超出了宗教哲学的范畴。

或许大家已经注意到，我有意跳过了安瑟尔谟同时代人高尼罗的反驳。高尼罗在读到安瑟尔谟的论证后，曾经写过《为愚人辩》（图11.13）。有意思的是，安瑟尔谟晚年在他的书稿后附上高尼罗的反驳，当然还有他的回应，他期待他的读者在这种反驳与回应的辩证中，独立思考本体论论证的有

图 11.13　《博物志之秘》抄本（1480—1485 年），巴黎法国国家图书馆。希腊传说中的"神佑群屿（ysles fortunes）"因风调雨顺、资源丰饶而成为至福乐土。高尼罗反驳安瑟尔谟的要点在于，本体论证的逻辑同样可以用来论证一个传说中无法设想比其更伟大的岛屿（名为"失落岛"）必然在现实中存在，否则的话，我们就可以设想一个同时在现实中存在的"失落岛"比它更伟大。

效性。因此，我希望大家可以自行阅读高尼罗的反驳，思考它主要针对哪个命题，以及它是否足以击溃安瑟尔谟。

三、阿伯拉尔与中世纪共相问题

和本体论论证一样，共相问题同样是哲学史上长盛不衰的话题。它在中世纪拉丁世界的展开，有着特殊的背景，非常依赖他们所接受的权威文本的主张，但与此同时，他们所获得的理论洞见，仍然超越了所处的时代，今天仍然推动着形而上学思考。

上一讲在介绍伊斯兰世界有关理智认识和事物性概念的讨论时，我们实际上已经触及共相问题的核心。如果在所生活的物理世界中，我们的认知通达的首先是个别事物和个别性质，那么，我们如何可以谈论那些普遍的事物？有一些包含着普遍词项的句子在我们看来是显然为真的，例如"苏格拉底是人"，"人是有理性的动物"等等。其中，"人""动物"这些普遍词项意指的究竟是我们心灵中的概念，还是心灵之外的实在？还是说，这些普遍词项的用法，纯粹只是语言使用者约定俗成的结果，并没有一个外在的本体论基础，而我们也不需要一个认识论的解释？

无论如何回答这些问题，显而易见的是：共相问题不是一个单一的问题。在哲学史漫长的演进中，它和逻辑学、形而上学和知识论的相关问题纠缠在一起。本讲主要讨论共相问题的逻辑和本体论层面，这是 12 世纪前拉丁哲学关注的核心。[1]

1. 中世纪共相问题的出现

中世纪拉丁世界有关共相问题的争论，可以追溯到柏拉图和亚里士多德的根本分歧。柏拉图的形式常常被解释为共相这样一种普遍存在物，它独立于我们的可感世界、独立于我们的心灵而存在。与之相反，亚里士多德的《范畴篇》强调

---

[1] 另见本书 12.4.3; 14.2.2; 15.1.3-4。

个别事物的优先地
位，但他的知识对
象理论突出事物的
普遍性质在认知上
的优先性。因此，
在《形而上学》核
心卷有关实体的复
杂讨论中，亚里士
多德也试图说明实
体作为"是"或
"存在"的核心含
义，应当能成为我
们认知的首要对

图 11.14　波斐利《导论》抄本（15 世纪），巴黎法国国家图书馆。该书
原本是波斐利给罗马元老院议员克里赛欧西乌斯的回信，解答后者在阅
读《范畴篇》时遇到的疑难。此图为全书开篇，书信体的写作呈现为中
世纪学者更熟悉的经院课堂教学场景。

象，解释事物普遍性的由来。这也是《形而上学》中的实体理论让后人争议不
休的根本原因。

　　中世纪有关共相的争论，基本可以分为柏拉图主义和亚里士多德主义两大
阵营。不过，我们稍后会进一步澄清，这里所谓的柏拉图主义阵营是一种弱化
的柏拉图主义立场。在此之前，有必要说明中世纪相关争论文本或者思想史上
的特殊渊源，即新柏拉图派哲学家波斐利为亚里士多德的《范畴篇》所作的《导
论》。这部著作在拉丁世界和伊斯兰世界都成为重要的哲学入门教材。而拉丁世
界在 12 世纪的翻译运动之前读不到亚里士多德的《形而上学》，这本书对于他
们了解亚里士多德传统逻辑学和形而上学至关重要。而波斐利的新柏拉图派背
景，也让拉丁世界的相关争论，多了一层滤镜。

　　波斐利的《导论》一开篇（图 11.14）就提到共相的问题，不过是以一种否
定和拒斥的姿态：

　　　　为了讲授亚里士多德的范畴学说，必须认识什么是属、种差、种、固
　　有属性和偶性。这一认识也有助于提出定义，并且一般来说有助于划分和
　　证明。我将像导论那样向你扼要回顾一下这一传统学说，并试图描述前人
　　的说法。我将回避那些深奥的问题，而只简明地解释简单的问题。

例如，我在这里不打算研究有关属和种的这样一些问题，（1）属和种是持存的，还是仅仅依赖我们纯粹的思想；（2）如果它们是持存的东西，那么它们是物质的，还是非物质的；（3）它们是自身独立的，还是出现于并且依赖可感事物。因为，这样的研究要求我们对这些问题进行更详细的检验。相反，我将试图向你说明，古人们，特别是逍遥学派是如何从逻辑角度论述属和种，以及上述其他范畴的。[1]

波斐利无意讨论的这三个问题涉及属、种这样的普遍物的本体论地位，它们框定了中世纪拉丁世界有关共相问题的争论。中世纪的哲学家们认为，自己有义务回应引入了属和种这样的自然类别之后带来的哲学挑战，并为之引入其他思想资源。其中，和波斐利一样深受柏拉图传统影响的哲学家，给拉丁世界的共相之争烙下了深刻印记。

在谈到共相概念时，拉丁世界的逻辑学家往往引述亚里士多德在《解释篇》中对普遍事物的描述，并把它作为共相的一个重要定义：

共相就是那些在本性上可以谓述多个事物的东西。[2]

当然，这样一个简单的描述并不能满足拉丁世界的哲学家，他们很快意识到共相问题，不仅仅是谓述的问题，而且因为谓述（语言）、概念（思维）和存在三个层面的同构性，它同样涉及本体论和知识论问题。

就此而言，中世纪拉丁哲学家另一个重要的思想来源是奥古斯丁。他回到新柏拉图传统，把柏拉图式的形式解释为内在于神圣心灵中的理念（idea），而且将神圣理念解释为我们所使用的普遍词项和心灵中的普遍概念的本原，同时也是个别事物所具有的共同本性的来源，在语言、思维和存在三个维度都起到奠基作用（图11.15）。其中，共相和经验世界中的个别事物的关系，被看作理解问题的关键。[3]

中世纪拉丁哲学家也据此将他们所谈论的共相区分为先于事物、在事物中和

---

[1] 中译文引自赵敦华、傅乐安（主编）：《中世纪哲学》上卷，第594—595页。

[2] 亚里士多德：《解释篇》7 17a35-37。

[3] 奥古斯丁：《八十三杂问》46.2；又见本书第十二讲。

图 11.15　巴塞洛缪思·安杰利卡斯《论万物之属性》抄本（15 世纪），亚眠市立图书馆。图中展示的是上帝创造元素、植物、动物等场景。这些受造物的理念显然都预先存在于上帝的心灵中，"因为他（案：指上帝）不会看向置于他之外的事物，根据它来创造他所造的一切，有这样的想法就是渎神。"（奥古斯丁《八十三杂问》46.2）

后于事物的共相，这个重要区分来自同样具有新柏拉图派背景的亚里士多德评注家阿莫尼乌斯（Ammonius，约 435 或 445—517 或 526 年）。

（1）后于事物的共相（universalia post rem），首先指的是我们心灵中的普遍概念。这里的"后"指的并非时间意义上的"后"，而是本体论上的"后"，即一种本体论上的依赖关系：我们从个别事物中通过抽象（或其他认知方式）获得普遍概念。

（2）在事物中的共相（universalia in re），则涉及苏格拉底和柏拉图这样的个别存在所具有的相似特征。这些特征，是把他们都归在人这个自然类别下的本体论依据。中世纪哲学家们倾向于认为自然分类并不是随意的，一个便捷的解释就是个别事物中存在着普遍本性。

（3）先于事物的共相（universalia ante rem），指的是独立于个别事物的共相，特别指在神圣心灵中的普遍原型和理念。

在这些思想资源影响下，拉丁世界在谈及共相时，会涉及四类紧密相关的事物：（a）个别实体，例如苏格拉底；（b）苏格拉底具有的、个别的、但能以普遍的方式被理解的属性，例如苏格拉底的人性；（c）心灵（特别是人的心灵）所把握的普遍概念，比如说人性这一概念；（d）我们在语言中使用的普遍词项，例如"人性"。而中世纪拉丁哲学家的分歧主要在于它们之间的关系，以及（b）和（c）两类事物的本体论地位，即事物中个别化的属性和心灵中的普遍概念。显然，个别事物及其属性和心灵之间的关联，是共相论争参与者首先关心的问题。

传统教科书通常据此区分三种不同立场：（a）实在论（realism）：断言在个别事物之中或个别事物之先存在着实在的共相。所谓"实在"指的是不依赖我们的心灵而存在；（b）概念论（conceptualism）：认为共相只是或首先是依赖我们心灵的概念；（c）唯名论（nominalism）：主张普遍的东西只是或首先是普遍语词，至于普遍概念和心灵之外的普遍事物，要么不存在，要么不是共相论争首先需要关注的对象。

这是一个非常粗略的区分，它至多可以帮助我们锚定中世纪相关争论的坐标，但并不能精确定位一个具体的哲学理论，而且带来的误解往往大于理解。

（1）首先看实在论。几乎所有中世纪思想家，无论唯名论者还是实在论者，都认为存在先于事物的共相，这些共相以神圣理念的形态存在于神圣心灵中。与此同时，他们也都坚决否认极端柏拉图主义的立场，否认共相是独立于人和神的心灵之外的永恒存在物。但在这个意义上，我们仍然可以说几乎所有中世纪哲学家都是实在论者，或者说超验实在论者（transcendental realists），因为神圣理念虽然依赖神圣心灵，但显然超越了我们的经验世界。因此，"共相实在论"作为一个标签，它的意义也就被弱化了。它关注的并不是一般意义的、独立于人类心灵的普遍存在物，而是更具体的、内在于个别事物中的普遍属性。换句话说，共相实在论所涉及的首先不是超验实在论，而是内在实在论（immanent realism）。

（2）其次是概念论。中世纪的思想家也普遍同意，个别的事物中包含着一些属性，人的心灵可以用普遍的概念来理解它们，并且可以用普遍词项（"人""动物""白")来意指这些存在于心灵之外的个别事物中的属性。问题的关键在于：普遍概念在什么意义上准确地把握了这个世界？一种可能是：承认在我们的概念或者心灵之外，存在着独立的普遍属性，我们的概念因为以某种方式与它相符合而正确，此时，概念论者就成了实在论者；另一种可能是：承认概念只是心灵构造的结果，我们根据心灵共同的结构、理性的交往或概念语言的使用法则等来确定一个普遍概念是否正确。此时，概念论者又成了唯名论者。因此，概念论作为实在论和唯实论之间的某种第三条道路，其独立性是可疑的。

（3）最后是唯名论。刚才的界定实际上只是在语言层面肯定了共相的存在，但他们仍然需要去解释，普遍词项是否能意指语言之外的对象，它所意指的是心灵中的概念还是心灵之外的事物，它意指的究竟是已经个别化的存在物还是普遍的存在物？这时既有可能返回概念论和实在论，也有可能走向最为极端的唯名论，认为普遍概念和普遍事物都不存在。[1]

因此，实在论、概念论和唯名论这样的标签更多是初学时的参考，是帮助我们进入中世纪共相论争时的重要线索。对于哲学史研究者来说，更为重要的是根据具体的文本和论证重构来确立特定哲学家的立场。

2. 波埃修的共相实在论

波埃修是拉丁世界最早回应波斐利问题的哲学家（图 11.16），他为《导论》撰写过两部评注，其中提到一组反驳共相实在论的论证。

反实在论者的论证

图 11.16　亚里士多德《范畴篇》抄本（13 世纪），圣米歇尔山图书馆。波埃修（左）与亚里士多德（右）正在专注地争论，双方似乎进入了总结陈词的阶段。不过，波埃修对共相问题的解决方案通常被看作亚里士多德式的。

---

[1]　本节内容参考 Marenbon (ed.), *The Oxford Handbook of Medieval Philosophy*, pp. 388-389; Gyula Klima, "The Medieval Problem of Universals," *SEP*, URL = 〈https://plato.stanford.edu/archives/spr2022/entries/universals-medieval/〉.

策略很简单：如果共相存在于个别事物之中，作为不同个别事物所共有的存在物，（1）要么在数目上为一，（2）要么在数目上为多。但这两种可能都会带来荒谬的后果，因此共相并不存在于个别事物之中。

（1）首先看**共相为一**的情况。共相要作为一个单一的存在物，在同一个时刻被不同的个别事物所共有，那么，唯一的可能就是共相作为整体构成个别事物本质的一部分。比如说我和我的猫共同分有动物性这样一个普遍属性或共相。根据动物性在数目上为一的假设，是同一个动物性构成了我的存在的本质，也构成了我的猫"灵灵"的存在的本质。但我和灵灵是两个不同的个别实体，所以也具有不同的存在的现实性；而共相作为我的本质的一部分，它一定也分有了我的存在的现实性。同理，它也分有灵灵所具有的存在的现实性。这就会导致在我之中的动物性和灵灵中的动物性，它们根据假定既是数目上同一的单一共相，又根据所分有的现实性是数目上不同的存在。这显然是荒谬的，因此假设不成立。

（2）再来考虑**共相为多**的情况，特别是一种共相集合论主张。此时，动物性不是一个单一的、被不同动物所分有的普遍属性，而是我的动物性、灵灵的动物性以及其他所有动物的个别动物性的集合。在反实在论者看来，它会带来另一个问题：我的动物性和灵灵的动物性，它们是（a）完全相似的，还是（b）完全不同的，或者（c）既有相似又有差异？三个答案似乎都没法成立。因为如果（a）我的动物性和灵灵的动物性没有任何差异的话，那么它们就是同一个动物性，在数目上为一，这种可能性已被否定；如果（b）我的动物性和灵灵的动物性完全不同，我们就没有任何理由在同一个意义上说我是动物，灵灵也是动物；如果（c）它们既有相似之处，也有不相似之处，我们就可以把它们的相似之处，叫作"超动物性"，我的超动物性和灵灵的超动物性又会构成一个新的集合。我们可以继续问它们是完全相似、完全不同还是既有相似又有差异，以至无穷。此时，共相作为个别事物的一部分，本来是用来解释它们的共同性和相似性，但它会陷入第三人论证式的无穷倒退中，因此也就丧失了应有的解释力。

波埃修笔下的反实在论者甚至还会进一步否定共相是心灵的构造。因为，如果共相只是我们心灵的构造或表征，这时我们就会问：心灵的表征是符合现实的，还是不符合现实的？

（1）如果心灵表征的共相符合现实，那么，在现实中就要有一个实在的共相与它对应。但我们已经论证了这样的共相不可能存在。

（2）如果心灵表征不符合现实，即心灵没有按照现实所是的样子来表征现实，那么，这样的表征是空洞的、虚假的、扭曲的。更重要的是，心灵表征的方式取决于我们的意愿；但心灵以外的世界的"是"或存在，则独立于我们的心灵。所以，这种凭空虚构的对现实的表征，也是没有意义的。

反实在论者最后断言，既然共相既不在心灵之外存在，也不是心灵的构造，那么，有关共相的谈论也是毫无价值的。[1]

反实在论者的论证看起来简洁有力，在存在、思维和语言三个层面都试图否认谈论普遍物的意义，让人想起高尔吉亚的《论非是者》。[2]波埃修回应的关键在于，他并不认为，当我们没有按照事物所是的方式表征事物时，是在以一种错误的、扭曲的方式表征事物，或者说只是在进行一种空洞的、没有意义的思考。

此前在讨论波埃修的神圣预知理论时，曾经提到他的认知模式原则：认知者在把握对象时，依据的并非对象本身所是的方式，而是认知者自身的存在样式。所以，上帝作为一种非时间存在者，就是以非时间的方式去把握未来偶然事件。[3]

回到有关共相的认识，波埃修指出：在数学思考中，我们以抽象的方式把握点、线、面、体等数学对象。它们存在于我们的心灵之外，是与可感的个别物不可分离的存在。但当我们把它们作为数学对象考察时，就仅仅是在思考它们可以度量的量等数学特征，而忽略了它们作为物质存在的部分物理特征。我们显然并不会因此认为数学思考是以一种错误的、空洞的方式解释和描述世界。

相应地，在把握个别事物中的普遍性时，我们实际上是在进行一种归纳性的抽象思考，它使我们得以忽视个别事物中本性所具有的个别化特征，而只关心它们之间的相似性。在我们表征个别事物的普遍性时，这些个别事物所具有

---

[1] 波埃修：《波斐利〈导论〉第二评注》11—22节，此处重构参考 Klima, "The Medieval Problem of Universals"。

[2] 见本书 2.1.2。

[3] 见本书 9.4.4。

的共同本性，比如说动物性，就作为单一的、普遍的、非物质的对象向我们呈现出来，也因此获得心灵中的存在。这种存在方式，显然不同于它原先在个别事物中的存在方式。

> 属和种以一种方式**持存**，以另外一种方式**被理解**。它们是非物质的，但在可感物中持存，与可感事物结合；然而，它们被理解为在自身中持存，不在他物中获得存在。[1]

这个回答不仅指明了心灵理解共相的方式，同时也回应了反实在论者的本体论论证。在波埃修看来，动物性这样的属性在作为共相被我们理解时，它的存在不同于它在个别事物中的存在，但这两种存在方式的差异并不会导致我们关于共相的讨论变得空洞和没有意义。换句话说，在波埃修这里，"个别事物的共同本性"的普遍性不是来自它在心灵之外的存在（持存的方式），而是来自它以普遍的方式被我们的心灵表征（被理解的方式）。所以，只有当共同本性作为我们知识的对象被理解时，它才是普遍的、非物质的、和可感事物相分离的。

不过，波埃修的主张会遭遇如下困难：我们的心灵在构造对世界的表征时，既能产生构成知识的普遍概念和恰当定义，也会呈现出一些具有普遍特征但并不实在的概念，比如独角兽、龙、美人鱼等。那么，属和种这样的共相，在什么意义上不同于美人鱼这样的普遍概念呢（图 11.17）？

波埃修求助于抽象这一特殊的表征方式，强调抽象虽然不以事物所是的方式把握共同本性，但仍然以共同本性在事物中的存在为基础。他还诉诸光照说，强调神圣理智帮助我们建立抽象的事实基础。但如果我们不接受光照说，就需要面对最初的本体论问题：作为抽象认识基础的共同本性在个别事物中是如何存在的？这将我们带回反实在论者提出的一系列反驳。我们很快会看到，阿伯拉尔将这类反驳发挥到极致，向我们揭示出这种他称为"质料本质主义"的共相实在论根本行不通。

---

[1] 波埃修：《波斐利〈导论〉第二评注》34—35 节，强调为本书作者所加。

图 11.17　巴塞洛缪思·安杰利卡斯《论万物之属性》抄本（15 世纪），亚眠市立图书馆。这部中世纪流行的百科全书将现实中的动物与传说中的动物并置。

3. 阿伯拉尔反驳共相实在论

　　阿伯拉尔是 12 世纪拉丁世界最优秀的哲学头脑。他出生于布列塔尼，一生经历坎坷，不过很可能是个性所致。他有种不同寻常的本领，能把认识的所有人都得罪个遍。他曾跟随香蒲的威廉（William of Champeaux，1070—1121 年）求学，然后被扫地出门，后又遇到拉昂的安瑟尔谟（Anselm of Laon，1050—1117年）——另一位叫安瑟尔谟的著名神学家，结果激怒了整个拉昂学派。当然，最致命的是和爱洛伊丝（Heloise，1098—1164 年）的邂逅（图 11.18）。爱洛伊丝是那个时代少有的受过良好教育的聪明女子。阿伯拉尔曾被聘为她的老师，但很快就发现他面对的是一颗同样卓尔不群的强大心灵，一个旗鼓相当的灵魂伴侣。只

图 11.18　洛里斯的纪尧姆《玫瑰传奇》抄本（1350—1365 年），尚蒂伊孔代博物馆。书中这样描写阿伯拉尔和爱洛伊斯："她要他爱她，但他不能要求任何对她的权利，除非得到她的恩惠和特许，也不能支配她和主宰她，这样他就能完全自由、完全独立地做学问，不受束缚，而她自己也能专注于学术，因为她并不缺少相关知识。"（8781—8788 行）

不过爱洛伊斯的舅父反对他们间的暧昧关系，因为种种误会，对阿伯拉尔下了狠手，把他去了势。阿伯拉尔和爱洛伊丝后来各自出家，仍然保持着书信往来。这些文辞优美的书信流传了下来，阿伯拉尔在其中一篇回忆了他悲催的一生，中文译为《劫余录》，值得一读。

阿伯拉尔最大的敌人是明谷的伯纳德。他激烈地反驳阿伯拉尔的神学主张，例如阿伯拉尔有关上帝行动必然性的主张。但充满反讽的是，阿伯拉尔的立场其实是安瑟尔谟主张的一个自然推论，但安瑟尔谟在当时被广为推崇，而阿伯拉尔自己则面临被打为异端的危险。他曾经两次被教会当局公开谴责，后一次差点导致绝罚，所幸教会的命令最后被撤销。尽管一生坎坷，阿伯拉尔还是活到了 62 岁，在索恩河畔沙隆去世。

阿伯拉尔的著作包括以下几类：

（1）逻辑学著作：阿伯拉尔是中世纪最伟大的逻辑学家，通常认为可以和他相提并论的只有奥康，或许还有布里丹。他那些开创性的哲学逻辑学工作主要出现在给《导论》《范畴篇》《解释篇》等写的评注《逻辑学 LI》（*Logica Ingredientibus*）和《逻辑学 LNPS》（*Logica Nostrorum Petitioni*）；[1]

---

[1]　这两部著作都以开篇的单词命名，此处用了常用缩写，以示区分。

（2）经院学术基本方法论：阿伯拉尔的名著《是与否》是对经院辩证法的提炼，收罗教父们对于同一论题的正反两种回答；

（3）实践哲学：阿伯拉尔在《伦理学》一书中提出一种非常激进的、关注行动者道德意图的伦理学主张，在整个中世纪都可以说独一无二；

（4）神学著作：这也是阿伯拉尔的祸根所在，例如《基督教神学》《经院神学》《论至善》等。他还留下一部被称为《对话录》的独特宗教哲学作品，让犹太教徒、基督徒和不信神的人来进行辩论。

我们集中关注阿伯拉尔在共相理论上的卓越贡献，首先来看他反驳共相实在论的论证。

当时流行的共相实在论可以称作质料本质实在论（material essence realism）。它认为，在同一类别的个别事物中，存在着同一个实质或质料本质。该本质仅仅通过它在个别事物中所获得的"最低的种（infima species）"相互区别。例如，我的动物性和猫的动物性的区别在于我的动物性是被我的人性所形式化的，而猫的动物性是被猫性所形式化的。其中，"人"或"猫"就是所谓"最低的种"，因为它们构成了实体范畴的最小分类，再往下分就只能是个体。那么，我和苏格拉底的人性又如何得到区分呢？质料本质实在论者认为：个体的本性是相同的，它们只能通过各自具有的偶性或形式区别开来。这也就意味着，这些个体的共同本性作为他们的本质存在，扮演着质料的角色，这也是"质料本质实在论"这一标签的由来。

在阿伯拉尔看来，这会带来非常荒谬的结果：在同一个时刻，同一个动物性，在猫那里，它作为质料获得非理性形式，而在人那里则获得理性的形式。这意味着，同一个普遍本质作为存在物，会同时被相互对立的两种属性形式化，这显然是不可能的。

不过，阿伯拉尔不认为实体论者会就此缴械投降，因为他们还可以这样反驳：真正接受形式化的并非动物性这样的普遍本质，而是我的猫灵灵和我这样的个别存在。灵灵接受了非理性因而成为非理性的，我则接受理性成为理性的。而我和灵灵所共同分有的普遍本质亦即动物性，它本身既不是理性的，也不是非理性的，也不是我和灵灵所具有的其他任何偶然属性。

这个回应看起来解决了普遍本性的不少本体论难题，一方面它强调了我和灵灵具有的共同的动物性，它因为不进入形式化过程，而不必同时被对立的属性形式化；另一方面，我和灵灵作为不同的个体，又通过各自接受的不同偶性形式而相互区别。根据这一解释，在我和灵灵的本体论结构中，既有同也有异，既有普遍本质也有个体和它的偶性，它虽然不再认为普遍本质可以直接接受形式，但仍然捍卫了普遍本质在个体中的实在性，看起来很有说服力。

然而，阿伯拉尔敏锐地意识到这里的个体概念是含混的，它所意指的对象在本体论上是可疑的：可以接受理性、非理性以及其他偶性形式的个体究竟是什么？我和灵灵在形式化过程中究竟是什么样的个别存在？

首先，灵灵显然不能是任何它所接受的形式。因为任何它所接受的形式，非理性的、有皮毛的、虎斑、爱咬人、会撒娇等等，都是赋予它这个个体以特定属性的存在物。如果灵灵是这些形式中的任何一个，它就不需要被它形式化了。因为能够被 F 形式化的，是并不拥有 F 的存在。

因此，灵灵作为形式的接受者，它只能是它的存在中除了这些形式之外的东西。然而，在灵灵的存在中，除了这些偶性形式之外，还剩下什么呢？本质实在论者认为，一个个体是由它与同类别的其他个体的共性和差异性构成的：个体 = 共性 + 差异性。例如我和灵灵，其中的共性就是动物性，差异则来自为我和灵灵赋予特定属性的形式。然而，刚才的论证表明，灵灵和我都只能是把各自的差异性形式排除之后的剩余之物。那除了我们共同的质料性本质亦即动物性之外，还能剩下什么呢？

阿伯拉尔的质疑不仅针对特定的质料本质实在论，而且揭示出很多有关个体的形而上学理论会遇到的一个麻烦：我们倾向于认为一个个体在失去它的形式之后仍然成其为个体——灵灵不再咬人也仍然还是灵灵，但如果所有的形式都被排除在个体之外，那么，每一个个体都将成为一个光秃秃的特殊物（bare particular），它们之间不再有任何可以区分的特征，此时个体之为个体就变得可疑。这在上述质料本质实在论中尤为突出，因为它所谈论的个体在剥离了形式之后，剩下的就是无差别的质料本质。由此可以推出，我和灵灵就是我们分有的共同的质料本质，也因此是同一个个体，这显然荒谬。

阿伯拉尔还不满足于此，他进一步指出：即使我们不认为个体是偶性形式的接受者，而把个体看作偶性形式造就的产物，例如正是有皮毛的、虎斑、爱咬人、会撒娇等一系列偶性的集合造就了灵灵这个个体，这也于事无补。因为这意味着灵灵的偶性规定了灵灵作为个别实体的存在，并因此在本性上先于灵灵这个实体。由此可以推出，灵灵并不是它的这些偶性的基体，因为在亚里士多德的范畴理论中，基体在本性上先于它所承载的偶性。而如果这些偶性都不在灵灵之中，它们如何能够规定灵灵作为个体的差异性呢？更重要的是，回到有关共相的讨论，偶性如果不在灵灵这样的第一实体之中，它们当然也不可能出现在猫、动物这样的第二实体或共相之中。换句话说，共相或普遍本质没法像波埃修等实在论者所设想的那样，通过在它之中的偶性而获得个别化的存在。[1]

图 11.19　波埃修编著《旧逻辑》抄本（约 1140 年），达姆施塔特大学与州立图书馆。辩证法女神右手拿着波斐利树，从最宽泛的"实体"下降到"理性动物"这一最低的种，左手紧握的蛇象征着辩证法堕落成诡辩时的狡诈和阴毒，在中世纪时它往往和异端联系在一起。鼓吹异端的人常被认为善用谬误论证来蛊惑人心。女神上方是激辩中的柏拉图和亚里士多德，下方则是苏格拉底和小桥派的亚当（Adam of the Petit-Pont，1100—1169 年），后者是阿伯拉尔的竞争对手。

我们不难发现，在上述论证中，阿伯拉尔不满足于简单地驳斥他的论敌的理论模型，而是不断地构想一个实在论者可以做出什么样的回应，然后再进行反驳，如此往复，让整个论辩逐渐精致和深入。这是中世纪哲学的一种主要写作和论辩方式，即经院辩证法（图 11.19）。它是正论与反论反复交锋的思考，很多时候不一定来源于现实发生的论战，而完全可以是一个思考能力超群的哲学家头脑中的论战或自

[1]　以上论证参见阿伯拉尔：《逻辑学 LI · 对波斐利的注释》，英译文见 Paul Vincent Spade, *Five Texts on the Mediaeval Problem of Universals*, Indianapolis/Cambridge: Hackett, 1994, pp. 29-33（以下引述英译文页码）。

我论辩。

4. 阿伯拉尔的共相语义学进路

出色的逻辑思维能力让阿伯拉尔对于论敌或想象中的论敌的弱点异常敏感。不过，如果他不能给出一个正面的共相理论，那还不足以进入中世纪最出色哲学家的行列。

阿伯拉尔首先回到亚里士多德在《解释篇》中的定义，强调共相是那些可以用来谓述多个事物的东西。他认为能够满足这个定义的只有**普遍语词**。阿伯拉尔之所以如此主张，除了以上反对质料本质实在论的本体论论证之外，他也会引述波埃修提到的反实在论论证，指出语言之外的存在，没有办法满足共相的要求，即作为一个整体同时构成不同个别事物的本质。[1] 因此，只有普遍语词，例如"人"这个词，可以谓述苏格拉底、柏拉图、阿伯拉尔等不同个体。这听起来完全符合我们之前提到的唯名论定义，此外，12世纪阿伯拉尔的追随者也常常被称作唯名论派（nominalistes）。那么，阿伯拉尔真的是一个唯名论者吗？他是一个否认普遍事物甚至普遍概念的极端唯名论者吗？

此前我们已经提到，要精确界定唯名论，必须考虑语词的意义。阿伯拉尔注意到，在亚里士多德传统中，语词之所以具有意义，并不是因为语词存在的物理方式——无论是口头语言以声音的方式，还是书面语言以文字的方式。在亚里士多德传统中，语词通过意指（significare）语词之外的事物而具有意义。[2]

意指这个语言学概念在中世纪哲学中引发了很多争议，这里我们介绍它的最基本含义。一个语词意指的对象，指的是语言使用者在听到该语词时，他的心头所涌现的事物。这里需要强调的是，语词在听者的心灵中所唤起的，并不一定只能是心灵中的概念或某种心灵图像；在有些语言学家和逻辑学家看来，它也可以是心灵之外的事物。例如，"苏格拉底"这个词，它的意指可以是苏格拉底这个人，也可以是听者心灵中所表征的苏格拉底。不过，不少哲学家会像阿伯拉尔一样，认为我们的语词首先意指心灵中的概念，至于语词是否能通过

---

[1] 阿伯拉尔：《逻辑学 LI · 对波斐利的注释》，pp. 37-39。

[2] 亚里士多德：《解释篇》1 16a3-9。

概念来意指心灵之外的事物、意指神圣心灵中的理念，这种情况较为复杂，我们暂不考虑。[1] 但概念也好，心灵之外的事物也罢，语词之所以具有意义，都是通过语言之外的存在物。普遍语词如"人""动物"，和"苏格拉底"这样的专名一样，它们的意义也是通过意指语词之外的对象产生的。

阿伯拉尔从语词的意指功能出发，进一步追问与共相相关的语义学问题，并以此改造波斐利针对共相本体论地位提出的三个问题，这可以看作拉丁世界共相论争的一次语义学转向：它关心的首先不是共同本性或普遍事物的本体论地位，尤其是种和属这样的范畴的本体论地位，而是我们在使用普遍语词或词项时应当遵守的语言和逻辑法则。阿伯拉尔提出的问题如下：

（1）是什么样的共同原因，使我们把一个共同的名称赋予不同的事物？我们把一只猫称为"动物"，把苏格拉底也算作"动物"。是什么样的共同因素支撑着我们的语言实践？阿伯拉尔的提问暗示了我们的命名有语言之外的原因，这是因为不同的语言会用不同的语言记号来命名事物，例如拉丁语把有理性的动物叫作"homo"，英语是"human"，汉语则是"人"，这些记号在语言层面是不同的，但我们似乎有充分的理由认为它们都是在命名同样的对象，也是基于同样的原因在进行命名，因此，我们需要为这样的命名给出语言之外的理由。

（2）什么样的共同概念使我们的理解活动得以把握个别事物之间的相似性？阿伯拉尔认为，我们不仅在语言上用同样的名称来称呼猫和苏格拉底，而且可以把它们构想为同一类事物。而这种构想若要成立，它就不能是纯粹的向壁虚构，而是至少要以所构想的个别事物彼此的某种相似性为基础。不过，这里的困难是：我们的理解作为一种心灵活动，如何能够恰当地把握心灵之外的事物的相似性。需要注意的是，这里谈论的是相似性，而不是共同本性，否则还将面临波埃修和阿伯拉尔已经注意到的一系列困难。

（3）一个语词之所以是共同的，究竟是因为在心灵之外的事物中的共同原因，还是由于心灵有关事物的共同概念，还是两者共同作用的结果？这一问题的提出，再次明确表明共同名称并不是纯粹的语言现象，它的出现和使用法则

---

[1]　见本书 15.1.4.C。

应当受到语言之外的原因约束，关键在于，这原因来自心灵还是心灵之外的世界，或者二者的共同作用。阿伯拉尔在此明确地指出共相问题在语言、思维和存在三个层面的呈现，并进一步追问它们之间的关系。[1]

正是通过上述三个问题的自问自答，阿伯拉尔得以正面地建构他自己的共相理论。其中，对第一个问题的回答尤为关键。

（1）第一个问题涉及共同名称的原因。在阿伯拉尔看来，该原因首先不可能是实在论者说的普遍属性或共同本性，此前的反实在论论证已足以证明。但另一方面，阿伯拉尔显然不是一个语言习俗论者，认为"动物"这样的共同名称只是单纯约定俗成的结果，因为这样付出的理论代价太大，它意味着在我们的语言实践之外没有任何独立的标准来约束我们对事物的命名，使之成为纯粹随意的结果。

在阿尔伯特看来，能够为这样的共同名称提供辩护的是该名称的"所言（dictum）"或"事态（status）"。这两个概念都不易理解，前者来自斯多亚传统[2]，后者则是阿伯拉尔的独创。

事态指的是一个事物存在的方式或它所处的某种样态。阿尔伯特非常明确地强调事物的存在方式或样态本身并不是事物（res）。他在这里引入了一个相对严格的事物定义，认为"事物"指的要么是苏格拉底这样的个别实体，要么是苏格拉底所具有的形式，尤其是偶性形式。在这个意义上，阿伯拉尔认为，所有的事物都是个别化的，不管是苏格拉底本人，还是他所具有的偶性。其中，偶性的个别化来自它所依存的实体，而苏格拉底这样的实体之所以是个别化的，是因为阿伯拉尔断定他具有个别的本质，使他得以区别于柏拉图、亚里士多德等其他个体。因此，我们所追问的共同名称的共同原因，绝不可能是严格定义的事物。

与事物不同，事态可以是共同的。例如苏格拉底和我虽然是两个不同的事物，苏格拉底拥有的属性和我拥有的属性也完全不同，但就我们"是人（being a human）"这一点而言是相似的，或者说共同的。有人或许会质疑，"苏格拉

古代中世纪哲学十五讲（下）

---

[1]　阿伯拉尔：《逻辑学 LI·对波斐利的注释》，p. 41。

[2]　本书 7.3.2。

底是人"难道不是苏格拉底的一种属性，并且也因此是个别化的吗？

阿伯拉尔坚持认为事态不是属性，我们可以构造一个例子来说明他给出的理由：一艘船发生了海难，海难的原因并不是突然撞上了礁石，或被炮弹击中，而是因为风暴来临时舵手不在岗，未能避免一场本不会发生的灾难（图11.20）。"舵手不在岗"所描述的事实或者事态，并不是一个事物，至少不是阿伯拉尔定义的事物，它甚至是某种"非存在"或者"非所是"，因为它描述的实际上是一种不存在或缺席的状态。但这种不存在的事态本身，能作为原因解释海难何以发生。通过类似的例子，阿伯拉尔向我们指出，一个事件发生的原因并不见得一定要是事物，它可以是某种事态。

图 11.20　《古代诸王律法书》抄本（1321年），大英图书馆。1120年11月25日，英王亨利一世唯一的合法继承人阿塞林王子登上"白船"，自诺曼底准备凯旋。不少船员在启航时酩酊大醉，而船长完全不知大船会驶向错误的航道，最终船毁人亡。阿伯拉尔在世时的"白船海难"最终导致英国陷入内战，历史随之转向。

作为一个出色的逻辑学家，阿伯拉尔认为如果我们悬置事态的本体论地位，它实际上就是"舵手不在岗"这个命题整体所意指的对象，也就是该命题的"所言（dictum）"。这是相对亚里士多德以词项为中心的逻辑学传统的重大突破，它源自斯多亚派将命题看作逻辑单元的努力。同理，"苏格拉底是人"这个命题所意指的也不是"人性"或"苏格拉底的人性"这样一种可疑的普遍属性，而是与苏格拉底相关的某个状态和事态，它和"我是人"所意指的事态是相似的。阿伯拉尔非常明确地指出，个别事物所处的共同事态本身，成为我们对它们进行共同命名的原因。

这是阿伯拉尔对第一个问题的回答。他的答案是共同名称的共同原因不是一个事物，但也并非不存在，而是以不同于个别实体及其属性的方式独立于我们的语言，约束着共同名称的命名方式。[1]

（2）第二个问题涉及心灵所把握的共同概念和心灵之外的共同原因之间的关联。阿伯拉尔的基本想法其实和波埃修相近。他认为，我们的心灵用抽象的方式把事态从个别基体中抽象出来，并且可以把它理解为相对于这些个别事物而言是共同的，或者说将它作为这些事物的共同特征储存在心灵中。

但有一点与波埃修非常不同：在阿伯拉尔看来，尽管事态和抽象活动紧密联系在一起，它本身并不是抽象活动构造的结果。就像刚才我们举的例子一样，"舵手不在岗"是独立于我们的心灵发生的事态，并非心灵的臆造。这是阿伯拉尔的共相理论的一个重要特征：作为普遍语词原因的状态本身，既不是事物，也不是心灵构造的概念。这也把他的立场和我们所说的**含混的概念论**区别开来，因为它明确地要求心灵的概念依赖外在的事态。[2]

（3）如此，最后一个问题的答案也显而易见了：一个语词能成为共同名称，它是心灵和外在世界共同作用的结果。根据阿伯拉尔的"意指"理论，我们的语言不能直接意指心灵之外的事物，它首先意指心灵中的共同概念，通过概念才能通达心灵之外的共同原因（即事态）。

回到最初的问题：阿伯拉尔是一个唯名论者吗？按照我们最初的粗糙定义，他当然是。但如果跳出这样的定义，更一般地看这里所涉及的与普遍者相关的语词、概念和存在，一个重要的问题是：普遍语词和普遍概念有心灵之外的基础吗？此时，阿伯拉尔仍然会像一个极端的唯名论者那样，给出明确的否定回答吗？这取决于我们如何理解他所说的"事态"或"所言"。阿伯拉尔断言它不是一个事物，但这很可能是因为他引入了过于狭隘的事物定义。如果我们把事物的定义扩大到包含事实或者事态，把一个个别实体的不在场，也看作这样的事态或事物。那么，共相是不是就具有一个独立于我们心灵的客观原因了

---

[1]　阿伯拉尔：《逻辑学 LI·对波斐利的注释》，pp. 41-42。

[2]　同上书，pp. 42-47。

呢？此时，阿伯拉尔会不会更接近一个温和的实在论者呢？这些问题我留给大家去独立判断，因为最终的结论取决于怎样定义这里所使用的"唯名论""实在论"等一系列标签。

阅读材料

1. Anselm, *Monologion* 1; *Proslogion* (excerpts); *Pro insipiente*; *Reply to Gaunilo* (Klima, 259-265).
2. Abelard, "Glosses on Porphyry" (Hyman, Walsh, and Williams, pp. 184-191).
3. 《中世纪哲学》，第四章，第 7 节；第五章，第 1—2 节。

进一步阅读指南

原始文献

Abelard, *Ethica seu Scito teipsum*, edited by R. M. Ilgner in *Petri Abaelardi opera theologica*. Corpus christianorum (continuatio mediaevalis) Vol. 190. Brepols: Turnholt 2001. （阿伯拉尔《伦理学》拉丁校订本）

Abelard, *Logica 'ingredientibus'* （LI1: Commentary on Porphyry's *Isagoge*. Edited by Bernhard Geyer in *Beiträge zur Geschichte der Philosophie und Theologie des Mittelalters* 21 (1), Aschendorff: Munster 1919. [《逻辑学（LI）：对波斐利〈导论〉的评注》拉丁文校订本]

阿伯拉尔：《劫余录》，孙亮译，北京：商务印书馆，2013 年。

Brian Davies and G. R. Evans (ed.), *Anselm of Canterbury: The Major Works*. Oxford: Oxford University Press, 1998. （可读性不错的安瑟尔谟文集英译本）

John Marenbon and Giovanni Orlandi (eds. and trans.), *Peter Abelard: Collationes*, Oxford: Clarendon, 2001. （阿伯拉尔《对话录》的拉丁文校订本和英译）

Franciscus Salesius Schmitt (ed.), *S. Anselmi Cantuariensis Archiepiscopi Opera Omnia*. Stuttgart-Bad Cannstatt: Friedrich Fromann Verlag, 1968. （安瑟尔谟全集拉丁文校订本）

Paul Vincent Spade, *Five Texts on the Mediaeval Problem of Universals*, Indianapolis/Cambridge: Hackett, 1994. （共相问题经典文选，本章提到的波斐利、波埃修、阿伯拉尔有关共相问题的讨论均收录其中）

Paul Vincent Spade, *Peter Abelard: Ethical Writings*, Indianapolis: Hackett Publishing Company, 1995. （阿伯拉尔伦理学著作英译，收录《伦理学》和《对话录》）

涂世华（译）《安瑟伦著作选》，北京：宗教文化出版社，2006 年。[收录《独白》《论道》（即《宣讲》）、《天主为何降生成人》]

Thomas Williams, *Anselm: Basic Writings,* Indianapolis: Hackett Publishing Company. （同样出色的安瑟尔谟文集英译本，在术语翻译上更为严格融贯）

研究文献

Irene Binini, *Possibility and Necessity in the Time of Peter Abelard*, Leiden: Brill, 2021. （关于 12 世纪模态理论的新研究）

*Jeff Brower and Kevin Guilfoy (eds.), *The Cambridge Companion to Abelard*, New York: Cambridge University Press, 2004. （经典导论文集）

Richard Campbell, *Rethinking Anselm's Arguments: A Vindication of His Proof for the Existence of God*, Leiden: Brill, 2018. （安瑟尔谟上帝存在证明的新研究）

*Brian Davies and Brian Leftow (eds.), *The Cambridge Companion to Anselm*, Cambridge: Cambridge University Press, 2004. （经典的导论文集）

Peter Dronke (ed.) *A History of Twelfth-Century Western Philosophy*, Cambridge: Cambridge University Press, 1988. （12 世纪哲学史经典研究文集）

G. R. Evans, *Anselm*, London: G. Chapman; reprinted 2001, London and New York: Continuum. （不错的安瑟尔谟神学导论）

G. E. M. Gasper, G. E. M., and I. Logan (eds.), *Saint Anselm of Canterbury and His Legacy*, Toronto: Pontifical Institute of Medieval Studies, 2012. （有关安瑟尔谟接受史的研究，关注他对之后的中世纪及当代的影响）

Jorge Gracia, *Introduction to the Problem of Individuation in the Early Middle Ages*, Washington, D.C.: Catholic University of America Press, 1984. （有关中世纪早期个别化与共相问题的经典研究）

Brian Leftow, *Anselm's Argument: Divine Necessity*, Oxford: Oxford University Press, 2022. （安瑟尔谟论证最新专题研究）

Leibniz, *New Essay Concerning Human Understanding*, 1709, translated by A. Langley, New York: Macmillan, 1896. （莱布尼茨的《人类理智新论》英译本）

Ian Logan, *Reading Anselm's Proslogion: The History of Anselm's Argument and its Significance Today*, Aldershot: Ashgate, 2009. （简明的本体论证明接受史）

David Luscombe, *The School of Peter Abelard*, Cambridge: Cambridge University Press, 1969. （阿伯拉尔学派和 12 世纪思想史经典研究）

*John Marenbon, *The Philosophy of Peter Abelard*, Cambridge: Cambridge University Press.

（出色的阿伯拉尔哲学导论，理论哲学部分尤其出彩）

John Marenbon, *Abelard in Four Dimensions: A Twelfth-Century Philosopher in His Context and Ours,* Notre Dame: University of Notre Dame Press, 2013.（由作者的系列讲座改写而成，关注阿伯拉尔的哲学史地位）

Constant Mews, *Abelard and Heloise*, New York: Oxford University Press, 2005.（出色的思想史研究）

Thomas Noble and John Van Engen (eds.), *European Transformations: The Long Twelfth Century*, Notre Dame: University of Notre Dame Press, 2012.（多学科视角的 12 世纪史）

Graham Oppy, *Ontological Arguments and Belief in God*, New York: Cambridge University Press, 1995.（本体论论证的经典当代研究）

Graham Oppy (ed.), *Ontological Arguments*, Cambridge: Cambridge University Press, 2018.（当代本体论研究最新文集）

Alvin Plantinga, *God, Freedom, and Evil*, Grand Rapids, MI: William B. Eerdmans, 1974.（普兰丁格的本体论论证）

Katherin Rogers, *Anselm on Freedom*, Oxford: Oxford University Press, 2008.（安瑟尔谟自由意志学说的出色研究）

A. D. Smith, *Anselm's Other Argument*, Cambridge, MA: Harvard University Press, 2014.（关于安瑟尔谟对高尼罗的答复的出色研究）

R. W. Southern, *Saint Anselm: A Portrait in Landscape*, Cambridge: Cambridge University Press, 1990.（安瑟尔谟的经典思想史研究）

*Sandra Visser, and Thomas Williams, *Anselm* (Great Medieval Thinkers), New York: Oxford University Press, 2008.（出色的安瑟尔谟哲学导论）

《斯坦福哲学百科》（*SEP*）词条

John Scotus Eriugena

Ontological Arguments

*Peter Abelard

*Saint Anselm

The Medieval Problem of Universals

第十二讲
阿奎那的五路与抽象理论

    1200—1350 年间，拉丁世界的哲学飞速发展，涌现出大阿尔伯特（1200—1280 年）、阿奎那（1224—1274 年）、根特的亨利（1217—1293 年）、奥利维（Peter John Olivi，约 1248—1298 年）、司各托（1265—1308 年）、奥康（1287—1347 年）、布里丹（约 1300—1359 年）等一大批优秀哲学家，史称经院哲学盛期或经院哲学的黄金时代。这是一个群星璀璨的时代，和此前中世纪拉丁哲学长期缓慢的发展形成了鲜明对比。

    长期以来，阿奎那被看作经院哲学盛期最耀眼的明星（图 12.1）。作为历史上最伟大的哲学家之一，他和柏拉图、亚里士多德、阿维森纳、笛卡尔、康德等一起从根本上改变了人类哲学发展的进程。在晚近的中世纪哲学史研究中，以阿奎那为集大成者的传统历史叙事备受质疑。我们的中世纪哲学之旅仍然坚持以阿

图 12.1　但丁《神曲·天堂篇》抄本（1440—1450 年），大英图书馆。迎接但丁和贝阿特丽切的是地位超然的阿奎那（左）和他的导师大阿尔伯特，他们的下方是十位对基督教思想影响深远的作家，自左至右依次为《英吉利教会史》的作者比德（Bede）、为奥古斯丁施洗的安布罗斯、《辞源》的作者伊西多尔、伪狄奥尼修斯、所罗门、波埃修、《教会法汇要》的作者格兰西（Gratian）、彼得·隆巴德、圣维克多的理查德（Richard of St. Victor）和布拉班的西格尔（Siger of Brabant）。

奎那为核心，首先是因为晚近的研究并没有动摇阿奎那作为中世纪影响最大的思想家之一的历史地位，他的上帝存在论证、心灵哲学、行动理论、情感理论、自然法理论、美德伦理学等仍被广泛讨论；其次，在中世纪拉丁世界的哲学发展中，阿奎那的理论构成一个很重要的基点和参照系，即使我们不认为他是集大成者，也没法否认他之后很多哲学家的理论，都在回应他的立场；最后是基于教学的考虑，和他之后更技术化的经院哲学讨论相比，阿奎那的语言平易近人，没有多余的文学修辞，也没有旁征博引的装饰。他简单清晰的语言，如水晶般剔透，有一种直指人类理智深处的力量。在经院哲学著作中，阿奎那的哲学对于初学者是相对友好的。从阿奎那入手，也是我们进入拉丁经院哲学的不二法门。

一、经院哲学盛期的思想史语境

1. 宗教背景

经院哲学在 13、14 世纪的繁荣有其特殊的宗教背景。首先，中世纪盛期

（11—13 世纪），教宗制不断得到强化稳固和完善，成为整个西方基督教世界秩序的重要组成部分。这得益于几任教宗的努力，尤其是格列高利七世（Gregory VII，1020—1085 年）的改革。它强化了教职人员和平信徒的区别，强调教职人员应当遵循更严厉的道德规范，同时在神学上要接受更严格的训练。格列高利鼓励教会采取更积极的措施改善司祭们的教育。上一讲提到的 12 世纪主教座堂学校的发展，就是该政策的成果之一。中世纪大学的建立，很大程度上也是为了加强神职人员的培养。

中世纪盛期教会的另一个重要事件，是 13 世纪托钵修会的兴起。中世纪盛期的教会慢慢聚集了大量的财富，因为很多信徒会在去世后将自己的财产、土地等捐赠给教会。教会不仅关系到人们的精神生活，也介入世俗生活，而且还拥有与教产等相应的司法权力。权力带来腐败。13 世纪托钵修会的兴起，在一定程度上是教会消除腐败、自我革新的运动。

托钵修会中影响最大的是方济会（方济各会）和道明会（多明我会）（图 12.2）。它们和之前提到的本笃会和奥古斯丁会大有不同。后者是所谓隐修会，隐修士们逃离世俗生活，在远离人烟的隐修院里通过阅读和劳作来修道，他们多少是与世隔绝的。托钵修会的发展则和中世纪城市经济的发达密切相关，他们希望更好地介入世俗生活，尤其是城市生活。他们宣扬不同的宗教理想，来推动教会内部的自我革新运动。例如方济会关注穷苦人的慈善救济工作。道

图 12.2 戈佐利《圣方济与圣道明的相遇》湿壁画（1452 年），蒙特法尔科圣方济教堂。道明在异象中见到基督愤怒地要惩治人类的骄奢淫逸，圣母则将道明和方济引荐给基督，说他们将不知疲倦地改良人心。第二天，道明在教堂里遇到方济，此前虽未曾谋面，他立刻认出对方："你就是我的同伴，你会与我并肩同行。"

明会则专心布道，前往西方基督世界的边界如西班牙和近东传道，因此也被称作"宣道会"。方济会和道明会的修士也被称为托钵修士（mendicant），他们与隐修士不同，不在深山修行，而是云游四方，进入人们的日常生活。

我们接下来谈到的哲学家大多属于这两个托钵修会，大阿尔伯特和阿奎那属于道明会，波纳文图拉、司各托和奥康则属于方济会。之所以出现这种情形，一是因为这两个修会都非常关注修士的教育，尤其是道明会以布道为宗旨，极为注重严格、系统的神学训练。另一个原因是当时大学的教席是固定的，一旦教席落入道明会或方济会手中，它们的担任者就只会在自己的修会中产生。所以巴黎大学、牛津大学等最重要的神学教席就都集中在它们手中。

2. 拉丁世界的翻译运动

和伊斯兰世界哲学的发展一样，经院哲学的兴起和繁荣，也始于翻译。这场轰轰烈烈的翻译运动发端于欧洲南部，始于 1120 年，延续到 13 世纪 70 年代，将亚里士多德几乎所有著作以及伊斯兰世界众多哲学、神学和科学著作带到拉丁世界。它首先构成 12 世纪文艺复兴的一个核心要素，接下来成为中世纪大学兴起、经院哲学进入盛期的重要推手。其中亚里士多德的拉丁化可谓重中之重，它对中世纪西方世界亚里士多德传统的复兴奠定了基础，今天保存下来的来自 9 世纪至 16 世纪的译文抄本超过了 2000 份，在印刷术尚未发明的时代，这是个惊人的数字。[1]

就哲学翻译来说，该时期第一个重要的翻译家是威尼斯的詹姆斯（James of Venice，殁于 1150 年后）。他于 1125 至 1150 年间投身亚里士多德著作的翻译，翻译了波埃修未能完成的《后分析篇》，这和同期重新发现的波埃修翻译的《前分析篇》《论题篇》和《辩谬篇》成为"新逻辑（logica nova）"。与之相对的"旧逻辑（logica vetus）"指的主要是波埃修翻译的《范畴篇》《解释篇》和波斐利的《导论》。詹姆斯还翻译了亚里士多德的《物理学》《形而上学》《自然诸短篇》《论灵魂》等。常有人讲拉丁世界这场翻译运动中大部分著作是通过阿拉伯语转译的，这不符合事实。詹姆斯就自称"希腊人詹姆斯"，他的译著都是从希腊

---

[1]　参见 Norman Kretzmann, Anthony Kenny and Jan Pinborg (eds.), *The Cambridge History of Later Medieval Philosophy,* Cambridge, Cambridge University Press, 1982, p. 45。

语直译的（图 12.3）。

当然，这并不是要否认阿拉伯世界的成就和对拉丁世界的影响。12 世纪后半叶确实有不少作品经由阿拉伯语被转译为拉丁语。这些转译工作在当时的流行，或许是因为阿拉伯语世界保存了极有活力的评注和教学传统，远远胜过在信仰上和拉丁世界更接近的拜占庭希腊语世界。其中最重要的翻译工作来自当时西班牙文化和学术重镇托莱多（Toledo），甚至形成相应的学派——这显然与 12 世纪的西班牙在宗教上的相对宽容密不可分。

托莱多学派不仅有精通拉丁语的基督徒学者，而且还有莫扎拉比人和犹太人。例如

图 12.3 林堡兄弟《贝里公爵的豪华时祷书》抄本（1412—1416年），尚蒂伊孔代博物馆。詹姆斯的译本很早就流传到图中诺曼底著名的海上隐修院圣米歇尔山，以至于法国学者古热内姆《圣米歇尔山的亚里士多德》一书以此妄断詹姆斯在此地完成翻译，并借机强调基督教世界译介希腊哲学的连续性，大肆贬低阿拉伯传统在中世纪拉丁世界哲学复兴中的作用，实属矫枉过正，在学界招致严厉批评。

克雷莫纳的杰拉德（Gerard of Cremona，1114—1187 年），他是一个基督教低阶教士，从阿拉伯语翻译了大量著作。归在他名下的大概有 70 部，例如《后分析篇》《物理学》《论生灭》，甚至还有《尼各马可伦理学》的一部分。很重要的一点是，他还翻译了新柏拉图派的著作，例如普罗克洛的《神学原本》，他把它译成了《论原因》。此外，他还翻译过阿拉伯哲学著作如铿迭的《论理

智》，法拉比的《知识举要》等。另一位重要译者是贡迪萨尔维（Dominicus Gundissalvi，约 1110—1190 年），他最重要的贡献是翻译阿维森纳的著作，以及犹太哲学家阿维森布朗（Avicebron，本名 Solomon ibn Gabirol）的《生命源泉》。这场以西班牙为中心

图 12.4　亚里士多德《论生灭》抄本（1284 年），梵蒂冈图书馆。该抄本在穆尔贝克的威廉生前完成，除收录《形而上学》《论灵魂》《自然诸短篇》等亚里士多德理论哲学著作外，还收入了《论原因》等伪作。以夫妇同床的首字母来为《论生灭》开篇，颇有恶趣味。

的阿拉伯哲学翻译运动到了 12 世纪末逐渐偃旗息鼓，这和当时直接翻译自希腊语的译著逐渐增多有关。

拉丁世界这场翻译运动的集大成者，从哲学角度看，无疑是穆尔贝克的威廉（William of Moerbeke，1215—1286 年），他几乎以一己之力完成了整个亚里士多德著作集从希腊语到拉丁语的翻译，其中包括《论动物的运动》《论动物的行进》《政治学》和《诗学》等此前从未被翻译过的著作（图 12.4）。威廉的译本追求严格的直译，力求如实再现希腊原文每一个细节，包括那些用法繁复的小词在内，有些重要的希腊词汇甚至只是简单地将其转写成罗马字母，他的译本精确到可以通过拉丁文去反推希腊抄本原文。除了亚里士多德本人的著作外，威廉还翻译了大量古代晚期的评注，成为阿奎那、布里丹等中世纪盛期哲学家最重要的思想史资源。没有他和其他拉丁译者的贡献，中世纪经院哲学的黄金时代是完全不可想象的。

3. 中世纪大学的兴起

托钵修会和翻译运动之外，中世纪盛期另一个重要思想事件是大学的兴起。早在 8 世纪时西欧就有主教座堂学校，它们在 12 世纪有了极大的发展。这

些学校的师生们，也像中世纪其他行业一样，组建自己的行会以保护自身权益。这些行会逐步得到教会当局的认可，发展成新的学术机构——中世纪大学。例如，中世纪最古老的博洛尼亚大学就是以学生为主体的行会，而它的教学一开始主要是法学和医学，随后才包含哲

图 12.5　沃尔托利纳的劳伦修斯（绘）《日耳曼的亨利的伦理学》，单页细密画（14 世纪下半叶），柏林版画博物馆。图中描绘的是博洛尼亚大学的伦理学课堂，与当代讲授课不同，讲者需要将规定的经典放在讲台的斜面桌上边读边讲。与今天的课堂相似的是，有人走神，有人交头接耳，更有人沉沉睡去。

学和神学；对于哲学而言，更重要的当然是巴黎大学，它由一个以教师为主体的行会发展而来，主要关注包括哲学在内的传统艺学教育和神学训练。巴黎在很长一段时间成为中世纪经院学术的中心，后来还有牛津大学，再往后还有意大利的帕多瓦等。

　　拉丁世界哲学实践的一个主要方式，就是在大学中进行讲授。有两种常见的形式。一是讲读（lectio），它非常接近今天的讲授型课程。中世纪的大学同样需要一部教科书，由主讲的教授负责讲解其中的内容（图 12.5）。不过，他们的教科书通常是经典著作或原著选读，讲读其实更类似评注的工作，或者针对文法解释，或者阐释义理内容。讲读的对象涉及亚里士多德著作，《圣经》和《箴言集》等著作。二是论辩（disputatio）。往往先由一位学生提出若干反面论证，再由另一位学生给出简短的正面回应，此时往往直接引述神学或哲学权威的观点。论辩的主持者则是有教师资格的导师，他会详细地回应针对同一个问题的不同解释，协调相互冲突的哲学、神学观点。当然，并非所有互相冲突的观点，都需要为之进行论辩。普瓦捷的吉尔伯特（Gilbert of Poitiers，殁于 1154

图 12.6 普瓦捷的吉尔伯特《波埃修著作评注》抄本（12 世纪末），瓦朗斯市立图书馆。吉尔伯特是 12 世纪阿伯拉尔之外最富原创性的哲学家，他在问答论辩的发展中贡献卓著。

年)（图 12.6）曾经指出，只有当相互矛盾的观点，都有各自有效的论证时，才需要通过问答论辩的方式进行决断。[1] 这种讲授和论辩的实践方式也对中世纪盛期哲学家的写作产生了深远影响。当时最流行的写作方式之一就是问答体（quaestio），我们稍后通过阿奎那的《神学大全》的微观结构来做更具体的展示。

最后需要提到的思想背景，是巴黎大学艺学院和神学院的"科系之争"。

中世纪大学艺学院提供的是类似中学的基础教育，除了传统的自由七艺之外，还需要学习亚里士多德的自然哲学和形而上学，14 世纪之后还有伦理学。亚里士多德的著作在其中占有无可置疑的权威地位，但阿维洛伊的评注也有一席之地。值得注意的是，在艺学院中，学生不仅要学，而且要教。他们也需要参加论辩，尤其要在论辩中进行决断。完成艺学院的学习之后，可以获得"艺学硕士"称号，拥有开课讲学的资格。

在巴黎大学，神学被看作高级学科，只有完成艺学训练之后才能接受神学

---

[1] Yves Congar, *A History of Theology,* translated and edited by Hunter Guthrie, Garden City: Doubleday, 1968, p. 82.

教育。神学院的教学活动当然主要围绕《圣经》展开，但不容忽视的是一部独特的教材：彼得·隆巴德编撰的《箴言集》（图 12.7）。这本书延续阿伯拉尔《是与否》的思路，按照不同主题收集整理教会经典作家的思想，注重突出相互对立的主张。隆巴德尤其关注以奥古斯丁为代表的教父作家，有时也尝试对相互冲突的立场进行调和，特别是为奥古斯丁的主张提出辩护。所以，在谈到中世纪盛期的思想背景时，一定不要遗忘《箴言集》之后的奥古斯丁传统。13 世纪中叶开始，讲授《箴言集》成为神学生必须完成的工作。他们为之撰写的评注大概可以看作

图 12.7　《自由七艺》抄本（15 世纪），萨尔茨堡大学图书馆。衣着朴素的自由七艺（三艺在前，四艺在后）正费力地将一辆笨重的车拉上陡峭的山坡，车上的"神圣神学"则头戴王冠，气定神闲，手持基督像。后方甩着鞭子的正是《箴言集》的作者彼得·隆巴德。

神学博士论文：只有独立讲授完《箴言集》之后，才能获得神学院教师资格，成为神学硕士。这里的所谓"硕士"实际上相当于今天的博士，因为当时的博士并不是一个学位，而是荣誉称号，例如"天使博士"阿奎那，"精微博士"司各托等。

　　完成神学训练以后，神学生就可以履新。所谓履新，有点类似今天的预聘制，履新者有资格组织神学论辩活动，但必须等到正式教职空闲出来，尤其是自己所属修会控制的教职，才能成为任教神学硕士，类似拿到长聘教授职位。不太一样的是，中世纪的正式教职一个聘期通常是 3 年，只有极个别神学家如阿奎那和埃克哈特拿到过两个聘期。而奥康甚至一次也没有等到教职空缺，一辈子都是"履新者"。

图 12.8 《法兰西大编年史》抄本（1332—1350 年），大英图书馆。贝纳的阿马尔里克（Almaric of Bena，殁于 1206 年，左一和右二）在巴黎大学艺学院任教，他的亚里士多德课程大受欢迎。他同时拥有神学硕士头衔，并因其泛神论倾向引发巨大争议，受到教宗英诺森三世（右一）的谴责，死后被定为异端。

艺学院和神学院的教学分工使得有些哲学史家据此断定，中世纪的艺学院比神学院更接近今天的哲学系（图 12.8）。因此，研究中世纪盛期哲学更应该关注艺学院教师，如布拉班的西格尔、达契亚的波埃修、布里丹以及 14 世纪帕多瓦的"拉丁阿维洛伊主义者"。值得关注的是，中世纪的艺学院和神学院在讲授一些重要论题时发生了冲突，主要涉及亚里士多德的两个著名主张：一是世界是永恒的，在时间上没有开端也没有终结；二是理智思考的对象是普遍必然的，因此必须通过一个独立于人的神圣理智来完成理智活动。这两个主张看起来与基督教信仰的创世说和人的个体灵魂不朽说直接冲突。关注艺学院的哲学史家往往认为，艺学院在这些论争中获得了坚持自己非正统主张的独立地位，赢得了所谓的哲学自治。[1]

然而，"哲学自治"这种说法不仅言过其实，而且很有误导性。它忽视了艺学院的哲学家也是虔诚的基督徒，而且在神学上还会提出唯信论的主张。也就是说，当通过理性获得的知识与信仰发生冲突时，艺学院的哲学家们至少表面上会宣称信仰压倒一切，无须考虑自然理性的结论。艺学院导师们的这种做法不仅对信仰无益，而且也是自然理性的溃败，是对自然理性能力的错误评价和

---

[1] 这一说法可以追溯到 20 世纪上半叶著名中世纪哲学研究者莫里斯·德伍尔夫（Maurice De Wulf），近期的支持者有阿兰·德利贝拉（Alain de Libera）、鲁迪·茵巴赫（Ruedi Imbach）等。

错误应用。其次，很多艺学院的导师，过于坚守亚里士多德和阿维洛伊的哲学权威，以至于变成教条主义者。他们或许忠诚于对亚里士多德的字面解释，但却背弃了亚里士多德通过理性探究来追求真理的哲学精神。[1]

因此，中世纪神学院与艺学院的科系之争，并不能简单地还原为启示和自然、信仰和理性的冲突。它更能体现的是两种哲学路径的冲突。

二、阿奎那：生平与著作

1. 阿奎那与他的时代

阿奎那生逢其时，他的生平和著作最能体现经院哲学盛期的精神特质。他于 1224 年或 1225 年出生于意大利的罗卡塞卡（Roccasecca），那不勒斯附近的一座小城。这是一个略显破落的贵族家庭，封地在阿奎诺，他的姓就来自这个家族封地。和当时很多贵族家庭一样，阿奎那的父母希望他们的小儿子未来能进入教会，成为受人敬仰的神职人员。

阿奎那幼时就被送到离家不远的卡西诺山隐修院。这间修院声名显赫，由圣本笃建立于公元 6 世纪，很长一段时间都是意大利最为重要的文化中心之一，也是整个欧洲最有影响力的隐修院之一（图12.9）。阿奎那的父母，非常期望这个天赋异禀的孩子未来能成为修院院长，进入教会高层。

图 12.9　《本笃正典》抄本（11 世纪），梵蒂冈图书馆。时任卡西诺山隐修院长、未来的教宗维克托三世（Victor III 1026—1087）委托制作了此抄本，他在图中将修院的一切献于圣本笃（右）。在他任下，卡西诺山搜集了大量希腊、罗马、伊斯兰、犹太作家的医学和其他书籍，修院成为 11 世纪欧洲最著名的文化、教育和医疗中心。与此同时，不少僧侣成为主教、枢机甚至教宗。

---

[1] 见本书 14.1.3。

阿奎那才华出众，很快被修院送到那不勒斯大学。他在那里不仅读到亚里士多德的最新译著，而且接触到新兴的道明会。道明会热衷学术，鼓励修士们投入对上帝神圣属性的理论沉思，将神学知识运用于宣讲和布道。与此同时，道明会所宣扬的清贫守道的生活方式，对阿奎那本人也有极大的吸引力。他很快就下定决心背叛家庭理想，投身新兴的托钵修会。道明会 1216 年才得到教宗承认，他们激进的主张常常受到普通信众的怀疑，阿奎那的决定因此遭到家庭的极力反对。

1244 年，阿奎那试图跟随道明会士秘密前往巴黎求学，半路被他强势的母亲派去的军队拦截，关在家族的古堡里整整一年。他母亲威逼他放弃加入道明会的想法，据说还派了妓女去诱惑他（图 12.10）。阿奎那矢志不改，一年后他的家人不得不做出让步。

图 12.10　贝尔纳多·达迪《阿奎那受诱惑》蛋彩（1338 年），柏林画廊。

1245—1248 年，阿奎那在巴黎求学，追随大阿尔伯特，当时最博学的思想家，也是最早系统整合亚里士多德思想的拉丁哲学家。阿奎那随大阿尔伯特去了科隆，在当地道明会的学堂继续深造。阿奎那的身材魁梧，又不爱说话，同学们都叫他"哑牛"。不过，大阿尔伯特对他们说："别看哑牛不说话，等到他发声的那一天，整个欧洲都会侧耳倾听。"

1252 年，阿奎那回到巴黎大学，通过讲授《箴言集》，在四年内完成神学学业。《〈箴言集〉评注》是阿奎那第一部重要的神学综述，篇幅远远超过大家更熟悉的《反异教大全》和《神学大全》。该时期他也完成一些短篇哲学著作，如著名的《论存在与本质》《论自然诸本原》，其中可以清晰地看到阿维森纳、阿维洛伊等阿拉伯哲学家的影响，尤其是阿维森纳对于事物性与存在的著名区分。

1256 年，阿奎那成为任教神学硕士，在巴黎大学讲学三年。该时期同样高产，如著名的《论真理》论辩集和《反异教大全》。后者意在与当时的非信徒论辩，它不预设读者的信仰背景，尝试用自然理性为大公教会的信仰作出辩护，有时也被称作《哲学大全》。

1259 年，阿奎那受自己修会的召唤，返回意大利，在很多地方任教并参与当地学堂的创立，如奥维耶托（Orvieto）、罗马、维泰博（Viterbo）等。教学之余，他开始为亚里士多德著作撰写评注，比如《论灵魂》《形而上学》等。这对于一个神学教师来说，显得有些不同寻常。当时主要是艺学院的硕士需要讲授亚里士多德哲学，并为之撰写评注。但阿奎那或许受到大阿尔伯特影响，认为神学家有必要通过哲学评注的方式来完成更好的理论思考训练。也正是在这一时期，他开始写作《神学大全》。

1269 年，阿奎那再次被聘为巴黎大学的神学任教硕士。第二次巴黎任教期间，他完成了《神学大全》篇幅最长的第二部分，撰写了一系列论战性著作，例如驳斥阿维洛伊及其追随者的《论理智单一性》，针对布拉班的西格尔的《论世界的永恒》等，还留下很多即席论辩（disputationes quodlibetales）的记录——这是针对参加论辩的任何人提出的任何话题的神学哲学论辩，极其考验论辩主持者的敏锐性。

1272 年，结束巴黎的教学之后，阿奎那重返意大利，在那不勒斯创立了一所神学院，继续《神学大全》第三部分的写作，可惜未能完成。1273 年，他经历了一次神秘体验，据他自己说，与他在神秘体验中所看到的东西相比，他过去的著作像稻草一样一钱不值。在这次神秘体验或严重的精神危机之后，阿奎那几乎完全放弃写作。不久之后，他在前往里昂大公会议的途中因车祸不幸

图 12.11 卡洛·克里韦利《托马斯·阿奎那》蛋彩画（1476 年），伦敦国家美术馆。阿奎那左手中的巨著有如天书，字迹完全不可辨识，而右手的教堂模型砖石剥落、杂草丛生，亟需修复。

病逝（图 12.11）。

2. 如何阅读《神学大全》

《神学大全》无疑是阿奎那甚至整个中世纪哲学最广为人知的著作，了解他的思想自然绕不开这部巨著。

首先要注意的是，这里所谓"大全"，其原文"summa"的本意只是"概要"。这是阿奎那为神学初学者编写的一部入门著作，帮助他们层层深入地接受完备的神学训练。阿奎那虽然未能最终完成此书，但它已经涵盖了绝大多数当时重要的神学议题。

整部《神学大全》的内容架构，借鉴了新柏拉图主义的"流溢"世界图景。所谓"流溢"，既指至高者"自内向外"溢出，也包含流溢而出的受造物"自外而内"返回造物主。《神学大全》共分三部，首先论神，其次论人，最后通过神人（基督）和他所建立的圣事来实现人向神的回归，由此完成流溢的循环（图 12.12）。具体而言：

（1）第一部讨论上帝和他所创造的世界及其本性。除了我们即将谈到的上帝存在论证，他还进一步阐释通过自然理性的方式可以把握的神圣属性，例如单一性、无限性等。值得注意的是，阿奎那将关于人的本性的形而上学反思放在第一部，把它作为上帝创世活动的一个要素；

（2）第二部则聚焦于作为造物的人，尤其是人的行动、情感及其道德后果。这部分篇幅最长，可以看作阿奎那的伦理学或道德神学。它分成上部和下部：上部是关于人的行动、情感和伦理生活的一般讨论，下部则详述具体的美德、恶德和特殊身份的人的伦理要求。下部在中世纪经常被单独传抄，流传极广，

图 12.12　《神圣学问之树：托马斯·阿奎那的〈神学大全〉》版画（1590 年），阿姆斯特丹国家博物馆。阿奎那卧于大树根部，树干是基督受难像，树枝对应《神学大全》的三部，其中第二部在上方分为两支。树冠中心是圣父和象征圣灵的鸽子，枝头挂满全书 512 题的标题。

很多神职人员把它当作伦理手册，帮助他们向一般信众解释什么是通奸，杀人究竟罪在何处等；

（3）第三部分则是阿奎那的基督论，因为基督既是神又是人，他最重要的使命，就是作为人和神之间的中介或"中保"，使人能够完成向神的回归。第三部分既有对基督本人的神学思考，也有对他所建立的教会的神学分析。

在转向《神学大全》的微观结构之前，有必要解释一下为什么要选择这部神学入门巨著来介绍阿奎那的哲学思想。一个理由是他专门的哲学论著，有的篇幅短小，不够系统化，还有一些则是评注性质，对于初学者来说不易辨析其中评注者原创的哲学贡献。与之不同，《神学大全》一方面不否认神学的思考需要神圣启示，需要通过信仰所获得的命题；但另一方面又强调我们的自然理性不仅可以通达上帝的存在，而且可以通达他那些最根本的属性。阿奎那特别强调，我们通过启示和通过自然理性所通达的不是两种不同的真理，没有所谓"双重真理说"，只有以不同方式显现的同一真理。[1] 因此，《神学大全》的很多讨论是在自然理性限度之内的，其中提供的论证和观点也往往比阿奎那早期的《〈箴言集〉评注》和《反异教大全》（图 12.13）更加精练，代表了阿奎那成熟时期

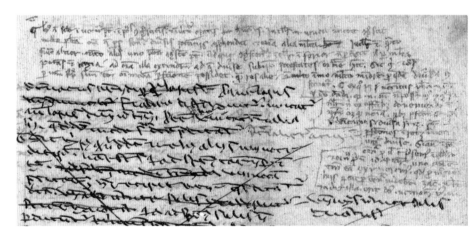

图 12.13　阿奎那《反异教大全》抄本（1260—1265 年），梵蒂冈图书馆。阿奎那的著作手稿有不少保存下来，图中抄本左下方就是他的手笔，字迹极为潦草，人称"不可辩读的文字（litterae unintelligibiles）"，右上方相对易读的文字可能出自他的助手雷吉纳尔德（Reginald）。

---

[1]　阿奎那：《神学大全》1.1.6。

的哲学思想。

《神学大全》全书三部，每一部下有若干题（questio），类似于章，每一题下又有若干条（articulum），类似于节。每一条构成了《神学大全》的基本组成单位。而每一条内部的微观论证结构则采用了经院哲学写作常用的"问答体"，它遵循固定的写作程式（图12.14）：

（1）首先是针对每一条要论证的主题提出"质疑（objectio）"。以神学的必要性为例，阿奎那会说：看起来我们在哲学之外并不需要神学，随后提出反对神学必要性的几条理由。

（2）接下来，他尝试对质疑中的反面意见做出初步回应。这就是所谓"反之（Sed contra）"的部分。他通常会援引权威的神学或哲学著作，或者给出一个结构极其简单的论证。在神学必要性的例子中，阿奎那指出：《圣经》里包含着上帝启发我们所获得的知识，它是适合我们学习的，但这种知识在人的理性所发现的哲学诸学科中找不到对应，所以我们需要神学。"质疑"和"反之"构成了不同立场的初步交锋。

（3）每一条论证最核心的是第三部分，中文常称之为"正解（corpus）"。该部分明确作者自己的立场，同时提出进一步理由来为之辩护。正解的立场通常和"反之"部分相近，但偶有例外。

（4）在系统地阐释自己的立场之后，作者还需重回最初的质疑，一一回应，即

图 12.14　阿奎那《神学大全》抄本（1484年），巴伦西亚大学历史图书馆，此为第二部上半部的开篇。

所谓"释疑（ad）"。

质疑、反之、正解、释疑四个部分构成严谨的辩证论证结构，既要考察已有的或可设想的不同观点，又要给出自己的论证，并回应可能的质疑。阅读这样的经院哲学文献，可以有两种不同的读法：（a）一种适合初学者，在不熟悉作者相关思想时，可以看完标题，直接读正解部分，了解作者的立场和核心论证。然后再看质疑和释疑。释疑里经常包含更加深入的论述和更精微的概念区分，不要轻易略过。（b）另一种适合进阶的读者，在有了一定经院哲学训练之后，就按照义本次序，先读质疑，但不要着急看正解，而是设想自己如果是作者会做出什么样的回应，接下来读正解的部分也可以延续这样的思考。最后再读释疑，并比较自己的思路和作者的差异。这样的读法，既能更深入地理解经院作家的思想脉络，而且能让自己得到更好的哲学思维训练。

三、阿奎那论神学的性质与上帝存在证明

1. 神学如何可能

阿奎那在引入著名的"五路"论证证明上帝存在之前，首先反思了神学何以可能。这一方法论反思不仅界定了神学学科的基本框架，同时也为神学的必要性提供辩护，澄清神学和自然理性的关联。

相比"神学"，阿奎那更愿意谈论"神圣学问（sacra doctrina）"，还会给它加上一个重要的限定短语，"通过神圣启示（图 12.15）而习得的神圣学问"。这很自然地会引来质疑：为什么在自然理性可以通达的知识门类之外，还需要引入一门依赖超自然的神圣启示的学问？

阿奎那在《神学大全》开篇第一条的正解中回到人的**自然本性**，强调人根据本性，就会朝向作为终极目的的上帝。但与此同时，人又会意识到，这个终极目的本身在人的理性能力之外。因此，如果人对于自己的终极目的或幸福的欲求是自然的，而"自然不做无用功"，那么，人对幸福的自然欲求就不会落空。而这一自然欲求不落空的前提，是我们对幸福或人的终极目的有所认识。

既然终极目的超越了人的理性能力，因此就需要作为终极目的的上帝通过启示的方式向我们自我展现，而不能仅仅凭借我们的自然理性。

图 12.15　《荷兰语启示录》抄本（15 世纪），巴黎法国国家图书馆。通过以白鸽的形态出现的圣灵，基督向使徒约翰启示末日场景。

要更好地理解阿奎那的论证，我们需要回到亚里士多德"人因其本性就想要知道"的著名论断。[1] 在阿奎那看来，支撑这个论断的是一个更一般的命题："所有事物自然地都欲求它的完满。"[2] 这被看作一个自明的命题，一个**目的论宇宙观**所接受的基本论断。就人的本性而言，知识作为理智沉思活动的结果，它就是人的理性本性的完满实现。所以，当人欲求自然的完满时，就会欲求知识。与此同时，阿奎那和亚里士多德一样，强调人不具有任何先天知识，因此，关于心灵之外事物的知识，要么通过感知经验获得，要么就只能来自其他认知路径。

知识的其他路径为什么会导向上帝的启示呢？这和知识的对象相关。阿奎那引入另一个一般性的论断：所有事物都欲求与它的本原相结合，因为这个事物的完满性往往就在于与它的本原相结合。[3] 这一点在新柏拉图派的世界图景中尤为明显：流溢而出的事物，通过与比它更高的本体相结合来实现自身的完满。对于人这种理智存在来说，这种结合只能够通过理智认知的方式实现。在阿拉伯理智论的讨论中，我们已经看到，这实际上是两个非物质存在的结合；只有理智认知这种非物质的运作方式能够帮助人实现和他的本原相结合。

---

[1]　亚里士多德：《形而上学》1.1 980a21。

[2]　阿奎那：《〈形而上学〉评注》1.1。

[3]　同上。

人的本原是什么？在随后的论证中，阿奎那进一步向我们证明：人类美好生活所追求的本原，人类知识所追求的本原，都是超越我们的上帝。[1] 因此，与人的自然本性的实现相关的知识将我们指向我们的本原。为了保证我们的自然欲求不落空，我们就需要感知之外的认识路径，它首先来自上帝的启示。

需要强调的是，阿奎那并不否认人也可以通过自然理性通达上帝本身的大部分真理，不仅是他的存在，还有神圣的属性，人都可以理性地谈论。既然自然理性和启示所揭示的是同一真理，那为什么还需要来自启示的知识呢？

正是在这一语境中，阿奎那指出了自然理性的三点局限：（1）只有接受过良好训练的哲学精英，才可能通过自然理性认识作为终极目的的上帝——例如以某种方式证明上帝的存在及其特定属性。如果只有自然理性这条认知路径的话，那么大部分人是不能够实现美好生活的，而这显然和基督信仰冲突；（2）自然理性需要长时间的训练才能获得关于上帝的认识——柏拉图很早就意识到培养一个哲学王，需要长年累月的付出，中世纪神学的发展本身也经历了漫长的历程，这是一个低效的过程。在阿奎那看来，启示会更简单、更直接；（3）即使自然理性能通达上帝，但自然理性的运用往往包含着错误，尤其是人类的理解活动还要依赖并不靠谱的想象力的作用，启示则有效地避免了这种可错性。[2]

以上三点决定了自然神学的局限性，它还需要启示神学作为补充（图12.16）。但需要再次强调的是，启示神学是在补充自然神学，而不是取而代之。除了道成肉身、三位一体这样一些教义没法被自然理性完全把握之外，神学探究的绝大部分内容都在自然理性限度之内。《神学大全》接下来的工作，从对上帝存在的证明开始，都是在引导我们在理性可以通达的范围之内达至终极的真理。

要更准确地理解启示和自然理性的关联，我们还需注意，阿奎那专门强调，通过神圣启示而习得的神圣学问也需要理性论证。这体现在两个层面：

（1）神圣学问作为证明性知识，和其他知识门类一样，它并不需要为最基本的公理和法则提供证明，而是从我们已经接受的前提出发，去证明或澄清其他真理。但在世俗知识中，有一门学问与众不同，即被称为"第一哲学"的形

---

[1] 尤其见阿奎那：《神学大全》2-1.1.8。

[2] 同上书，1.1.1。

而上学：作为最高知识，它的前提不可能来自人类理性范围内的其他知识。因此，形而上学虽然不能证明自己的前提，但也需要尽可能合理地说明最基本的形而上学法则如无矛盾律、整体大于部分等，表明那些否认基本法则的人，根本没法理性地思考。在阿奎那看来，启示神学所涉及的一部分命题，如上帝存在，也可以通过这样的方式得到辩护：虽然不能像安瑟尔谟那样提供一个基于概念分析的证明，但在接受经验世界现实性的前提下，我们也可以推论上帝存在这一事实。

（2）神圣学问需要以论证的方式展示信仰的基本内容，确保它们不会和我们的理性发生冲突。在这一精神指引下，阿奎那甚至尝试对神迹、道成肉身等基督教信仰的核心内容做理性的展示和说明。[1]

图 12.16　利波·梅米《托马斯的胜利》蛋彩祭坛画（1323年），比萨圣凯瑟琳教堂。阿奎那手持《圣经》："我的嗓子只致力于真理，我厌恶不虔敬者的唇舌。"（《箴言集》8：7）他的膝盖上打开的是《神学大全》。除了上方上帝的启示和来自福音书作者的神圣知识，阿奎那还得到亚里士多德（左）和柏拉图（右）世俗智慧的加持，脚下仍然是可怜的阿维洛伊。

2. "五路"的共同结构

以上是阿奎那对于神圣学问基本宗旨和方法论的规划，如果没有实例支撑，它只是纸上谈兵。他关于上帝存在的证明或"五路"无疑是最知名的案例。

---

[1]　阿奎那：《神学大全》1.1.8。

阿奎那拒绝接受安瑟尔谟的本体论证，但同时坚持认为上帝的存在是可以证明的。他由此引入亚里士多德传统对证明类型的区分：既有执因溯果的证明，也有执果溯因的证明。后者又称后天证明，因为它是从假定某个作为结果的经验事实或事件出发，去推断它的原因必然存在。用阿奎那自己的话来说，它是一个假设性的证明，其有效性依赖它的前提。而本体论论证则从事物的概念定义出发，不需要预设任何经验事实。所以，按照康德的分类，后天证明常常会被归入宇宙论论证的范畴，即从我们都接受的、一些特定的关于宇宙的事实出发，去推断有一个上帝作为它的第一推动者、创造者、终极目的等等。阿奎那的"五路"常被看作宇宙论证明的典范。

对于五路的解释者来说，首先要解决的问题是：五路究竟是五个相互独立的论证，还是一个连贯的、不断发展的论证？我接下来按主流解释，把它作为五个独立论证来处理，并且集中讨论第二个论证，但大家可以去思考另一种解释的可能性，按照这种思路，在后的论证就可以将在先的论证中的某些命题尤其是结论作为前提。

五路论证常常和四因说联系在一起：

（1）第一路和第二路都被看作与动力因相关的论证。第二路论证直接谈到了动力因，稍后细说。而第一路是从处在运动中的事物都有其原因出发，去论证必须要有第一推动者来解释运动变化如何可能。第一推动者看起来关注的也是运动的动力因（图12.17）；

（2）第三路直接处理的是普遍必然存在和偶然存在的关系，它借助亚里士多德对于必然存在的理解，认为必然存在就是在所有时间点上都存在的事物，由此论证不可能所有的事物都是可能存在，也就是仅在某个时间段上存在的事物。因为如果所有的事物都是可能存在，而所有的可能存在都可能不存在，这就意味着，可能有一个时间点所有的事物都不存在。如果这样的事情发生的话，那么这个世界当下就不可能存在，因为无中不能生有。这结果显然是荒谬的。这个论证经常会被看作基于质料因的论证，因为亚里士多德传统中的质料常常是通过潜能或可能性来刻画的；

（3）第四路是基于真、善、高贵等完满性的论证。这类完满性显然有程度之分，而现实事物的完满性总是有限的，它们可以是真、善和高贵的，但不

图 12.17 乔瓦尼·迪保罗《创世与逐出乐园》蛋彩祭坛画（1445 年），纽约大都会艺术博物馆。上帝的手悬置在黄道十二宫上，仿佛通过他所赋予的第一推动，通过一系列代表天球的同心圆创造了由四元素构成的物质世界。

是至高的真，至高的善，也不是最为高贵的存在。然而，同一类完满性中的至高者才是其他不那么完满的事物之所以完满的原因，因此，就必然存在至高的真、善和高贵的存在来解释现实事物的真、善和高贵。这是一个可以追溯到柏拉图形式理论传统的论证，因此也被看作基于形式因的论证。

（4）第五路实际上是康德所说的目的论论证，它从缺少理智的自然物运动变化的规律性和内在目的论出发，论证这一切并非偶然，而是一个理智存在者的设计，确保了一切自然物都能朝向其内在的目的。这看起来可以整合到目的因理论中去，尽管它引入了一个柏拉图传统而不是亚里士多德传统的目的因概念。

除了与四因说的对应关系，五路论证具有一些共同特征：它们都认为有一些事物 a、b、c、d⋯⋯彼此之间存在着关系 R，同时 R 应当具有（I）非自反性和（II）可传递性的特征。以第一路为例，R 就是"推动"的关系，aRb，就意味着 a 推动 b。（I）这个推动关系是不能自反的，即一个事物不能推动自身运动。因为阿奎那认为，推动自身运动，就是推动者把自身运动的现实性赋予被推动者，而被推动者总是潜在地处于运动中。如果一个事物推动自身，那么，同一个事物就既现实地又潜在地处于运动中，这显然是荒谬的。所以不存在 aRa。（II）推动关系是可传递的，如果 a 推动 b，b 推动 c，那么 a 也推动 c。亦即 aRb，bRc，则有 aRc。

五路论证就是根据 R 关系的非自反性和可传递性，去说明这一系列彼此之间具有 R 关系的事物，它们（a）要么构成了一个无穷的序列，（b）要么我们就必须得承认这类事物在构成 R 关系时有一个起点，而作为起点的事物，在它之前就没有任何其他事物和它具有 R 关系。五路论证展示的是，只有通常所理解的上帝，才能满足 R 关系序列"第一个事物"的定义。[1]

3. 第二路与动力因

具体来看第二路的论证。为了更好地理解阿奎那的论证思路，首先需要补充两个他预设但并未明确提及的前提：

（1）存在动力因及其结果。（基于经验观察的前提）

（2）一个动力因可能是（a）由它自身所引起的，或者（b）由另外一个动力因引起的，或者（c）不由任何其他动力因引起。（前提）

否定（2a）：

（3）所有原因都先于结果。（前提）

（4）没有任何事物先于它自身。（前提）

（5）如果一个动力因是由它自身所引起的，那么该动力因就先于它自身。（3）

（6）没有任何动力因引起它自身。（4，5）

[1]　Anthony Kenny, *The Five Ways: St. Thomas Aquinas' Proofs of God's Existence,* London: Routledge, 1969, pp. 36-37.

论证（2b）必然推出（2c）：

（7）如果一个动力因是由另一个动力因引起的，那么要么（a）存在动力因的无穷追溯，要么（b）动力因的追溯是有穷的。（前提）

（8）如果不存在第一因，就没有任何中间的原因或最终因。（前提）

（9）如果存在着动力因的无穷追溯，那么就不存在第一动力因。（前提：无穷追溯的含义）

（10）如果存在着动力因的无穷追溯，那么就不存在动力因。（8，9）

（11）如果一个动力因由另一个动力因引起的，那么，动力因的追溯就是有穷的。（7，10）

（12）如果动力因的追溯是有穷的，那么就存在一个不再由其他动力因引起的动力因。（前提：有穷追溯的含义）

（13）如果一个动力因由另一个动力因引起，那么就存在一个不再由其他动力因引起的动力因。（11，12）

肯定（2c）：

（14）存在一个不再由其他原因引起的动力因，即第一动力因。（13，2）[1]

显然，只有极端的因果怀疑论者才会质疑命题（1），而命题（2）列举了动力因得以产生的三种情形，它们彼此互相排斥，而合在一起又穷尽了所有的可能。阿奎那的论证策略是否认（2a）的可能性，同时论证（2b）必然导出（2c），而（2c）所意指的就是第一动力因。

阿奎那否认（2a）的论证不难理解。需要注意的是，命题（3）中谈论的原因先于结果并不必然是时间上的"先于"，而只是本体论上或解释上的先后关系。但无论哪种意义上的先于显然都不是一种可以自反的关系。因为 a 先于 b，就意味着 a 在某个方面（存在上、时间上、解释上、定义上等）不依赖 b，而 b 则依赖 a。如果一个事物先于它自身，则它在同一个方面既依赖自身又不依赖自

---

[1] 此处论证重构参考马仁邦《中世纪哲学》第259—260页，但做了必要的修订。

身，这显然是荒谬的，因此（2a）不能成立。

有关（2b）的讨论相对复杂，命题（7）区分了动力因的（a）无穷追溯和（b）有穷追溯，接下来的策略是否定（7a），然后证明（7b）蕴涵（2c）。

对（7a）的否定是整个论证最关键的一步，而它的成立依赖命题（8），这是一个不易理解的前提。我们可以对它进行转写：如果 A0 是 B 的原因，A1 是 A0 的原因，A2 是 A1 的原因，我们向前追溯到 An。此时，如果 An 不是第一因，那么，在它之后的 An-1 也就不是原因，An-2 也不是，一直到 A0 都是如此，那就意味着没有原因，实际上也就不会有结果 B。

但即便如此，命题（8）真像阿奎那默认的那样是一个不证自明的前提吗？我们可以考虑这样的例子，我拿一个笔袋去敲打杯子。此时笔袋的运动，是这个杯子被击中的原因。而笔袋运动的原因是我的手的肌肉运动，而肌肉之所以运动，是因为神经系统给了它一个信号。我们暂且不往后追溯神经信号的原因，已经清楚的是：如果没有神经信号，就不会有手部肌肉有意识的运动，就不会有笔袋的运动；而没有笔袋的运动，就没有它击中杯子的事件，这看起来好像是成立的。

但是，我们的神经信号有没有在先的原因，有什么样的原因，这原因能不能继续往前追溯，在很大程度上取决于我们的立场。例如，我们可以认为这个神经信号是由我们想要用笔袋敲打茶杯的意愿所引起的，如果我们是奥古斯丁主义者，就可能认为意愿作为心灵自发的活动，它是没有动力因的，或者说在这种情况下，意愿就是这个事件的第一因；但如果我们在身心关系上持还原论的立场，就会认为意愿不过是大脑神经网络作用的结果，而神经网络之所以有这样的结果，是因为构成它的神经元彼此之间的关联以及它们所受到的外界物理刺激，而这些物理事件又有它们自身的动力因，可以不断追溯下去。

回到阿奎那，他当然可以拒绝这样的解释，认为意愿作为理性灵魂的活动是非物质性的，不可能还原为物理世界的活动，从而拒斥我们对这个具体案例的解释。但阿奎那所继承的亚里士多德传统会提供一个同样有力的反例，来说明动力因似乎是可以无穷追溯的。

中世纪神学院和艺学院之争的一个焦点是世界的永恒性。阿奎那的主张非常独特，他认为我们凭借自然理性既不能证明物理世界在时间上有一个起点，也不能证明它没有起点。阿奎那的这组论证非常精彩，是他最出色的哲学成果之一。我们只提其中一个理由。和著名哲学家迈蒙尼德一样，阿奎那认为我们没有办法从一个事物的完成状态去推断它的在先状态。而对于眼前这个物理世界，我们只有关于它当下完成状态的知识，因此没有办法去推断它在先的状态，自然也无从断言它在时间上有一个开端还是始终存在。当然，作为基督徒，阿奎那信仰创世说，但他认为自然理性并不能为之提供证明。[1]

再考虑亚里士多德传统的一个重要主张：物种是永恒的，没有生成和毁灭。如果世界和物种都是永恒的，那么，在这个世界任何一个时间点上，都有人类个体存在，其他物种也如此。亚里士多德认为父母是孩子存在的动力因，而父亲的动力因可以追溯到祖父，祖父则可以追溯到曾祖父，似乎可以不断地向前追溯。在任何时间点上存在的人，我们都可以找到在他之前存在的另一个人作为他存在的动力因，因为在他之前世界总是存在的，而且也总有人存在（图12.18）。就像上一讲提到的，我们没有

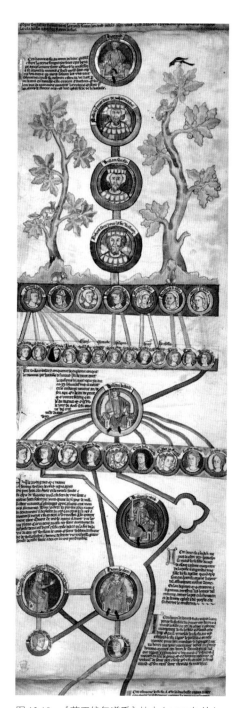

图 12.18 《英王编年谱系》抄本（1308 年前），大英图书馆。在阿奎那看来，我们至少可以设想这个谱系可以不断向上追溯，和一个永恒的世界一样没有始点。

---

[1] 阿奎那：《论世界的永恒性》。

办法给出最大的素数，因为在它之外总存在一个比它更大的素数，即使我们不知道这个数是什么。因此，就像素数可以无穷大，作为 B 的原因 A 也可以无穷追溯。

有意思的是，阿奎那在《神学大全》后面的讨论中确实注意到类似的反例，并且做出了一个重要补救，来说明命题（8）的有效性，我们稍后再谈。回到第二路论证，这之后的推理就不难理解了。对原因的无穷追溯自然是对第一因存在的否定。根据富有争议的命题（8），我们可以推出对原因的无穷追溯实质上是对因果性存在的否定，而这与我们所接受的命题（1）冲突。由此可以归谬（7a），同时也就肯定了（7b），即动力因只能有穷追溯。在阿奎那看来，这就意味着它必然有一个始点或第一因。这里显然没有讨论因果循环的可能性，因为它显然违背了命题（3），即原因先于结果的基本法则。

由此回到命题（2）：（2a）已被证伪；（2b）可以进一步区分出（7a）和（7b）两种情形，其中（7a）已被证伪。由此可以推断，只有（7b）和（2c）能成立。但无论哪种情况，都存在一个没有原因的第一因，结论得证。

阿奎那断定所有人都将第一动力因称为"上帝"，但果真如此吗？以上论证，即使所有前提都成立，它也只证明了所有动力因因果序列都不可能无穷追溯，一定有一个没有原因的第一因。它并没有证明，这个世界只有一条动力因因果序列，或者所有动力因因果序列的第一因都是同一个第一因。在笔袋击中茶杯的例子中，它的第一因可以是我的意愿，而不是上帝。更重要的是，如果阿奎那将命题（13）的结论等同于上帝存在，他看起来就是默认了我们可以从"所有因果序列都有一个事物作为它的第一因"去推断"有一个事物是所有因果序列的第一因"，而这事实上犯了量词转换谬误（Quantifier Shift Fallacy）。

回到第二路论证的核心命题（8），它事实上否定了无穷追溯原因的可能性。而我们提到了至少有一类动力因是可以无穷追溯的，而阿奎那也意识到这一点，并因此引入一个重要的区分，即因其本身的动力因和出于偶然的动力因。他强调在第二路中起作用的是因其自身的动力因序列：

> ……在因其本身（per se）的动力因中不可能无穷推进，也就是说，某一后果本身需要的原因不可能无穷递增；比方说一块石头被一根木棍推

动，木棍被手推动，如此以至于无穷。但是在作用因（in causis agentibus）中偶然地（per accidens）推至无穷却不被认为是不可能的，也就是说，无穷递增的原因〈各自〉朝向一个原因，而它的递增是偶然的；例如一个工匠偶然地使用了许多锤子，因为它们一只接一只地坏掉了。因此，一只锤子在另一只锤子的活动完成之后发生作用，这对于它来说是一个偶然事件。同样地，一个人生养后代，而他自己被别人生养，这对于这个人也是偶然事件。他能生养是因为他是人，而不是因为他是另一个人的儿子。因为所有能生养的人在动力因中占有一个〔因果〕位（gradus），也就是说，一个特殊的生养者的〔因果〕位。这样的话，人由人生养以至无穷，这并非不可能。但是，如果这个人能生养依赖于那个人，依赖于某个元素物质，依赖于太阳，如此以至无穷，这就不可能了。[1]

这段文本一共提到四个因果序列，其中两个允许无穷追溯原因，而另两个则不行。允许无穷追溯的第一个例子是铁匠用锤子打铁，锤子 a 坏了换 b，b 坏了换 c，假设铁匠的寿命无限，完成一件铁器用坏了无穷多的锤子。此时，锤子作为铁器的原因，它可以无穷倍增。但这样的反事实假设并不会造成逻辑上的困难，因为锤子 a 的损坏是锤子 b 被用来打铁的原因，然而，a 的损坏对于 b 能够成为铁器的原因纯属偶然，因为 b 是因为自己是锤子能够发挥相应的功能才被用来打铁，而不是因为 a 损坏了。此外，在描述铁器制成的因果链条中，所有用过的锤子，无论数量多少，都只占有一个因果位（gradus），即作为某铁匠的工具。同理，在允许无穷追溯原因的另一个例子中，父亲之所以是儿子的动力因，不是因为他是祖父的儿子，而是因为他是一个有生育能力的人。祖父生育父亲，只是父亲能够拥有生育能力的条件，并不是父亲生养儿子的动力因，因为祖父显然没有帮父亲生儿子！

再来看两个不能无穷追溯原因的例子。第一个例子与用笔袋敲打杯子的例子类似：木棍之所以能推动石头的原因是手挥动了木棍，这个原因对于木棍推动石头而言并非偶然，因为木棍本身并不能使石头运动，只有当它本身被推动时，它才能使其他事物运动。另一个例子预设的中世纪科学背景要素过多，

---

[1] 阿奎那：《神学大全》1.46.2.ad 7。

它意在说明尽管有生育能力的父亲的祖先可以无限向前追溯，他们都是具有生育能力的人，但所有这些有生育能力者在这个因果解释中只占据一个因果位，和锤子一样。要突破这一层级，更进一步解释生育能力的来源，就需要追溯到某种物质元素，而万物生长靠太阳，因此，太阳才构成了更高层的因果解释。

以上两个例子的相似之处在于，在这种被称作因其本身的动力因序列中，如果 a 是 b 的原因，b 是 c 的原因，c 是 d 的原因，则 a 同时也是 b 引起 c 和 c 引起 d 的原因。当手挥动木棍击中石头时，手的挥动不仅仅是木棍运动的原因，而且是木棍推动石头运动的原因。这也就意味着在这样的序列中，在先的原因不仅因果地导致离它最近的后一个原因，而且支配着它之后的所有原因及最后的结果，而不仅仅是它们得以出现的必要条件。这个时候，因果序列中的 a、b、c、d 就占据了不同的因果位，具有不同层次的因果解释效力，由高向低排列。而在无穷多的锤子中，没有任何锤子比其他锤子更能解释铁器的制造，它们属于同一个因果层级，占据同样的因果位，而铁匠和铁匠所掌握的技艺则无疑拥有更高的因果层级。

因此，当阿奎那宣称动力因序列不可无穷追溯原因时，他要论证的实际上是因果层级是有限的。因为最高的因果层级支配着整个因果秩序，如果没有它，其他的原因之为原因就不能得到最终解释。就此而言，第二路论证中看起来最可疑的命题（8）可以得到更有力的辩护。但是，必须承认的是，它仍然不能向我们证明一个给定的因其本身的动力因序列，它最高的因果层级只能是上帝，或者所有这样的动力因序列的最高层级都是上帝。当然，如果我们将五路论证看作一个连续的不断推进的证明，或许就可以通过后面三路证明来补充这里所缺少的论证环节。

不过，引入刚才这一段有关不同类型的动力因序列的讨论，其实是希望大家注意，在重构古人的具体论证时，我们既要有分析的目光，严格审核其中的概念和论证环节，同时也需要对所研究的哲学家的整体哲学理论有综合性的把握。在反思哲学史上著名的论证时，不可见木不见林，只盯着一小段核心论证文本，全然割裂它的语境，忽视作者在其他场合做出的补充和说明。这样的做法不仅对于了解哲学的历史毫无益处，而且会使我们对相关论证的理论反思变得贫瘠和肤浅。

四、中世纪知识论：神圣光照说与抽象理论

接下来，我们以阿奎那的知识论为核心，简单介绍中世纪拉丁哲学在这一领域的贡献。在有关古代知识论的讨论中，我们主要考察了知识的充分和必要条件，以及古代哲学家对怀疑论和相对主义的回应，但对知识形成的机制谈得不多。只是在讲到伊斯兰世界的理智概念时，才补充了亚里士多德有关感性认识和理性认识的一些讨论。到了中世纪盛期，怀疑论当然还是经院哲学家必须应对的理论困难，但他们在知识论上的主要贡献在于对知识形成机制的深入解剖，这同共相问题紧密地结合在一起：在经验世界中获得有关单个事物的普遍知识，这在心理机制上究竟如何可能？这样的普遍知识通常是通过概念而被掌握的，因此，这里首先涉及的就是概念的形成机制。

中世纪在认知机制上的贡献主要有两个来源：亚里士多德传统的抽象论和新柏拉图传统的光照说。然而，这两个传统实际同出一源，在经院哲学盛期的发展中，又彼此渗透，相互结合。我们先简单界定这两个传统，然后再按历史发展的顺序，略谈它们在拉丁世界的发展。

抽象论把人的认识理解成可知形式与质料相分离，并最终为认识者所接受的过程。和感性经验只是单纯被动地接受可感形式不同，在理智认识中（至少按照一种解释），需要人的理智官能主动地开启认知的过程，即通过抽象活动，从特殊的可感形式中获得普遍的可理解形式。这看起来是一个人的认知能力得以实现的自然过程。

光照说又叫神圣光照说，认为人类需要上帝额外的或超自然的帮助，才能在日常认知活动中获得理智认识。光照说通常被认为源自奥古斯丁和他经院哲学时期的追随者，但其实可以追溯到更早的古代晚期亚里士多德评注传统和新柏拉图派的哲学家。

1. 奥古斯丁论神圣理念与神圣光照

图 12.19　菲利普·德尚佩涅《圣奥古斯丁》油画（1645—1650年），洛杉矶郡艺术博物馆。左上角真理（VERITAS）的光芒越过年迈的主教，直指他左手燃烧的心。真理下方的阅读台上打开的是《圣经》，他脚下践踏的是裴拉基、尤利安等异端的著作。

要理解奥古斯丁的光照说（图 12.19），需要回到前一讲提到的"神圣理念"：

在拉丁语中，我们把〔希腊语的〕理念称为形式或样式（species），以显得我们是在逐字对译。如果我们把它译为"存在理由"，那我们肯定会偏离翻译的精确性，因为"存在理由"在希腊语中被称为"逻格斯"而不是理念；不过，谁要是想这么用这个词，他也不会偏离事实。因为理念就是事物首要的、稳定的、不可变的形式或存在理由。它们自身不是形成的，因此也就是永恒的，总是处于同样的关系中，并且被保存在神圣理智之中。[1]

其中，"样式（species）"是理解中世纪认识论的一个关键概念。它在拉丁语中的基本含义是"事物向我们显现出来的样子""外在表象"，引申为"外形""轮廓""形状"，与"形式（forma）"同义，在与逻辑和事物分类相关的语境中还可以指"种"，与"属（genus）"相对。中文学界，有时将这里的 species 译为

古代中世纪哲学十五讲（下）

---

[1]　奥古斯丁：《八十三杂问》46.2。

"种相"，我试图避免这个生造的词汇，采用"样式"的翻译，是想强调它既可以从认识论角度来理解，也有本体论的内涵。奥古斯丁这里用"样式"来翻译柏拉图的"理念（Idea）"。而理念在这里指的也不是与可感事物相分离的范本，而首先是事物的"逻格斯"，也就是内在于事物自身中的存在理由，或可简称为"事理"。显然，奥古斯丁对于理念或形式的理解与柏拉图本人有所不同，更接近新柏拉图派对理智本体和形式的理解。奥古斯丁并不认为形式能够独立于心灵和个别事物而存在：他和波埃修一样，强调普遍性不在事物，而在心灵对其理解之中。但与波埃修的亚里士多德解释方案不同，奥古斯丁强调这里的心灵不是人的心灵，而是神圣心灵，以此来保障柏拉图式形式的普遍性、必然性、纯粹性，同时也把它和创世论协调起来。上帝根据其神圣心灵中的永恒理念创造了物质世界，物质世界也因此包含着可以被人类所把握的形式或存在理由。

奥古斯丁强调，只有获得有关理念的知识，才是真正的知识。但要获得对神圣理念的直接洞察，仅凭人的自然理性是不够的。奥古斯丁并非简单地做此断言，而是给出了一个结构精练的论证：

（1）我通过经验能够知道的，只是那些能够在经验中发现的事物。（前提）

（2）在经验中不可能发现绝对统一性。（前提）

（3）我不能通过经验知道绝对统一性。（1，2）

（4）任何我知道但又不能通过经验知道的事情，我都是通过不存在于这个经验世界的来源获得有关它的知识。（前提）

（5）我知道绝对统一性。（前提）

（6）因此，我是从不存在于这个经验世界的来源获得关于绝对统一性的知识。（3，4，5）[1]

命题（1）看起来是自明的，因为它所表达的仅仅是经验知识的实在基础，即只有那些在经验世界发现的事物、性质或事态，才能成为经验知识的对象。或许有人会说，我们通过错觉、幻觉这样的经验所获得的认识，并不能在经验

---

[1] 奥古斯丁：《论自由决定》2.8.22-9.27，此处重构见 Gyula Klima, "The Medieval Problem of Universals," *SEP*, URL = 〈https://plato.stanford.edu/archives/spr2022/entries/universals-medieval/〉。

世界中找到与之对应的对象。但这并不构成对该命题的反驳，因为此时我们也没有"知识"。

命题（2）是论证得以推进所必需的关键前提。奥古斯丁认为，在经验中能发现的事物只是物质性的存在，而物质性的存在在空间上是有广延的。由此可以推知，物质性存在有不同的空间部分，而一个事物就它由不同的部分构成而言，它就是多。只有当该事物就它作为这些部分所构成的整体而言，它才是一。一个事物如果在某些方面是多而不是一，我们就可以断言该事物并非"绝对地是一"。因此，在经验所及的物质世界中不存在绝对的统一性。

命题（4）是另一个自明的前提，它即使对彻底的经验论者也是成立的，因为它并没有直接断定我们可以不通过经验获得知识，例如所谓先天知识，而只是断定如果这样的知识存在，那么经验就不是我们知识的唯一来源。

命题（5）显然需要额外的解释。奥古斯丁认为，在对命题（2）的说明中已经表明，如果我对经验世界的事物有正确的知识，就可以知道任何在经验中给定的事物作为有广延的存在都不是绝对的统一性。奥古斯丁强调，我能够拥有这样的知识，它的前提是我知道什么是绝对的统一性，亦即我知道那种在任何方面都不是多的事物是什么样的。这一推断实际上预设了这样一个认知法则：如果我知道"某个事物在某些方面是 F，在另一些方面不是 F，因此不是绝对的 F"，那么，这实际上预设了我知道"什么是不加限定的、绝对的 F"。举一个例子，将眼前的这本书从正中翻开，它被分为两半。此时，我们会说这是两个半本书，但不会说它们是绝对的两个事物。为什么？因为我们知道这两个半本书，每一个都可以继续分为一半，所以它们各自都不是绝对的一，它们两个放在一起也不可能是绝对的二。

奥古斯丁这里实际上已经暗示，我们拥有关于数的这些知识，这一事实已经预设了我们拥有关于绝对的一的知识；而关于绝对的一的知识不能通过个别的、在空间中存在的物质事物来获得。如果我们不能否认可以在经验世界中谈论两个不同的事物，也就不能否认我们拥有关于什么是绝对的一的知识。因此，我们需要经验之外的来源去把握绝对的一，奥古斯丁将之称为"神圣的光照"（图 12.20）。

除了以上论证之外，奥古斯丁还为神圣光照说提供了其他的辩护。例如他强调永恒真理的来源不可能是我们有限的心灵，也不可能是其他有限的受造物。因为永恒真理是受永恒心灵支配的，它来自比我们的理性心灵更高的存在。而我们之所以能够认识永恒真理，这依赖永恒心灵的光照或者启蒙。[1]

此外，奥古斯丁指出，我们通过语词可以把握到事物的共同属性，它所具有的普遍性远远超出了我们有限的经验。例如，我们能够谈论一般意义的"城墙"，但我们看到的、听说的甚至想象的城墙是有限的，不可能是所有城墙，也不能包含所有城墙所具有的共同特征。因此，我们就需要经验之外的认知来源以获得关于城墙的普遍概念。[2]

回到传统光照论的核心论证，它的弱点无疑集中在命题（2）和（5）这两个前提。中世纪的抽象论者之所以放弃光照说，主要是因为他们不接受（2）。因为光照说预设了人的心灵是被动地接受经验世界所交予它的信息，经验世界有什么它就得接受什么。人的心灵通过知识所获得的，并不是

图 12.20 《萨瓦的路易时祷书》抄本（1445—1460 年），巴黎法国国家图书馆。圣父、圣子和圣灵（白鸽）的光穿透玻璃，向奥古斯丁显示经验世界无法容纳的三位一体的奥秘。"因为这光就是上帝本身……正是从这光中，灵魂得以理解一切它可以理解之物。"（奥古斯丁《〈创世纪〉字义解》12.31.59）

[1] 奥古斯丁：《论自由决定》2.12.33-15.39。

[2] 奥古斯丁：《论教师》11.37-38。

它主动地加工构造所得来的结果，而是经验世界赋予它的现成信息。[1] 光照论这种近乎直接实在论的立场有助于应对怀疑论所带来的挑战，但代价就是将人的理智降格为被动的信息接受者。

2. 经院哲学的样式理论

与光照论不同，亚里士多德传统强调，即使感知经验不能直接提供绝对统一性这样的知识内容，我们的主动理智也可以通过对它的加工来获得"绝对的一"的知识。在亚里士多德派看来，命题（2）可能要这样表述才准确："我们不可能离开主动理智的作用，在经验中发现绝对统一性。"如果该命题成立，不能由此推出我们需要经验世界之外的另外一个认知来源。因为主动理智，至少在部分亚里士多德解释者看来，也是人的灵魂的一部分，来自人的自然本性：它是我们认知经验的一个自然要素，而不包含超自然要素。要理解亚里士多德传统如何解释我们从经验中获取普遍概念，其中的关键就是"样式（species）"这一横跨本体论和认识论的复杂概念。

在亚里士多德传统形而上学中，作为共相的马，无论在本体论上处于何种地位，它都是作为一个普遍的 eidos（形式），规定了一匹个别的马所属的 eidos（种）。与柏拉图的形式理论不同，亚里士多德所谈论的"eidos"，既可以指确定事物特征的形式，也可以指自然物的基本分类，尤其是作为最小自然分类的种。就自然分类这一意义而言，"eidos"在拉丁语中被翻译为"species"，英语也是如此。需要说明的是，这里形式对种的规定是在一个相对较弱的意义上说的，它仅仅表明马的共相解释了马的自然分类的理由，并没有承诺共相可以脱离个别事物而存在，也不能揭示它和个别事物之间的本体论关系。这里所涉及的是"样式（species）"的本体论面向。

亚里士多德同时强调 eidos 在认知中的作用：在经过心灵的加工之后，规定着马的自然特征的形式，以感性认知和理性认知机制为中介，为我们的潜能理智赋予认知形式，使我们获知关于马的知识。这是一个极为粗糙的描述，但它足以展示，亚里士多德所谈论的"eidos"本身不仅指本体论意义上的形式，而

---

[1]　参见 Klima, "The Medieval Problem of Universals"。

且可以指认知形式，为我们的认知提供内容。值得注意的是，当"eidos"指规定事物特征的本体论形式时，中世纪拉丁译者将它译为"forma（形式）"，而当"eidos"指认知形式时，则译成了"species（样式）"。当然，对于亚里士多德传统的认知理论家来说，关键的挑战在于澄清这里所涉及的认知机制，以及作为认知形式的样式与心灵之外的形式之间的关系。

在阿拉伯哲学家那里，潜能理智之所以能获得关于马的纯粹形式，是通过主动理智的作用；而主动理智通常被看作独立于人的心灵、超越经验世界的非物质实体。经过主动理智的加工，我们的心灵凭借与主动理智相结合，得以通过某种方式分有形式。而阿拉伯哲学家面临的一个理论困难，也正在于难以解释个别的灵魂在这样的结合与认知过程中，究竟有多少积极的贡献。

当亚里士多德的《论灵魂》等著作被译为拉丁语并被广泛阅读时，经院哲学家也需要面对阿拉伯哲学家曾遇到的理论挑战。阿奎那的同时代人，往往通过引入"理智样式（intelligibilis species）"这一概念来解释我们对共相的理智认识。

在拉丁世界最早的亚里士多德诠释者看来，正如在我们的感知中，可感样式构成了感觉的对象，相应地，可理解样式也就成了理智认识的**对象**。只不过，与可感样式不同，可理解样式并不是直接被给予的，而是在主动理智的帮助下，我们从可感的心灵图像中抽象出来的。因此，这些经院哲学早期的亚里士多德主义者们一方面坚持亚里士多德的经验论传统，强调我们的知识来源于感性经验；同时又接受亚里士多德对可感对象和可理解对象的截然区分，强调在感性经验中所触及的事物总是个别的、可感的存在，而我们的理智要获得一个可理解的对象，就必须通过抽象作用来实现。

在进一步澄清主动理智的抽象作用之前，我们首先要强调的是，经院哲学使用的"认知样式"这一概念，除了源自亚里士多德传统之外，还与奥古斯丁有关。奥古斯丁区分了四种不同的样式：（1）物体本身拥有的样式，也就是它的物质形式，例如它的形状、颜色等可感知的形式；（2）感觉中的样式：心灵之外的物质形式并不能直接进入我们的感知，但是关于它的某种心灵图像却可以在感知中保存下来。这种心灵图像可以看作对物质形式的表征；（3）在记忆中保存下来的样式；（4）只有在人的理智思考的目光中才能把握到的样式。[1]

或许是受到奥古斯丁的影响，阿奎那的同时代人因此特别注意到样式概念的一个特点：它跨越了本体论和认识论的界限，既可以指心灵之外的事物本身的形式（本体论）；又可以指心灵对外物形式的表征。而连接它们的则是相似性法则，即心灵的样式相似于心灵之外的样式。例如罗杰·培根，他认为所有物质存在都有属于它的样式，这种物质样式有如我们今天所说的辐射一样四处发散，当它穿过空气和水等感觉媒介，击中我们的感官时，就会在感知灵魂中产生出新的类型的样式，例如奥古斯丁所说的感知的样式和记忆的样式，最后经过理智的加工，则在理性灵魂中生成只能被理智之光把握的样式。[2]

不过，早期经院哲学家的样式理论在知识论层面会遇到的大麻烦，同时也是表征理论常常招致的一个批评，即所谓"知觉之幕（veil of perception）"——这里或许可以称之为"样式之幕"（图 12.21）。它认为表征理论会导致我们的心灵所把握到的直接对象，不是心灵之外的事物，而是我们在心灵中对外物的表征。这些表征或许相似于外物，但我们除了心灵表征之外，再没有其他认知途径通达外物。因此，作为表征的样式就像帷幕一样，遮住了心灵之眼，使心灵的认知能力和外物隔绝开来。通常认为，这会进一步导致一系列的怀疑论问题，例如为什么心灵的表征可以相似于外物？我们为什么要假设心灵表征之外还存在不可直接通达的外物？

3. 阿奎那论理智认知

接下来，我们看阿奎那如何应对这一理论困难。在阿拉伯哲学传统中，人类理智认识的过程与其说是"人完成"的，不如说是神圣理智"为人完成"的。人类的贡献局限于通过他的想象力或特殊理性等感性认知能力，使自己的心灵跟心灵之外的理智建立联系。阿拉伯哲学家之所以有这样一个在后人看来奇怪的想法，就在于他们担忧人的心灵的个体性会妨碍人以理智的方式把握普遍必然的对象。

在阿奎那看来，这样的解释存在一个非常致命的缺点：它难以向我们解释

---

[1]　奥古斯丁：《三一论》11.9.16。

[2]　罗杰·培根：《大著作》4.2.1，参见 Pasnau (ed.), *The Cambridge History of Medieval Philosophy*, p. 362。

"这个人在进行理智思考"这样一个显而易见的事实。我们的直觉毫不迟疑地把理智思考活动归于个人，例如苏格拉底或柏拉图，同时认为他们在主动地进行不同的理解活动。然而，阿拉伯哲学家的方案至多解释了人在理解活动中所发挥的提供可理解对象的贡献：人通过他的想象力或其他内感知能力，把那些能被抽象的可感图像呈现于主动理智之前。然而，在阿奎那看来，人的这种贡献微不足道。他将人的理智认知与感觉相类比，当我们看到墙上的斑点时，斑点作为视觉对象存在于墙面上，而墙对视觉的贡献就是提供了这个斑点的物质基础，这正如想象力为我们的可理解对象的存在提供了本体论基础。但是，我们并不会因此认为墙能够看见斑点，因为墙缺少获得视觉的其他条件。其中最为重要的一点是，斑点在墙上的存在并不是意向性的存在，能够被一个有认知能力的心灵所接受。理智思考活动也是如此，如果我们的想象力仅仅像墙一样提供了可理解对象的本体论基础，那么我们并不会认为想象力能够理解

图 12.21　罗伯特·康平《圣维罗妮卡》油画（约 1410 年），法兰克福施泰德博物馆。传说中，维罗妮卡（一译韦罗尼加）曾用面纱（veil）为耶稣擦拭血迹，他的面容因此印在了薄纱上。表征理论的批评者认为，我们的认知被面纱样的表征遮蔽，只能看到面纱上的基督像，无法通达真实的基督。

它所承载或者容纳的这些心灵表征，因为如果想象力能做到这一点，那也就不需要任何主动理智的作用了。因此，如果我们对于整个理解活动的贡献局限于通过想象力提供可理解对象，那么，我们也就和墙一样，只是可理解对象的容器，而不是真正进行理解活动的认知者。

更重要的是，在阿奎那看来，想象力本身甚至不足以直接提供可理解对象。因为我们的内感知也依赖物质器官，在它之中呈现出来的仍然是个别的心灵图像。无论这些心灵图像如何相似，如何为理智的进一步抽象活动做好了充分的准备，它们仍然是可感的、个别的对象。[1]

由此可见，在阿奎那看来，要把一个理智活动归于人类个别的灵魂，就必须接受每一个人的灵魂不仅拥有一个潜在的接受性的理智，而且拥有一个主动的要素参与到认知过程，从而使得这个过程是真正属于"人完成"的过程。这一主张所带来的一个直接后果，就是人的理智思考不再需要一种来自上帝的额外光照或超自然的帮助，因为我们的灵魂已经包含了这种光，它足以照亮我们需要通过理智去把握的对象。当然，这只是一个形象的说法，阿奎那想说的是，人的理性灵魂能完成理解所需的抽象活动。

不过，阿奎那同时强调，单有理智之光或抽象能力是不够的，因为它只是在加工我们的心灵对外物的表征。因此，心灵首先认知的对象还需要通过其他的认知方式获取。这一点才能保证我们的理智所认识的是心灵之外的事物，而不是纯粹的理智之光构建的结果。

我们由此返回亚里士多德的认识论传统。它强调我们的认识从外感知开始（图 12.22）。我们有眼、耳、鼻、舌、身等外感官，由此获得视觉、听觉、嗅觉、味觉和触觉五种外感知。通过外感知，我们获得了对于心灵之外事物的可感图像。这一过程首先起于心灵之外的可感对象，在恰当的条件下，它会作用于介于它和我们的外感官之间的介质。例如，物体的振动所产生的声波是听觉的对象，它首先作用于我们的耳朵与发生振动的物体之间的介质如空气或水。阿奎那认为这种作用就使得作为介质的空气或水拥有了"介质中的样式"，这种可感样式表征着介质之外的物体振动，但它因为缺少感官或者感性灵魂的参

---

[1]　阿奎那：《神学大全》1.76.1；《论理智单一性》第 3 章。

与，并不足以产生感觉。但空气或水作为介质可以通过它由于振动而发生的变化，使得我们的感官也发生相应的变化。其中，最为重要的是，我们的感性灵魂通过感官的变化获得了可感样式，并通过它得以表征心灵之外的事物，同时，可感样式也被保

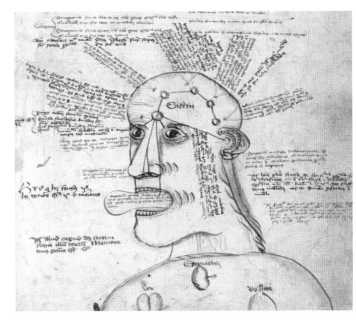

图 12.22　亚里士多德等《著作集》抄本（1472—1474 年），伦敦惠康收藏中心。此抄本收录亚里士多德的《论灵魂》，但此图出现在大阿尔伯特的《自然哲学短论》之前，它展示的更多是中世纪的感知理论，脑中的五个圆圈对应五种内感知：共通感、想象力、判断力、特殊理性和记忆力。

留在灵魂中接受内感知的进一步加工。[1]

阿奎那谈到四种内感知能力：共通感（common sense）、记忆（memory）、想象力（imagination）和判断力（estimative power）。他认为人和动物的判断力区别尤其明显。动物所拥有的实际上是某种近似自然判断的自然本能，其中并不包含任何命题内容也不预设任何复杂的语言能力。判断力所指向的是"意向"，例如羊可以通过自然本能觉察到狼的敌意，而狼则可以把羊感知为有营养的食物。通过判断力，动物可以把握到可感对象整体与它自身的某种关联，这种认知对象与认知者的关联，被称为"意向"。人的判断力则有所不同，因为在理智的作用下，人可以把眼前的一个可感事物的一种属性看作是特殊个体所例示的普遍属性。例如，他可以通过理智认识到所有狼都是危险的，而眼前这只动物是狼，因此它是危险的。当然，这并不意味着人在运用判断力时都会现实

---

[1]　阿奎那：《神学大全》1.78.3。

地进行这样的推理，而是强调人只要愿意，就可以运用与狼有关的概念来对它进行判断。反过来，人的判断力与理智的概念认知能力的紧密关联，也为人通过理智进行概念抽象奠定了感性基础，阿奎那有时也将它称为思辨力或特殊理性（cogitative power or particular reason）。[1]

但即使到了特殊理性这一内感知层面，人通过可感样式所把握到的仍然是个别的性质。尽管我们的想象力可以将过去的、现在的、虚构的多个彼此相似的可感形式归置一处，它仍然不能对这些形式本身有普遍的理解。只有通过从感觉图像中抽象出可理解样式，人才能以理智的方式思考对象的普遍特征。这里的抽象，实际上就是忽略、排除或者悬置感觉图像所表征的对象的个别特征，聚焦于数量上为多的可感形式所具有的共同特征，例如当我们的想象力将赤兔马、乌骓、汗血宝马等名马的感觉样式并置时，理智可以引导我们忽略它们的颜色、寿命、大小等彼此各异的特征，而专注于它们作为同一类自然物的共同本性，由此获得关于马的可理解样式，进而把握关于马的概念。[2]

从感觉到思考，无疑需要经历漫长的过程。那么，在获得可理解样式例如马的可理解样式之后，我们如何获得关于马的知识呢？阿奎那认为，这仍然有赖于**主动理智**的抽象活动，它可以将马共同的特征性活动放在一起进行比较，由此形成关于马的普遍命题：例如"马善于奔跑""马可以拉战车""马是植食性动物"等等。随后我们可以将这些命题放在不同的知识门类，如动物学、畜牧学、军事学等，通过一系列推理，就可以获得关于马的知识。[3]

以上粗线条地勾勒了阿奎那的理智认识论，尽管未能深入其中的细节，但足以揭示出它同样无法回避怀疑论针对表征理论的质疑：可理解样式显然是理智能力构造的结果，理智作为心灵的一种认知能力，它如何能保证我们在可理解样式基础上获得的普遍认识，就是有关心灵之外的物质对象的普遍必然的知识？

要回答这一问题，我们需要进一步了解阿奎那知识论中的理智认识过程的几个重要特征：

[1] 阿奎那：《神学大全》1.78.4。请注意阿奎那对思辨力的理解不同于阿维森纳，见本书 10.4.3。

[2] 同上书，1.84.6; 1.85.1。

[3] 同上书，1.85.5。

（1）阿奎那强调可理解样式同认知上在先的可感样式之间的关联：可理解样式一定是从可感样式抽象出来的；而可感样式之所以是可靠的，是因为它建立在感官、感觉介质和可感对象相互作用的因果机制基础之上。只要介质处于恰当的状态，例如视觉介质是透明的、被照亮的，同时感官也在正常状态下，我们就可以获得对外部世界正确的可感表象。

（2）与可感样式相比，可理解样式的独特性首先体现在它是抽象的。抽象使得我们的心灵朝向通过可感样式所把握到的事物的共同本性或实质（quiddity），这实际上也就是阿维森纳所说的事物性，只不过它不是事物性本身，而是事物性在个别可感物的存在。这意味着阿奎那在共相的本体论地位问题上采取了某种温和实在论的立场，认为事物的普遍本性是以某种独立于心灵但又可以被心灵通达的方式存在于个别的可感事物之中。

（3）阿奎那承认可理解样式是主动理智抽象活动的产物，并且被储藏在我们的潜能理智中，它从产生到存在，都依赖人的心灵。但阿奎那同时特别强调，主动理智的作用，在很大程度上是独立于我们的意愿的；可理解样式虽然是我们心灵活动的结果，但是心灵的抽象活动却不是任意的活动。当然，抽象活动作为一种心灵活动，不能完全独立于意愿：如果我们不愿意理解，我们当然没有办法去理解。然而，意愿仅仅让理智做好了去进行理解的准备，而一旦理解的认知机制被触发，人的理性灵魂与生俱来的心灵结构就能够独立于在先的意愿，在某种意义上自动地抽象出可理解样式。所以，就像我们的心灵一旦理解了第一原则的含义，例如整体大于部分，一个事物 S 不能既是 F 又是非 F 等等，我们就不能不接受这些原则的存在及其合法性。同理，一旦我们有了去理解或者去抽象的意愿，理性心灵的构造就决定了我们不能不得出恰当的可理解样式。

（4）以上刻画的理智认识过程之所以能避免"样式的帷幕"，避免在认知的心灵和外在的事物之间引入任何隔阂，最关键的一点在于，阿奎那对可理解样式功能的严格限定。与经院哲学早期的亚里士多德诠释者不同，阿奎那一再强调，可理解样式并不是我们所认知的**对象**，而是我们获得理智认识的**手段**；因为知识的对象只能是事物的实质或共同本性，是那些使一类事物得以成为一类事物的根基所在。阿奎那在此引入一个精妙的区分，把人的心灵对理智活动的贡献同人的理智认识的对象区别开来。[1]

这个区分试图为我们的理智认识确保一个实在论的基础。在这个意义上，我们说阿奎那的认识理论是**实在论**的，尽管他不排除心灵构造的要素或心灵的贡献。但与此同时，这一区分看起来又有应景特设（ad hoc）的嫌疑，它的引入，似乎只是为了解释我们的心灵为什么能够通过自己构造的产物表征外物。在批评者看来，它与其说解决了表征理论的困难，不如说强行规定了某种特殊类型的表征，直接拒绝表征本身成为认识对象的可能性。

然而，至少从亚里士多德认识论传统内部来看，这一批评是不恰当的。因为不仅可理解样式不是我们理解的对象，可感样式也不是我们感觉的对象。以视觉为例，亚里士多德认为可见光并不是我们直接的视觉对象，而是使我们得以看到事物颜色的介质。毫无疑问，这是一种过时的颜色理论，它不认为颜色是一种对可见光的视觉效应，而认为颜色是事物本身固有的属性。只有当位于颜色和视觉器官之间的介质变得透明时，我们才会获得关于颜色的可感样式，并产生相应的视觉。而光就是使得视觉介质成为透明的现实性。当光照亮了介质和可见对象时，光在介质中产生了可感样式，它进一步触发我们的感官，产生内在于心灵的可感样式，我们也就凭借它，看到了外物的颜色。[2] 与视觉相似，只有当理智之光照亮我们的可感样式时，我们才能通过它产生的可理解样式去理解外物的共同本性。当阿奎那强调可理解样式是理解的工具而不是理解的对象时，他并不是在给出一个搪塞批评者的特设解释，而是在捍卫他所理解的亚里士多德认知理论的内部融贯性，捍卫理解活动和感觉活动之间的对应性——这也是亚里士多德自己一再坚持的。但是，阿奎那付出的理论代价也是沉重的，如果他所捍卫的感知理论是错的话，相应的理智认识理论也就很有可能是错的。

4. 阿奎那反驳光照说

无论阿奎那的抽象论能否真正克服"样式之幕"的挑战，上述展示已经足

---

[1] 以上四点概括参照 Pasnau (ed.), *The Cambridge History of Medieval Philosophy*, pp. 348-349。

[2] 亚里士多德：《论灵魂》2.7；阿奎那：《神学大全》1.78.3。

以表明，阿奎那认为我们不需要额外的神圣光照，凭借自然理性的抽象能力就可以把握最为抽象和基本的概念。事实上，后世的研究者甚至从中重构出一个反驳奥古斯丁光照说的论证 [1]：

（1）任何我的理智可以从经验中抽象出其概念的事物，我都可以从经验中获得关于它的知识。（前提）

（2）我的主动理智可以从经验中抽象出统一性的概念，因为我们可以把所有单个事物都经验为一个统一体，并且彼此不同。（前提：抽象的定义）

（3）因此，通过抽象活动，我可以从经验中获得关于统一性的知识。（1，2）

（4）任何时候，当我通过抽象活动从经验中获得关于某物的知识，我就既知道我们抽象出其概念的该事物，也知道那些我们抽象出其概念时需要去除的限制性条件。（前提）

（5）因此，我既知道统一性本身，也知道我们抽象出统一性概念时需要去除的限制性条件。（3，4）

（6）任何时候，如果我们认识到一个事物和它的限定性条件，那么我们就可以设想该事物在没有这些限定性条件的情形下的存在。（前提）

（7）因此，根据我通过抽象活动从经验中获得的统一性概念，我就可以设想统一性的绝对的、无条件的实现。（5，6）

（8）因此，我不需要通过这个经验世界之外的额外来源，在有任何经验之前去拥有关于绝对统一性的原初知识。（7）

命题（1）强调我们通过主动理智的抽象活动所获得的知识来自经验。阿奎那在这里借助抽象理论扩大了经验知识的范围：我们不仅可以在经验中把握直接被给予的感觉对象，而且可以通过抽象获得的概念来把握那些间接被给予的概念对象。在阿奎那看来，只要承认抽象活动来源于经验，这个命题就是自明的，因为抽象活动并未给经验增添任何内容或对象，而是单纯忽略、排除或者悬置了经验的某些方面。因此，抽象可以看作经验的延伸。

---

[1]　以下重构取自 Klima, "The Medieval Problem of Universals"。

问题的关键在于我的主动理智能从经验中抽象出什么。命题（2）是对主动理智抽象能力的进一步澄清。它其实是奥古斯丁也不会否认的。之前举例一本书平摊开来，可以得到两个半本书，无论是一本书还是一个半本书，它们虽然不是"绝对的一"，但仍然可以被经验为一个事物，可以谈论它们在什么意义上成为一个统一体，或者是它们作为特定的"一"的特征。显然，这两个被称之为一的事物是不同的，它们也正因此成为抽象活动的基础。因为抽象将这些具有某种相似特征的事物放在一起，把它们的相似性和不相似性剥离开来，最主要的是把共同的特征和它们的个别性剥离开来。而关于一或者统一性的概念就是我们抽象的结果。在阿奎那看来，只要我们承认抽象是可能的，这个命题同样是自明的。不过需要强调的是，阿奎那并没有断言我们知道什么是绝对的一，而只是说我们可以拥有关于一的概念。

　　接下来，阿奎那引入命题（4）作为一个新的前提，它同样涉及对经验知识的观察。例如，我把眼前的杯子和瓶子放在一起，假定它们都是白的。尽管它们是两类不同的事物，但我可以只关注它们的颜色，把它们抽象为都是白的事物，从中获得白的概念。此时，我就不再把它们看作一个瓶子和一个杯子，而是两个白的事物。在将它们抽象为白的事物的过程中，它们作为瓶子或杯子的存在、形状、重量等等，都是需要被抽象活动剔除的限定性条件。而抽象活动要成为可能，我们就不仅要知道在抽象中所涉及的白色事物，同时也要能把握那些限制住白的概念来源的其他不相关条件。

　　接下来是另一个关键性的前提，即命题（6），它表明我们可以设想抽象概念的绝对的、无条件的实现。例如眼前有三个白瓶子和白杯子。我们可以去除它们作为瓶子和杯子的存在，把它们设想为没有这些限定条件的三个白的事物，甚至把三也去掉，去设想白的事物。

　　通过新引入的这两个前提，阿奎那认为我们就不仅能拥有统一性的概念，而且可以通过抽象和设想活动来把握绝对的统一性。奥古斯丁不会否认我们可以认识绝对的统一性，也可以认识它在经验中受到限定的实现，但他否认这两种认识都来自经验。然而，阿奎那将抽象活动也纳入经验认识的范畴，这就使得我们没有必要诉诸经验之外的认知来源来解释我们有关统一性的知识。

　　这是一个形式上有效的论证，是对亚里士多德经验论传统的有力捍卫。但它的诸多前提（尤其是命题 2）的可靠性与合理性依赖抽象活动的可能性。因此，这里我们就会遭遇所有抽象理论都必须面对的最大困难：当我们把眼前的这三个杯子和瓶子放在一起的时候，我们如何对它们进行抽象？刚才我是暂且把它们都看作白的东西，也就是将白色作为它们的共同属性来进行抽象，但我们也完全可以把它们作为三个容器来进行抽象。什么决定了我们将它们作为白的事物，还是将它们作为容器来抽象呢？是我们关于白的概念和关于容器的概念。这时候我们不禁要问：我们关于白的概念和容器的概念从何而来呢？阿奎那和他的追随者或许会说：抽象来的。那么，第一次抽象是怎么完成的呢？在我们的心灵没有任何概念的时候，我们是怎样完成最初的抽象去获得原初的概念呢？

这里的困难，我们也可以用美诺悖论的方式来追问：一方面，如果在抽象之前，我们的心灵中已经有了需要通过抽象获得的概念，那我们为什么还要去抽象呢？另一方面，如果在抽象之前我们的心灵完全没有任何概念，我们是依据什么样的标准去决定抽象活动要专注的对象和需要排除的限制性条件呢？

抽象还是光照，我们显然没法给出一个廉价的结论。而关于我们的知识究竟是只来源于经验，还是有着某种更为隐秘的超验来源，也会继续困扰中世纪以后的哲学家。

阅读材料

1. Aquinas, *Summa Theologiae* Ia, q. 1; q. 2. (Klima, 266-271).
2. Aquinas, *Summa Theologiae* Ia, q. 84, a. 5; q. 85, a. 1; q. 86, aa. 1-2. (Klima, 87-97).
3. 《中世纪哲学》，第七章，第 1 节，第 4—7 节。

进一步阅读指南

原始文献

Bobik, Joseph. *Aquinas on Being and Essence*. Notre Dame, IN: Notre Dame University Press,

1965.（不仅包含《存在与本质》译文，详细而深入的评注堪称传统阿奎那形而上学导论佳作）

Thomas Gilby et al. (trans.) *Summa theologiae,* 60 vols, London: Eyre and Spottiswoode, and New York: McGraw-Hill, 1964-73, reissued by Cambridge University Press, 2006.（20 世纪中叶英语世界中世纪哲学研究的里程碑成果，拉英对照，注释详细深入，译文较为自由）

*Jeffrey Hause and Robert Pasnau (eds.), *Aquinas: Basic Works,* Indianapolis: Hackett, 2014.（出色的阿奎那哲学文选，译文主要来自 The Hackett Aquinas 系列丛书，精准可靠，可惜未收录单行本中对初学者极为有用的评注）

Ralph McInerny (trans.), *On the Eternity of the World against Murmurers,* in Thomas Aquinas, *Selected Writings,* Harmondsworth: Penguin, 1998, pp. 711-717.（《论世界的永恒性》的最佳英译文）

Ralph McInerny, *Aquinas against the Averroists: On There Being Only One Intellect,* West Lafayette, Ind.: Purdue University Press, 1993.（《论理智单一性》的最佳英译文，附拉丁原文）

Sanctus Thomas Aquinatis, *Opera Omnia iussu Leonis XIII P. M. Edita,* Romae: Typographia Polyglotta S. C. de Propaganda Fide, 1884-.〔教宗利奥（良）十三世主持的阿奎那著作全集校订本，又称"利奥版"，通常为其拉丁原文首选版本，至今尚未完成〕

St. Thomas Aquinas, *Summa Theologica: Complete English Edition in Five Volumes,* translated by Fathers of the English Dominican Province, New York: Benziger Bros., 1948.（著名的道明会英格兰会省译文，公认的贴近原文的直译，术语的翻译稍显过时，电子版见：https://isidore.co/aquinas/summa/index.html ）

圣多玛斯·阿奎那：《神学大全》，周克勤（总编），台南：碧岳学社，2008 年。

Thomas Aquinas, *A Commentary on Aristotle's* De anima. Translated by Robert Pasnau. New Haven, CT: Yale University Press, 1999.（阿奎那为亚里士多德《论灵魂》所作评注，也是了解其心灵哲学、知识论、哲学心理学的重要著作）

Thomas Aquinas, *Summa contra Gentiles,* translated by Anton Charles Pegis. Notre Dame, IN: University of Notre Dame Press, 1975.（《反异教大全》英译文）

Thomas Aquinas, *The Treatise on Devine Nature:* Summa Theologiae *1a 1-13,* translated, with Introduction and Commentary, by Brian J. Shanley, Indianapolis: Hackett, 2006（The Hackett Aquinas 系列丛书单行本）

Thomas Aquinas, *The Treatise on Human Nature:* Summa Theologiae *1a 75-89,* translated, with Introduction and Commentary, by Robert Pasnau, Indianapolis: Hackett, 2002.（The Hackett Aquinas 系列丛书单行本，评注尤为出彩，可与 Pasnau 的专著互补）

托马斯·阿奎那：《神学大全》第一集，段德智等译，北京：商务印书馆，2013 年。

研究文献

Jan Aertsen, *Medieval Philosophy and the Transcendentals: The Case of Thomas Aquinas,* Leiden, The Netherlands: Brill, 1996.（独树一帜的欧陆传统阿奎那形而上学研究，开创了有关善、一、是、真、美等超验者的哲学史研究）

Jeffrey E. Brower, *Aquinas's Ontology of the Material World: Change, Hylomorphism, and Material Objects,* Oxford: Oxford University Press, 2014.（当代分析哲学视野下的阿奎那形而上学研究佳作，适合进阶读者）

Therese Scarpelli Cory, *Aquinas on Human Self-Knowledge*, Cambridge: Cambridge University Press, 2013.（有关阿奎那自我知识理论的专门研究，对于了解阿奎那心灵哲学和认识论也极有助益）

Brian Davies, *Thomas Aquinas's* Summa Theologiae*: A Guide and Commentary*, New York: Oxford University Press, 2014.（出色的《神学大全》导读，适合初学者）

Brian Davies and Eleonore Stump (eds.), *The Oxford Handbook of Aquinas*, New York: Oxford University Press, 2012.（内容翔实的阿奎那导论文集）

Etienne Gilson, *Thomism: The Philosophy of Thomas Aquinas*, Translated by Laurence K. Schook and Armand Maurer. Toronto: Pontifical Institute of Mediaeval Studies, 2002.（法语世界影响深远的阿奎那哲学研究）

John Haldane (ed.), *Mind, Metaphysics, and Value in the Thomistic and Analytical Traditions.* Notre Dame, IN: University of Notre Dame Press, 2002.（分析的阿奎那研究代表性文集）

*Jeffrey Hause (ed.), *Aquinas's Summa Theologiae: Acritical Guide*, Cambridge: Cambrdige University Press, 2018.（《神学大全》相关哲学论题的相对深入的导论，适合进阶读者）

John Jenkins, *Knowledge and Faith in Thomas Aquinas*, Cambridge: Cambridge University Press, 1997.（阿奎那知识论的专题研究，尤其关注知识概念的澄清）

Anthony Kenny, *The Five Ways: St. Thomas Aquinas' Proofs of God's Existence,* London: Routledge, 1969.（阿奎那五路论证的经典研究）

Anthony Kenny, *Aquinas on Mind.* London: Routledge, 1993.（阿奎那心灵哲学、知识论的开创性研究）

*Anthony Kenny, *Aquinas on Being,* Oxford: Clarendon Press, 2002.（分析哲学视野下阿奎那形而上学的出色导论）

Gaven Kerr, *Aquinas's Way to God: The Proof in* De ente et essentia, New York: Oxford University Press, 2015.（《论存在与本质》中的上帝论证常被忽略，此书是最新的专题研究）

Norman Kretzmann, *The Metaphysics of Theism: Aquinas' Natural Theology in* Summa Contra

Gentiles *I.* Oxford: Clarendon Press, 1997.（分析哲学路向的阿奎那哲学研究经典）

Norman Kretzmann, *The Metaphysics of Theism: Aquinas' Natural Theology in* Summa Contra Gentiles *II.* Oxford: Clarendon Press, 1999.（同上，可惜此三部曲未能最终完成，第三部已完成章节载于 *Medieval Philosophy and Theology* 9 (2000), pp. 91-183）

*Norman Kretzmann and Eleonore Stump (eds.), *The Cambridge Companion to Aquinas*, Cambridge, UK: Cambridge University Press, 1993.（经典的剑桥指南文集，适合初学者）

*Herbert McCabe, *On Aquinas*, London: Continuum, 2008.（短小精悍的阿奎那哲学导论，大家小书的典范，非常适合初学者。本书作者早已完成中译，希望能早日面世）

Ralph McInerny, *Aquinas and Analogy*, Washington, DC: Catholic University of America Press, 1996.（阿奎那用类比概念的经典研究）

Robert Pasnau, *Theories of Cognition in the Later Middle Ages*. New York: Cambridge University Press, 1997.（中世纪认识论经典研究）

*Robert Pasnau, *Thomas Aquinas on Human Nature: A Philosophical Study of* Summa theologiae 1a 75-89.（分析的阿奎那研究经典，深入讨论阿奎那的心灵哲学、哲学心理学、认识论等论题，深入浅出，适合不同层级的读者）

*Pasquale Porro, *Thomas Aquinas: A Historical and Philosophical Profile*, translated by Joseph G. Trabbic & Roger W. Nutt, Washington, D.C.: The Catholic University of America Press, 2016.（编年方式撰写的阿奎那哲学导论，欧陆传统的阿奎那研究佳作）

*Christopher Shields and Robert Pasnau, *The Philosophy of Aquinas*, Second Edition, New York: Oxford University Press, 2016.（最好的阿奎那哲学导论之一，尤其是理论哲学部分）

Eleonore Stump, *Aquinas,* London: Routledge, 2003.（视角独到的阿奎那哲学概论，讨论深入，适合进阶读者）

Jean-Pierre Torrell, *Initiation à saint Thomas d'Aquinas*, Paris: Editions Cerf, 2015. English translation, *Saint Thomas Aquinas*, Volume 1: *The Person and His Work*, Revised edition, by Robert Royal, Washington: Catholic University of America Press, 2005.（阿奎那生平和著作经典历史研究，英译本依据较早版本翻译）

Rik Van Nieuwenhove and Joseph Wawrykow (eds.), *The Theology of Thomas Aquinas*, Notre Dame, IN: University of Notre Dame Press, 2005.（阿奎那神学导论文集）

James A.Weisheipl, *Thomas D'Aquino: His Life, Thought and Work*. Washington, Catholic University of America Press.（阿奎那经典传记，虽然史实考证上不如 Torrell，但可读性极佳）

John Wippel, *The Metaphysical Thought of Thomas Aquinas: From Finite Being to Uncreated Being*. Washington, D.C.: Catholic University of America Press, 2000.（传统阿奎那形而

上学研究佳作）

《斯坦福哲学百科》（*SEP*）词条

Binarium Famosissimum

Cosmological Argument

Divine Illumination

Mental Representation in Medieval Philosophy

Natural Theology and Natural Reason

*Saint Thomas Aquinas

The Medieval Problem of Universals

阿奎那论良知与自然法

　　本讲关注阿奎那的伦理学，焦点是良知和自然法。在这两个论题上，经院盛期的哲学伦理学最大限度地突破了亚里士多德的伦理学框架，将来自其他思想传统的要素整合到新的历史语境中。这种整合，并非简单地沿用亚里士多德和其他古代哲学遗产去处理中世纪的新问题，而是从根本上重建一种新的道德理论体系。阿奎那不仅关心所有前近代伦理学视为核心的幸福和美好生活的话题，还会在幸福主义（eudaimonism）框架中，引入关于人的道德认知和实践如何具有内在约束力的反思。他所展示的，不仅是什么是"善"，而首先是何谓"应当"。从当代规范伦理学的视角回望，阿奎那关于良知和自然法的反思构成了道义论（deontology）伦理学的另一个重要来源。之所以强调"另一个"，是因为我们谈到道义论伦理学的时候，很容易想到以康德为代表的研究进路，而

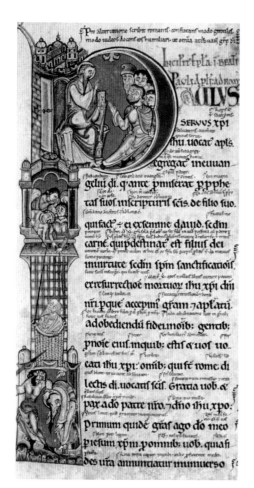

不公正地忽略了阿奎那和其他中世纪哲学家的贡献。

保罗在《罗马人书》中写道："几时，没有法律的外邦人，依着自然本性（naturaliter）行法律上的事，他们虽然没有法律，但自己对自己就是法律。如此证明了法律的功能（opus）已刻在他们的心上，他们的良知也为此作证，因为他们的思想有时在控告，有时在辩护。"（2：14-15）[1]（图 13.1）这段话时常被看作自然法理论的《圣经》依据，它表明作为基本道德法则的律法被刻印在人的自然本性中，而且通过良知这一特殊心灵活动得以表达。自然法理论认为有关对与错的基本真理不仅对所有人适用，而且在一定意义上为所有人通过理性的日常运用所知。"自然法"之所以被称为"法"，是因为它具有和法一样的束缚力，而它之所以"自然"，是因为它植根于我们的存在，在我们的本

图 13.1 《保罗书信注疏》（12 世纪），牛津博德利图书馆。此为《罗马人书》开篇，艺术家借助首字母 P 生动地讲述了保罗的生平：向外邦人传道，借吊篮逃离大马士革，剑下殉道。

性之中。自然法不仅基于自然而存在，同时也基于自然而被认识。[2]

阿奎那的自然法理论也是如此，尤其是作为一种道德理论，它和有关道德认知机制的理论反思密不可分。要准确地理解阿奎那所谈论的自然法的人性根基及其规范性来源，我们就必须回到他对于灵魂及其功能的本体论和哲学心理

---

[1] 此处译文参考阿奎那使用的拉丁译本略有改动。

[2] 恩斯特·佛丁：《自然法》，吴彦译，出自吴彦、杨天江主编《自然法：古今之变》，上海：华东师范大学出版社，2018 年，第 3—10 页，尤其见第 3 页。

学分析中，细致地考察他的道德认知框架是如何构建的，以及它如何揭示出灵魂本性的道德约束力。

一、阿奎那论良心与良知

1. 阿奎那论灵魂的不同官能

上一讲展示了人的灵魂从外感知到理智思考的不同认知能力。这里我们将进一步引入灵魂的其他能力，尤其是欲求能力，对阿奎那的哲学心理学做更系统的介绍。

在阿奎那看来，灵魂的不同官能或能力，它们本身内在于灵魂，因而是不可见的。我们需要通过一个有灵魂（即有生命）的事物的外在活动来对它们进行区分。在这些外在活动的区分中，最重要的是它们所涉及的对象。例如视觉涉及的是事物的颜色，在一定意义上还有形状；听觉则是声音；想象力关系到灵魂内部具有表征功能的心灵图像；对于理性来说，则是普遍必然的概念和判断。对象的差异决定了活动的不同，并且最终促成了对于灵魂内部相关能力的区分。

在亚里士多德传统中，灵魂的不同能力首先被区分为三个不同的层级（表13.1）。最低的是植物灵魂所拥有的能力，如吸收营养、生长和繁殖。其中，吸收营养被看作最为基础的能力。在动物和人所具有的独特能力中，阿奎那延续了一个很重要的区分，它关系到认知能力和欲求能力的差异。它们之间的差别同样首先在于所关涉的对象：认知能力的对象是一个事物的可知形式，既包括动物可以接受的可感形式，也包括只有理性存在者才能把握的可理解形式。[1] 用今天的话说，认知能力可以看作一种获得信息（being in-formed）的能力；欲求能力则有所不同，它使得拥有认知能力的动物可以追求在它看来能带来善和满足之物。快乐和善，因此被看作欲求能力所指向的对象。

---

[1]　阿奎那：《神学大全》1.77.3。

表 13.1

灵魂层级	认知能力 ——————————————▶	欲求能力
理性灵魂	理智 思辨理智　实践理智	意愿 意欲　安享　意向
感性灵魂	内感知 记忆　判断力　想象力　共同感 外感知 视觉　听觉　嗅觉　味觉　触觉	情感 （a）欲望性情感 爱与恨　欲望与厌恶　快乐与悲伤 （b）意气性情感 希望与绝望　无畏与恐惧　愤怒
		位移能力
植物灵魂	繁殖能力	
	生长能力	
	自我营养能力	

比植物灵魂更高的是感性灵魂，它的认知能力包括五种外感知和阿奎那所承认的四种内感知。而它的欲求能力则呈现出动物或人的动物层面对感性善的追求，阿奎那称之为灵魂的感受或情感（passiones animae）。他认为情感包括两个基本类别：一是欲望性（concupiscibilis）情感，二是意气性（irascibilis）情感。我们不难看出这一区分和柏拉图灵魂三分的渊源。阿奎那把理性之外的两个部分都整合到感性欲求能力中。但他仍然坚持认为它们的意向性对象不同：欲望性情感指向的是快乐、痛苦或感性的善恶本身，它关系到节制这一传统美德（图 13.2）；而意气性情感，则涉及获取快乐或逃避痛苦时可能经历的困难，例如绝望就意味着认为自己无法克服相应的困难，以获得所期待的感性快乐或摆脱可能到来的苦难，因此，意气性情感也和勇敢这一传统美德密切相关。[1]《神学大全》第二部的上半部第 22—48 题中深入讨论了 11 种不同大类的情感，这是中世纪最详尽的情感分析，被看作情感哲学史的一个里程碑。

在理性层面，阿奎那同样区分认知能力和欲求能力。理性的欲求能力，又称为"意愿"或"意志"。在理性认知能力中，他沿用了亚里士多德传统的区分，

---

[1]　阿奎那：《神学大全》1.81.2; 2-1.23.1-2。

进一步将其区分为思辨理智和实践理智。它们也关系到不同的美德：思辨理智涉及智慧（sapientia）、知识和理解（即努斯，之前也译作理智直观），以及与基督教传统密切相关的信仰。实践理智首先涉及的则是明智或实践智慧（prudentia）。而理性的欲求能力，根据它是单纯地依附终极目的、指向一般意义的目的、同时指向实现目的的手段，可以进一步区分出安享、意欲和意向。和意愿相关的美德则是正义、爱和希望。[1]

图 13.2　奥尔良的洛朗《恶德与美德之书》抄本（14 世纪晚期），梵蒂冈图书馆。成书于 1279 年，作者是道明会士。"美德花园"这一主题因此书而流行，它将人的灵魂比作需要悉心照料的园地，一棵树象征一种美德，左侧是传统的勇感、正义、节制、明智，右侧则是来自基督教传统的信、望、爱，合称七美德，有时与地表下蠢蠢欲动的七死罪对举。中间的树高出寻常，树冠上绽放的三位一体强调恩典如阳光、微风和甘泉，是美德生长之本。

就本讲内容而言，最为重要的是认知能力和欲求能力之间的关联。在具有认知能力的动物中，它的欲求往往是根据所认知的内容产生的行动倾向，无论是感性的欲求（即情感）还是理性的欲求（即意愿），都是如此，而它们的区分恰恰也在于所依赖的认知能力不同。

这里涉及阿奎那哲学心理学中一个极有争议的法则：欲求能力是一种被动性能力，它天生就适合被所认知的事物推动。[2] 这首先意味着：欲求能力总是预

---

[1]　阿奎那：《神学大全》1.79.11; 1.82.1。

[2]　同上书，1.80.1; 1.82.4。

设了认知能力，或者说预设了认知的内容。这一点似乎不难理解：我们路过烧烤摊时所产生的对烤肉的欲望，很大程度上是由我们的所见所"闻"唤起的。我们看到或者嗅到烤肉是这样一个能解馋解饿，可以带来感性满足的食物，才会产生对它的欲求。同理，我们也是在理性做出烤肉不利于身体健康的判断之后，意愿才会做出决定含泪离去。欲求能力的被动性原则，呈现的是日常实践中常见的现象：欲求不是盲目的，而是根据认知内容指向具体的对象。

但当我们把欲求能力称为"被动能力"，尤其是针对理性欲求或意愿时，就难免产生疑惑：它是不是会限制意愿在不同认知内容中进行选择的能力，从而限定人的自由？它会不会导致一种所谓的认知决定论，即我们只能按照事物向我们所呈现的方式或我们把握事物的方式来欲求呢？这个主张在阿奎那的时代就引起广泛争议。1270 年和 1277 年，巴黎和牛津的主教对当时大学里讲授的哲学和神学内容提出了尖锐批评，认为他们会威胁到基督教的信仰，史称 1270 和 1277 谴责，其中就包含意愿必然由理性认知决定的主张。我们下一讲再做更详细的介绍。[1]

回到当前的讨论，我们暂且悬置有关意愿自由的争议。表 13.1 在认知能力和欲求能力之间添加了一个箭头，意在强调认知能力先于并且可以推动欲求能力，欲求能力的实现总是包含着特定的认知内容，而只要认知内容中包含着与善好相关的断定，它就必然会在欲求活动中有所表达。阿奎那的道德心理学，就是在这样一个认知优先的理论框架下展开的，有关良心和良知的界定也是如此。

2. 中世纪伦理传统中的良心与良知

有关良心和良知的讨论在西方思想传统中并不少见，与之相关的词汇可以追溯到希腊悲剧作家索福克勒斯和欧里庇得斯（图 13.3），苏格拉底心中的精灵也像是良心的化身，而以保罗为代表的《圣经》传统更是深刻地影响了中世纪及之后的良知心理学。不过，阿奎那和他的同时代人关于良心和良知的反思，通常从教父作家哲罗姆（Jerome，约 347—420 年）的一段《圣经》评注开始。哲罗姆比奥古斯丁年长，同列拉丁教会四圣师，以整理和修订《圣经》翻译而著称。他所编定的《圣经》拉丁文译本，被称作"武加大本（Vulgata）"或"通

---

[1] 见本书 14.1。

图 13.3　威廉－阿道夫·布格罗《被复仇女神追逐的俄瑞斯忒斯》油画（1862 年），诺福克克莱斯勒艺术博物馆。俄瑞斯忒斯在弑母之后被复仇女神的幻影纠缠，而真正让他痛苦的正是良心："我知道自己做了可怕的事情。"（〔欧里庇得斯《俄瑞斯忒斯》396 行）

行译本"，长期作为大公教会的官方译本，对后世影响深远。

　　先知以西结曾经见过神奇的异象（visio）（图 13.4），火焰般的云彩中有四个活物，每个都有四张不同的面孔：正面是人，右侧是狮，左侧是牛，背面是鹰。哲罗姆在给这段经文做评注时，专门提到有学者（很可能是奥利金和他的追随者）对这四个动物的形象给出了隐喻式的解释：他们把人、狮、牛解释为灵魂的理性、意气和欲望，分别对应柏拉图区分的灵魂的三个不同部分。不过更为重要的是第四个形象，也就是鹰，它被看作高于或超越了传统灵魂三分的一种灵魂要素：希腊人把它称为 "synteresis（有时也拼作 synderesis）"，被看作 "conscientia 的火花" 在人的心灵中永不熄灭。[1]

---

[1]　哲罗姆：《〈以西结书〉评注》1.7。

图 13.4　里拉的尼古拉《新旧约字义讲》(14 世纪)，曼彻斯特大学图书馆。画家忠实地重构了经文中的细节："它们的外表是这样：都有人的形状。每个有四种形象，每个有四只翅膀。它们的脚是直立的脚，脚掌像牛蹄，发亮像磨光的铜。在它们四面的翅膀下边，都有人手；四个活物各有自己的形象和翅膀。它们的翅膀互相连接，在行走时不必转身，各朝着自己的前面行走。关于它们外表的形象：它们四个的正面都具有人的形象，右边有狮的形象，左边有牛的形象，背面有鹰的形象。它们的翅膀向上伸开，每个用两只翅膀互相连接，用两只翅膀遮蔽身体。"(《以西结书》1：4-10)

这里很可能存在一个中世纪抄工造成的错误。在 12 世纪以前的抄本中，哲罗姆的评注中出现的都是 "syneidesis"。[1] 跟我们之前学的 "eidos" 一样，这个希腊词也和 "看" 有关。"eidesis" 指的是看到的内容，引申为知识，与拉丁语的 "scientia" 对应。而 "syn-" 这个希腊语前缀则等价于拉丁语的 "con-"。因此，希腊语的 "syneidesis" 和拉丁语 "conscientia" 在构词法上完全一样，都是用来表达与道德缺陷密切相关的自我知识，至少字面上并没有区别。例如安提戈涅或美狄亚这样的悲剧人物，她们会为自己的道德过失感到不安、羞愧，甚至内疚。这样一种自我道德评判，它面向自己过去或未来的过失，被称作 "syneidesis"。当良心或良知发生作用时，一个人就会化身审视者，来考察自己过去或未来行动的道德性质（图 13.5）。他自我分裂成了审视者和被审视者，仿佛 "和自己" 一起来

[1]　Douglas Kries, "Origen, Plato, and Conscience (*Synderesis*) in Jerome's Ezekiel Commentary," *Traditio* 57 (2002): 67-83, at 67-68, n. 4.

观看自己的道德行动。因此，这一道德自我知识的标准表述通常会有"syn-"或者"con-"这样的一个词根，来表达"一起"或"共同"的含义。然而，在 12 世纪以后的抄本中，它就被误植为"synteresis"或"synderesis"，这是一个此前并不存在的词汇。

无论是否出自抄工的失误，因为这段评注，在经院哲学传统中，"synderesis"被看作一个不同于"conscientia"的事物。为了方便讨论，我将拉丁文中的"synderesis"翻译成"良心"，"conscientia"则译为"良知"。而在涉及当代有关"conscience"或"moral conscience"的讨论中，我会把它统一翻译成"良知"，但并不预设"良知"和"良心"的当代用法有实质性区别。当代谈到良心或良知时，通常强调它是一种道德自觉。而在我们自

图 13.5 科西莫·图拉《圣哲罗姆》油画（1470 年），伦敦国家美术馆。哲罗姆曾在沙漠中苦修，过着清贫和自我否弃的生活，常常以痛悔者的形象出现，以严厉的姿态审视自己的道德生活："无论我在哪里发现深谷或崎岖的山坡或悬崖，我都会将它作为祈祷和折磨我不幸的肉体的场所。"（《书信集》22）哲罗姆捶胸痛悔，胸口血迹斑斑，猩红的枢机主教帽和他的著作散落一旁，右上角的猫头鹰可能象征罪恶。

己的思想传统中，如孟子和王阳明的相关讨论中，良知有时会跟某种道德情感如羞恶之心联系在一起，有时会同某些先天判断联系在一起。在进入哲罗姆开启的中世纪良心与良知哲学之前，我们需要小心这些先入之见可能的误导。

哲罗姆的注解内容暗示了良心和良知的区别，他说良心是"良知的火花"。这里的"火花"突出了良心之为良知的开端。哲罗姆强调，良知的火花甚至在

该隐的胸中都不会熄灭——该隐是《创世纪》中的人物，出于嫉妒，他在田里干活时击杀了兄弟亚伯（4：1-16）。这是被逐出伊甸园以后，人在这片土地上犯下的第一桩罪行；在基督教的传统里，它被认为是本罪（personal sin）的来源。这就意味着所谓良心，即使在人类堕落被逐出伊甸园后仍然存在。

通过良心，人们得以辨识出自己犯了罪，意识到自己被快乐或疯狂所征服，同时被理性（对上帝）的模仿所误导。解经家们因此把良心等同于鹰所隐喻的对象：它和灵魂的其他三个部分或能力不相混淆，而且可以纠正它们的错误。然而，与良心有所不同，在有些人的内心活动中，良知会被扔在一边。也就是说，良知明明告诉行动者某件事情是错的，他仍然会违背自己的良知行事。哲罗姆认为这些人既没有羞耻心，也不能洞察他们所造成的过失，这时良知就失去了它应有的功能。[1]

哲罗姆的评述暗示了良心和良知至少存在如下区别：一是良心被看作良知的根源，不管它们各自具体指什么；二是良心似乎总是存在，一个人只要是人，他就有良心这一能力或品质去审视自己的思想和行为。有些人会丧失良知，但是良心却不会完全泯灭。12世纪以后，特别是1240年以后，经院学者们普遍接受良心和良知的区分，并进一步会认为良心永不会犯错，而良知则有可能造成错误。不过，究竟是什么样的心理机制造成了良心和良知的区分，经院哲学家们各有各的说法，这一分歧集中地体现了中世纪道德心理学的多元性和理论反思的深刻性。

3. 阿奎那论良心、良知与实践三段论

在谈到良心和良知的区别时，13世纪中叶的方济会哲学家和道明会的哲学家有一个很重要的差异。

方济会哲学家如波拿文都拉（Bonaventura，1221—1274年）（图13.6）认为良知是认知能力或认知判断，涉及的是对行动道德善恶的断定，与此同时这个断定是可错的。与之相反，良心不仅涉及认知判断，而且揭示了最基本的道德动机，所以它属于意愿，而不属于认知理性。良心作为一种欲求能力或品质，

---

[1]　哲罗姆：《〈以西结书〉评注》1.7。

它现实地朝向我们认为善的东西，并且永远不会犯错。

大阿尔伯特和阿奎那这样的道明会哲学家则不同。他们坚持认为，无论良心还是良知，都只和我们的道德认知相关，只涉及道德判断，而与道德动机没有直接关系。

在阿奎那看来，良心是实践理智先

图 13.6　波拿文都拉《阿西西的方济生平与传奇》抄本（1504 年），大英图书馆。阿奎那前来拜访正在写作中的波拿文都拉，后者则专注于突然向他显现的圣方济，对他的同行视而不见。

天具有的内在品质，它确认道德行动需要遵循的最普遍法则。为了更好地理解这一点，我们需要回到亚里士多德对思辨理智的结构分析。亚里士多德在谈到思辨理智时，曾经提到"理智直观（nous）"这样一种品质，它使我们能立刻理解思辨理智所需要的最一般的法则，例如无矛盾律，或整体大于部分这样的主张。当然，这并不是说每个人生来就现实地知道这些基本法则，而是强调一个人只要正确地理解了这些法则的含义就没法否认它们必然成立。在阿奎那看来，我们之所以不得不接受这样的结论，是因为思辨理智所具有的内在品质或者说我们的理性认知结构使我们不得不如此。需要强调的是，思辨理智所直观到的第一法则，通常是一些分析性的判断，其中谓词所表达的概念、它的定义已经包含在主词所表达的概念定义中。

阿奎那认为理性在实践领域也以理智直观的方式去认识该领域的第一法则，这是亚里士多德自己并没有提到的。在阿奎那看来，我们的实践领域也存在这样一些论断，只要我们理解它们的含义，就不得不接受它们的有效性。例如"善是应当去做和追求的，恶是应当避免的"（即所谓"行善避恶"）。类似的法则甚至还包括一些具有基督教背景的表达式，如"上帝的命令应当得到服从"[1]。当然，这个命题的成立预设了上帝的命令始终是善的，而善的命令则是应当服从的，因为它会带来我们应当去做和去追求的结果。因此，只要我们正确地理解了上帝的命令和善的内在关联，就会像接受"行善避恶"一样接受"上帝的命令应当得到服从"。

在阿奎那看来，良知是良心这种品质道德实践中运用的结果。它从"行善避恶"或"服从上帝的命令"这些最一般性的第一法则，推导出更具体的、特殊的、实质性的道德判断，例如"不能杀死这个人""不能偷人的财物""不能和眼前这个人发生不合法的性关系"等。良知在道德实践中的作用，就是帮助我们完成相关的道德推理。而道德推理的实现过程，也非常接近思辨理智从对概念的直观到获得事物的实质性知识的过程，它需要借助三段论的推理。不过，实践三段论只是类似三段论的推理。阿奎那在早年的《〈箴言集〉评注》中给出了这样一个例子，来解释良心和良知之间的区别和联系。

> 例如，良心会向我们建议：（1）"所有的恶都应当避免"。而高级理性则会补充：（2a）"通奸是一种恶，因为它是上帝的律法所禁止的"；或者低级理性会补充：（2b）"通奸是一种恶，是因为它是不正义的或让人羞耻的"。而（3）"这个通奸〔行为〕应当避免"，这个结论则属于良知……而它之所以被称为良知（conscientia）——"相关他者的知识（cum alio scientia）"——，是因为一般性的知识被应用到了个别事物上。[2]

在这段文本中，良心提供的是道德推理的大前提，即命题（1）所有的恶都应当避免。阿奎那进一步引入奥古斯丁关于高级理性和低级理性的区分：高级理性让我们了解上帝和神圣的、永恒的事物，低级理性则指向尘世中的事物及其法则。这两种不同的理性认知能力提供不同的小前提。高级理性依据来自神圣启示的宗教律法，通过（2a）揭示通奸之所以为恶的理由来自上帝的禁令。但阿奎那坚持认为，低级理性完全可以通过（2b）提供通奸之为恶的世俗理由，而且是两个独立的道德理由：通奸是不正义的事，因为它损害了他人的善或共同体作为整体的善；通奸是让人羞耻的，这是强调其他共同体成员对此类事件的道德

[1] 阿奎那：《〈箴言集〉评注》2.24.2.3；《论真》16.1 ad 9。

[2] 同上书，2.24.2.4。

反应（图13.7）。（2a）和（2b）构成了良心的实践推理小前提，但在逻辑推导中它们是等价的，它们的差异仅仅在于有不同的认知来源。

这里的结论看起来显而易见：既然通奸是一种应当避免的恶，眼前的这个通奸行为自然也不例外。不过，从结论（3）去反观小前提，我们会发现，无论（2a）还是（2b），其中有一部分内容在道德

图13.7　普瓦捷的加西安《骑士特里斯坦与王后伊索尔德传奇》抄本（15世纪），尚蒂伊孔代博物馆。这是中世纪最广为传颂的通奸故事：特里斯坦与伊索尔德因种种机缘深陷爱河，但伊索尔德最终嫁给了国王马克，特里斯坦也娶了另一位伊索尔德。图中是他们因爱而死的场景，绘者埃夫拉尔让马克作为旁观者出场，并用马克和伊索尔德的皇冠和服饰强调他们仍然存续的婚姻关系。

推理中似乎是冗余的。因为要推出这个结论，我们似乎只需要"通奸是一种恶"这样一个前提。至于通奸基于什么样的原因是恶并不重要，这也是为什么（2a）和（2b）在逻辑上是等价的原因。但如果我们再细心一点，还会发现从（1）和（2a）或者（1）和（2b）并不能直接推出（3），而是（3'）"通奸行为应当被避免"。因为（2a）和（2b）所涉及的是对通奸这一类（type）行为的断定，而结论（3）则涉及对一个具体的行为个例（token）的断定。当然，我们不难从（3'）推出（3），不过这里所涉及的行为类型和行为个例的区分对于实践推理和行动哲学非常关键，需要留意。

阿奎那断言只有结论（3）才真正属于良知。也就是说，良知实际上是我们从良心所认识的大前提（"所有的恶都应当被避免"），然后再结合实践理性所提供的小前提（"通奸是恶"），甚至更具体的小前提（"这个行动是通奸""这个通奸是恶"）才得出的具体结论。

对阿奎那来说，良知既不是道德直觉，也不是同行为动机紧密结合的道德情感。良知是实践理智认知推理过程的结论。当然，在引申的意义上，良知也可以指推理过程本身。因为良知作为结论，它所给出的判断，并不是简单的、毫无理由的断言，而是根据行动者所接受的一整套道德法则（比如说所有的恶应当避免、通奸是被上帝禁止的恶等）得出的结论。这是阿奎那的良知和当代谈论的道德直觉的一个重要区别：良知不是不加反思的直觉判断，恰恰相反，它是通过推理过程得出来的结论。

与此同时，我们不难注意到良知给出的判断，和思辨理性做出的"三角形内角和是180度"的判断，存在一个重要区别，它来自良知和道德行动的关联。思辨理性如果犯了错，例如在判断"三角形内角和是180度"之后，却在相关证明时有意地违背这个判断，这虽然听起来很蠢，但我们并不会受到道德上的谴责，也不会为之感到道德上的不安："我们的良心不会痛。"与此相反，当良知做出了一个判断——且不论这个判断是否错误——此时再违背良知，我们的良心或良知就会痛，让我们意识到自己犯了一个道德错误（图13.8）。

这里会有两种情形：（1）当良知得出正确结论时，违背良知的道德判断当然要受到道德谴责。当你的良知认为发生婚外性行为是错误时，你还公然违背它，这显然是一个道德错误。

图 13.8 朝圣者詹姆斯《全善之书》（约 1375 年），大英图书馆。此书是最早按字母编排的百科全书，本图为良知（conscientia）的首字母C，直截了当地呈现良知的谴责：良知作为一种道德判断，它不仅会断定一个行为是否正当，而且会在行动者有可能违背其判断时站出来控诉和谴责其行为不当，让行动者意识到自己的道德错误，并为之不安、内疚甚至痛苦。

（2）然而，当良知犯错时，结论就不那么明显了，因为此时违背良知的判断，尽管行动者会有不安，但负负得正，他的外在行动至少在后果上看起来是合乎道德的。例如一个人误以为他的情人已经结婚，并且良知做出判断认为与已婚者通奸是不义的，但仍然受激情蛊惑不顾良知的判断，继续与之恋爱。此时，这个行动者只是在同一个事实上与未婚的人士正常恋爱，这至少看起来是一个道德上中立甚至正确的行为，但他的作为在道德上真的无可指摘吗？稍后，我们将结合哈克贝利·费恩和吉姆的经典案例来分析违背错误的良知判断本身是否构成道德错误。不过，以上分析足以提醒我们，良知判断和思辨理智的判断之间存在重要的差异：良知的判断不仅（a）指向行动的动机，而且（b）使得我们的行动要承担相应的道德后果。因此，我们认为它是一种具有道德约束力的判断。

4. 阿奎那论错误良知的束缚力

在阿奎那看来，即使良知做出的是一个事实上错误的判断，违背良知的判断也是道德错误。如此强大的道德约束力究竟从何而来呢？

在基督教传统中，悔罪或认罪（confessio）是至为重要的宗教实践：信徒需要通过神职人员向上帝坦承他的罪过。如图13.9所示，悔罪如同"精神呕吐"：一个人需要把自己的良知吐出来，把良知对自己的道德行动正当与否的判断呈现在神的面前。悔罪、赦罪、补

图13.9　朝圣者詹姆斯《全善之书》（约1375年），大英图书馆。此为饕餮罪（Gula）的首字母 G，展示一个因贪食而需采用催吐疗法的人。奥弗涅的威廉（1190－1249年）将呕吐与出于良知的忏悔相比较："呕吐是通过口舌排空腹腔……同样，心的腹腔或良知，也借助口舌，通过向神父承认或揭示自己的恶德或罪愆来排空它们。"（《著作集》1：487aB-D）

赎等一系列宗教实践，都跟一个人的良知判断紧密地结合在一起，它非常形象地展示出良知的苦涩和强大的束缚力（ligatio）。

拉丁文的"ligatio"一词，本指"捆绑""绳索"。阿奎那认为在谈到良知的效力时，它比喻的是某种**必然性**，即我们多次提到过的条件必然性。它可以表达为这样一个形式化的命题：

（4）必然地，如果一个行动者 S 不做某个具体的事情 x，那么该行动者 S 就不会得到相应的奖励。[1]

显然，这是一个基于行动的目的和手段而刻画的必然性。

阿奎那立刻强调，此种条件必然性可以和意愿的自由相容。因为无论我们怎样辩护意愿的自由，都很难认为一个自由的、自愿的行动不是有目的的行动。与之相反，那些无目的的、条件反射式的行为，尽管出于我们自身，并非外力强迫，它们通常不会被看作自愿行动。如果我们承认意愿行动包含这种目的性结构的话，当然也可以承认它会自愿地采取某种具体的手段。因此，当我们意愿某目的时，如果某个手段是达成它的唯一途径，我们的意愿也会接受这种必然性，即在意愿目的的同时意愿该手段。阿奎那在这里进一步把良知的束缚力和意愿的两种活动结合起来，给出了另一个表述：

（5）如果行动者 S 应当获得善 [也就是命题（4）所说的奖励]，他就必然选择 x。[2]

选择当然是出于意愿的行动：意愿基于理性谋划和考量所作出的决定，就是选择；在阿奎那的道德心理学中，它实际上就是指向手段的意愿。

由此可见，良知的判断要产生束缚力，就必须和意愿联系在一起。我们在分析阿奎那哲学心理学的一般原则时已经指出，意愿作为一种欲求能力是被理智这一认知能力推动的。而在实践中，意愿首先是被实践理智推动的。如果实践理智采取了三段论推导的方式，那么意愿就会被三段论的结论（良知）所推

---

[1] 阿奎那：《论真》17.3。

[2] 同上。

图 13.10　《疯女胡安娜的时祷书》(1486—1506 年)，大英图书馆。左为亚当夏娃受诱惑而产生道德自觉的原罪故事，右侧鲜花环绕的砖墙上挂着一面铜镜，暗喻良知如镜，鉴出行动者的本来面目。此为该书第二部分"良知镜鉴"的开篇，接下来依次讨论十诫、七死罪、信经、五感、仁慈七善功、神学美德、四枢德、圣灵七恩典等道德神学内容，皆以良知为本。

动。所以阿奎那有这样一个断言：意愿只能够被知识束缚[1]（图 13.10）。就像我们常说，意愿如果不是纯粹盲目的，它就要依赖我们的认知。

　　但是，理性认知所产生的这种束缚以什么样的方式实现呢？它看起来是在心理层面上实现的：当良知已经得出一个确定的结论，我们的意愿在心理上就不可能产生违背良知的欲求。但是，"昧着良心或良知做事"这种现象的存在，或许会让我们否认这种必然性是**心理的必然性**。我在其他地方详细论证了，良知所产生的束缚并非心理的必然性，而是一种**道德的束缚**：良知判断的内容规定了意愿的正当性，也就是说，被良知判断为正确的事情，如果意愿不去做它或者违背它，这样的意愿就不是道德上正当的意愿。[2] 在此基础上，我们再来看刚才所触及的困难：良知的错误判断是否仍然具有道德束缚力？

---

[1]　阿奎那：《论真》17.3。

[2]　Tianyue Wu, "Aquinas on Wrong Judgments of Conscience," *Res Philosophica* 99, 3 (2022), pp. 1-22.

阿奎那实际上给出了两个不同的理由，来解释为什么良知的错误判断仍然具有道德束缚力。

第一个理由涉及道德行动主体自身的整全性，其中很关键的一点是行动者的道德动机和道德判断之间的一致性。第二个理由并不涉及道德主体的某种主观条件，而是关系到道德判断内容自身所具有的约束力或规范性要求。行动者的道德判断来自一个人所接受的最根本的、最一般性的道德法则，是从它们推导出来的结论，违背它们也就是违背那些最一般的道德法则本身，而这些道德法则具有独立于道德主体的客观束缚力。这看起来似乎是两种不同的路径，因此对阿奎那的良知学说也往往会有两种不同的解释，它们之间的争议无须展开。重要的是，阿奎那如何阐释道德主体的整全性是一种我们必须要在道德实践中维护的善，以及道德判断的内容如何具有超越道德主体的客观效力。

（1）首先看道德主体的整全性。之前已经提到，一个理性的道德行动者基于灵魂的两种不同能力来决定其行动路线：实践理智的认知能力和意愿的欲求能力。道德行动实际上是两者协作的结果。阿奎那因此认为，理智和意愿在个体心理中的和谐本身，是一种我们必须要去维护的道德意义上的善。

阿奎那给出的论证如下：一个与在先的良知判断相违背的意愿，它的出现本身就是一种应当避免的心理不和谐。因为意愿的善恶，都取决于它的对象。但当我们进行意愿时，我们首先意愿的，并不是完全独立于心灵的外在世界的对象。比方说，当我决定喝眼前这杯茶来解渴时，我先根据理性认识做出一个判断：这杯茶可以缓解我现在的饥渴。而我所意愿的对象，实际上首先是理性判断向我表征出来的对象，只不过它会指向我们心灵之外的对象。当然，只有现实地获得心灵之外的对象，我才能解渴。望梅不能真正止渴，我不能单纯凭借判断或表征来解渴。

然而，如果一个道德主体把某个行动表征为善，却又不去做它，这在阿奎那看来，实际上就意味着该道德主体处于一种心理失调甚至分裂的状态。这里的关键仍然是阿奎那的道德心理学中最有争议的原则：欲求能力作为一种被动能力，自然地适合被认知能力推动。因此，当意愿不能被良知推动，道德行动和道德判断相互抵牾时，道德主体的自然和谐，即道德判断和道德动机之间的自然和谐就被打破了。[1]

　　阿奎那的回答不是要否认会出现这种和谐被打破的现象，例如我们一再提到的不自制现象。但是，人们很难否认不自制是一种心理不和谐的状态，是一种美德的追寻者必须改变的状态。因此，如果有意违背自己错误良知的判断与不自制现象相似的话，我们也有相似的道德理由去摆脱这种状态。[2]

　　（2）以上只是良知束缚力的主观维度。阿奎那同时会强调的是，良知判断并不是没有任何根据的臆断，而是基于某种类似实践三段论的推理所得出的结论。所以，良知的束缚力并不仅仅来自判断本身，而首先来自它的前提，尤其是大前提。大前提所涉及的是最一般性的道德法则，例如行善避恶、上帝的命令应当遵从、人应当理性地生活等。阿奎那进一步指出：如果我们只有通过作为结论的良知，才能对良心所把握的一般性判断有实质性理解，那么，良知作为结论，它所展示的束缚力就和良心的束缚力是一样的，因为良知是通达良心判断，使良心判断实质化的唯一途径。阿奎那打了个比方，有一个王国，大家从没见过国王。国王确实存在，只是他的命令只能通过大臣来传达。此时，违背大臣的命令，实际上就是在违背国王的命令。大臣可能会故意假传命令，或无意中误传命令。但在这个情境下，违背大臣的错误命令，仍然不会改变这种反抗或悖逆是一种蔑视君主权威的行为。[3]

　　这当然只是个比喻，大家不必将对君主专制的反感代入进来。它意在帮助我们理解良心如何在道德判断中发挥作用。良心所涉及的是最具权威性的一般道德法则。在道德实践中，它是一个人所接受的最重要的道德承诺。如果我们对由这些道德承诺得出的结论不屑一顾，这实际上就是在违背我们最有体系性的道德承诺本身。所以，错误良知具有束缚力的另一个理由是，良知的判断所预设的道德承诺的实质内容客观地约束着我们的道德行动。

　　不管哪个理由，阿奎那的解释看起来都会导致一个让人尴尬的后果：当良知做出错误判断时，我们就会处于两难境地：听从良知的错误判断，因为它是

---

[1]　阿奎那·《〈箴言集〉评注》2.39.3.3；《神学大全》2-1.19.5。

[2]　严格来说，违背自己的良知和不自制的现象并不是一回事，参见 Wu, "Aquinas on Wrong Judgments of Conscience"。这里只是突出两者都包含着需要得到疗治的心灵冲突。

[3]　阿奎那：《〈箴言集〉评注》2.39.3.3 ad 3。

错的，这必然导致道德上可谴责的后果；而不听良知的判断，这本身也是道德错误，因为违背良知是一种心理不和谐，是在蔑视良心良知本身具有的道德权威，蔑视一个人所接受的基本道德价值。

学者们常常引用马克·吐温的《哈克贝利·费恩历险记》来描述上述道德困境。小说的背景设定在南北战争之前，男孩哈克生活在南方，他的良心自然地认为当时的蓄奴法是正当的，并因此做出错误的判断，认为奴隶是其主人的私有财产。黑人奴隶吉姆偶然听说他的主人华森小姐要将他卖给更加凶残的奴隶主，就逃了出来。而哈克为了逃避虐待他的酒鬼父亲，也踏上了流浪的旅途。哈克在面对同病相怜的黑奴吉姆时有些犹豫：听从良知的判断，他就不该帮助逃奴，而应把他的朋友吉姆作为华森小姐的私产交出去；但是患难见真情，他们之间的友情或某种天生的道德直觉，却告诉他应该保护自己的朋友。此时，按照阿奎那的说法，哈克就陷入了某种道德两难困境，无论如何选都会招致道德上不可接受的后果。

当然，哈克最终出于友情违背了良知的判断（图 13.11）。我们对这件事的判断或许和阿奎那有所不同，倾向于认为哈克的判断是错的，但他做的事情却是对的。或者我们会像马克·吐温那样说，在道德紧急状况下，"一颗健全的心（a

图 13.11　E. W. 肯布尔，《吉姆和哈克倒头就睡》，出自 Mark Twain, *The Adventures of Huckleberry Finn*, London: Chatto & Windus, 1884。

586

古代中世纪哲学十五讲（下）

sound heart）比一个训练有误的良知更安全"[1]。但是我想阿奎那的主张至少有一点值得我们考虑。他或许会问马克·吐温："什么是'一颗健全的心'？一个不按自己道德判断行事的人，他真的有一颗健全的心吗？"

此外，阿奎那会指出，哈克所面临的道德困境，并不是一个严格意义上的道德两难处境。哈克之所以会陷入这样的处境，是因为他有一个错误的良知判断。或许我们会认为，让哈克超越自己所处的那个时代有点强人所难。但如果我们或哈克本人接受阿奎那的理论的话，就会意识到良知的判断和道德动机之间的冲突本身就是道德缺陷，也就会反思这当中究竟哪一个有错，这才有可能重新思考我们所接受的道德价值是不是内在融贯的，而不是像马克·吐温所说的那样，只听从我们的内心，听从某种道德情感、直觉，某种不需要经过实践理性反思的动机性力量。因为那样的话，或许我们的外在行为的后果是善的，但就此错失了一个难得的、重新改善自己道德价值体系的机会。而良知的判断所依托的基本道德法则正是阿奎那所说的自然法（图13.12）。

图 13.12　博洛尼亚的尼科洛（绘）《首字母 F（阿奎那授课）》细密画散页（约 1370—1380 年），剑桥菲茨威廉博物馆。阿奎那的听众中，不仅有两位同修会的黑衣弟兄，一位主教和两名学者，还有一位红袍法学博士。这幅散页出自一首献给托马斯的应答咏："蒙福的（Felix）托马斯，教会博士，世界之光，意大利的光荣！"

[1]　Mark Twain, *Notebook No. 35*, 1895, Typescript, p. 35. (Mark Twain Papers. Bancroft Library, University of California, Berkeley)，引自 https://en.wikipedia.org/wiki/Adventures_of_Huckleberry_Finn, retrieved on 8 February 2023。

二、阿奎那论法与自然法

1. 自然法与自然权利：自然法的古今之分？

自然法是一个应用极广的标签，可以指一种伦理学理论、政治学理论、司法理论甚至是一种宗教道德实践。即便将我们讨论的自然法限定在伦理领域，它的应用还是过于宽泛，以至于可以把一些看起来差异巨大的哲学家都纳入自然法理论家的范畴，例如斯多亚派、阿奎那、邓·司各托、奥康，近代的霍布斯、洛克等等。

有的哲学史家认为这里要区分自然法和自然权利，他们往往会提到霍布斯在《利维坦》中对两个与自然法相关的拉丁术语的著名区分。一是"lex naturalis"，它大致可以翻译成"自然法则"，指理性所发现的某种规条或一般性法则。因为它，人们被禁止去做那些会毁坏他自然生命的事情。我们之前所讲的行善避恶的法条，在这里同一个人的生命首先联系起来。"lex naturalis"因此主要通过禁令性的方式来实现。另一个拉丁短语是"ius naturale"，大致可以译为"自然权利"，指每个人都拥有的一种自由权利或内在价值，使得他能够按自己所意愿的方式运用自己的能力，来实现自然本性的保存。[1]

非常粗略地看，霍布斯的区分体现了古典自然法理论和近代自然法理论之间的一个断裂：古人更强调自然法则，强调自然法对人们行动直接的、客观的道德约束；而近代以来的自然法理论则更注重于辩护和捍卫人作为行动主体自我保存的权利和自由。

本讲无力考察这样一个宏大的历史叙事，只提一些事实性证据帮助我们进入这段错综复杂的概念史。

首先，从词源学的角度来看，"ius"（图13.13）在古代和中世纪的含义非常宽泛，可以指正确、正当、应当，被广泛地用来描述与人的行动相关的规范性要求，尤其是和公平、正义联系在一起。它可以指：（a）一个非常抽象的概念，或一个事物的一般性状态，亦即某种"正当秩序"；（b）法律规条构成的法典，

---

[1] 霍布斯：《利维坦》1.14。

包括民法或者是万民法（ius civile, ius gentium）；（c）上述法典中一个非常具体的法条；（d）罗马法所确保的一个自由人的法律权利，尤其是他所拥有的相对于他人的法律权利，以及该权利在司法中的应用。例如，它保证了自由人不因为失去财产而被奴役。由此可见，从词源的角度看，古人并未对人的权利视而不见。此外，经院哲学家在论及自然法时，经常将"ius naturale"和"lex naturalis"换用，阿奎那也是如此。[1]

除了得不到词源学证据的支持之外，这种认为自然法和自然权利的差异导致了近代和中世纪的断裂的历史描述，实际上忽视了中世纪自然法理论内部的丰富性。

首先，中世纪既有理性主义的也有唯意愿论的自然法理论家。前者认为自然法是凭借自然理性就可以发现并理解其约束力的道德法则。而像司各托这样强调意愿作用的哲学家，则认为单凭自然理性并不能发现自然法的规范性要求，还需要来自主权者的意愿作为法律约束力的来源。尽管这里的主权者首先指的是上帝，但唯意愿论者的这种想法，已经很接近近代的主权者理论。

图 13.13　朝圣者詹姆斯《全善之书》（约 1375 年），大英图书馆。此为"Ius（正当、正义、法典、法条、权利等）"的首字母"I"，用天平来突出它与分配正义的紧密关联以及它的规范性含义。詹姆斯引述伊西多尔的说法，认为所有的 lex 都是 ius，但反之则不然，因为 ius 还包括人们的习俗礼法（mos）。

---

[1]　Pasnau (ed.), *The Cambridge History of Medieval Philosophy*, p. 568.

其次，中世纪实在论和唯名论的差异也体现在各自的自然法理论上。这里的实在论指道德实在论。像阿奎那这样的道德实在论者，致力于辩护我们的道德实践有对错之分，可以通过描述的方式来加以界定。而唯名论者则不以为然，他们认为道德行动或者与法律相关的事件，本身并没有内在的道德价值。自然法所具有的规范性要求，要么来自约定俗成，要么来自上帝的意愿。

因此，自然法和自然权利的概念区分或许有用，但我们务必小心，不要认为古代中世纪的经典自然法理论就不谈自然权利。

2. 经院哲学盛期自然法思想的来源

要更好地理解经院哲学盛期自然法理论的丰富性，就有必要了解其复杂的思想来源。

（1）首先是希腊罗马哲学，尤其是自然目的论学说。（a）在亚里士多德那里，自然并不是一个静止的、独立于我们心灵的外在世界，而是始终处于运动变化的过程中。它尤其指的是同一类自然物所共有的内在本性。自然本性规定着一类自然物不同个体的基本属性，使得个体的行动在正常条件下朝向自然本性的实现。亚里士多德功能论证的一个重要预设是，自然本性作为目的约束着个体的行动。这里所谓约束，指的是自然本性的规范性要求，它规定了哪些行动是善和正当的，哪些是恶和不义的。（b）另外要提到斯多亚派的自然哲学。与亚里士多德不同，他们所理解的自然首先指的是所有自然物的总和，或作为整体的宇宙自身。但他们同样强调自然整体的内在目的，而这一目的或自然的内在秩序，也规定了人的道德秩序。斯多亚派的伦理理想即与自然相协调一致。这里要特别提到西塞罗，他的著作在拉丁世界仍被广泛阅读。他的哲学主张在一定意义上是调和主义的，接受了斯多亚在内的不同哲学流派的影响。西塞罗认为法所具有的约束性来自人的自然本性。因为法自身包含着一种合理性，即行动的合理性，而它内在于人的本性中，人应当根据法来指导自己的行动。[1]

（2）哲学之外，古代法律尤其是罗马人的法律也是自然法理论的重要思想

[1] 西塞罗：《论法律》1.5.17。

资源。不过，随着西罗马帝国的灭亡，罗马法的影响很长一段时间不为西方世界所知。直到 1135 年，人们重新发现查士丁尼的法典，罗马法才重返中世纪思想家的视野。其中值得一提的是法学家乌尔比安（Ulpian，殁于 228 年）的如下主张：自然法就是自然教会所有动物的东西，并不限于人类。动物为了种群的自我保存而结合、繁衍和养育后代等活动，均来源于此。[1]

（3）基督教思想传统自然不容忽视，尤其是古代晚期和中世纪早期哲学家重新整合伦理学传统的努力。要特别提到两位重要人物：奥古斯丁和塞尔维亚的伊西多尔。

（a）奥古斯丁强调，自然并非自然地给定的存在物。在基督教世界图景中，它是作为受造物出现的，而神圣的创造本身是善的，所以自然本性就其作为受造物而言，它所呈现的是一个事物原初的、没有受到玷污的本性。当然，奥古斯丁在谈到人的本性时，认为我们需要区分两种本性：一是在伊甸园中最初受造的本性，一是我们在这个世界出生时所具有的本性；一在堕落之前，一在堕落之后，将它们区分开的是人的原罪。但奥古斯丁认为，即使在人类堕落之后，当自然指的是原初的、本真的本性时，它本身就是善的，而恶则会败坏自然。因此，自然作为受造物，它具有内在价值和规范性的力量。[2]

（b）伊西多尔最为人所知的是他的《辞源》。它不仅是一部词源学著作，而且是一部古代的文化百科全书，对于中世纪的思想家了解古代思想资源至为重要。伊西多尔区分了"ius"和"lex"，也就是后世强行拆分的"权利"和"法"。伊西多尔认为，"ius"是一个更宽泛的概念，涵盖所有具有正当性的行为规范："lex"是它的一个子集，"mos"则是另一个子集。它们之间的区别在于："lex"通常要以书面的形式予以颁布，便于人们阅读（legere），类似于成文法，而与之相对的"mos"则是不成文法，例如人们广泛接受的道德规范。此外，在"lex"之中，伊西多尔还区分了神法和人法。但他认为神法基于不变的自然本性，而人法则基于因时因地制宜的习俗。与此同时，伊西多尔将自然法或自然权利（ius naturale）单列，强调它不同于民法和万民法，是所有民族共有的，因

---

[1]　查士丁尼：《学说汇纂》1.1.3。

[2]　奥古斯丁：《忏悔录》7.12.18。

为它起源于人们的自然本能，具有普遍特征，而不来自任何人群设定的政治体系。自然法的内容包括男女的结合、生育和教育子女、对一切事物的共同占有、共享同一的自由、归还委托的财物等等。因此，就自然法起源于自然本性而言，它属于神法的范畴。[1] 伊西多尔在强调自然法的神圣起源的同时，也使它具有了更明确的普遍特征。

（4）最后要提到的是教会法传统，这是罗马法之外的法律传统。基督教会也是社会组织，包含着各种建制，所牵扯的社会关系也需要得到制约和引导，以规范教徒们在教会组织内的行为，因此产生教会内部的立法和司法需求。12世纪中叶，教会积累了大量的教规、教令，教会法实践者（canon lawyers）开始尝试系统地整理这些材料。其中最重要的是格兰西的《教会法汇要》（*Decretum Gratiani*）（图 13.14）。格兰西将自然法界定为"那些包含在法律和福音中的规定，它们要求每一个人都去'己所欲施于人，己所不欲勿施于人'"[2]。这就是所谓金规。在这样的定义中，我们可以看到教会法理论家在尝试整合已有的神学和法律的不同传统，为基督宗教的道德实践提供约束。

以上历史资源共同构成了阿奎那和他的同代人自然法理论的出发点。值得注意的是，和他同时代的神学家（而不是教会法家）不同，阿奎那首先并不是在伦理语境中讨论自然法，而是回到法本身来反思自然法的理论地位。所以我们要理解阿奎那的自然法理论，哪怕是作为伦理思想的自然法理论，也需要回到他关于法的根本定义。

3. 阿奎那论法的本质和分类

《神学大全》在讨论完人的行动的内在本原之后，才引入有关法的讨论。法被看作人的外在行动本原。人的内在的行动本原指的是灵魂的种种官能，尤其是理性能力及其品质，例如美德、恶德、不自制等。而外在本原则根据行动的善恶可以分为两类：恶的行动的外在本原是魔鬼，而善的行动的外在本原则是上帝。上帝通过律法来约束我们，又通过恩典来引导人类。法律和恩典作为两

---

[1] 伊西多尔：《辞源》5.2-4。

[2] 格兰西：《教会法汇要》1.7。

图 13.14　《〈教会法汇要〉评注》抄本（约 1300 年），慕尼黑巴伐利亚州立图书馆。该书中世纪抄本首页插图往往强调属灵的权利和世俗的权利均来自教会。天使不仅为主教戴上高冠，也为国王加冕。

种不同的外在本原规范着人的行动。知晓这一背景，我们可以更好地理解阿奎那关于法律本质的著名定义：

> 法律是（1）一种理性的规定，（2）以共善为宗旨，（3）由那些关心共同体的人制订并（4）公开地颁布。[1]

该定义包含四个核心要素。第一个要素强调它是来自理性的命令。理性作

[1]　阿奎那：《神学大全》2-1.90.4。

为人所特有的认知能力，它在实践领域中的运用，可以引导和决定我们的动机以及行为。理性因此被看作人的行动本原。同理，法律要能约束人的行动，它也应该和人的内在行动本原即理性发生某种关联。当然，这里所说的理性的含义是不清楚的。理性可以指人的一种能力，但这个能力可以是认知性的，可以是欲求性的，因为意愿也被叫作理性的欲求。那么，出现在法律定义中的究竟是哪一个呢？再有，能力的运用有正确与错误之分，良知的判断也会有犯错的时候。难道任何理性能力的运用，任何理性给出的命令都具有法律的效力吗？还是说，只有正确理性所给出的才是法律呢？此外，是谁的理性？所有人类的理性？一个政治共同体成员的理性？它的主权者的理性？民众代表的理性吗？这些都有很多可以讨论的空间，我们会看到，阿奎那要强调的是，如果法律不在一定意义上合乎理性，不具有某种合理性（reasonableness）或理性化特征（rationality），它就不能成其为法律。

法律定义的第二个要素则突出法律是为了共善，这涉及法律的内在目的。在阿奎那看来，在谈及行动时，我们首先应该问：人行动的最终目的是什么？答案很明显：最终目的就是实现幸福和完满，即个体价值的实现。然而，任何个体作为伦理共同体的一部分，他都是不完满的、有所欠缺的。个体价值的实现无法与共同体的善相分离。在阿奎那看来，只有当共同体的善能最大程度地实现时，个人行动的终极目的才能实现。法律作为人的行动的外在本原，要引导和约束我们的行动，它也应该内在地指向这一目标。法律定义的前两个因素至关重要，因为它们对法律的规范性或道德约束力的来源给出了实质性的界定。

法律定义的第三和第四要素更多涉及法律的外在特征。阿奎那强调，和不成文法不同，严格定义的法律要由那些关心共同体的人公开颁布。第三点不难理解：如果法律的颁布者不关心共同体，那么该法律就不是为了共善，也就不成其为法律了。而法律之所以必须公开颁布，是要强调法律的约束力和风俗或其他规定不同：只有当人们知晓法律或者可以很便捷地了解法律规定时，违背它才应当受到谴责和惩罚。暗中发布的条令自动丧失了它的约束力。

后两个要素是很多法哲学家都愿意接受的。在他们眼中，法律之所以不同于其他行为规范，就在于法律必须由主权者公开颁布，并具有强制效力。但阿奎那为什么认为法律必须包含前两条伦理要素呢？

阿奎那在论证中提到罗马法学家乌尔比安的著名断言："君主的意愿具有法律的效力（quod placuit principi, legis habet vigorem）。"[1] 乌尔比安的这个主张非常重要，在近代甚至当代法哲学中，尤其是英语世界的法律实证主义传统中，法律常被等同于主权者的命令，或这里所说的主权者的意愿——无论这主权者是君主还是民众代表（图 13.15）。显然，在这样的法律定义中，并没有共善和理性考量的用武之地。阿奎那抵制这样的主张，在他看来，法律如果不考虑道德价值，就不能对我们的行动产生有效约束，因此必须引入前两条有关法律本身道德正当性的考量。换句话说，阿奎那认为未来的法律实证主义者实际上把法律的权威还原为他的颁布者所具有的权威。但我们可以进一步追问，主权者在什么意义上具有这样的权威，他们的命令在什么意义上是正当的或可以得到辩护？阿奎那很可能会认为，法律实证主义者和乌尔比安一样，只是延缓了这样的追问，并没有给出有关法律本

图 13.15　《法兰西或圣德尼编年史》抄本（14 世纪末），大英图书馆。法兰西国王查理五世在巴黎的议会颁布一项法律。

---

[1]　阿奎那：《神学大全》2-1.90.1 ob. 3。这句话有时被译成"能够取悦于君主的，它就具有法律效力"，但"placuit"在此并不是"取悦"的意思，而是一个特殊的非人称用法，表达某事出自某人的意愿。

身正当性的回答。

当然，如果我们接受阿奎那对法的定义，它会导致的一个必然后果是："恶法非法（Lex iniusta non est lex.）。"这个说法可以追溯到奥古斯丁。他在《论自由决定》中表达过类似主张，但并没有展开论证，而只是提到法律需要具有正义的特征。[1] 然而，如果这一主张得到充分辩护的话，它的后果是颠覆性的：如果面对死刑的苏格拉底是一个自然法理论家的话，或许他就有充分的理由逃避刑罚，因为程序上合法的判决如果依据的是不义的恶法，它就丧失了法律的效力。那些公然违反现有规则的吹哨人，他们的行动显然也更容易在自然法理论中得到辩护。而自然法理论在 20 世纪得到人们关注，很重要的一个历史缘由就是纽伦堡审判。那些纳粹法律的维护者最终仍然被认定有罪，自然法理论无疑为这样的判决提供了强有力的合法性支撑。

在给出法的基本定义之后，阿奎那基于不同的颁布者和效力，将法区分为四个不同的等级：永恒法、自然法、人法和神法。

（1）首先，上帝根据它的神圣智慧所把握的万物之理念（idea）创造万物，整个宇宙作为一个完整的共同体，受到神意或神圣理性的支配，而这种支配的方式，就体现在一种自然目的论的世界图景中：万物均受上帝所造的自然本性引导，朝向各自的内在目的和价值，这也就是永恒法。永恒法因为来自上帝这一神圣的颁布者，它在时间上没有起始和终结。同时，永恒法的作用是通过不同事物各自的自然本性来实现的。[2]

（2）永恒法在人身上的实现与众不同。其他事物直接受永恒法的支配，因为它们的自然本性只会使其行动朝向一个方向。没有生命的事物会受到它的自然欲求引导而行动，而只有感性灵魂的生物，则只会在它个别的、具体的认识引导下行动，并没有其他的行动可能性。人的自然本性有所不同：理性就其本性而言，就是向不同的行动可能性开放的。不过，阿奎那在这里强调的是，人的理性的本性可以分有神意。因为神意中的"意"（providentia），本义为"预见"，引申为通过预先所知的内容来规划和确保未来事件的实现。人的理性显然

---

[1] 奥古斯丁：《论自由决定》1.5.11。

[2] 阿奎那：《神学大全》2-1.91.1; 2-1.93.1。

可以通过谋划和选择来决定自己未来的行动。在这种情况下，人的理性就以自然法的特殊形式分有了永恒法，成为永恒法的一部分。[1]

（3）第三种法被称作人法。通过自然法的方式，借助理性的认识，尤其是良心的作用，人类所获得的道德法则通常是有关行动善恶的最宽泛的规定，例如行善避恶。这些法则的表述，很多看起来是对规范性概念关系的纯形式刻画，并不包含实质的道德内容。人在实践中，必须从这些一般的、不可被证明的道德原则出发，通过实践三段论或其他理性认知方式，去获得更具体的、确定的、具有实质内容的道德法令。这样一些由人的理性所设计的、特殊的道德法令，就被称作人法（图 13.16）。当然，人法还要满足法的本质所要求的其他特征：公开颁布、为了共善、由关心共同体的善的人甚至所有共同体成员一起颁布。在这个意义上，人法是自然法的延伸。[2]

（4）人通过自然法来分有永恒法，这是一种自下而上的方式。永恒法的实现还有另外一种可能，即通过自上而下的方式，向人呈现造物者对受造物个体行动的外在引导。这被称之为神法。神法和永恒法的一个重要区别在于，它并不

图 13.16 《维达尔大汇编》抄本（1290—1310 年），洛杉矶盖蒂博物馆。阿拉贡国王詹姆斯一世委托维达尔主教完成的法典，图中詹姆斯一世手持象征律法权威的利剑，警告法官们不要接受贿赂或道听途说，他身旁的骑士暗示着对违法者的严厉惩罚。

[1] 阿奎那：《神学大全》2-1.91.2。

[2] 同上书，2-1.91.3; 2-1.95.1。

图 13.17 《穆捷－格朗瓦尔圣经》抄本（约 830—840 年），大英图书馆。上为摩西在西奈山从上帝手中接过律法，下为摩西向约书亚（着红袍者）和以色列民众颁布律法，而在两图背景中陪伴摩西的则是亚伦。（《出埃及记》19—24 章）

是通过无差别地赋予所有自然物的方式来实现的，而是以启示的方式，向拥有理性的这一人类共同体中的一部分呈现（图 13.17）。神法只能通过启示或者经文来实现，因此也就是所谓的"圣经法"。对人的救赎来说，神法是必要的，其理由与神学的必要性相一致。[1] 在阿奎那看来，与自然理性相比，神法的启示是一种更有效的方式，因为人的判断在涉及个别的和偶然的行动时，它是易错的和多疑的。此外，人法所裁断的只是外在行为，但在人追求美德完满的过程中，内在行为才更需要得到约束和规训，神法在这方面的功效要强过人法。人法也没法禁止所有的恶，因为罪与罚本身就是一种恶，一种必要的恶。最重要的是，对人的救赎来说，有一些法令只有通过启示的方式才能呈现，因为它指向的是人的永恒幸福生活，这超出了人的自然能力。具体来说，神法被分为《旧约》中的旧法和《新约》中的新法两个部分，前者依赖对惩罚的畏惧，而后者则完全凭借爱。[2]

---

[1] 见本书 12.3.1。

[2] 阿奎那：《神学大全》2-1.91.4。

4. 阿奎那论自然法的实质

阿奎那关于法的定义和分类无疑有不少可以争议之处，尤其是自然法在其中的地位、它与永恒法的关系、它的规范性来源等，都要求进一步澄清自然法所包含的实质内容。我们从阿奎那关于自然法的著名定义切入：

> 显然，所有事物都或多或少分有永恒法，因为它们能从自身〔永恒法的〕印记中拥有朝向适当的行动和目的的倾向。但在所有事物中，理性造物以某种更为卓越的方式服从神意（divina providentia）。因为它通过眷顾（providens）自身和他人而能分有神意。因此，永恒理性就被它〔案：指理性造物〕分有，它也通过永恒理性拥有朝向适当的行动和目的的自然倾向。理性造物对永恒理性的这一分有就被称作自然法。[1]

这个定义中有三个要素非常关键：（1）作为行动外在本原的永恒法；（2）受永恒法所支配的受造物；（3）将前两个要素连接起来的受造物的自然倾向。

永恒法在约束具体自然物时，总是通过引导它们的倾向来实现。例如重物有向下、轻物有向上运动的自然倾向。永恒法由此规定了重物在下，轻物在上的自然秩序和法则。阿奎那认为，其他受造物同样受永恒法支配。但因为受造物的倾向类别不同，受支配的方式也有所不同（图13.18）。

图13.18 《埃斯特的尼科洛圣经》抄本（1430 1434年），梵蒂冈图书馆。文艺复兴时期装饰最为精美的《圣经》抄本之一，左为上帝创造飞鸟与野兽，右为上帝从亚当的肋骨中创造夏娃。

[1] 阿奎那：《神学大全》2-1.91.2。

首先，动物和人都有认知能力，而它们的欲求能力都"跟随"认知能力，或者说被认知能力推动。所以，动物并没有一种先天的本能漫无目标地四处奔跑，而是要感知到它的天敌才会做出响应，例如羊看到一只具体的、可感的狼或者回忆起狼的形象时才会逃跑。动物的欲求依赖感知，人则依赖理性。人的理性在认知上向不同的个别对象开放，因为他所把握的是普遍本质，是一类自然物所具有的普遍本性。对于同属一类自然物的不同个体来说，理性认知是不加区分的——我们在谈论人性时，并不需要考虑个人之间的区别。然而，我们的行动总是指向个别的、具体的对象，这就导致理性在进行谋划时，相对于最终的具体行动，具有不确定性的特征，理性的欲求也是如此。因此，永恒法在人身上的实现也是不确定的。

人的理性欲求的不确定性非常关键，它首先决定了人的行动和重物向下运动的自然倾向的根本区别：所有重物都无差别地向下运动，只有一个运动方向，而人因为理性而具有的自然倾向可以朝向不同的行动路线。阿奎那指出，通过理性的这种自然倾向，人得以分有永恒法。但这个倾向具体是什么，我们目前并不清楚。或许我们可以回溯之前浮光掠影地提到的自然法的一些最基本的原则，例如服从上帝的命令、理性地生活、行善避恶等。但它们显然还不够明确，不足以解决我们的困惑。这里的关键仍然是认知决定欲求这一法则：一个有认知能力的动物的行为倾向是由它的认知所预先、部分地决定的。这也就意味着，要讨论这种通过自然倾向所分有的自然法，我们应该澄清先于自然倾向的认知是什么样的。

阿奎那在界定自然法的功能时，首先分析了自然法如何通过我们的认知发生作用：它需要借助"自然理性之光"，帮助我们区分什么是善、什么是恶。[1]根据托马斯所接受的善的定义，善就是所有事物所欲求的东西。这也就意味着，当我们将一个事物认定为善，它也就被看作一个会被欲求的对象。这里的"会"是一个较为含混的表述，它可以是事实性的，即所有的东西只要把一个东西认识为善的就会追求它；"会"也可以是规范性的，即善是应当被欲求的对象。在这个源自亚里士多德的善的定义中，我认为阿奎那同时界定了善与应

---

[1] 阿奎那：《神学大全》2-1.91.2。

当，只不过善先于应当。理性行动者应当去做的，是追求他所认识的善，而善则是对符合自然本性的欲望的满足。

因此，理性行动者的自然欲望首先要通过认知的方式被行动者把握，具体而言，就是通过本讲一开始所分析的良心和良知的推导方式，亦即通过自然理性的运用来了解支配道德行动的最一般法则。

我们再次注意到，这里的整个讨论一直停留在非常抽象的层面，阿奎那自己也很少试图在这一语境中说明自然法的第一原则具体是什么。阿奎那回避这个问题，并不是在逃避他应当承担的理论责任。正如著名自然法史研究者琼·波特（Jean Porter）所强调的，自然法在严格意义上是一种能力或原则，而且是一种能为我们的道德判断进行奠基的规范，并非一系列巨细无遗的教条和规定，无论它来自神的启示还是自然理性。[1] 所以，自然法作为法的含义是相对要弱的。在谈到法时，人们很容易联想厚重的法典、繁琐的规条和具体入微的规定，自然法并非如此。它和法的共同点，仅仅在于它们都能从根本上引导和约束我们的外在行动。

在其他语境中，阿奎那对我们通过自然法这种能力能够认识到的行动原则，给出了更为明确的界定。

首先来看自然法的第一条律令。作为实践理智的第一原则，它和思辨理智中那些不能被证明的第一原理如无矛盾律一样，被认为是因其自身而自明的。也就是说，我们只要明白了该律令中主词和谓词的定义，就不能不接受它为真。在理论哲学领域，这样的命题大多是一些分析性的命题。而在道德实践的领域，这样的命题就是对道德价值的纯粹形式化界定，刻画了与道德实践相关的两个概念之间形式上的关联。

什么样的命题可以在道德实践领域中成为第一原则呢？此前我们提到的"行善避恶"（图 13.19）是一个过于简化的表达，这里需要给出一个更完整、更贴近字义的翻译：

[1] Jeffrey Hause (ed.), *Aquinas's* Summa Theologiae: *A Critical Guide,* Cambridge: Cambridge University Press, 2018, p. 174.

图 13.19 希罗尼穆斯·威利克斯《黄金时代：自然之法》版画（约 1580 年），阿姆斯特丹国家博物馆。自然法的化身坐在连根拔起的大树上，右手持心，上书"行善避恶"，左手持长鞭和马衔，景深处亚当和夏娃因蛇的诱惑而被逐出乐园。这组版画共三幅，另有《白银时代：〈旧约〉之法》和《黑铁时代：〈新约〉恩典之法》。据该图下方荷、拉、法三语铭文，在摩西领受十诫之前，人类受自然之法（Lex naturae）统治两千余年，单纯无诈，知足常乐。

　　　　　善是要去完成的，要去追求的，而恶是要去避免的。[1]

这样一个在语言表达上相对生硬的翻译，在理论展示上会有一些好处：

　　首先，它提示我们，阿奎那自然法中最普遍的道德原则，并不是以命令式的方式给予的。它并没有简单地说不要撒谎，不要作恶，就像康德的定言命令所要求的那样。

　　其次，它不是在简单地描述人的自然本性是什么，也没有简单地断言人有一种自然倾向会追求善和逃避恶。这一点对于理解自然法的规范性来源非常关

————————

[1] 阿奎那：《神学大全》2-1.94.2。

键，我们稍后再看。

更为重要的是，它作为最具普遍有效性的第一原则，只是对于善恶的形式化规定。这意味着，这里所说的善和恶都**不是**独立于道德主体判断的善和恶。尽管阿奎那承认在行动者的道德判断之外，存在着实在的道德价值。然而，当他谈到自然法的第一原则时，为保证它的普遍有效性，为保证那些作恶的人也仍然按照自然法所规定的方式行动，阿奎那就必须对这里的善与恶加以限定，提出它们指的只能是我们所认识尤其是通过理性认识到的善与恶。所以，自然法的第一条律令要交付于人行善避恶的倾向，但它是以一种"要去完成的"的方式来表达的，带有训导和劝勉的色彩。自然法要教育谁呢？教育人的理性。它不是命令式，也不是纯粹的事实描述，而是一个指导性的断言。它要指导的同样是人的理性。前面我们反复强调，阿奎那认为道德动机依赖道德判断，而自然法的第一原理所揭示的，正是道德行动的倾向和道德判断之间的内在关联：凡是我们在认知上判断为好的、善的，就是我们在实践上应当要去完成和追求的。这是他关于自然法第一条律令的纯粹形式化的表达，它并没有实质性地断定什么样的存在或行动才是好的和善的。

不过，阿奎那在《神学大全》中提道："你要爱你的主，你的上帝，你要爱邻人如己。"[1] 这两条关于爱的诫命也被看作自然法的第一原理。我们或许会觉得，它们和刚才的纯粹形式化的表达不同，似乎对什么样的行动是善的行动给出了一个实质性的回答，而且这种实质性的回答还特别依赖基督教教义。

我们要注意，阿奎那这里强调的是，只有对那些通过自然理性理解了什么是上帝，什么是作为上帝肖像的理性存在者的人来说，上述命题才是自明的。因为，只有他们才会发现上帝被定义为善本身因此是人们要去追求的，而爱不过是这种追求的情感表达。爱邻人也是如此，它实际上等价于通常所谓金规：己所不欲勿施于人，己所欲施于人。"爱邻人如己"，就是你愿意自己得到什么，你就愿意你的邻人得到什么。所以这仍然是自然理性可以把握的第一原理的另一种表达，只不过需要一些额外的认知条件，需要行动者理解这里的上帝和邻人的含义。所以，爱上帝和爱邻人仍然是对于善的抽象表达，属于自然法

---

[1]　阿奎那：《神学大全》2-1.100.3 ad 1。

图 13.20 乔瓦尼·卡纳维西奥《犹大的懊悔》湿壁画（1491 年），拉布里格的喷泉圣母院。犹大因意识到自己的罪而自戕，魔鬼接走了以小人形象出现的灵魂。阿奎那强烈地反对自杀："因为万物自然地爱自己，其结果是万物自然地保持自己的存在，并尽可能地抵制毁灭者。因此，自杀违背了自然倾向，也违背了每个人都应该爱自己的爱德。所以，自杀始终是死罪，因为它违背了自然法和爱德。"（《神学大全》2-2.64.5）

的一般原理，并未实质化为具体的道德行为类型。

在对爱的诫命如此还原之后，我们会遇到一个严重困难：这种高度抽象，甚至纯粹形式化的规则，如何能对道德实践给出实质性的建议？换句话说，自然法只能得到纯粹形式化的表达吗？阿奎那的答案是否定的。虽然自然法的第一原理是以形式化的方式给定的，但它给定的对象是人这样一种理性存在。人作为理性的动物有其自然本性，而自然本性在整个目的论宇宙中有它特定的位置。它在宇宙中的位置决定了它的存在秩序，也决定了善的秩序或我们后面会谈到的爱的秩序。

阿奎那在《神学大全》中给出了这样的推导：（1）与所有自然实体一样，人根据本性都希望保存自己的存在，这是所有实体都共有的自然倾向。在阿奎那看来，一块石头，一团火，都希望以自己的方式维护自身的存在（图 13.20）。根据这一倾向，自然法就包含着那些适用于人的生命权的法条。（2）其次，人还有更专门一些，但仍然是他与其他动物共有的自然倾向，例如雄性与雌性的结合、抚养后代等。这实际上是自我保存的延伸，不过它保存的不是个体自身的存在，而是它所属的自然类别。（3）最后，还有人作为理性动物所专有的自然倾向，也就是理性本身的内在的目的，即求知。如果上帝被看作所有真理的根源，这一求知的自然倾向就会导向认识上帝。但与此同时，阿奎那强调，理性不只是求真求知的思辨理性，还包括实践理性，而实践理性的目的则是追求幸福。阿奎那在此再次强调，幸福不仅仅是个体的幸福，因为个体幸福不是最完满的，共同体的幸福才是。因此，理性存在者自然地想要在一个社会共同体中生活，自然法中因此就有避免无知，避免冒犯需要与之共同生活的人等要求。[1]

以上推导足以表明，自然法的原则是可以被充实的，阿奎那的自然法并非纯粹形式化的元伦理学反思。阿奎那热衷于强调自然法原则的内在统一性：自然法的所有律令，就它们都会将我们导向同一条第一律令而言（例如行善避恶），它们属于同一个自然法，也因此满足自然法的定义。[2]

与此同时，自然法原则实质化的过程也揭示出阿奎那自然法理论的内在张力，即普遍有效性的要求和实质化的规范之间的张力。我们不难注意到，自然法原则的呈现，既有纯粹形式化的表达，也有更实质化的界定，而且实质化的界定还可以出现在不同的层次。在我们的实践中，就非常有可能出现不同层次的第一原则之间的冲突。例如，自我保存的倾向，就有可能会和在社会共同体中生活的欲求产生冲突。这是自然法理论常常遇到的一个困难，值得进一步探索。阿奎那的自然法理论在当代遭遇的批评触及更为基本的层面，它们试图动摇自然法作为一种规范性理论的合法性根基，需要在此予以回击。

5. 阿奎那论法与自然本性

阿奎那的自然法理论常常遇到两种反驳：（1）自然法和永恒法的结合过于密切，以至于离开了神圣的存在者，就没有办法理解和实施自然法，所以它只是一种神法；（2）自然法很大程度上依赖对人的自然本性是什么的描述，企图由此推导出人应当去做什么这样一种道德上的断言，因此也犯了所谓自然主义谬误。

---

[1] 阿奎那：《神学大全》2-1.94.2。

[2] 同上书，2-1.94.2 ad 1。

（1）首先来看自然法和永恒法之间的关系。阿奎那的定义强调了自然法分有永恒法。因此，我们面对的问题实际上是：自然法是不是离开了永恒法就不能被理解。这个问题可以从两个不同的方向来追问：（a）首先是自然法所包含的内容，它涉及通过自然法理论所表达的人的自然本性和永恒法之间的关联：要理解自然法的内容，是不是一定需要一个造物主或永恒法的立法者？（b）其次是自然法所具有的规范性的来源：自然法所具有的道德约束力，是不是来自超越自然理性的神圣存在者，尤其是上帝的命令或意愿？我们也可以把它看作经典的"游叙弗伦问题"的自然法版本：自然法之所以是善的，是因为它是神所意愿的，还是说神之所以意愿自然法，是因为它是善的？

这两个问题当然都不是三言两语可以打发的，我想引入当代学者安东尼·利斯卡（Anthony Lisska）的工作，他指出阿奎那的自然法理论只需五个核心必要条件。如果我们能够脱离神圣存在者解释这五个条件，这也就意味着，自然法有可能在世俗社会中得到辩护，成为一种世俗的伦理理论。

（a）自然法理论依赖一种本质理论或自然类别理论，即存在着不同类别的自然事物，每个类别的事物有自身的本质把它和其他事物区别开来，并且这种本质特征和偶性特征完全不同。例如乌鸦的所有羽毛都是黑色的，但我们通常并不会把黑羽看作它的本质特征，而会把它作为鸟类的其他更重要的功能属性看作其本质。当然，对于自然法理论来说，最重要的是人这类自然物拥有特定的本质，它通常被称为理性。

（b）需要对自然种类的本质特征进行动态解释，其中应当包含某种品质性的，而不是静态的必要属性。例如刚才提到的乌鸦的颜色，它显然是一种静态的属性。而自然法理论要能约束人的行为，它就需要把人的自然本性理解为一个动态的目的，可以因此驱动人的行动。

（c）自然法理论需要一种有关终极性或目的性的形而上学，以此决定行动中必须实现的目的。事实上，以上三个要素都可以被整合到一种特定的自然目的论框架中。利斯卡认为这是自然法得以成立的必要前提。这三点在理论上都有可以质疑之处，但它们至少可以在亚里士多德或斯多亚派的理论中成立，无须引入基督教的上帝概念。

（d）自然法需要特定的认知机制，使我们获得有关自然种类或本质的具有表真或叙实性（veridical）的意向性内容，以保障我们在认知上通达人的自然本性、善、恶等自然法理论所必需的核心概念，并在道德实践中形成关于善恶的判断。其中叙实性这一特征，突出了该认知机制所预设的实在论图景。

（e）自然法理论还要求一种特定的实践理性理论，它能帮助我们根据人的自然本性的要求去追求那些特定的自然目的。例如我们之前所说的幸福，当我们意识到幸福只有通过美德而实现，实践理性就会引导我们追求美德，专注于培养自身的美德。[1]

所以，如果以上概括准确的话，自然法理论所要求的哲学资源实际上只是一个目的论的世界图景和与之匹配的认知结构——例如良心、良知与实践三段论——以保证实践理性做出可以信赖的道德判断，并对道德行动形成约束。这些前提，至少看起来是可以世俗化的。当然也有理论家并不接受这一点，他们仍然希望在神学的框架下，从永恒立法者所颁布的律令出发来理解阿奎那的自然法。不过，这里引述利斯卡的主张，只是想表明阿奎那的自然法理论至少有世俗化的**可能性**，即使这并非他的本意。接下来我们还会看到，阿奎那自然法所需要的理论前提其实还可以进一步弱化，我将通过分析自然法和人的本性的关联来展示这一点，同时回应针对阿奎那自然法理论的第二个反驳。

（2）在有些哲学家眼中，通过人的本性来规定什么是人应当完成的活动，这似乎犯了所谓自然主义谬误。当然，这是在比较宽泛的意义上使用"自然主义谬误"这一标签。它指的更多是休谟法则，即混淆了"是"与"应当"，或者说从纯粹有关事实的前提出发去推导具有规范性效力的伦理命题。阿奎那的自然法理论看起来正是从有关人的自然倾向的事实性描述去推导人应当遵循的道德法则。

不过，在上一小节有关自然法第一原理刻意为之的生硬翻译中，我其实已经试图展示其中并不包含从"是"到"应当"的推断。为了更清楚地展示这一点，我们首先要追问：自然法中的"自然"究竟是什么意思？它指的是一种我们可以通过事实性的描述去刻画的自然属性吗？

[1]　Anthony Lisska, *Aquinas's Theory of Natural Law: An Analytic Reconstruction,* Oxford: Clarendon, 1996, pp. 137-138.

著名自然法理论家约翰·芬尼斯（John Finnis）强调，在阿奎那所开创的自然法传统中，当我们把某个东西例如某种法律或美德说成是"自然的"，并不是在断言它不受外力强迫、自然而然地出现；而是强调它与理性，尤其是实践理性相一致，或者它能满足实践理性的要求，"自然的"就等价于"合乎实践理性的"。[1] 所以，自然法原理首先关心的并不是人和其他事物所共有的自然或自然本性，而是人所特有的自然本性，也就是我们一再提及的理性。因此，自然法首先需要的是一种恰当的实践理性理论，而不是有关本质或自然种类的形而上学。

要更好地理解这一点，我们需要进一步展示实践理性在决定道德原则中所发挥的作用。首先，对自然法原理的纯粹形式化表述，就使得它不能直接成为道德原则。这是因为，尽管它是一个规范性的原则，要求我们去追求我们认为善的东西，但它仅仅表明，如果我们违反这一原则，就会违背我们所接受的最基本的道德承诺，同时也因此陷入心灵分裂的不和谐状态。它所规定的只是一种消极义务，并没有正面规定什么样的东西在道德上实质为善。

要把形式化的自然法原理转化为道德原则，这就必须通过实践理性来实现。前面有关自然法原理的推导已经表明，它需要被实践理性转化为更加实质性的法则，引导人们在具体的行动中去追求健康、婚姻、知识、友爱以及个体价值的最终实现。这一转化过程要求实践理性衡量人作为理性的存在物在宇宙中的地位和内在价值。

另一个关键之处来自实践理性本身的一个重要特征：它在本质上是不确定的。这种不确定性是由它的对象决定的。理性和感性最重要的区别在于对象的不同：理性的对象是普遍的，一个有关普遍的认识就意味着它在个别的事物上是不确定的。当我谈论杯子的本质时，谈论的是任何一个杯子，至于是手头上的这个蓝色的杯子，还是透明的杯子，并不重要。所以，在实践理性认识道德法则时，它所接受的是以最一般的方式去面向所有可以成为善的东西。当然，在一个具体的行动中，行动者需要把它转化为具体的善，需要把实践理性的不

---

[1]　John Finnis, "Aquinas and Natural Law Jurisprudence," in *The Cambridge Companion to Natural Law Jurisprudence*, edited by George Duke and Robert P. George, Cambridge: Cambridge University Press, 2017, p. 18.

确定性和它的自由转化为一个行动。就像良知会犯错一样，实践理性同样也会犯错。而此时，只有理性的正确抉择，才能成为我们刚才说的实践合理性，或者成为真正的道德原则。所以，与之前那种纯粹形式化的理解不同，只有当理性的判断，是与一个事物具有的内在的道德价值相符合的时候，通过该判断所获得的道德原理，才是真正应当实践和遵循的自然法则。当然，我们必定会进一步追问：什么样的理性才是正确的理性？它首先要遵循刚才所说的那些形式化法则，但还会受到更为实质性的限定，它至少需要如其所是地认识外物的特征，包括其内在价值。因此，阿奎那需要的只是一个道德实在论体系，并且是人的实践理性可以通达的。这就在理性需要遵守的形式法则之外，提供了更为实质性的规范性要求。

因此，自然法第一原理可以有更为实质化的表达。不管它是自我保存，在社会中的友爱，还是对上帝和对邻人的爱，阿奎那都会强调的是，实践理性的道德约束力，最终是源自这样一些至高的道德原则。例如一个人应该爱人如己，而这一点是由爱的秩序所决定的。需要说明的是，这并非某种直接的自然决定论主张，因为这种源自自然的爱的秩序，若要能决定我们的理性的欲求，必须以实践理性为中介。而我们已经指出，实践理性本身是不确定的和自由的，它向不同的可能性开放。所以，自然法精妙地调和法律对人类的约束和法律所保障的人的自由，或者说自然法本身就是人的自由的内在要求。它既可以展示对所有人都适用的形式化法则，也可以呈现为我们行动的实质引导。因为，没有自然法所确立的价值秩序，就不会有我们作为理性存在者的行动自由，而没有行动者实践理性的中介作用，自然法也没法成为具有规范效应的道德法则。因此，自然法的规范性的源泉并不是人的自然本性的现成规定，而是人的实践理性结构本身，是人的目的性行动需要遵循的价值秩序（爱的秩序），而且是以一种非确定的方式被给定的，因此这里并不存在任何从"自然"到"应然"的非法推断。自然法在展示人所应追寻的善和权利的同时，始终要求人的理性在实践中去探寻和践行自己应当遵守的法则。

阅读材料

1. Aquinas, *Summa Theologiae* Ia, q. 79, aa. 12-13; IaIIae, q. 19, aa. 5-6.

2. Aquinas, *Summa Theologiae* Ia2ae, q. 94; q. 97 (Klima, 361-374).

3. Michael Bauer, "Law and Natural Law," in *The Oxford Handbook of Aquinas*, edited by Brian Davies and Eleonore Stump, New York: Oxford University Press, 2012, pp. 238-254.

进一步阅读指南

原始文献

R. W. Dyson (ed.), *Thomas Aquinas Political Writings*, Cambridge and New York: Cambridge University Press, 2002.（有用的政治哲学选辑，除有关法的讨论之外，还收录了其他与君主制、财产、正义等话题相关的文本）

S. Thomas Aquinatis, *Scriptum super Sententiis*, 2 vols. Edited by Maria Fabianus Moos. Paris: Lethielleux, 1933–1947.（《〈箴言集〉评注》拉丁校订本）

Thomas Aquinas, *Commentary on Aristotle's* Nicomachean Ethics, translated by C. I. Litzinger. South Bend: Dumb Ox, 1993.（《〈尼各马可伦理学〉评注》，同样是了解阿奎那本人实践哲学的重要参考）

Thomas Aquinas, *Disputed Questions on Virtue,* translated by Jeffrey Hause and Claudia Eisen Murphy, introduction and commentary by Jeffrey Hause, Indianapolis: Hackett, 2010.（The Hackett Aquinas 系列丛书单行本，阿奎那单独撰写的美德论辩集，讨论较《神学大全》深入）

Thomas Aquinas, *The De Malo of Thomas Aquinas*, translated by Richard Regan. Oxford: Oxford University Press, 2001.（《论恶》是阿奎那晚年最重要的论辩集之一，其中关于自由决定的讨论尤为重要）

Thomas Aquinas, *The Treatise on Happiness The Treatise on Human Acts:* Summa Theologiae *1-II 1-21,* translated and introduced by Thomas Williams, commentary by Christina Van Dyke and Thomas Williams, Indianapolis: Hackett, 2016.（The Hackett Aquinas 系列丛书单行本，评注出色，适合初学者）

Thomas Aquinas, *Treatise on Law:The Complete Text*, translated by Alfred Freddoso, South Bend: St. Augustine Press, 2009.（《神学大全》中有关法的讨论，译文信实可读，译者独自翻译的《神学大全》即将完成，值得关注）

Thomas Aquinas, *Truth*. 3 vols. translated by Robert W. Mulligan and James V. McGlynn, Indianapolis: Hackett, 1994. （《论真》英文全译本）

研究文献

Michael Baylor, *Action and Person: Conscience in Late Scholasticism and the Young Luther*, Studies in Medieval and Reformation Thought, Volume XX, Leiden: E. J. Brill, 1977. （出色的良知思想史研究，中世纪部分有不少有趣的观察）

Stephen Brock, *Action and Conduct: Thomas Aquinas and the Theory of Action*. Edinburgh: T&T Clark, 1998. （阿奎那行动哲学导论，关注其与当代理论的关联，深入浅出）

M. V. Dougherty, *Moral Dilemmas in Medieval Thought: From Gratian to Aquinas*, Cambridge: Cambridge University Press, 2011. （有关道德悖论的有趣分析，也涵盖错误良知造成的两难处境）

John Finnis, *Aquinas: Moral, Political and Legal Theory*, Oxford and New York: Oxford University Press, 1998. （阿奎那实践哲学的经典综述，作者为当代自然法理论的代表人物）

Kevin Flannery, *Acts Amid Precepts: The Aristotelian Logical Structure of Thomas Aquinas' Moral Theory*. Washington: Catholic University of America Press, 2001. （阿奎那伦理学内在理路的深入探讨，侧重亚里士多德传统）

Robert George (ed.), *Natural Law Theory: Contemporary Essays*, Oxford: Clarendon Press, 1992. （了解当代自然法理论的出色文集）

Tobias Hoffmann et al. (eds.), *Aquinas and the Nicomachean Ethics*, Cambridge: Cambridge University Press, 2013. （阿奎那与亚里士多德伦理学研究文集）

Douglas Langston, *Conscience and Other Virtues. From Bonaventure to MacIntyre*, University Park, PA: Pennsylvania State University Press, 2001. （13 世纪以来的良知思想史研究，不如 Sorabji 的著作广博，但中世纪部分还有可观之处）

Anthony Lisska, *Aquinas's Theory of Natural Law: An Analytic Reconstruction,* Oxford: Clarendon, 1996. （分析哲学传统研究阿奎那自然法理论的代表作）

Scott MacDonald and Eleonore Stump (eds.), *Aquinas's Moral Theory: Essays in Honor of Norman Kretzmann*, Ithaca: Cornell University Press, 1998. （重要的阿奎那伦理学研究文集，几乎篇篇经典，适合进阶读者）

Ralph McInerny, *Aquinas on Human Action: A Theory of Practice*, Washington, DC: Catholic University of America Press, 1992. （阿奎那行动哲学的经典研究）

*Ralph McInerny, *Ethica Thomistica: The Moral Philosophy of Thomas Aquinas*, Washington, DC: Catholic University of America Press, 1997. （阿奎那伦理学的简明导论）

*Thomas M. Osborne Jr, *Aquinas's Ethics*, (Elements in Ethics), Cambridge: Cambridge

University Press, 2020.（阿奎那伦理学的简明导论，适合初学者）

Servais Pinckaers, *The Pinckaers Reader: Renewing Thomistic Moral Theology*, John Berkman and Craig Steven Titus (eds.), Washington, DC: The Catholic University of America Press, 2005.（当代著名道德神学家的阿奎那研究文集）

*Stephen Pope, (ed.) *The Ethics of Aquinas*, Washington D.C.: Georgetown University Press, 2002.（根据《神学大全》的论证结构撰写的评注式导论文集，适合初学者）

Jean Porter, *Nature as Reason: A Thomistic Theory of Natural Law*, Grand Rapids, MI: Eerdmans Publishing, 2005. 简·波特：《自然作为理性：托马斯主义自然法理论》，上海：华东师范大学出版社，2018 年。（阿奎那自然法理论的经典研究，偏重神学伦理学进路）

Martin Rhonheimer, *Natural Law and Practical Reason: A Thomist View of Moral Autonomy*, New York: Fordham University Press, 2000.（托马斯自然法传统研究专著，作者也是当代自然法理论家）

Michael Sherwin, *By Knowledge and By Love: Charity and Knowledge in the Moral Theology of Thomas Aquinas*. Washington, DC: Catholic University of America Press, 2005.（阿奎那"爱德"理论的道德心理学研究）

*Richard Sorabji, *Moral Conscience Throughout the Ages: Fifth Century BCE to the Present*, Chicago: University of Chicago Press, 2014.（出色的良知概念的哲学史研究，适合不同层级的读者）

Daniel Westberg, *Right Practical Reason: Aristotle, Action, and Prudence in Aquinas*. Oxford: Oxford University Press, 1994.（阿奎那行动哲学和实践理性概念的出色研究，强调其亚里士多德背景）

《斯坦福哲学百科》(*SEP*) 词条

*Aquinas' Moral, Political, and Legal Philosophy

Conscience

*Medieval Theories of Conscience

Medieval Theories of Practical Reason

Natural Law Theories

The Natural Law Tradition in Ethics

司各托论个体性与偶然性

　　约翰·邓·司各托（1265—1308年）英年早逝，但常被看作阿奎那和奥康之间成就最为卓越的经院哲学家（图14.1）。从哲学思考的广度和系统性上来说，司各托相比阿奎那略显逊色，但从他关心的几个重要问题域看，司各托通过一系列精微缜密的哲学分析，把人类的思考推进到一个前所未有的高度。我们将集中关注个体性和偶然性这两个概念，它们首先涉及司各托在形而上学领域所取得的成就，但同样深刻地影响了他的伦理学，甚至是中世纪整个伦理学的发展。

　　随着司各托的出场，整个经院哲学的图景也发生了重要变化：在他之前，主导哲学发展的主要是道明会的哲学家和神学家，例如阿奎那和他的老师大阿尔伯特。在司各托之后，方济会的哲学影响力与日俱增；另一个重要的变化

图 14.1 《圣托马斯与司各托学说对照》，插图出自 Francisco Macedo, *Collationes doctrinae S. Thomae et Scoti, cum differentiis inter utrumque*, Patavii, typis et sumptibus Petri Mariae Frambrotti, 1671-1673, I, p. 3。司各托对阿奎那的主张多有批评，两人的追随者也常常论战，一直延续到近代。不过，该书的作者弗朗西斯科·马塞多（1596—1681 年）却尝试平等对待两位哲学家，系统比较他们思想的差异和对立。图中天平两侧代表两位哲学家的却是他们的神学成就：司各托（右）以捍卫圣母无玷始胎闻名，而阿奎那（左）被教会推崇的则是他对圣体圣事的反思。

是，哲学思考的中心不再仅仅局限于巴黎，牛津开始成为中世纪哲学思考的重镇。我们下一讲要讲的奥康也属于方济会，也是在牛津接受的训练。

中世纪哲学版图的上述变更，无疑同 13 世纪 70 年代的一场思想风暴紧密地关联在一起：1270 年和 1277 年，教会当局公开谴责巴黎大学和牛津大学讲授的一系列哲学神学命题，史称"70 禁令"和"77 禁令"。这场思想运动所展示的，首先当然是教会当局对于学术思想的审查和直接干预，但另一方面它又常被看作中世纪哲学发展的一个重要转折点。在一部分思想史家看来，它导致了中世纪亚里士多德主义的衰落，在客观上促成了近代自然哲学和自然科学思想的发展，或可看作中世纪的一场思想启蒙运动。在介绍司各托的哲学成就之前，有必要对这场禁令所涉及的内容和影响做一个简单的考察。

一、"70 禁令"与"77 禁令"

1. 唐皮耶的"70 禁令"

　　1268 年，当阿奎那重返巴黎大学神学院再次执教时，整个大学正陷入一场前所未有的危机中。亚里士多德和阿拉伯哲学传统已经传播了一个多世纪，而托钵修会这种新兴的修道方式也慢慢成为主流，大学教育日益繁荣，经院哲学的思想资源和它的基本理论方法都已确立。这些因素从根本上改变了 13 世纪拉丁世界精神生活的面貌。其中，艺学院因为提供的是基础教育，对新一代思想家的影响日趋明显。1255 年之后，艺学院将亚里士多德的自然哲学和形而上学纳入必修科目，再辅以传统的逻辑学教育，后来将伦理学也包含在内，实际上已经类似一个独立的哲学系。大阿尔伯特在谈到巴黎艺学院时，就把它称作"哲学家的城邦"（图 14.2）。[1]

　　中世纪盛期思想生活的这些变化，让同在大学任教的虔信的、保守的神学家们感到不安。例如方济会的著名神学家波拿文都拉，1267 年就开始对艺学硕士提出质询。[2] 除了神学家之外，大学以外一直对亚里士多德等异教哲学传统保持戒心的教会当

图 14.2　亚里士多德《尼各马可伦理学》法译本抄本（1460—1480 年），大英图书馆。图中描绘的是亚里士多德给亚历山大大帝授课，但其场景设置无疑更接近 13 世纪的大学，尤其是巴黎大学的艺学院，因为亚里士多德的伦理学在其课程体系中也占据重要地位。

---

[1]　Kretzmann (ed.), *The Cambridge Companion to Aquinas*, p. 24.

[2]　Ferdinand Van Steenberghen, *Maître Siger de Brabant*, Louvain: Publications Universitaires, 1977, p. 29.

图 14.3　让·富凯（绘）《艾蒂安·舍瓦利耶的时祷书》抄本散页（约 1452—1460 年），纽约大都会艺术博物馆。此图描绘上帝的右手保护信众免受恶魔侵扰，场景却出人意料地选在了中世纪的巴黎，巴黎主教的座堂（我们熟悉的巴黎圣母院）统治着整个城市，塞纳河对岸的巴黎大学自然也不例外。

局，也觉得有必要作出回应。1270 年 12 月 6 日，巴黎主教唐皮耶（Etienne Tempier，1210—1279 年）（图 14.3）宣布将对有意讲授和主张如下 13 条命题的人士施以绝罚（即逐出教会）：

1. 所有人的理智在数目上是同一个。

2. "人在理智思考"这个〔说法〕是错误的或者不恰当的。

3. 人的意愿出于必然地意愿或选择。

4. 所有在下界事物（in inferioribus）中完成的都受天体的必然性支配。

5. 世界是永恒的。

6. 从来不存在第一个人。

7. 灵魂根据人之为人成为人的形式，它将随身体的朽坏而朽坏。

8. 死后分离的灵魂将不会受到物质之火的作用。

9. 自由决定是一种被动能力，不是主动〔能力〕，而且它必然受可欲求对象的驱动。

10. 上帝不认识单个事物。

11. 上帝不认识自身之外的事物。

12. 人的行动不受上帝的眷顾约束。

13. 上帝不能将不死和不朽赐予会朽坏或会死亡的事物。[1]

---

[1]　Heinrich Denifle, *Chartularium Universitatis Parisiensis,* Paris : Delalain, 1889-1897, vol. 1, 487.

这些命题，有的与基督教信仰相冲突，而有的则和当时人们普遍接受的人的自由，尤其是有关意愿的自由决定的直觉相冲突。但从历史的角度看，这场谴责直接跟巴黎艺学院的思想家们联系在一起，其中所涉及的理智单一性、世界永恒性、灵魂可朽，否定人的自由意愿、否定上帝全知全能五个方面的内容，往往和艺学硕士布拉班的西格尔（Siger of Brabant，约 1240—1284 年）（图 14.4）捆绑在一起。他的著作流传下来的有《论世界的永恒性》《论理智灵魂》等。

值得一提的是，西格尔在受到谴责后，曾于 1273—1274 年间修订了他的《论理智灵魂》。即使在这一修订本中，他仍然坚持哲学学科独特的方法论要求：

> 当我们采取哲学的进路时，就应当努力地思考，〔一个问题〕在多大程度上属于哲学家的〔领域〕，并且能够被人类的理性和经验所把握。这就要去在其中追问哲学家们的本意，而不是何为真理。[1]

最后一句听起来有些奇怪：我们常常不假思索地认为哲学的使命在于求真，而西格尔似乎把哲学和求真区别开来。需要说明的是，这里的"真理"有特定的历史含义，

图 14.4　但丁《神曲》抄本（约 1478 年），梵蒂冈图书馆。但丁执意将备受争议的西格尔（左侧黄袍？）置于太阳天中，与所罗门王、伪狄奥尼修斯、波埃修等同列（参 12 讲插图 1）："……他曾为思想所苦，竟觉得死亡来得太慢。这是西格尔的永恒之光，当年在'干草街'开讲时，他证明的真理招来了嫉恨。"（10.134-138）

---

[1]　布拉班的西格尔：《论理智灵魂》第 7 章。

指的是仅通过信仰获得的真理。西格尔并不像传统所认为的那样，认为存在着来自启示的真理，也存在着与之相对立的、来自哲学的真理，即所谓"双重真理说（duplex veritas）"——中世纪拉丁世界没有任何哲学家公然主张这种学说，"双重真理说"很大程度上是哲学史家树起用来攻击的稻草人。因此，西格尔认为，不可能存在一个在信仰上为真，但在哲学上为假的命题。他认为哲学家并不探讨那些我们只通过信仰把握的真理。但这并不意味着，在西格尔看来，哲学的探究就与我们今天谈论的真理无关。因为我们今天谈论的是在理性限度之内的真理，而西格尔强调：哲学家的使命不仅在于展示过往哲学家的思考，展示他们的本意，而且要展示能被我们的经验和自然理性所把握到的内容——实际上就是我们今天所说的通过自然理性所通达的真理。在这个意义上，西格尔无疑是在为哲学作为一门知识学科的独立性做辩护。就此而言，作为艺学院少数派领袖的西格尔，他在承认哲学局限性的同时（它有时确实不能通达启示真理），并未在其学科自主性的立场上有所退让；对于自己的著作没有为启示真理提供理性的辩护，他一点也没有感到不安。

我们不难想象，西格尔在修订自己的著作时所做出的这一回应，并不能让教会当局满意。1277 年 1 月 18 日，新当选的教宗若望二十一世（Pope John XXI, 1215—1277 年）（图 14.5），写信给巴黎的主教唐皮耶，要求他严查当地所出现的异端谬说。[1] 这引发了改变历史进程的 1277 年谴责或"77 禁令"。

2. "77 禁令"与根特的亨利

不知道是否因为收到教宗书信的缘故，唐皮耶很快召集包括根特的亨利（Henry of Ghent，1217—1293 年）在内的 16 位神学家和哲学家，来审核巴黎艺学院某些学者的危险主张，尤其是那些僭越了学科界限的学说，并于 1277 年 3 月 7 日发布谴责令，罗列了予以禁止的 219 条神学和哲学命题，[2] 并威胁任何讲

[1]　Jorge J. E. Gracia,Timothy B. Noone (eds.), *A Companion to Philosophy in the Middle Ages,* London: Blackwell, 2002, p. 67.

[2]　219 条的说法流传甚广，它来自《巴黎大学宪章》(*Chatularium Universitatis Parisiensis*)。最新的校订本证实，抄本中罗列的命题实为 220 条，参见 David Piché (ed.), *La condemnation parisienne de 1277. Texte latin, traduction, introduction et commentaire*, Paris: Vrin, 1999, p. 24。以下引用的拉丁文本及命题编号，均依据该书。

授和聆听这些主张的人，如果不在 7 天内向他们的主教或校长报告的话，就将被施以绝罚。

根特的亨利是一位在俗修士，他是神职人员，但不属于任何修会，长期在巴黎活动，被看作阿奎那和司各托之间影响最大的神学家和哲学家（图 14.6）。他有关光照说的讨论、有关存在和本质的区分，特别是"本质之存在（existentia essentiae）"这样一个怪异而有趣的说法，在哲学史上留下了自己的烙印。这里提到他，是因为很多学者断定他是 77 禁令背后最重要的推手。他之所以参与这

图 14.5　博纳尤托的安德烈亚《圣托马斯·阿奎那的胜利》湿壁画局部（约 1368 年），佛罗伦萨新圣母教堂。传统上认为若望二十一世即西班牙人彼得，他的《逻辑学大全》是流行了近 3 个世纪的大学教材。此图将他作为自由七艺中辩证法的代表人物。耐人寻味的是，在但丁笔下，彼得和西格尔一样同在太阳天，"他的十二卷书（即《逻辑学大全》）在世间光芒夺目"（《神曲·天堂篇》12.138）。

图 14.6　根特的亨利《神学大全》扉页，木刻版画（1520 年），出自 Henricus Gandavensis, *Summae quaestionum ordinarum*, Paris: Jodocus Badius Ascensius, 1520. 亨利的道德心理学以鼓吹意愿的绝对自由著称，但他却成为一场声势浩大的审查运动的幕后导师，这充满了历史的反讽。

一思想审查运动，和他自己的哲学立场有很大的关系。他受到阿维森纳形而上学的影响，但更乐于弘扬奥古斯丁传统。13 世纪中叶时，曾有一次奥古斯丁主义的复兴，这对后来的哲学家，包括司各托、奥康等人都产生了深远的影响。特意强调这一点，是因为过去的哲学史研究过于强调经院哲学中的亚里士多德传统，没能注意到奥古斯丁传统在 13 世纪后半叶和 14 世纪重新进入了拉丁世界思想版图。

回到 77 禁令，根据法国学者皮埃尔·芒多内 (Pierre Mandonnet) 的研究，这 219 个命题中包含 179 个哲学命题和 40 个神学命题。内容涉及哲学研究的本性，上帝的本性与他是否可知，上帝的全知全能，天使和分离的智能实体（例如阿拉伯传统中的主动理智和被动理智），世界的永恒性，人类理智的单一性及其后果，人的自由与自由意愿，作为一门知识的神学，圣餐理论，基督教道德，人的不朽与来世的赏罚等。[1]

以上所列举的内容，实际上可以从它们的来源上分成三大类：

（1）来自亚里士多德自己的主张，例如世界的永恒性，又如神作为理智，他唯一的活动就是思考自身。

（2）间接地来自阿拉伯评注家的想法：（a）阿维洛伊所主张的潜能或质料理智的单一性，即所有人都分享同一个潜能理智。（b）阿维森纳和法拉比的智能实体流溢说，这被用来解释不同天穹乃至月下世界之间的本体论关联。（c）宿命论主张，一是强调天穹的运作对于月下世界的人的因果作用，这类似一种物理或宇宙论意义上的决定论；二是突出上帝的预知预定对人的自由的影响，这是所谓的神圣预定论或神学宿命论。

（3）来自艺学院的主张，例如西格尔对哲学方法论的澄清，被看作对理性知识自主地位的辩护。

唐皮耶的 219 条命题主要针对的是艺学院的师生。但他不满足于此，还将战火烧到神学院：他成功地于 1277 年 3 月 28 日谴责了神学家罗马的贾尔斯（Giles of Rome，1243—1316 年）（图 14.7）《〈箴言集〉评注》中的 51 个命题，

[1]　Pierre Mandonnet, *Siger de Brabant et l'averroïsme latin au XIIIe siècle*, 2 vols., Louvain: Institut supérieur de philosophie de l'Université, 1908-1911, vol. 2, pp. 175-191.

而这些命题的内容往往可以追溯到贾尔斯刚过世不久的老师托马斯·阿奎那。很多人因此认为阿奎那才是唐皮耶第二次谴责针对的真正目标。有学者甚至认为同年还有一次专门针对阿奎那的思想审查，只不过因为教廷的干预而终止。[1] 所以，受到禁令谴责的人，不仅有艺学院的硕士，也包括神学家，尤其是受到阿奎那影响的神学家。

需要补充的是，1277 年的谴责不局限于巴黎，它还出现在另一个学术中心牛津。1277 年3 月 18 日，坎特伯雷的总主教罗 伯 特·基 尔 沃 比（Robert Kilwardby，约 1215—1279 年）谴责了 30 条来自牛津大学艺学院的语法学、逻辑学和自然哲学命题。其中自然哲学下的第 12 条提到："植物、动物和理智灵魂是一个简单形式。"这条非常接近阿奎那自己的主张，因为阿

图 14.7　罗马的贾尔斯《论君主统治》抄本（14 世纪），巴黎法国国家图书馆。1277 年受谴责之后，贾尔斯曾短暂离开学界，其哲学兴趣也由亚里士多德和阿奎那转向安瑟尔谟、奥古斯丁和普罗克洛。他是 13 世纪末最有影响的哲学家之一，并且深度卷入当时的教会政治。此书与阿奎那的名著同名，贾尔斯将其题献给法国国王美男子腓力。

奎那强调一个人只有一个单一的实体性形式，即他的理智灵魂。它不仅解释了理性的活动，也解释了感知、营养、生长，以及它作为一个有广延的身体的存在，在个人之中，并不存在理智灵魂之外的动物灵魂或植物灵魂。

[1]　Luca Bianchi, "1277: A Turning Point in Medieval Philosophy?" in Jan A. Aertsen and Andreas Speer (eds.), *Was ist Philosophie im Mittelalter?*, Berlin, New York: De Gruyter, 1998, pp. 91-93.

毫不意外，1277 年之后出现了一股反托马斯主义浪潮，例如题为《纠正托马斯弟兄》（*Correctorium fratris Thomae*）的著作。方济会甚至发布条令，宣布必须严格控制阿奎那《神学大全》的传播，只有接受过充分的神学训练才能阅读，而且需配合《纠正》一书"服用"，以保证《神学大全》的错误主张不会广泛传播。这股针对阿奎那的谴责一直延续到 1325 年，直到他被教廷正式封圣以后才正式终结。

当我们的视角从托马斯主义转向整个中世纪哲学，更加全面地审视 1277 年谴责所带来的影响，情况就变得复杂而且难以确定。1277 年的这一系列事件，尤其是唐皮耶的 219 条谴责令，无疑是中世纪哲学史上最有戏剧性色彩的事件之一，也是中世纪拉丁世界最重要的思想审查行动（图 14.8），但它具体在多大程度上，以什么方式改变了中世纪哲学的发展，却一直存在争议。

3. 1277：中世纪哲学的转折点？

当时的哲学家和神学家对禁令反应异常激烈，不少人认为教会的思想审查，影响了人们自由地运用自然理性追求真理的活动；而理性作为人的自然能力，是由上帝所赐予的，因此教会的干预实际上也违背了基督教信仰的核心教义。

这里要特别提到两位哲学家对 77 禁令做出的回应。首先是杜埃的詹姆斯（James of Douai），他大声抗辩："哲学是人最高的完满所在，但今天的哲学家们却受到了压迫。"另一位是名声更大的方丹的哥特弗雷（Godfrey of Fontaines），他说：

> 禁令或谴责对于理智的完满是有害的，因为人们不能自由地去追求真理，而真理才是他们理智的完满所在。[1]

他们完全不像西格尔那样做出让步，认为只有通过信仰才能达到真理，而哲学家最好别谈真理，专注理性即可。他们强调的是，理智所可以通达的真理就是唯一的真理；我们对于这一真理的自由探索，才是理智可以通达它的方式；而这种自由探索当然就是哲学。他们因此认为，压迫哲学实际上就是在压迫人对

---

[1]　引自 Pasnau (ed.), *The Cambridge History of Medieval Philosophy*, pp. 100-101。

图 14.8　佩德罗·贝鲁格特《圣道明与艾伯塔派》油画局部（15 世纪末），马德里普拉多博物馆。圣道明在与异端艾伯塔派论战时曾将各自的著作投入火中，只有道明的书毫发无损。对异端思想的审查在中世纪屡见不鲜，但当时并无中央集权的专门机构负责思想控制，焚书也更多是象征性的，并不能有效阻断相关著作和思想的传播。在 70 禁令之前，就已经有多次针对巴黎大学教授亚里士多德著作的禁令，但并不能阻止亚里士多德思想成为经院哲学主流。

真理的追求。哲学家们的回应激进到让人难以相信他们生活在所谓的黑暗时代，而这也反过来表明 77 禁令的颁行并没有让哲学家噤声，他们仍然有途径、有勇气捍卫哲学思考自身的价值。

在论及 77 禁令造成的实质影响时，很多教科书会提到所谓亚里士多德主义的衰落，但这个主张很难得到辩护。例如司各托自己的很多主张，他所利用的思想工具，基本的理论框架实际上还是来自亚里士多德传统。他的思想更接近对亚里士多德的一种创新性解释，而不是直接的否定和抛弃。甚至包括像奥康的威廉这样在逻辑学领域带来重大革新的哲学家，也仍然是在一种广义的亚里士多德传统下开始他的思考。我们不宜夸大 77 禁令对亚里士多德主义的打击。

思想史家们对 77 禁令的长时段影响看法不同。有些学者把它看作近代科学的起源，其中最有代表性的是法国科学史家迪昂（Pierre Duhem），他在 1909 年发表的《莱昂纳多·达·芬奇研究》中大胆论证：唐皮耶的谴责，因为强调上帝的绝对权能，使基督教思想摆脱了此前对亚里士多德主义的教条性接受，使自然哲学研究从亚里士多德玄想的死胡同中解放出来，激励了 1277 年以后的思想家们以新的方式分析自然现象，在这个意义上促成了现代科学的诞生：

> 如果我们一定要为现代科学的诞生指定一个日期的话，就应该毫不顾虑地选择 1277 年。因为巴黎的主教庄严地宣告，可以存在若干不同的世界，并且整个天体都可以不包含矛盾地被一种直线运动所推动。[1]

迪昂的工作让中世纪自然科学史研究得以走上历史舞台，贡献巨大。不过，他的上述主张因为过于激进，已被学界拒绝。亚里士多德传统在 13 世纪并没有突然消失。还可以补充的是，在经院哲学后半期甚至到了所谓的文艺复兴哲学时期，推动着当时的人以理性的方式去探索自然、去系统地解释我们的经验的，仍然是亚里士多德哲学和传统的经院哲学。[2]

不过，尽管人们拒绝迪昂的主张，13 世纪后半叶哲学、神学研究以及亚里士多德传统理论范式的转化仍然成为学者关注的焦点。皮埃尔·芒多内和鲁汶的哲学史家范斯滕贝亨（Van Steenberghen）就认为 77 禁令展示出信仰和理性之间的对立，而这种对立正是由于拉丁世界引入新的哲学资源造成的。他们也因此部分地接受了迪昂的说法，认为 77 禁令导致了亚里士多德影响的衰弱，同时带来了新的思潮的出现，如根特的亨利的奥古斯丁主义。[3]

与之相反，当代最重要的法国中世纪哲学研究者阿兰·德里贝拉（Alain de Libera）和德国著名中世纪哲学史家库特·弗拉施（Kurt Flasch）都认为，1277 年大谴责见证了哲学作为一个自主独立的学科的出现，或者在艺学院中或者完全在中世纪大学之外，它和神圣启示的传统之间产生了巨大张力。[4]

---

[1] Pierre Duhem, *Études sur Leonard de Vinci*, 3 vols., Paris: A. Hermann, 1906-1913, vol.2, 412.

[2] 参见拙文《哲学中的人文主义传统？——文艺复兴人文主义的哲学史反思》，载于《外国哲学》总第 35 辑（2018 年），第 126—165 页。

[3] Fernand Van Steenberghen, *Aristotle in the West,* Louvain: Nauwelaerts, 1970, p. 238.

[4] Kurt Flasch, *Aufklärung im Mittelalter? Die Verurteilung von 1277*, Mainz: Dieterich, 1989; Alain de Libera, "Philosophie et censure. Remarques sur la crise universitaire parisienne de 1270-1277," in Jan A. Aertsen and Andreas Speer (eds.), *Was ist Philosophie im Mittelalter?* Berlin, New York: De Gruyter, 1998, pp. 71-89.

德里贝拉和弗拉施的研究工作，让中世纪神学院之外的哲学传统得到前所未有的关注。这个时期的艺学院确实有很多让人瞩目的哲学成就——例如西格尔和布里丹，但回顾整个中世纪的哲学进程，最重要的研究推进还是由安瑟尔谟、阿奎那、大阿尔伯特、司各托，甚至奥康这样的神学家来完成的。所以，更平衡地对待 77 禁令的态度或许应该是：一方面，我们要承认

图 14.9　奥古斯丁《上帝之城》抄本（15 世纪），巴黎法国国家图书馆。插画家弗朗索瓦大师借题献页创造了一个雅典学园式的思想殿堂，不仅有奥古斯丁的同代人哲罗姆、安布罗斯，还有经院盛期的大阿尔伯特、阿奎那、波拿文都拉、司各托（右下灰衣黑帽）、罗马的贾尔斯、里米尼的格列高利等，从服饰上可以看出他们来自不同的修会，有着各自的思想传统，因为对同一真理的追求而汇聚一堂。这种多元背景和对话传统贯穿整个经院哲学，并没有因 77 禁令而阻断。

它促成中世纪哲学整个研究风向发生了重要的变化；另一方面又要强调，1277 年前后并不存在截然的断裂，我们之前所强调的一个多文化传统并进，同时在单一文化内部也有多学派共存的中世纪哲学图景，在 1277 年以后仍然在延续，而司各托正是这样一位融合不同思想传统同时又极富原创性的哲学家（图 14.9）。

二、司各托论共相与个体化

关于司各托的生平，我们所知不多。他于 1266 年出生于苏格兰边境小镇邓斯（Duns），他的全名是约翰·邓·司各托，其中，"邓斯"或"邓"实际上是他的姓，而司各托则是他的绰号，说明他是苏格兰人。中世纪的名字比较少，我们曾经提到的中世纪早期哲学家爱留根纳，全名实际上是约翰·司各托，"爱留根纳"是他的自号，表明他是爱尔兰人。为了将他们区分开来，学界通常不用他们的名，而用爱留根纳和司各托这两个"号"来称呼他们。

司各托 13 世纪 80 年代在牛津的方济会学堂学习，1288 年入牛津大学。他于 1300—1301 年间正式成为方济会士，并在牛津大学获神学学士学位，开始讲授《箴言集》（图 14.10）。不过，司各托在牛津的课程还没完成，就转学到巴黎，那里仍然是哲学、神学研究的中心。他在巴黎再次开讲《箴言集》，但因为在教宗博尼法斯八世和法王腓力四世的冲突中支持教宗（图 14.11），被迫短暂地离开过巴黎，不过最终还是完成了他的学业，在巴黎成为任职硕士（regent master）。1307 年，司各托任职期满后去了科隆，但仅仅一年后就英年早逝，年仅 42 岁。他的墓碑上刻着四句话："苏格兰生育了我，英格兰接纳了我，法兰西教育了我，而科隆留住了我。"

图 14.10　司各托《〈箴言集〉牛津评注（"订正本"）第一部》抄本（1461 年），梵蒂冈图书馆。

司各托去世太早，很多著作没来得及完成。他留给我们的哲学著作包括以下四类：（1）亚里士多德著作评注：以逻辑学著作为主，但也包括《形而上学》和《论灵魂》。（2）一部独立的哲学神学专著：《论第一原理》，包含他自己的上帝存在证明和对神圣属性的哲学反思。（3）神学论辩：他在巴黎还主持过一些即席论辩，后来被整理出版，名为《论谈集》（Collationes）或《即席论辩集》（Quaestiones quodlibetales）。（4）《〈箴言集〉评注》：这是司各托最重要的论著。他在《箴言集》的框架下，系统地讨论了诸多关键的神学和哲学问题。有意思的是，司各托的《〈箴言集〉评注》有几个不同的版本，它们的流传也反映了当时的课堂实

图 14.11 （伪）佛罗伦萨的菲奥雷《教宗预言录》抄本（1431—1447 年），大英图书馆。1303 年，教宗博尼法斯八世对法王腓力四世等人施与绝罚，腓力派军队囚禁了博尼法斯，后者不久后在屈辱中死去。图中的雄鸡显然是在暗示他和高卢人的冲突。书中与他相关的预言写道"你凭欺诈入场，强有力地统治，将在呻吟中死去。"

践。一种是所谓"讲授本（Lectura）"，即他在牛津讲课的底稿，其中有关《箴言集》前两部的部分得以流传。另一种是"订正本（Ordinatio）"，这是他对牛津讲稿的重新修订，其中也运用了一些在巴黎重新讲授《箴言集》时的材料，特别是涉及后两部的评注。除了这两个直接经司各托本人之手的版本外，还有一个"巴黎听录本（Reportata Parisiensia）"，实际上是他在巴黎的学生们的笔记，这些笔记里包含一些没有整合到订正本中的内容，对于我们今天了解司各托的思想仍然重要。

1. 司各托论区分

司各托哲学的一个重要贡献是在理论分析中引入了一系列概念区分，这些区分成为晚期经院哲学倚重的理论工具。不了解它们，就没法理解司各托和中世纪晚期的哲学讨论。而司各托的著作之所以晦涩难懂，很大程度上也是因为引入这一系列区分和与之相应的大量哲学术语。这些看似烦琐冗杂的术语和区

分，确实有让哲学思考变得支离破碎的危险，就像当代的学院派哲学一样；但另一方面，如果没有这样一些细致的区分和经过精确界定的术语，我们的思考很容易变得粗疏和空泛，而且没有办法准确刻画事物和现象自身的复杂性。在司各托的同时代人看来，他引入的这些区分和术语很大程度上帮助哲学和神学思考向着更加精细、缜密的方向发展。这也为司各托身后赢得了"精微博士"的称号，甚至像奥康这样不承认形式区分的哲学家，也会称赞司各托"在判断的精微上超越所有人"。[1]

最能体现司各托思想精微的，莫过于他对于区分本身的区分。我们谈其中最重要的三个区分：

（1）实在的区分（distinctio realis）。如果 a 和 b 在数目上是两个不同的事物，那么它们之间就存在实在的区分，反之亦然。最直接的例子是苏格拉底和柏拉图。他们是两个数目上不同的个体，彼此之间当然存在实在的区分。对司各托来说，不仅两个实体之间有实在的区分，一个实体和它的偶性之间也有实在的区分，因为它们之间的同一性条件是不一样的。比如说当苏格拉底被晒黑时，苏格拉底的白就不再存在，但苏格拉底作为实体仍然保持同一。

（2）概念的区分（distinctio conceptualis）。如果 a 和 b 在数目上是同一的，但仅仅在概念上有所不同，那么在它们之间就仅有一个基于理性的或概念上的区分。这个区分**完全**依赖人的心灵，或者说依赖人的心灵对于事物的表象（概念）。例如，我们可以把"今天"表达为"昨天的明天"或者是"明天的昨天"。这些表达式的意义和内容有所不同，但它们所指称的对象是同一的。更经典的例子是大家熟悉的"晨星"和"昏星"，它们所指称的对象都是金星这颗行星，但在表达式上和概念上是有差异的。重要的是，这个差异并不出现在事物那边，而只在心灵一侧。

（3）形式的区分（distinctio formalis）。这是最不容易把握的区分。它介于实在的区分和概念的区分之间。司各托之所以引入这样的区分，首先是试图对我们的概念做出一个区别：有些概念是随意的或约定俗成的，它们在一定程度上独立于事物本身所是的状态；而作为一个实在论者，司各托认为，另有一类

---

[1] 奥康：《〈箴言集〉评注》1.2.6。

概念或定义被称为正确的，正因为它们可以如实再现事物本身所是的状态。在司各托看来，后一类型的概念或定义上的区分，就不能完全还原为我们的心灵活动或心灵活动的内容，而是在事物本身中也存在着概念区分的依据，否则，我们就没法区分随意的概念和正确的概念。但是，这样一种来自事物本身的依据，又不至于使得与正确概念相关的事物变成数目上不同的两个东西。因此，形式化的区分可以这样来刻画：假定 a 和 b 是实在上同一的东西，但有各自不同的**定义**，即对于它们本质的准确界定或刻画，那么，a 和 b 之间就存在形式的区分，同时被称为"形式性或者是实在性"（formalitates or realitates）。在司各托看来，如果 a 和 b 不仅在概念上不同，而且在定义上不同，那么它们之间的区别就不能仅仅出现在我们心灵一侧，而是在事物自身中也有一种形式化的区别：在我们心灵这边，a 和 b 被称作"不同的形式性"；而在事物那边，它们被称为"不同的实在性"。但需要强调的是，即使在事物一侧，a 和 b 作为不同的实在性在数目上仍然是同一的。

司各托引入"形式的区分"这一晦涩的概念，不仅是为了更好地解释正确定义和随意概念的本体论差异，而且是为了应对当时的一系列神学和哲学困难。

一个重要的理论动机就是解释三位一体中的"位"和"体"的区别（图 14.12）。基督教信仰的上帝是圣父、

图 14.12　《罗斯柴尔德颂歌集》抄本（13 世纪末或 14 世纪初），耶鲁大学图书馆。书中引用了不少关于三一论的箴言，例如"位格为三，本质为一"，"他所见为三，而所爱为一"。当然，任何三位一体的视觉表达都必然是拙劣的，因为它必须明确地标示三个位格的象征作为可见对象的区别，例如图中的父、子与鸽。

圣子、圣灵（或译圣神）三个不同的位格（Persons）；但他们作为神，其神圣本质或神性是同一的。如何解释上帝的位格属性（personalitas）和他的神圣本质（essentia divina）之间的差别，是基督教背景的哲学家必须面对的形而上学挑战。

（1）首先，它们之间不能是实在的差别。否则上帝作为圣父的存在和他作为神的存在之间就存在着实在的区分，在上帝这里就会有两个数目上不同的存在物，"圣父"和"神"：（a）这两个数目上不同的存在物不能是两个实体，否则就有两个神，跟一神教信仰相冲突；（b）它们也不能一个是实体，另一个是属性，尤其不能是偶性。因为在上帝这里，上帝作为实体的存在和他作为属性的存在并没有区别，他的属性和他的存在自身是等同的，例如上帝和上帝的善是同一的，否则上帝就不是因其自身为善。所以，一旦承认上帝有一个属性与他的实体不同，就等价于承认有两个实体，有两个神。

（2）其次，它们之间也不能只有概念上的区分。否则，上帝作为位格的存在和作为神的存在之间的差异，在上帝自身中没有任何实在的根据。由此可见，在上帝自身中，也就不会有他作为不同位格的存在的差别，也就不再有三位一体，而至多有一位一体，甚至就只是一体。这在基督徒看来也是不能接受的。

因此，当神学家们希望为上帝的位格属性和神圣属性之间的差异找到某种基于事物自身的区别，他们就需要引入新的理论工具来刻画这一独特的差异，而司各托选择的就是形式的区分。

除了这一独特的神学理由之外，司各托还有其他的理论动机。这里特别需要提到的是人的理性灵魂和理性能力（包括理智思考和意愿能力）之间的差别。阿奎那认为它们之间具有实在的区分。因为阿奎那强调人的理性灵魂是一种能够独立持存的特殊实体性形式，其他的实体性形式都不能离开其质料而持存，唯有人类理性灵魂可以。这是因为理性灵魂的理智思考活动，不依赖其他的物质性活动，所以可以脱离身体持存。然而，人并不总在进行理智的思考活动，但只要人还是人，他就必然拥有现实的理性灵魂。在阿奎那看来，这就意味着理智思考能力作为理智思考的本原和理性灵魂作为人实体性存在的本原，它们之间存在实在的区分。[1]

---

[1] 阿奎那：《神学大全》1.77.1。

司各托拒绝接受这样的解释方案：我们的理智灵魂确实并不总在理智思考，但没有了理智能力的灵魂，还能叫理性灵魂吗？此外，人类的理智能力不就是人类的理智灵魂所具有的潜能吗？我们稍后再讨论这里的"潜能"概念。这一质疑至少引导司各托否认理性灵魂和理智能力之间存在实在区分，尽管我们可以通过准确的概念界定得出它们的区别，例如理性灵魂是人的实体性形式，而理智能力则是理智活动的本原。这个理论的好处在于：当我们谈到人的灵魂时，我们谈的一定是苏格拉底的理性灵魂这样的个别的存在物；而苏格拉底的理性灵魂就等同于他所具有的理性能力，例如他能够诘难别人的能力，而不需要再引入一个神秘的、不具有任何能力的、超越于理性能力之外的理性灵魂这样的纯粹实体性形式。所以，在探索理性灵魂的本体论地位的哲学历程中，尤其是在反思是否有必要引入一个独立的"自我"概念来解释个体心灵存在的思想演进中，司各托看似冗余的形式的区分这一理论工具，对于削减不必要的形而上学概念，迈出了很重要的一步。他认为，理性灵魂就是它的能力的总和，我们不需要引入某种类似"自我"这样的实体性概念，而只需要关注它的能力以什么样的方式实现，这无疑拓宽了我们理解自身存在的路径。[1]

2. 司各托的共相实在论

司各托（图 14.13）引入形式的区分，更重要的目的，是为了解

图 14.13 卡洛·克里韦利《约翰·邓·司各托》蛋彩画（1470 年代），蒙特菲奥雷德拉索圣方济博物馆中心。克里韦利是一位被忽略的文艺复兴绘画大师，所幸他不仅曾为阿奎那画像（见本书图 12.11），而且留下了司各托艺术水准最高的肖像。

---

[1] 司各托：《〈箴言集〉评注（听录本）》2.16。

释个别事物的共性和此性的区分，例如苏格拉底的人性和苏格拉底性。司各托是一个实在论者，这尤其体现在对共相问题的处理上。

在亚里士多德哲学传统中，"共相"首先指的是那些能用来谓述不同主词的普遍词项。除此之外，这些词项所意指的心灵中的普遍概念也会被称为共相。比如说我们关于人、动物、杯子、颜色的概念，在我们的心灵中，它们也可以用来谓述不同的个别事物。

共相在认识论和本体论上都扮演着非常重要的角色：（1）从认识论来说，亚里士多德强调严格界定的知识的对象都是普遍必然的，因此，普遍概念构成了知识的基础。而概念和知识看起来能够独立于个别的心灵保持为同一，因此，我们就有理由去思考这一同一性是否有心灵之外的存在论依据，尤其是是否存在与普遍概念相对应的普遍属性，它是否在心灵之外实在。（2）从本体论来说，亚里士多德传统强调个别事物在存在论上的优先性——司各托在这条路上走得更远，他强调个别事物的个别性既不能被还原为该事物的其他性质，也不能被还原为它的其他结构特征。在突出个别事物的存在论优先性的前提下，如何去理解它与同类的其他个别事物相似的特征，理解它们被归到一个自然类别下的本体论依据，这就成为司各托的本体论必须处理的重要挑战。

司各托对于共相实在论的辩护，也沿着认识论和本体论两个方向来前进。

（1）认识论理由。司各托认为：如果在一个物质性的实体的本质规定中，只包含着它作为"这个（haec）"个别事物的存在，这就意味着，该事物是一个甚至在我们思想中也不能替换的特殊存在。它所导致的一个严重的认识论后果是，我们的理智没有办法理解这样一个因其自身就是特殊的事物。举例来说，如果苏格拉底的本质规定了它只能是这样一个特殊的个体，那么，我们就完全没法设想有任何人可以替换他，没法设想他的本质属性可以在另一个个体上实现。这样的话，我们也就完全无法理解苏格拉底的存在。这是因为，所谓"理解"，在司各托看来，首先是一种抽象的认知活动。而"抽象"就意味着要把一个事物的某种特征（不管是本质还是偶性）同它的个别化的特征相剥离开来，也就是一个普遍形式与个别形式相分离的过程。但按照刚才的假设，一个事物的本性中只包含它作为特殊的个别事物的规定，那么，当我们在抽象中把它剥离之后，就什么都剩不下来，也就不可能获得对它的任何理解，而这显然与我们有关物质实体的观念不相容，因为我们相信自己可以获得有关物质实体的恰当概念和正确知识。[1]

（2）本体论的理由。司各托强调，并非所有实在的统一性或者一性都是数目上的统一性，否则的话，所有实在的多样性就只是数目上的多样性。这里所谓的"数目上的统一性"，等价于苏格拉底这样的个别实体所具有的统一性。当然，以上推论预设了一个前提：多样性以统一性为前提，或者说"多"以"一"为前提。当有人谈论"多"时，我们总会问：这是"什么意义上的多"，或者"多个什么"，比如说是多个不同的人，还是多种不同的动物？在谈论多个不同的人时，我们是以个体的统一性或者数目上的统一性为基础的，苏格拉底、柏拉图、亚里士多德是多个不同的人，这是因为他们各自是数目上统一的实体。但是我们还可以谈论多种动物，例如人、马、猫是多种不同的动物，这显然是以这三类事物各自作为独立的自然类别的统一性为前提的。如果这样的谈论是有意义的，动物类别的差异是实在的话，我们就有理由认为它所预设的类别的统一性本身是实在的。

基于以上两种理由，司各托得出结论：在一个事物中存在着某种实在的统一性，该统一性属于事物的本性自身，但它相对于数目上的统一性或者个别性的统一性而言是无差别的。这就意味着，在苏格拉底这样的个体中，存在着数目上的统一性之外的另一种统一性，例如他作为人的统一性。但是，与专属于苏格拉底的数目上的统一性不同，这种人的统一性，内在于他的人性之中，并不是专属于他的，而是对于柏拉图、亚里士多德或者其他个别实体都是无差别的、中立的。[2]

这一无差别的统一性不易把握。首先，司各托接受亚里士多德的判断，认为我们在谈到一个事物时，它首先是一个个别化的事物，因为个别实体优先

---

[1]　在抽象认识之外，司各托的认识论承认理智的直观，认为理智也可以无需中介直接把握到与个别事物有关的知识，包括偶然事件的知识。不过需要注意的是，（1）司各托强调这种理智直观首先属于分离的灵魂或天使，因为他们可以面对面地把握上帝或其他个别事物的存在；（2）在此世的理智活动中，理智直观的对象首先是我们自己的理解活动。理智直观所把握的并不是"苏格拉底是人"这一命题，而是我对该命题的理解。通过理智直观，我觉察到自己在理解这样一个命题。无论哪种情况，都与我们这里谈论的有关物质对象的理智认知没有直接关联。通过理智直观，我们并不能把握苏格拉底这样的物质存在的本质。

[2]　司各托：《〈箴言集〉评注（订正本）》2.3.1.1。

于其他范畴。因此，当我们谈到人性时，它在本体论上首先是被个别化了的人性。但人性的统一性对于苏格拉底、柏拉图这样的个别实体来说是无差别的。这也就意味着，在苏格拉底身上被个别化了的人性是**可能**出现在柏拉图的身上的。这一点并没有它听起来那样难以理解。尽管人与人之间存在巨大的差异，但是苏格拉底之为人，和柏拉图之为人，和我们之为人，和古代的奴隶之为人，和受到歧视的女性之为人，它们真的有差别吗？至少在概念上不应该有。因此，这里所说的"本性"就像阿维森纳所说的"事物性"一样，它本身既非现实地是普遍的，也不是个别的。因为如果它被现实地完全个别化的话，那么从认知的角度说，它就没有办法成为理智认识的对象；而从本体论上说，它就取消了人作为物种的统一性。

在阿维森纳那里，我们已经看到了为什么马性本身可以既不是普遍的，也不是特殊的。[1] 司各托进一步指出，本性是共同的（commune）（请务必注意"共同的"与"普遍的"差别）：一个事物 S_1 所拥有的某种属性 P 被看作是共同的，当且仅当 P **可能**存在于 S_1 之外的其他事物 S_2 中。[2] 例如，苏格拉底所拥有的个别化了的人性，它是可以反事实地存在于柏拉图之中的，或者某个被歧视的女性之中的。反过来，属性 P 本身，如果我们不考虑它在 S_1 之中的现实性，而只考虑它本身的话，它就是可分的 (divisibile)，可以被不同的个别事物 S_1 和 S_2 例示。这里，同样需要注意的是，司各托所说的，并不是像柏拉图的《巴门尼德篇》提到的形式同时现实地被不同的个别事物分有。在司各托看来，在任何一个现实的时刻，人性都是被某个具体的个人个别化了的人性，这个被个别化的人性本身不能再现实地被其他个人例示。但是，**在理论上或者在概念上**，人性被任何个人例示都是可能的。苏格拉底身上的人性在被个别化之前，它是完全可以被别的个体个别化的。或者借用当代的可能世界语义学理论，在其他的可能世界，它是能够被其他的个体个别化的。

司各托的共相实在论正是建立在对"普遍"和"共同"精妙区分的基础之上，它试图解释为什么我们所谈论的人性现实地只能是苏格拉底特殊的人性，

---

[1]　见本书 10.4.4。

[2]　司各托：《〈箴言集〉评注（订正本）》2.3.1.1。

但与此同时又是可以被抽象认知方式把握的共同的人性，而且可以用来解释人这一物种的统一性。然而，司各托为此要付出的理论代价是需要直面如下挑战：如何解释苏格拉底之为苏格拉底？

3. 司各托论此性（Haecceitas）

我们或许会疑惑为什么这是一个需要哲学解释的问题，更会疑惑为什么单单司各托（图 14.14）必须去面对这样一个特殊的理论困难。

在刚才描述的共相实在论图景中，在苏格拉底身上实现的个别化的人性。首先是共同的本性。它的规定性中没有任何东西可以阻碍它在苏格拉底之外的其他人类个体身上被个别化。尽管就现实而言，共同的本性是个别化的，但就其自身而言，它是可能被普遍化的。所以，对于苏格拉底来说，共同本性解释了什么是人之为人的本质。这也就意味着，作为共同本性的人性就其自身而言没法同时解释苏格拉底这样的个别实体所具有的个体性或奇特性（singularitas）。否则的话，同一个共同本性既可以因其本身是可普遍化的，又因其本身而是个别化的。在司各托看来，这就违背了无矛盾律。因此，我们需

图 14.14　那不勒斯画派《约翰·邓·司各托像》油画（约 1650 年），牛津博德利图书馆。此画有多个版本，画中人物是否司各托也多有争议，博德利图书馆坚持认为画中人物就是"精微博士"，因为他展示了"16 世纪木刻版画和口耳相传的司各托的身体特征"。若果真如此，司各托算得上相貌清奇。

要共同本性之外的另一存在物，来解释个别实体的个别性。

在司各托之前当然也有实在论者，例如之前提到的阿奎那和他的追随者，他们也认为心灵正确把握的普遍概念，在事物中有它的实在基础。所以，他们也需要面对这样一个理论的困难，即解释个别事物的个别性的来源。对于这些共相实在论者来说，就有所谓的个别化（individuatio）问题。阿奎那认为我们在这里所讨论的是物质实体的个别化，它们都是由形式和质料构成的复合物，其中形式规定了该事物作为一个特定的种所具有的本质，比如说人的灵魂规定了人之为人的本性，相应地，作为质料的身体则解释了他的个别性来源。[1]

司各托之前的实在论者常常引用亚里士多德，宣称质料是个别化的本原。这是一个过于简略的说法，因为存在不同类别的质料，但只有一种特殊类型的质料才能成为个别化的本原。阿奎那认为，与实体性形式相对的质料，只能是没有任何规定性的原始质料。而在个别实体如苏格拉底中，原始质料在与实体性形式结合之后才具有特定的属性。阿奎那将它称为特指质料（materia designata），例如苏格拉底的血肉骨头，以及他的这些血肉骨头所具有的质量、广延等特征。特指质料将苏格拉底和柏拉图以及其他个体区别开来。[2]

司各托明确拒绝了上述以特指质料为个别化本原的解决方案。因为他根本不接受阿奎那的特指质料概念。司各托首先强调在现实世界中，一切质料都是有广延的质料。这就意味着质料本身就是可以量化的，因此不存在缺乏任何属性的原始质料。其次，质料在获得可量化的偶性之前，它确实拥有独特的本质。尽管我们在现实世界中永远不可能通达这个没有形式的质料的本质，但只要上帝愿意，他就能让质料脱离形式而存在。尽管在现实世界中，我们很难设想无形式的质料，但司各托认为，质料的概念并不包含它在存在上对形式的依赖性，因此我们完全可以设想在某个可能世界中，质料是能够独立存在的。

如何理解无形式的质料的存在并非我们关注的要点。重要的是，司各托进一步认为，一个可以量化的质料，不可能像阿奎那所说的那样成为个别化的本原。因为它违背了亚里士多德传统的一个重要的本体论原则，即个别实体相对于偶性

[1] 阿奎那：《神学大全》1.75.4。

[2] 阿奎那：《论存在与本质》第 3 章。

的优先性：偶性的存在预设了个别实体存在，但反之则不然。这种不对称性决定了作为偶性的量不能成为个别实体个别化的本原。在司各托看来，一个质形复合物，它的质料的个别性，比如说我的血肉骨头的个别性，来源于实体的个别性，而不是反过来。基于同样的理由，他也认为我的形式，比如说我的理性灵魂的个别性，也不能够先于我作为个别实体亦即灵魂与身体结合而成的整体的个别性。因为形式只是质形复合物的本质的一部分。而个别实体作为在实在上不能再分的最小存在单位，它作为整体的个别性，应当先于它作为部分的个别性。由此可知，只有苏格拉底作为整体才能解释苏格拉底的个别性，但这从事实上等价于认为苏格拉底的个体性是某种原始的、无法被进一步解释的属性（图 14.15）。[1]

司各托并不满意这样的回答，他认为使苏格拉底得以个别化的既不是它的质料，也不是它的形式，甚至不是两者的复合物，而是在共同本性之外，构成苏格拉底的另一个本体论要素：司各托有时称它为"此性（haecceitas），但大多数时候，他更喜欢用奇特性（singularitas）来谈论苏格拉底具有的这种个别性。此性作为一个存在物（entity）既不是质料，也不是形式，更不是复合

图 14.15　司各托《司各托著作集》抄本（14 世纪），梵蒂冈图书馆。司各托坐在讲台上，受圣灵启发讲授三位一体的奥秘，左下角是展示出圣痕的圣方济。在司各托看来，耶稣、圣方济和他自己作为不同人类个体，这并非不可再被进一步解释的原始事实，但将他们区分开来的也不是他们各异的身体或灵魂，而是他们各自现实化的、共同的人性本身，它也被称作此性。

---

[1]　司各托：《〈箴言集〉评注（订正本）》2.3.1.4-5。

物，因为这三者都是某种本性，或者说已经被个别化的现实存在。而此前的讨论已经预设了本性因其自身而言都是共同的，例如苏格拉底的血肉骨头也具有和其他人的血肉骨头相似的性质，在某种意义上也可以在其他个体上存在；苏格拉底的灵魂作为本性也是如此。而这里所说的此性，指的是以上本性的终极实在性（realitas）。需要小心的是，这里所说的实在性就是之前我们所说的，通过形式的区分辨别出来的实在性，它是一个个别事物的构成要素，并且解释了那些作为质料、形式和复合物的共同本性的个别存在，但是，它并没有实在到能够成为一个数目上不同于共同本性的存在物。

这一点非常不易理解。简单地说，司各托在解释一个事物所具有的共同本性和它的个别性之间的差异时，他抛弃了或者说超越了以阿奎那为代表的质形论传统，把个别物质实体看作共同本性和此性的某种复合物。用了"某种"这样含混的表达，是因为我们必须进一步刻画共同本性和此性之间的区别。

在司各托看来，共同本性和此性在实在上并没有区别：因为实在的个体只有苏格拉底一个，他的共性和此性在数目上是同一的。共同本性只要现实存在，它就是个别化的，相应地，此性也是个别化的。我们也可以采用归谬的方式来看：如果共性和此性之间有数目上的区别，那么，共性就会被个别化为一个苏格拉底，同时此性也会现实地成为另一个苏格拉底。这就意味着，在苏格拉底身上就会有两个数目上不同的苏格拉底，这无疑是荒谬的。

但是，我们又会不加反思地认为一个事物的共同本性和它的个别性之间的区分，是如此清楚明白，很难被看作单纯依赖心灵的区分，而应当如实地揭示了事物自身的实在。这在亚里士多德传统中看起来尤其如此，因为它对感觉和理智的区分，对直观和抽象的区分，都是基于它们所关涉的是个别还是一般的对象。因此，在这一传统下工作的哲学家更容易认为这些区分要有实在基础。在司各托看来，一个区分既要有实在的基础，又不会导致它们之间有数目上的区分，那就只能是形式的区分。所以，当我们说苏格拉底身上的人性只有一个，这确实没错。但这同一个人性包含着两个形式性或者两个实在性，它们分别对应着他的可普遍化的共同本性和可个别化的此性。[1]

---

[1]　司各托：《〈箴言集〉评注（订正本）》2.3.1.6。

司各托的此性或个体性概念的引入，无疑是针对非常传统的共相问题。但它确实以全新的方式刻画了一个实在论体系中的共相和个性的关系，也很好地回应了之前波埃修提出的问题。而此性的发现，当然也为后世理解个别性，尤其是人的个别性，奠定了坚实的理论基础。

三、司各托论伦理、偶然性与意愿

司各托对人的行动的道德属性及其形而上学基础，也有深刻的反思。通过和阿奎那自然法学说的对比，我们将揭示司各托伦理学的唯意愿论（voluntarism）特征。它所涉及的不仅是人的意愿，也包括神的意愿。而司各托之所以强调意愿的优先地位，实际上和他对偶然性和自由的反思密不可分。若要准确把握人的意愿的自由和与之相关的偶然性，我们就需要回到司各托有关可能性的形而上学反思中。与此同时，司各托拓展了安瑟尔谟有关意愿的两种不同倾向的学说，认为只有在意愿的不同倾向中，人的选择的自由才能得以保全。

1. 司各托论自然法

司各托的自然法理论构成其伦理学的核心。他区分严格意义的自然法和宽松意义的自然法。严格意义的自然法仅包含那些因其词项而自明的道德命题，以及任何由它们推演出来的命题。前者指的是那些谓词定义包含在主词定义中的命题，实际上是一些分析地为真的命题。例如前面分析过的阿奎那的自然法第一原理："善是要去追求的，恶是要去避免的。"在司各托看来，这样一些分析地为真的必然真理，是不依赖上帝的意愿的，因为上帝的意愿不可能违背最根本的逻辑法则，产生逻辑上的矛盾。

与阿奎那不同，司各托并未诉诸良心，而是回到《圣经》中的"十诫"来寻找必然为真的道德命题。在奥古斯丁等人开创的中世纪神学传统中，十诫的内容被分成两部分：前三诫构成一个整体，它们都涉及神，其核心是爱上帝胜过一切；而后七诫则另成一体，它们涉及人，其核心是爱（邻）人如己。阿奎那把这两条关于爱的诫命都看作自然法第一原理的另一种表达方式

（图14.16）。而司各托则强调严格定义的自然法只适用于前三诫，因为只有在这里，只要我们理解了什么是上帝的定义，就会理解为什么要把上帝放在一切之前。

然而，问题在于，当我们将上述想法落实到前三诫时，就会发现其中的内容很可能是偶然为真的，并不包含在上帝的定义中。尤其是第三条诫命：你要遵守安息日，你在安息日要崇敬上帝。我们不难理解上帝作为善本身是应当被崇敬的对象，但这里并不包含着要在安息日或在任何一个特定的时间来崇敬他。不难想象这样的抬杠："你在安息日崇敬上帝，别的时间就不崇敬上帝了吗？"

在司各托看来，当我们认真分析十诫的内容，就会发现它们的表达式并不能分析地为真，除非是在一个否定的意义上。他因此认为只用三个否定命题来表达严格意义的自然法。当我们说"应当爱上帝"，只是在说"不应当恨上帝""不应当崇拜其他的神""不应当对上帝做任何不敬的事"。而这些否定性的表达，要变成约束我们行动的实质性命题，显然是需要被充实的。

如果前三诫实质上是否定性的诫命，那么，后七诫和自然法又有什么关联呢？在司各托看来，它们只在一个较弱的意义上属于自然法。因为尊敬自己的

图14.16 "十诫石板"。

父母、不要偷窃、不要贪恋他人的妻子等等，它们成为道德律令，只是一个纯粹偶然的结果。和上帝不一样，父母中并没有包含他们必然要成为尊敬的对象的要求。且不说有"父母皆祸害"这样的极端说法，作为父母，我自己的行为也并不总是值得尊敬，例如看到孩子期末成绩心理破防大发雷霆的时候。父母的身份与尊敬的情感之间并没有任何必然关联。

司各托认为，后七诫是我们应当遵守的道德法则，但这仅仅是因为上帝意愿它们如此。我们完全可以构想另外一个可能世界，其中上帝不把尊敬父母作为一条诫命，这样一个世界中仍然可以有理性生物的存在，仍然可以有道德实践存在。因为在"尊敬"和"父母"的定义中并没有任何必然关联，使得"应当尊敬父母"可以独立于上帝的意愿为真。需要注意的是，司各托会平衡这样一种极端唯意愿论的主张，强调尽管后七诫的规范性要求是基于上帝的意愿，但上帝的意愿又是以这样的方式，使得它们符合我们在这个世界中受造的自然本性。所以，后七诫最终仍然可以还原到"你应当爱邻人如己"这样的命题上。帮助我们认识到人之为人所具有的内在价值。[1]

显然，在司各托这里，整个自然法的图景发生了重要的变化。阿奎那把自然法看作永恒法的一部分，它不仅独立于人这样的道德主体，约束着人的理性行动，而且是上帝本身所遵循的永恒法则的一部分。阿奎那并没有把自然法的规范性来源，直接建立在上帝的神圣命令基础之上。而在司各托的讨论中，首先是严格意义的自然法被还原为三个否定性的命题，其内容必须得到充实。充实它们的内容和作为非严格意义的自然法的后七诫一样，都是直接由上帝的意愿给定的。司各托的自然法理论常被看作一种神圣命令理论，这种元伦理学理论认为，一个道德法则或一个道德事件之所以是善的，仅仅因为它来自上帝的命令，没有其他的原因。由此，我们似乎不难设想司各托会对经典的"游叙弗伦问题"问题给出什么样的回答。

然而，"神圣命令论"这样的标签真的可以准确刻画司各托的元伦理学立场吗？首先，就严格意义的自然法而言，尽管只有否定的表达式，但它本身仍然是

---

[1]　司各托：《〈箴言集〉评注（订正本）》3.37。

独立于上帝为真的，用司各托的话来说，它们"先于〔神圣〕意愿的决定"[1]。所以，即使上帝也不能创造出一个其他的神，然后要求我们来敬拜他，因为这显然违背了严格意义的自然法。其次，必须考虑我们刚才提到的理论平衡要素：司各托非常明确地指出，神圣命令并不是一个事物的道德性的必要条件，或者说不是它的唯一来源。当一个行动满足在特定的情境中的合理性——他称之为适宜性（convenientia），或出于理性对于它的恰当性的断定，那么，这样的行动在道德上就具有内在的善。[2]

当然，即使有以上考虑，我们也会看到，神圣命令是一个行动之为道德善的充分条件：只要上帝命令我们完成某个行动，那么，无论这个行动是否具有以上内在善的特征，它就足以成为一个道德上可以辩护的行动。司各托之所以坚持这一点，是因为他的整个实践哲学强调上帝的神圣意愿对于道德价值的优先性。他的道德学说也因此可以称为一种唯神圣意愿论（divine voluntarism）。而他之所以强调神圣意愿的优先性，一个重要的原因是，他在谈论人的意愿时，会突出人的意愿的真正自由也在于它相对于自身行动的绝对控制；另一个原因是，在司各托看来，正因为最根本的道德法则都是神圣意愿偶然选择的结果，因此我们生活世界中并非一切都预先注定，而是存在着偶然事件。

2. 司各托论偶然性与神圣意愿

偶然事件和神圣意愿的内在关联需要进一步澄清。司各托在辩护神圣意愿的偶然性时，首先提到了阿奎那的"第二因（secondary causes）"学说。

阿奎那引入第二因这一概念，是为了解释上帝行动的必然性，如何能与他所创造的世界中的偶然性相融。从上帝的视角看，他作为永恒的、无时间的存在，他所创造的世界的过去、现在和未来都以无差别的方式向他显现出来，神圣的预知使得他能根据自身的存在把握这个世界中的所有事件。对上帝来说，作为世界的创造者和第一因，这个世界中所有事件都是必然的。但与此同时，在他所创造的世界中，上帝是以万事万物的本性及其活动作为中介来产生世界

---

[1] 司各托：《〈箴言集〉评注（订正本）》4.46.1。

[2] 同上书，2.40。

中的不同事件。[1] 例如一只狼的天性让它扑向眼前正在吃草的羊，在这样一个因果事件中，事物的本性作为事件发生的直接原因也起到了重要作用，这其中也包括了人的理性的本性。不过，和石头的自然运动或者动物的本能行动不同，人的理性是向着不同的、个别的可能性开放的，其中就包含了自由和偶然事件的可能。

重要的是，阿奎那强调，理性本性作为第二因，会出现第一因中所没有的不完满性。例如人的无知或非理性的欲求所产生的心理压力等，最终会导致第二因所产生的行动包含着不来自于第一因的不完满性。从神学家的角度看，一些带来恶果的行动，显然要直接归于人，而不能归于上帝，就像我们之前在讲奥古斯丁时提到的失效因（deficient cause）：天使在堕落时，他的选择就只有意愿作为原因，而没有创造他的上帝在其后充当第一因。[2] 阿奎那也接受失效因的概念，认为在人的恶行中，并没有第一因的推动，恶行因此只是一个偶然的结果。与此同时，善行同样直接出自人的理性本性，是它在不同可能性中进行欲求和选择的结果。

因此，从第二因，尤其是从人的理性本性来看，我们生活的世界中是存在偶然事件的，也就是那些并不是必然如其所是地发生的事件。当然，阿奎那强调，一个事件，如果它当下已经实现，就不可能不同于它当下的样子。所以他接受现在的必然性，但是强调这种事件在发生之前的偶然性。比如说我选择在这个时候捋一下头发，在这一刻之前我完全可以选择不这么做。[3]

司各托对第二因学说非常不满，他认为阿奎那的主张违背了一个基本的逻辑法则，即我们不能从必然命题中导出偶然命题。如果一个推论的前提都是必然的，无论这里的"必然"是在什么意义上说的——在所有时间点上都如此，或者是不取决于我们——那么，该推论的结论也是必然的。所以，如果像阿奎那所说的那样，第一因的推动是必然的话，那么与之相对应的也是必然命题，例如，"上帝必然地创造人"。而第二因或事物的本性作为上帝创世活动的结果，它所对应的也是类似的必然命题，例如，"人必然地因其本性是理性动物"。由

---

[1]　阿奎那：《神学大全》1.19.8；1.23.6；《反异教大全》3.70。

[2]　见本书 9.3.2。

[3]　阿奎那：《神学大全》1.49.1-2；1.82.2；1.83.1；《反异教大全》3.72。

此不难得知，人出于理性的本性的行动，所对应的也只能是必然的命题，例如，"必然地，如果上帝预知我会出于理性本性选择提前下课，我就会选择提前下课"。

由此可见，我们不能从必然中导出偶然，对于司各托来说，这不仅是一个逻辑法则，而且体现在基本的因果秩序中。他认为，没有任何第二因可以偶然地导致其结果，除非推动它的第一因本身就是以偶

图 14.17 《克利夫斯的凯瑟琳的时祷书》抄本（约 1440 年），纽约摩根图书馆与博物馆。此图展示的是著名的"地狱之口"。司各托认为偶然性的存在没法被证明，但其自明性不容否认。他甚至引用阿维森纳的说法，认为应该对主张万事皆必然的人施以火刑，因为对他们来说，受不受火刑都是必然如此，没有区别。

然的方式进行推动。因为在这一因果序列中，在后的原因之所以能推动另一个事物或者产生一个运动变化，是因为在后的原因本身是被在先的原因推动的：第二因是被第一因推动的。因此，如果第二因是被第一因**必然地**推动，而第二因只有在第一因推动的情况下才能产生作用。那么，第二因也就只能**必然地**推动，那么，所有的事件也就都是必然的（图 14.17）。[1]

在之前的讨论中我们提到，阿奎那的第二路所涉及的只是一类特殊的动力因果序列，即因其本身的动力因果性。它的一个重要特征是，在该因果序列中，在先的原因 a 不仅推动 b，而且 a 是 b 推动 c 的原因，所以 a 推动 b 去推动 c。[2] 而在司各托看来，在这样一个因果序列中，a 如何推动 b，b 就如何推动 c。

---

[1]　司各托：《〈箴言集〉评注（听录本）》1.39。

[2]　见本书 12.3.3。

所以，司各托认为阿奎那所区分的第一因和第二因，它们的相互作用构成了一个因其本身的动力因果序列，但是它导致的后果是：只存在一个第一因必然推动的世界，没有任何偶然性可言。与此同时，司各托认为偶然事件的存在是我们拥有自由或者说一个自由意志论者所拥有的选择自由的必要条件。而这样的自由常常被看作道德实践尤其是归属道德责任的必要条件。在司各托看来，这就意味着，没有偶然事件，就没有选择的自由，道德责任也就无从谈起，这显然是难以接受的后果。要避免这样的后果，我们就必须重新思考第一因推动世界的方式，拒绝认为他以必然的方式推动世界。

中世纪的哲学家会进一步追问的是，上帝的偶然性从何而来？之所以有这样的疑问，是因为上帝作为非物质存在，可以等同于一颗神圣的心灵，其中可以区分出理智和意愿两个要素。当然，这是相对于我们的区分，因为在上帝之中并没有这样的实在区分，它最多是司各托所说的形式的区分。司各托强调，偶然性的根源并不在理智中，因为上帝的理智必然是正确的，但是它的正确性并不单纯地来自理智自身，因为理智的活动总是对一个对象的理解，它的正确性源自理智认识符合认知对象。这样的话，如果上帝的行动直接来自神圣理智，那么，当理智判断某个行动是应当做的，上帝的意愿就必然遵循理智的判断，因为神圣理智的判断是不会错的，而违背它实际上就是去做一个错误的行动，这和上帝善的本性没有办法相容。所以，在司各托看来，上帝行动的偶然性只能来自神圣意愿。由此可知，上帝的理智认识并不先于上帝的神圣意愿，或者说上帝的理智向意愿呈现出来的，并不是包含着什么是应当去做的实践判断，而是以一种中立的方式向神圣的意愿显示出哪些是可以做的，然后神圣的意愿通过自身的选择创造世界和万物，创造受造物需要遵行的道德法则。[1]

3. 司各托论人的意愿的偶然性

世界的偶然性最终来自神圣意愿的偶然性。那么，在神圣意愿创造的世界中，人的意愿应该具有什么样的特征，才能够保证他的选择和行动也是偶然的？

在阿奎那看来，人的意愿的偶然性实际上来源于它作为理性欲求的偶然

---

[1]　司各托：《〈箴言集〉评注（讲授本）》1.39。

性。要理解这一论断，需要回到阿奎那哲学心理学备受争议的原则，即人的欲求能力天生地适合被与之相应的认知能力所推动。因此，认知方式的不同，就决定了我们的欲求方式的不同。人的意愿作为理性的欲求，它的偶然性或自由也来自理性认识本身：

> 理性能够对比多个事物，因此，理智的欲求亦即意愿能够被多个事物推动，而不是被其中一个必然地推动。[1]

阿奎那认为理性认知根据自己的判断来推动意愿或理性的欲求，但并不是以必然性的方式来推动意愿，因为理性可以同时考察不同的事物或同一个事物的不同方面，意愿并不会被理性所考察的任何一个特殊事物必然地推动。例如在对自制和不自制的分析中，我们看到理性认知是向两个不同的三段论开放的，行动者最终依据哪个三段论的结论行动，这当然首先是理性认知的结果。但理性选择哪一个小前提，通过哪一个三段论来达到结论，则是不确定的，或者说是偶然的。[2]

在阿奎那的行动哲学中，意愿被看作被动性的能力，它的导向由理智来指明。这可以保证意愿不是一种盲目选择或自然冲动。所以，阿奎那认为意愿是一种来自理性本性的自然能力。和其他源自自然本性的能力一样，意愿会自然地朝向认知能力所呈现出来的善，它不可能在理智判断一个行动是善的亦即应当追求的同时，去选择另一条行动路线。这也是阿奎那为什么否认明目张胆的不自制的原因。

阿奎那认为人的意愿在被理智推动时仍然是自由的，因为在先的理性认知可以向不同的可能性（尤其是不同的小前提）开放。当然，这一认知可以追溯到意愿在先的一个欲求，即想要知道可能的追求对象的某些特征，例如面对眼前的巧克力蛋糕，我可能想要知道它是不是甜的，也可能想要知道它是不是对我的减肥大业不利，这里牵扯更为复杂的心理机制。[3]

在司各托看来，无论阿奎那的哲学心理学多么复杂，它始终坚持理性认

---

[1] 阿奎那：《神学大全》1.82.2 ad 3。

[2] 见本书 13.1.1。

[3] 阿奎那：《神学大全》2-1.77.2。

知至少在形式上优先于理性欲求，同时人的意愿是一种**自然能力**。而一个自然能力最重要的特征，就是它总会自然地追求自身的完满实现。这听起来不错，但在司各托眼中，它恰恰有可能威胁到意愿作为**自由能力**的一个最基本特征，即在不同的行动方式中进行选择的能力。在阿奎那的行动哲学中，意愿不能违背理智对于什么是善的判断，而司各托坚持认为，意愿在任何情境下都拥有向其他能力说不的权力。因此，即使当理智现实地把某个行动路线看作最佳路线时，意愿也可以拒绝听从。

司各托显然接受明目张胆的不自制，因为他坚持认为，无论神圣的意愿，还是人的意愿，都是一种完全非决定的能力。也正是意愿而不是理智，才是向对立面开放的能力。意愿这种向对立面的开放，并不来源于在先的理性认识，而是来自意愿本身，因为无论意愿在对立的两个事物中选择哪一个，它自由的本性都不会受到损害，反而是实现了它的能力。司各托认为这里体现的是**自然能力**与**自由能力**的根本差异：当一个自然能力不朝向它自身的完善时，它的本性会受到损害，例如听觉能力会因为不能良好地实现而受损；但是自由的能力，哪怕是在它作恶时，也不会对自身造成本质性的损害。所以，司各托断定，一个怙恶不悛的人，他的意愿仍然是自由的，仍然有可能改变他所习惯的行动方式（图14.18）。

在司各托看来，意愿的非决定性这一特征决定了它的另外两个本质属性：

（1）不可能有一个在先的推动者决定意愿的选

图14.18　《该隐与亚伯》抄本中插入的散页（约1270—1280年），剑桥大学圣约翰学院。司各托不仅像阿奎那一样承认该隐在杀死他的兄弟亚伯后仍然良心未泯，而且会强调即使犯下如此重罪，他的意愿仍然是自由的，仍然有可能通过自愿的悔改，而像钉在基督旁边的好窃贼那样得救。

择。这意味着，人的意愿也是一个自我推动者，而不是一个被神圣意愿推动着的第二因。所以它是自身行动的充足原因，或者是充足之理由。请注意这里意愿的行动指的是个体心灵中的内在行动，不一定表现为外在的身体活动。例如讲到这里时我打算去煮一壶茶，虽然我坐着没动，但意愿已经做出了选择，而这个决定完全是由意愿自身决定的。

（2）即使意愿做出了决定，在任何时刻，行动的所有必要条件都成立的情况下，意愿仍然可以终结自身的行动。这触及司各托的意愿自由或者偶然性的最核心内容，即在任何一个给定的时刻，当意愿哪怕如此现实地进行意愿时，它的现实选择中都不包含任何要素，可以排除它在当下时刻进行完全相反的选择。要准确地理解司各托对阿奎那的批评和他自己的行动哲学，我们需要引入一个重要区分：历时性的偶然性与共时性的偶然性。[1]

所谓历时性的偶然性（diachronic contingency），即当我在当下 t_1 这个时刻意愿 x 时，我对于 x 的意愿之所以是偶然的，不是因为我在当下这个时刻可以意愿 y，而是我在事后的另一个时刻 t_2 可以意愿 y。历时性的偶然性也能体现我作为行动者的自由，因为我可以改变未来其他时刻的选择。但是历时性的偶然性，在解释上帝的偶然性时，会遇到一个麻烦。神圣的意愿在创造世界时，在那个特定的时刻他可以意愿这块石头存在，但他并没有一种自由可以在下一个时刻意愿这块石头不存在，以此来证明在先的意愿是一个偶然的意愿。因为神圣的意愿是非时间性的，我们这里谈论的时刻（moment or instance），并非时间意义上的时刻，而是一个永恒的时刻（moment of eternity）。对上帝来说，永恒的时刻 a 和永恒的时刻 b 并没有区别，而在同一个时刻，上帝显然不能既意愿这块石头存在又意愿它不存在。所以，司各托没法援引历时性的偶然性去解释神圣意愿的偶然性，因为在上帝那里不存在时间的先后。

司各托因此转而强调一种共时性的偶然性（synchronic contingency）：在意愿 x 的那一时刻 t_1，我也可以意愿 y。例如，"有意愿去煮一壶茶的同时，我也可以没有意愿去煮一壶茶"。这个命题有两种读法，其中关键在于当我们把"可

---

[1]　以上有关人的意愿能力的讨论，见司各托：《〈形而上学〉问答》9.15;《〈箴言集〉评注（讲授本）》1.39。参考了 Richard Cross, *Duns Scotus*, New York & Oxford: Oxford University Press, 1999, p. 85。

以"理解成可能性模态算子之后，它的辖域有两种不同的理解：

（1）第一种是所谓复合的读法。它将原命题看作一个复合命题，认为可能性算子支配的是整个复合命题。由此，我们可以将原命题转写为："这是可能的：有意愿去煮一壶茶的我并没有意愿去煮一壶茶。"司各托认为这明显违背了无矛盾律，是一个逻辑上荒谬的结果，因此该命题显然为假。

（2）第二种是所谓分离的读法。它认为原命题是两个命题的合取，而可能性算子支配的并非整个合取命题，而是其中的一个合取支。由此，我们可以将原命题转写为："我有意愿去煮一壶茶，且同样有可能的是，我在同一时刻没有意愿去煮一壶茶。"这个命题所要表达的是，实际上是更接近于当代可能世界语义学中的可能性概念：在我生活的现实世界中，我当下有煮一壶茶的意愿，它是现实的、正在发生的心灵事件。但是，我们完全可以设想，同一个时刻，在一个平行的、邻近的可能世界中，我正享受着咖啡，完全没有煮一壶茶的意愿。去设想这样的可能世界存在，至少看起来并不会带来任何荒谬的结果。司各托不曾利用可能世界语义学来解释他的模态理论。在他看来，这里的"可能性"所表达的是，"现在这个时刻"和"我没有意愿去煮一壶茶"是可共存的（compossible）的，可以在同一个世界中实现的，正如"现在这个时刻"和"我有意愿去煮一壶茶"可以共存一样。[1]

由此可见，要更好地把握司各托所说的共时性的偶然性，需要两方面的工作：一是需要回到他的形而上学，看看它如何使这样一种可能性概念成为可能，因为司各托完全否定了亚里士多德传统的现在的必然性；二是当这种共时性的偶然性应用到人的意愿时，我们需要具体地描述，在一个给定的时刻，一个人除了追随理性所呈现出的善的那种意愿倾向之外，还有什么样的倾向可以保证他现实地具有不意愿 x 的能力。我们需要回到意愿的内在结构，重新考察向对立面开放的可能性如何能在这样一个特殊的心理能力中实现。所以，我们一方面要回到他形而上学的宏大图景中，另一方面要深入他对意愿能力的微观心理解剖。

---

[1] 司各托：《〈箴言集〉评注（讲授本）》1.39。

4. 司各托论可能性与偶然性

在亚里士多德哲学传统中，潜能、能力和可能性都通过同一个术语来表达：希腊语是"dynamis"，拉丁语是"potentia"。这会带来一些概念上的混淆。当我说，"我在这个时刻走出房门，有被楼上掉下来的花盆击中的可能性"。这听起来没什么问题。但如果我说，"我在这个时刻走出房门，有被楼上掉下来的花盆击中的潜能或能力"。这听起来就很荒谬。因为被花盆击中这样一个事件，并不是因为我所具有的某种属性或能力造成的，而单纯是一个发生在我身上的事件。

相比于可能性，潜能这个概念的使用更依赖与它相关的主体本身所处的现实状态。再换一个例子，它会暴露出将可能性混同于潜能的更大问题。现在是 2020 年 5 月 22 日 21:35，我坐在书房的电脑前。对司各托来说，这显然是一个偶然事件。阿奎那也承认这一点，他大概会这样描述这种偶然性：在 5 分钟前，也就是 2020 年 5 月 22 日 21:30，我有在 5 分钟后坐在书房电脑前的潜能，也有不坐在那里的潜能。当然，他也可以把这里的"潜能"替换为"可能性"，这听起来也不会有什么问题。但如果我们倒退到 50 年前——在我还没有出生的时候，那时人们仍然可以说，"存在这样的可能性，在 50 年后的 21:35，会有一个叫吴天岳的人坐在他书房的电脑前"。但很难说存在这样的潜能，因为我还不存在，谁有这个潜能？难道一个不存在的事物会有潜能吗？这听起来非常荒谬。

正是针对类似的问题，司各托旧瓶装新酒，通过改造亚里士多德传统的术语，重塑了潜能和现实性之间的关系，以此揭示一个还不存在的事物在什么意义上具有某种潜能或者可能性。这也正是我们理解共时性的偶然性的关键。他引入了一个重要的区分：

> 一个事物有两种方式可以说成处于潜能中。一种方式是这个事物作为某种能力的终点（terminus），亦即该能力所指向的〔对象〕，这被称为以对象性的方式处于潜能中。因此，敌基督（图 14.19）现在可以说成是处于潜能中，其他一些事物，比如说将要产生的白色，也可以说成处于潜能中；另一种方式是，这个被说成处于潜能中的事物是作为某种能力的基体

（subiectum），或者是这种能力所依附的〔根基〕。在这种方式下，某物就被说成以基体性的方式处于潜能中，因为它具有成为某物的潜能，但还没有被该物完满实现（例如一个将要变成白色的表面）。[1]

前一种处于潜能的方式可以用来解释我们刚才所说的被花盆击中的可能性，此时，我实际上是作为花盆击打力量的

图 14.19　圣奥梅尔的兰伯特《花之书》抄本（1121 年），根特大学图书馆。在司各托看来，当我们说尚未来临的敌基督处于潜能中，并没有断言尚不存在的他拥有某种能力（例如骑在利维坦之上），而只是说他未来能够成为基督再临时摧毁的对象。

终端，是它的能力所导向的对象。简单说，我潜在地会成为被花盆击中的对象，所具有的是被花盆击中的对象性的潜能。而敌基督是《启示录》中世界临近末日时才会出现的一个人物，这是过去的亚里士多德传统难以谈论的对象。司各托认为，我们可以将他理解为基督再次降临时将要摧毁的对象，这种对象性的潜能不需要预设该事物当下的存在；第二种处于潜能的方式，更接近我们日常所理解的潜能，这种潜能需要依附于某个已经存在的基体，潜在地朝向该基体尚未实现的某种属性，例如我拥有可以站起来的潜能。

　　对于有关偶然性和可能性的讨论来说，更重要的显然是对象性的潜能，因为它可以指一个当下并不存在的事项所具有的可能性。根据共时性的偶然性，当我现实地意愿 x 的时候，我也可以不意愿 x。此时，"找不意愿 x"并非事实，这一事件或者事态实际上是不存在的。但这并不能否定它具有存在的可能性，

---

[1]　司各托：《〈箴言集〉评注（讲授本）》1.12。

就像敌基督现在不存在，甚至有可能在我们的世界中永不到来。但这并不会导致与他相关的这种可能性缺失，因为只要他的存在不会造成逻辑矛盾，用司各托的术语说，他就具有对象性的潜能。

通过引入对象性的潜能来解释共时性的偶然性中未被实现的可能性，整个偶然性的概念发生了天翻地覆的变化：当下现实的、已经实现的事项不再被看作必然的，因为那些没有实现的、不存在的东西也具有实现的可能性。当下存在的东西只不过是那些在上一个时刻还不存在的诸多可能性中被实现了的一个，因此，相对于这个时刻那些并没有实现，但仍然是可能的行动路线来说，它并不具有任何一种优先性。

司各托进一步引入新的术语来帮助我们把握这一点，例如时间意义上的时刻（instans temporis）和本性意义上的时刻（instans naturae）。还是刚才的例子，"在我坐在书房电脑前的这个时刻，存在着在同一时刻我是站着的可能性"。这句话并不是说："这是可能的：我现在既坐着又站着。"这种复合的读法违背了无矛盾律，显然是不能成立的。如果我们采用分离的读法，这句话就只是在说："我现在坐着，且同样有可能的是，我现在站着。"这个合取命题不包含任何的逻辑矛盾，所以是可以成立的。这是句法上的区分，司各托通过两种不同时刻的区分，试图为这一句法的区分提供本体论的依据。他认为，在同一个时间意义上的时刻，会有两个甚至多个不同的本性意义上的时刻。在刚才的这个例子中，"在时间意义上的时刻 t，存在一个本性意义上的时刻 t_{n1}，我坐在书房电脑前"，这只不过实现了一个本性意义上的时刻，但它并不会导致另一个本性意义上的时刻的消失，例如，"在时间意义上的同一个时刻 t，存在另一个本性意义上的时刻 t_{n2}，我站着"。因为 t 这个时间点没有任何特殊性，足以决定站着和坐着这两种状态或者本性上的时刻中只有一个是必然的。因此，这种本性意义上的时刻，至少是一种逻辑上的可能性：因为它不包含概念上的冲突，就有可能在任何一个时间点 t（包括当下）上，变成一个实现了的时刻。

不过司各托并没有止步于此，他认为本性意义上的时刻并不是一种纯粹的逻辑可能性，因为它具有对象性的潜能，也就是成为一个能力的对象的可能性。因此，如果没有相应的能力使之成为现实，这个可能性就永远不会实现，而只有逻辑上的可行性。司各托因此认为在逻辑的可能性之上还有实在的可能性（possibilitas realis），有一个与它相对应的能力可以使之成为现实，而这个能力就是我们之前所说的意愿：在这个时刻 t，我可以意愿坐下，也可以意愿站着。作为一个不受决定的能力，我的意愿完全独立地向两种可能性或两种本性上的时刻开放，并因此决定了我们当下的状态。[1]

以上是司各托有关可能性的形而上学反思，其中引入的时间上的时刻和本性上的时刻的区分，已经非常接近可能世界语义学了。例如当指向本性上的时刻的意愿，不是人的意愿而是神圣意愿时，上帝的创造活动实际上就是创世的意愿，它就是在不同的本性的时刻中，选择了一个使之成为现实。而上帝是至善本身，他的意愿也必然是善的，因此成为现实的必然也是所有本性的时刻中最好的一个。这就非常接近莱布尼茨"所有可能世界中最好的一个"的说法。当然，司各托最终还是试图在亚里士多德的潜能－现实本体论框架中，为上述非亚里士多德的可能性概念寻找形而上学解释，还没能实现彻底的形而上学革命，但他无疑迈出了至关重要的一步。

5. 司各托论人的意愿的两种倾向

在这一旧瓶装新酒的形而上学背景下，我们再来考察，为什么意愿拥有这样的一种能力，使它指向不同的对象性的潜能。

作为参照，让我们再次回到阿奎那的道德心理学。阿奎那强调，作为一种自然能力，意愿和其他所有能力一样，都会追求最大限度的自我实现。就像感性欲求总是追逐最大限度的快乐，理性认知能力总是渴求新知一样，意愿也总在追求自身的最大实现也就是所谓幸福。和古代中世纪大多数哲学家一样，阿奎那认为人都因其本性而追求幸福，并且认为这是唯一符合意愿自身本性的自我实现。他也因此认为，作为理性欲求，意愿总是受到理性认知关于什么是幸福的判断的引导。这种引导并不会破坏意愿的本性，因为这种引导所追求的目的恰恰是意愿本性最大限度的实现。所以，在阿奎那看来，意愿的选择由在先的理性判断来引导，这并不会破坏意愿的自由，反而是对意愿本性的一种成全。[2]

---

[1] 司各托:《〈箴言集〉评注（讲授本）》1.39。

[2] 阿奎那:《神学大全》2-1.1.2; 2-1.9.1。

第十四讲
司各托论个体性与偶然性

上述哲学心理学的分析，还会产生伦理学的后果。在阿奎那看来，一个行动在道德上是正当的，是因为它出于善的意愿；而一个意愿之所以是善的，是因为它符合正确理性的引导。所以，当我们把意愿的终极目的看作幸福时，就可以断定理性对于幸福本性的正确认识，就蕴涵着与之相关的行动的道德正当性。[1] 这是一种非常典型的幸福主义伦理学主张，它认为幸福本身以及我们关于它的理性的认知，决定了一切道德法则和道德行动的规范性来源。即使在自然法理论中，当阿奎那尝试展示一种能够约束所有理性行动者的客观法则时，他仍然会要求把它和我们对于善的认识和追求联系在一起。而这种基于幸福的"善"作为人类自然追求的终极目的，是高于自然法法则所包含的"应当"的。

司各托对阿奎那伦理学的根本法则及其预设的道德心理学都不满意。首先，他不愿接受幸福是唯一的规范性来源。更重要的是，他认为真正的规范性的来源，应该预设一种真正的自由。在他看来，这种真正的自由只能来自共时性的可能性，来自与之相对应的不受预先决定的意愿能力。

司各托由此回到安瑟尔谟的一个重要区分，认为我们的意愿并不只有一种自然倾向。[2] 一方面，意愿确实有朝向有利的或有益的事物的自然倾向（affectio commodi）。司各托并不否认，意愿作为理性本性的一部分，也会追求自身的完满，否则它就不能被看作人的自然本性的一部分，所以它也会追求幸福。但他否认这是意愿唯一的欲求，否认这是意愿唯一的内在倾向。和安瑟尔谟一样，他认为意愿与生俱来还具有另外一种倾向，就是朝向正义的倾向（affectio iustitiae）。司各托认为，这种朝向正义的倾向，使得意愿能够在无视我们自己幸福的情形下按照道德法则行动。司各托在这里不仅在描述意愿现实的倾向，而且事实上是在寻找幸福之外的规范性来源，也就是道德法则，尽管这个道德法则的规范性在很大程度上是来自上帝的意愿或神圣命令。[3]

那么，司各托为什么认为意愿必须具有两种截然不同的倾向，才能获得真正的自由呢？他设计了一个思想实验，让我们假想一个天使只有朝向幸福的自然倾向，也就是所谓的理智欲求。因为天使的理智认知能力比我们要高，他能

[1] 阿奎那：《神学大全》2-1.19.3。

[2] 安瑟尔谟：《论魔鬼的堕落》12—14 章。

[3] 司各托：《〈箴言集〉评注（订正本）》4.49.9-10。

认识到什么是对他而言最大的善，同时因为只要他朝向这个善的话，他就会最大限度地追求这个善。而如果他只有这样的一种倾向，当他最大限度追求自身的善的实现时，这种自大（superbia）就会使得天使把自己的价值凌驾于一切之上，尤其是凌驾于上帝之上，而这种自大在基督教传统中被看作一切恶的来源。因此，如果天使们都只有这样一种理智欲求的话，那么，他们就必然会指向这样一种只追求自我幸福的活动，那么他们的堕落就不可避免，也就不再是自由的存在者（图 14.20）。这个思想实验向我们暗示，在特定的情境中，我们的意愿必须拥有两种倾向才能拥有自由，其中，朝向正义的倾向用来克制我们单纯追求自身价值的自然倾向，所以，司各托把它称为意愿的内在自由。[1]

图 14.20 《道德圣经》抄本（1455—1460 年），海牙荷兰皇家图书馆。在司各托看来，天使的堕落是逐步的，先是过度的自爱，随后是不知节制的欲望和嫉妒，最后才是对上帝的恨。不过，堕落天使最初过度的自爱事实上只是对自身幸福的追求，如果他只有追求幸福的自然倾向，这种自爱并没有过度可言，因为这只是自然能力的最大实现。只有当天使的意愿中包含着正义的倾向，他才有可能节制自己的自然欲求，而他的自我放纵也才是罪。

司各托的道德心理学同样对道德规范性带来颠覆性的后果。它向我们指明，在幸福之外，善还有另外的来源，例如道德法则。从表面上看，道德法则的规范性要求基于上帝的神圣意愿，但是它也可以内在地符合意愿的正义倾向或它的内在自由。司各托对意愿主动性和内在自由的辩护，无疑与 77 禁令相呼

---

[1] 司各托:《〈箴言集〉评注（订正本）》2.6.2。

应，深刻地改变了经院哲学后期的发展路向。

阅读材料

1. Duns Scotus, "Universals and Individuation" (Hyman, 582-591).
2. Duns Scotus, "Contingency and the Divine Will, Freedom and the Fall, The Decalogue and the Natural Law," (Hyman, 592-604).
3. 《中世纪哲学》，第八章，第 3 节。

进一步阅读指南

原始文献

B. Ioannes Duns Scotus, *Opera Philosophica*. St. Bonaventure, NY: The Franciscan Institute, 1997-2006. （亚里士多德评注拉丁文校订本，包括《〈形而上学〉问答》）

Oleg B. Bychkov and Trent Pomplun (trans.), *John Duns Scotus: The Report of the Paris Lecture: Reportatio IV-A*. St. Bonaventure, NY: The Franciscan Institute, 2016. （《讲授本》第四部前半部分拉英对照）

Girard J. Etzkorn and Allan B. Wolter (trans.), *Questions on the Metaphysics of Aristotle by John Duns Scotus*, St. Bonaventure, NY: The Franciscan Institute, 1997-1998. （《〈形而上学〉问答》英译本）

Henry of Ghent, *Quodlibetal Questions on Free Will,* translated by Roland J. Teske, Milwaukee: Marquette University Press, 1993. （根特的亨利有关自由意愿的讨论，司各托的相关主张受其影响）

Ioannes Duns Scotus, *Opera Omnia*, Civitas Vaticana: Typis Polyglottis Vaticanis, 1950-. （拉丁文校订本，俗称"梵蒂冈版"，收录《订正本》和《讲授本》）

A. Vos Jaczn, H. Veldhuis, A. A. Looman-Graaskamp, E. Dekker, and N. W. Den Bok (trans.), *John Duns Scotus, Contingency and Freedom: Lectura I 39*, Dordrecht: Kluwer, 1994. （《讲授本》1.39 拉英对照，附有详细的导论和评注，了解司各托偶然性概念必读）

David Piché (ed.), *La condemnation parisienne de 1277. Texte latin, traduction, introduction et commentaire*, Paris: Vrin, 1999. （77 禁令拉丁文校订本，附有法语译文和详细评注）

Peter Simpson (trans.), *Ordinatio*, 2012-2022, https://www.aristotelophile.com/current.htm（译者以一己之力完成《订正本》的翻译，全书近 4000 页，期待正式出版）

Thomas Williams (ed. and trans.), *Duns Scotus: Selected Writings on Ethics*, Oxford: Oxford University Press, 2017.（伦理学文选，选材精当，翻译出色）

Allan B. Wolter OFM (ed. and trans.), *Duns Scotus on the Will and Morality*, Washington, DC: The Catholic University of America Press, 1997.（较早的伦理学文选，附有详细评注式导论，仍然可读）

Allan B. Wolter OFM (ed. and trans.), *Duns Scotus: Philosophical Writings*. Indianapolis: Hackett Publishing Company, 1987.（较早的哲学著作选，仍然有用）

Allan B. Wolter OFM and Oleg V. Bychkov (trans.), *The Examined Report of the Paris Lecture: Reportatio I-A*, St. Bonaventure, NY: The Franciscan Institute, 2004.（《讲授本》第一部前半部分拉英对照）

研究文献

Jan A. Aertsen, Kent Emery, Jr. and Andreas Speer (eds.), *Nach der Verurteilung von 1277. Philosophie und Theologie an der Universität von Paris im letzen Viertel des 13. Jahrhunderts,* Berlin, New York: De Gruyter, 2001.（77 禁令研究文集，多语种）

*Richard Cross, *Duns Scotus*, Oxford: Oxford University Press, 1999.（经典的分析进路的司各托哲学综述。司各托论证精细繁复，不易入门，此本相对适合初学者）

Richard Cross, *Duns Scotus's Theory of Cognition*, Oxford: Oxford University Press, 2014.（司各托认知理论的出色研究，对于理解其共相理论亦有帮助）

William A. Frank and Allan B. Wolter, OFM, *Duns Scotus: Metaphysician*, Lafayette, IN: Purdue University Press, 1995.（以翻译和评注的方式介绍司各托有关上帝的哲学反思，相对传统的研究路径）

Tobias Hoffmann, *Free Will and the Rebel Angels in Medieval Philosophy*, Cambridge: Cambridge University Press, 2021.（关于天使之罪的哲学理由的出色研究，也是了解中世纪自由意志讨论的上佳之作）

*Mary Beth Ingham and Mechthild Dreyer, *The Philosophical Vision of John Duns Scotus: An Introduction*, Washington, DC: The Catholic University of America Press, 2004.（传统进路的司各托哲学简易导论，适合初学者）

Bonnie Kent, *Virtues of The Will: The Transformation of Ethics in the Late Thirteenth Century,* Washington, DC: The Catholic University of America Press, 1995.（13 世纪晚期道德心理学研究经典）

J. M. M. H. Thijssen, *Censure and Heresy at the University of Paris, 1200-1400*, Philadelphia: University of Pennsylvania Press, 1998.（巴黎大学异端审查的思想史研究）

Antonie Vos, *The Philosophy of John Duns Scotus*. Edinburgh: Edinburgh University Press, 2006.（司各托哲学导论，注重理论哲学，讨论深入，适合进阶读者）

Antonie Vos, *The Theology of John Duns Scotus*, Leiden: Brill, 2018.（司各托神学导论，可与同一作者的哲学导论一起读）

*Thomas Williams (ed.), *The Cambridge Companion to Duns Scotus*, New York: Cambridge University Press, 2002.（出色的导论文集）

Gordon A. Wilson (ed.), *A Companion to Henry of Ghent*, Leiden-Boston: E.J. Brill, 2011.（根特的亨利研究导论文集，包括他与 77 禁令的关系）

Allan B. Wolter OFM, *The Philosophical Theology of John Duns Scotus*, Marilyn McCord Adams (ed.), Ithaca, NY: Cornell University Press, 1990.（出色的专题研究文集）

《斯坦福哲学百科》（*SEP*）词条

Condemnation of 1277

Giles of Rome

Godfrey of Fontaines

Henry of Ghent

*John Duns Scotus

Medieval Theories of Future Contingents

Medieval Theories of Haecceity

Medieval Theories of Modality

Medieval Theories of Practical Reason

The Medieval Problem of Universals

奥康的唯名论与布里丹的灵魂学说

最后一讲介绍中世纪晚期的两位经院哲学家：威廉·奥康（1288—1347 年）和约翰·布里丹（约 1300—1360 年）。他们都生活在 14 世纪，这个世纪被看作 12 世纪之后一个新的唯名论时代。在这股新的唯名论哲学浪潮中，他们做出了最为卓越的贡献。

对奥康和布里丹来说，唯名论不仅意味着拒绝接受共相具有独立于心灵的本体论地位，而且意味着接受一种全新的、更为经济有效的本体论框架。在他们看来，亚里士多德的十范畴不再对应十种不同类别的存在物——因为我们通过实体、质、量等少数几个范畴，就足以解释其他范畴之间的差异。

与此同时，奥康和布里丹在本体论和形而上学上所做出的卓越贡献，都建立在逻辑学和语言哲学的创新之上。奥康通过对心灵语言的系统和深入的分

析，将逻辑学的现代路线（via moderna）推到前所未有的高度；而布里丹则用崭新的现代路线的逻辑学工具来改造亚里士多德传统的语言哲学，也取得了很多前所未有的成就。尤其是关于宾词和自反命题的研究（图 15.1）。

图 15.1　格雷戈尔·赖希《哲学珠玑》抄本（1505 年），根特大学图书馆。此图展示的正是经院哲学晚期的逻辑学图景。名唤"真（veritas）"和"假（falsitas）"的两只猎犬紧追野兔"难题（problema）"，逻辑女神腰挎宝刀"三段论（syllogismus）"，手持强弓"问题（questio）"，她身后是山洞里的巴门尼德——传说中的逻辑学创始人。最有意思的是，她的号角"前提（premissae）"所向，正是"（大）阿尔伯特主义者""奥康主义者"和"托马斯主义者"，有的版本还有"司各托主义者"，他们来自当时影响最大的四个哲学派别。

除了哲学立场相近之外，奥康和布里丹的人生也有很多相似之处，他们在某种意义上都可以看作离经叛道的哲学家：奥康虽属方济会，但由于政治立场不同，和当时的教宗决裂，被逐出教会；而布里丹在完成艺学院的学习之后，拒绝进入更高级的神学院或法学院工作，终身留在艺学院，是中世纪不多的几位在艺学院做出重大理论贡献的哲学家。

奥康和布里丹还有一个共同之处：他们的名字都比他们的哲学要更响亮。不知幸还是不幸，很多人可能并不了解他们的哲学，但却非常有可能听说过他们的名字，因为他们跟思想史上两个非常有影响力的标签联系在一起："奥康的剃刀"和"布里丹的驴子"。奥康的剃刀展示的是一种思维经济性的原则，它很好地体现了奥康自己在本体论上的唯名论立场，同时将我们导向他在逻辑学和语义学上的贡献。布里丹的驴子则是一头在两个完全一模一样的草垛之间无所适从的驴子，它所涉及的是布里丹在行动哲学和道德心理学上的立场；我们将以这头可怜的驴子为线索，去考察他对灵魂、理智以及哲学心理学作为一门知识的反思。

一、奥康的剃刀与他的唯名论

1. 奥康：生平与著作

和之前讲到的很多哲学家不同，奥康的一生跌宕起伏。他于 1288 年出生于英格兰小镇奥康，在伦敦的西南面。奥康 14 岁时北上伦敦，加入当地的方济会，在当地的灰衣兄弟会托钵修院（Greyfrairs）完成基础教育。和司各托一样，奥康选择牛津大学神学院进一步深造，并在那里讲授《箴言集》，相关评注也成为他最重要的神学著作。不过，没有司各托那么幸运，奥康在完成了神学训练之后，并没有找到教职，也就没能成为神学硕士或导师（Magister）。中世纪时把他这样等待教职的人称为"履新者（inceptor），有点类似今天读完博士或做完博士后但找不到教职的青年学者。奥康被称为"永恒的履新者""可敬的履新者"，他或许可以算作第一个著名的失业哲学家（高情商的表述：自由哲学家）。

1320 年，奥康离开牛津，重回伦敦的灰衣兄弟会。非常幸运的是，他在那里遇到了沃尔特·查顿（Walter Chatton，1285—1343 年）、亚当·沃德汉姆（Adam Wodeham，1298—1358 年）等一批卓越的方济会思想家。奥康很多重要的神学、哲学著作都是在灰衣兄弟会的四年，与同修的激烈讨论中完成的（图15.2）。不过，奥康的一些激进主张，也引起了同会弟兄们的不满，他因此被指控为异端。1324 年，甚至教宗若望二十二世也介入进来，把奥康招到自己的驻地阿维农（Avignon），要求成立一个特殊的委员会来审查他的思想。当时，不仅是奥康，还有很多方济会的思想家，

图 15.2　奥康《逻辑学大全》抄本（1341 年），剑桥大学冈维尔与凯斯学院。此抄本在奥康在世时完成，右上角写着"这位奥康修士"，抄工很有可能见过哲学家，这是现存最早的奥康画像。

图 15.3　博纳尤托的安德烈亚《真理之路》湿壁画局部（1365—1367 年），佛罗伦萨新圣母教堂。此图出自一组歌颂道明会的壁画。面对观者的修士据说是奥康，而他左侧的则是切塞纳的迈克尔，头戴主教冠的则是道明会总办事长西莫内·萨尔塔雷利（Simone Saltarelli，1263—1341 年），他表情严肃，正在训诫两位方济会士。西莫内脚下的猎犬，常被看作道明会的象征。以宣教和反异端为宗旨的道明会在面对奥康这样有异端嫌疑的思想家时，自然会像猎犬一样小心和警惕。

尤其是方济会会首切塞纳的迈克尔（Michael of Cesena，约 1270—1342 年），在有关修士守贫和财产权等问题上，和教宗发生激烈冲突（图 15.3）。在奥康看来，不仅教宗对耶稣和他的门徒关于财产权的理解是谬误的，而且教宗在明知错误的情况下，仍然坚持自己的立场，这是一种不可容忍的异端表现。

1328 年，由于担心受到教宗进一步的迫害，奥康和切塞纳的迈克尔连夜逃离阿维农，前往慕尼黑投奔神圣罗马帝国皇帝路易四世（1282—1347 年）。在慕尼黑，奥康遇上了帕多瓦的马西利乌斯（Marsilius of Padova，1270—1342 年）等教宗的批评者。只不过，在离开阿维农之后，他就不再关心早期所专注的形而上学、逻辑学问题，全身心投入政治哲学的写作，尤其是政教关系的反思。

1347 年，奥康不幸死于黑死病。14 世纪中期的黑死病，彻底改变了欧洲的政治版图和思想版图，哲学界也不例外。经院哲学在 14 世纪中叶时，曾有一个短暂的停滞时期。

奥康的著作大部分收集为《奥康神学著作集》《奥康哲学著作集》编订出版。其中比较重要的，除了已经提到的四大卷《〈箴言集〉评注》之外，还有《即席论辩集》，当然还有我们接下来主要介绍的《逻辑学大全》。和《神学大全》一样，这也是一部写给初学者的著作。奥康在其中系统地展示了他在逻辑学和语言哲学上的思考，以及在本体论上的新主张，被看作哲学史和逻辑学史上的一座里程碑。除此之外，他还撰写了多部亚里士多德评注，主要针对逻辑学著作如《范畴篇》《解释篇》，波斐利的《导论》，但也涉及《物理学》。在神学方面，除了《〈箴言集〉评注》之外，他还有一本专门讨论神圣预定论的专著，该书关于偶然性和神圣预知的分析，在司各托的思考上也有很多推进。奥康晚期的成就，主要在政治哲学领域，他的巨著《对话录》

图 15.4　Guiliemus Ockham, *Dialogus*, Lyon: Johannes Trechsel, 1494, frontpiece. 奥康的《对话录》在一位思想成熟的学生（右）和他的导师（左）之间展开，通常由学生发起话题，并对导师的理论主张进行审查。在该书中，奥康主张一个将其错误理论强加给教会的教宗可以被废黜，一个残暴的僭主也应当被废黜。

（*Dialogus*）（图 15.4）包含对教宗权威、政教关系、自然法等问题的深刻反思。

2. 奥康的剃刀

　　奥康的理论哲学成就中，最广为人知的无疑是所谓"奥康的剃刀"。它作为一种思维经济性原则，其影响远远超出哲学的范畴。不同学科的实践者都愿意把它作为一个基本的方法论原则，来判定一个理论的优劣。但和所有应用广泛的标签一样，奥康的剃刀究竟指的是什么样的原则？它在什么样的意义上可以得到辩护？我们其实并不清楚。

　　我们从一个当代常见但又带有很强误导性的表述入手："在所有条件都同等的情况下，最简洁的方案通常是最好的方案。"它甚至还可以进一步简化为："最简洁的就是最好的。"一个理论的简洁性被看作它必须遵循的法则和判定优劣的标准，也因此具有了某种规范性特征。

　　但是，为什么简单的就是好的呢？或者一个更基础的问题，什么算简单？一个常见的答案是：当不同理论具有同样的解释力，一个理论所依赖的假设越少，它就越简单。这无疑是在用一个理论要素的多少来判断它是否简洁。但它有时候会违背另一个关于简单的判定标准，即理论解释的直接性。因为当一个理论要素过少时，用它来解释一个复杂的现象，要素和要素之间的关系就有可能变得不那么直接。一个要素少的理论，很可能会导致一种不直接的甚至是反直觉的解释。此时，它仍然是简单的吗？这至少向我们表明，一个理论的简洁性，并不像我们不言而喻地以为的那样简单。同样，一种特定的简洁性是否应当成为理论研究追求的目标，显然也需要更深入的分析和反思。

在经院哲学的语境中谈到奥康的剃刀，通常指的是一种经济有效的本体论。它可以更进一步精确地表述为："非必要不增加存在物（Entia non sunt multiplicanda praeter necessitatem）"，依照剃刀原则，一个本体论包含的最基本存在物，它们的类别应该尽可能地少。这一本体论原则在经院哲学中被广泛接受。但上述表述并不出自奥康的著作，而最早见于司各托 17 世纪的评注者约翰·庞奇（John Punch），他认为这是经院哲学的一个基本法则，既适用于司各托，也适用于奥康。[1]

然而，这样一个本体论法则，真的是奥康哲学最基本的方法论原则吗？答案其实不是那么明确。

首先，奥康认为我们能直接把握的对象都是现实世界中的偶然事物。因此，我们没法直接从这些偶然存在物推导出某种必然存在。此外，他的知识论是可以容错的，这为怀疑论打开了一个缺口：因为他甚至认为，我们在正常的感性经验中所把握到的个别的、偶然的对象，也可能是上帝创造的一个假象。也就是说，上帝可以在感觉对象不存在的情况下，让我们产生同样的感性经验。在这样的知识论框架中，甚至心灵之外的偶然事物的存在本身似乎也不是必要的。在奥康看来，只有上帝才是唯一真正必然的存在，如果要把剃刀原则贯彻到底，那么，唯一需要设定的存在物就是上帝，如此本体论简洁是简洁了，但对于我们理解自身和所身处的世界，似乎并没有太大的吸引力（图 15.5）。

其次，奥康在其著作中明确地指出了几条可靠的认知通道，帮助我们通达

---

[1] 庞奇的评注收录于 Wadding 版的《司各托全集》：Iohannes Duns Scotus, *Opera Omnia*, vol.15, Louvain: Luke Wadding, 1639, reprinted Paris: Vives 1894, p.483a。

心灵之外的世界。剃刀
原则仅仅是一个否定式
的本体论方法论原则，
或理论解构原则；因
此，奥康即使接受剃刀
原则，也需要接受其他
正面的理论建构原则。
他认为我们的心灵可以
可靠地通达三类对象：
（1）自明的对象；（2）

图 15.5 自 2012 年起，英国的《怀疑论者杂志》每年为怀疑论事业的杰出贡献者颁发"奥康奖"。无论从正面还是负面的角度理解怀疑论，奥康的剃刀都与之密切相关。正像这片时代错乱的安全剃刀一样，奥康的经济思维原则是两面开刃的。

通过经验所知的对象；（3）通过《圣经》的权威可以证明的对象，包括通常所说的神迹在内。[1] 奥康认为，我们拥有三个确定的认知渠道通达这些对象，也因此有恰当的理由设定它们的存在。只有当我们的认识来源于上述三个合法认知途径之外时，才需要提供额外的理论辩护，也才需要去思考有没有必要设定相应的认知对象。

当然，以上的讨论并不是要否认剃刀原则或思维经济性原则在奥康的本体论中的作用，只是展示该原则在理论建构中的局限：它必须配合正面的本体论建构法则才能发挥作用，单凭剃刀原则自身，不足以建立起一个恰当的、有解释力的本体论体系。接下来，我们进一步考察奥康剃刀原则常见的两个应用场景：一是对共相的否定，二是对亚里士多德范畴的化约。

3. 奥康反共相实在论

首先要强调的是，奥康对共相的拒斥并不单纯依赖他的剃刀原则。他之所以不接受共同本性这样的存在物，不仅是因为我们没有好的理由去假定它们的存在；或者因为无须假定它们的存在，我们也可以很好地解释与之相关的语言、逻辑和形而上学问题。在共相问题上，奥康确实采取了一种否定的、消极的研究路径，但他比单纯诉诸思维经济性原则要走得更远。他试图论证的是，

---

[1]　奥康：《订正本》1.30.1。

当时流行的共相实在论在理论上都是不自洽的。这是一种承载更多论证负担，但无疑也更加有力、更激进的论证方式。

在本体论上谈论唯名论，我们说的是那些认为只有个别事物存在的理论。但什么是唯名论所认定的"个别物"，却有进一步讨论的理论空间。像苏格拉底和柏拉图这样在同一个时刻数目上不同的个别实体，他们当然是唯名论者所说的个别物。但个别物也可以指那些在不同的时刻中保持不变的个体：比如说年轻的苏格拉底和年老的苏格拉底；而且我们会发现，个别物有时还可以指集体对象，例如法国、奥康所属的方济会，甚至还可以指没有办法计数的对象，例如水。

唯名论者往往通过反驳不同形式的实在论来说明自己的立场，阐明哪些个别物才是他们接受的在本体论上具有优先性的存在物，奥康也不例外。而在他对当时的实在论者的反驳中，最重要的是对司各托的批评。他不仅用一系列论证反驳司各托的结论，而且从根本上指出，司各托所依赖的思想工具，尤其是形式的区分，本身就是理论上没法自洽的。

司各托认为，在实在的区分和单纯的概念的区分之间，还存在着第三种区分，他把它叫作形式的区分。a 和 b 可以是两个在实在上同一的事物，但是它们有不同的定义或者特征，在这种情况下，我们就可以认为，a 和 b 在形式上是相互区分的，或者说，a 和 b 是同一个事物不同的形式性（formalitates）或不同的实在性（realitates）。形式的区分的一个重要功能，是区分已经个别化的本性中的两个不同的要素：共同本性和此性。[1]

在奥康看来，只要做出了区分，就是在谈论两个并非同一的事物，也就一定可以找到一组矛盾谓词，比如说 P 和非 P，使得 P 对 a 为真，非 P 对 b 为真。然而在大部分经院哲学家们接受的逻辑框架中，要能够做出这样一组包含矛盾谓词的陈述，当且仅当 a 和 b（1）要么是两个不同的事物，（2）要么是两个不同的概念，（3）要么是两个不同的理性存在物（entia rationis）（图 15.6），（4）要么其中一个是事物，另外一个是概念。

司各托显然接受存在这样的矛盾谓词，对我们通过形式化的方式区分出来的两个词项可以为真，例如，在苏格拉底之中的共同本性和此性，前者显然是

[1] 见本书 14.2.1。

共同的，并非专属于苏格拉底的，而后者则是专属于苏格拉底的，"共同"和"专属"就是这样一组矛盾谓词。

接下来，奥康就采用诉诸人身（ad hominem）的论证策略，来说明接受这样的区分会导致不可接受的理论后果。在奥康看来，司各托和他的追随者认为，形式的区分不仅关乎我们的心灵，而且关乎事物的本性。这就意味

图 15.6　《动物寓言集》抄本（约 1270 年），洛杉矶盖蒂博物馆。在司各托看来，理性存在物是完全依赖心灵的存在物，如图中的塞壬女妖和半人马兽一样，它们不仅不存在，而且没有任何实在的可能性。而概念的对象则至少是可能的。

着，a 和 b 这两种不同的形式性，不能有任何一个与概念相关，这就首先排除了（2）和（4）。相应地，（3）也不能成立，因为在司各托看来，理性存在物作为意向性对象或思想的对象，它只存在于心灵之中。[1] 由此可知，只有（1）能成立，即 a 和 b 这两种形式性是两种不同的事物。所以，司各托如果想要捍卫他的实在论主张，他就必须更实在论一点，接受共同本性和此性是实在上不同的两个事物。但这无疑会带来更严重的后果，例如我们之前提到的三一论这种神学上的困难。更重要的是，在亚里士多德的框架中，个别实体数目上的同一性是一个最根本的形而上学概念，认为在作为基础存在的个别实体内部，还可以进一步区分出两个在数目上不同一的要素，这显然会威胁到该个别实体的统一性，以及它作为基础存在的本体论地位。[2]

奥康对司各托的批评是致命的。不过，奥康了不起之处在于，他不仅反驳了共相实在论，而且试图正面地建构自己的理论，去解释语言中的普遍词项和

---

[1]　司各托：《即席论辩》3.2。

[2]　以上讨论参考了奥康的两处论证：《订正本》1.2.1；《逻辑学大全》1.16。

思维中的普遍概念究竟从何而来。

作为唯名论者，奥康非常明确地断定，只有个别的东西才是实在的事物；普遍的东西或共相并不是事物，而首先是我们心灵中的概念；在一个引申的意义上，共相还可以包括口头和书面语言中的普遍词项，例如马、动物、颜色等。

在这里，我们需要关注奥康的唯名论和12世纪的唯名论的一个重要差异。在阿伯拉尔以及他的导师罗瑟林（Roscelin，约1050—1125年）的理论中，共相首先指的是空洞的词项或声音。也就是说，在12世纪的唯名论中，我们语言中实际使用的这些记号，无论是口头的声音还是书面的文字，都在共相理论中具有优先性。与之相反，奥康则突出心灵概念的优先性，这首先和他的心灵语言学说紧密地联系在一起。在奥康看来，我们关于马或者颜色的心灵概念，本身就是语词：作为心灵事项，它不依赖发声、书写等物质活动；但和其他语言记号一样，它可以意指自身之外的事物。

奥康强调，共相，无论是心灵概念还是普遍词项，都可以意指多个事物：当我们说"马"这个词，或者我们想到"马"这个概念时，它可以向我们表征数目上不同的马——例如乌骓、赤兔、的卢。这样就可以把与共相相关的这一类记号同与个体相关的专名（例如"苏格拉底"）区别开来。奥康的立场看起来类似于我们曾经提到过的所谓"概念论"。需要强调的是，奥康明确否认作为心灵概念的共相会有心灵之外的实在基础。不过，就强调心灵概念更适于成为共相这一点而言，他和所谓概念论者的立场是相近的。

这里需要提到奥康的唯名论会遇到的一个麻烦。对于12世纪的唯名论者来说，当别人问共相是什么时，他们可以给出一个清晰明确的答案：共相就是我们发出的声音，或者用笔写下的文字。更重要的是，它所指向的都是非常明确的心灵之外的个别事物，例如我发出的mǎ的声音，或者写下的"马"这个字。但当奥康说，"共相首先是心灵概念"时，它在本体论上究竟具有什么样的地位？它基于什么样的因果机制而产生？它和我们的心灵及其活动之间又有什么样的关联？奥康的共相理论必须对这些问题给出更加正面的回答。

奥康在他短暂的理论哲学研究生涯中，实际上给出了两个不同的回答，来解释共相的本体论地位。

（1）虚构对象（fictum）理论。共相只不过是心灵构造的产物，或者说某种心灵图像。这种心灵图像"就其作为存在而言"是灵魂中的一个对象，该对象被称为"普遍概念"：所谓的"普遍"是指它可以用来表征多个不同的个别事物；而这里所说的"对象"，并不是指客观的、独立于心灵的存在，而恰恰是指心灵投射或构造出来、在心灵对面被把握的存在，这正是拉丁词"obiectum"的本义。

因此，共相作为心灵构造的产物，它首先是依赖认知主体的存在：心灵把它投射出来，使得它呈现为"像是"实在的外在对象。我们的理智可以把刚才所说的这种心灵图像投射为一个仅仅是在数目上不同于该图像的实在。例如我们通过抽象等认知活动获得关于马的普遍概念或心灵图像，随后通过一个额外的心灵投射活动，将这个关于马的心灵图像投射为一个类似实在的存在，例如马的普遍本性，但它实质上只拥有意向性的存在。奥康强调，马的心灵图像和马的普遍本性，它们的所有特征都是一样的，例如可以谓述或者表征不同的个别的马，可以刻画马的基本功能，等等。它们唯一的区别在于不同的因果起源：马的心灵图像是直接在心灵中产生的，而马的普遍本性则是被心灵另外投射出来的，它们也因此被认为是数目上不同的两个存在物。[1]

虚构对象理论不仅解释了共相产生的心理基础，而且解释了共相为什么看起来像个别事物一样独立于心灵而实在。但是，心灵以什么样的方式投射出共相？投射这个活动和它构造出来的对象之间又是什么关系？投射活动和心灵在投射之前的认知活动又有什么关系？这个独特的理论无疑留下了大量的理论空隙。

（2）理解活动（intellectio）理论。奥康自己也不满意虚构对象理论，因为它尤其难以解释心灵图像和心灵投射出来的普遍对象的差异。

首先，和中世纪绝大部分拉丁哲学家一样，奥康认为我们的心灵（理智）是非物质的存在物，所以"可理解对象在理智心灵中的呈现"就不同于"可感对象在感知中的呈现"。后者依赖物质介质和我们的感官，所以，感觉活动和它的对象是两个在实在上不同的东西。听的感知活动和听到的声音是两个在实在上不同的存在，前者是心灵的活动，以心灵及其感官为基体，而后者则以心灵之外的事物为基体。

---

[1]　奥康：《订正本》1.2.8。

其次，在奥康的唯名论中，实在的事物都是个别的。因此，在心灵中把握的普遍对象，就不是独立于心灵而实在的，而只能是心灵的产物。这也就意味着心灵在把握共相时，它的认知活动（理解）和它的认知对象之间就不再具有基体上的差异，因为两者都依附于心灵自身。也正是在这里，奥康将剃刀指向他早期的虚构对象理论，认为完全没有必要在理解活动之外去假设一个理解活动所构造出来的心灵对象（图 15.7）。因为，除了以上提到的理论空隙之外，抹掉理解活动和理解对象的差异，并不妨碍我们解释不同理解活动之间的差异。例如我对马的理解和对动物的理解，它们之间的差别完全可以通过我的心灵在不同时刻的不同理解活动本身来得到解释，无须设定某种心灵投射出来的对象之间的差异，因为虚构对象理论认为这种心灵构造出来的对象和我们在理解活动中所获得的心灵图像并没有特征上的差异，只有一种近乎独断地设定的数目上的区别，因此，虚构对象可以解释的特征差异，心灵的图像也可以。[1]

　　理解活动理论不仅剔除了冗余的虚构对象，而且清晰地指明，共相作为心灵活动，就是发生在个人心灵史中的个别事件。我和你拥有不同的灵魂，因此我们的灵魂在进行的也是不同的理解活动。尽管我们的理解

图 15.7　奥康《逻辑学大全》抄本（约 1400—1423 年），大英图书馆。在这幅未完成的细密画中，奥康坐着与他同修会的弟兄辩论。奥康共相理论的转变，据说就和他在伦敦灰衣兄弟会的同事沃尔特·查顿对虚构对象理论的批评有关。查顿还曾提出反剃刀原则（Anti-razor）：一个肯定命题只能通过事物得到证实，如果三个事物不足以证实它，就必须提出第四个，以此类推。

[1]　奥康：《逻辑学大全》1.12。

活动所呈现出来的概念，它作为心灵语言（词项），可以是相似的——在形式上是相似的或者相同的，或者说表征的对象是一样的，但它作为活动本身是不同的。将共相等同于理解活动，同时将理解活动理解为具有普遍对象的个别心灵活动，这是奥康的唯名论做出的一个重要推进。

这里再次揭示出奥康和阿伯拉尔的差异。阿伯拉尔还要考虑，在事物那一侧是不是存在事态（status）这样的东西与作为普遍词项的共相相对应。奥康则完全认为共相就是心灵的概念，并且这个心灵概念不是别的，就是心灵的活动本身，就是一个个别化的活动。但是，大家或许已经意识到，它可能造成的一个困难是：我和你的个别理解活动并不相同，为什么可以是一个共同的认识？为什么不仅仅在我们自己的语言共同体内部，而且在和使用其他语言的人交流时，我们都可以就"马是什么"的问题达成共识？

奥康的理解活动论通过对共相形成机制的说明，确实界定了共相的本体论地位，说明了它的因果机制，但它并没有解决所有与共相相关的理论困难。更麻烦的是，一个作为个别活动的共相，它如何能表征心灵之外的不同个别事物，而且能够对于不同语言的使用者，不同心灵的拥有者来说，都是相同的？这将我们导向奥康最重要的哲学创见。他通过构造一套全新的语言哲学框架，带来了逻辑学和本体论的彻底变革。

4. 奥康的唯名论语义学

A.《逻辑学大全》的框架

奥康的语言哲学框架首先体现在《逻辑学大全》的基本结构中。《逻辑学大全》包括三个部分，分别处理词项、命题和论证相关的逻辑学问题，大致可以对应亚里士多德从《范畴篇》到《解释篇》再到《分析篇》《论题篇》和《辨谬篇》的基本构架，不过具体内容大大扩充。

（1）词项。（a）奥康首先不仅讨论和亚里士多德十范畴相对应的范畴词项——可以在命题中充当主词和谓词的词项，还讨论了对于构造某些命题必不可少的语言记号或词项，如"所有的""如果""除非""或者"等。它们中有连接词，有量词，也有我们用来构造条件句的连词，统称为助范畴词项（termini syncategorimatici）；（b）其次，奥康区分抽象词项和具体词项，分别对应共相

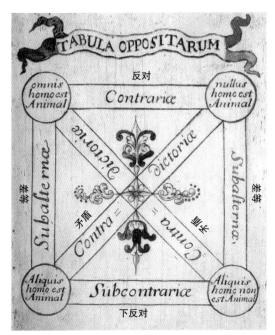

图 15.8　"对立表"，出自 17 世纪的一份逻辑学课程笔记（1698—1699 年），新鲁汶市鲁汶天主教大学档案馆。左上为"所有人都是动物"，右上为"没有人是动物"，左下为"有的人是动物"，右下为"有的人不是动物"。"反对"指不能同时为真；"下反对"指不能同时为假；"矛盾"则是既不能同时为真，也不能同时为假；"差等"指在上的全称命题蕴涵它的下级特称命题。

和个别事物；（c）最后，他还引入绝对词项和内涵词项的区分，我们稍后结合中世纪的意指理论进一步展开。需要特别提到的是，奥康专门处理了波斐利传统中非常重要的 5 个宾词（Predicabiles），即"属""种""种差""专有属性"和"偶性"，以及亚里士多德十范畴的本体论承诺。

（2）命题。奥康首先处理直陈式的命题，尤其是传统的对立方阵（Square of Opposition）（图 15.8）中的 4 个重要命题："所有的 S 都是 P""没有 S 是 P""有的 S 是 P""有的 S 不是 P"，以及它们之间相互矛盾、对立、反对和下反对的逻辑关系。除此之外，奥康还讨论了时态逻辑、模态逻辑、一些复杂的直陈式命题以及各种各样的假言命题。这里包含奥康在前人逻辑学积累的基础之上，做出的重大推进。它超越了传统的亚里士多德逻辑范畴，常被称作现代路线（via moderna）的逻辑。

（3）论证。（a）奥康回到三段论传统，专门分析了亚里士多德处理不好的模态三段论；（b）他接下来专门讨论了证明性三段论，这是演绎科学的基础；（c）随后，奥康讨论了推论，尤其是通过条件句或假言命题完成的推理过程，例如肯定前件、否定后件等推理法则。他还谈到了一些语义学上的悖论，例如著名的撒谎者悖论。这些悖论在中世纪时被称为不可解命题（insolubilia），很多涉及在 20 世纪语言哲学兴起时大放异彩的自指命题。中世纪逻辑还有一个越来越得到人们关注的领域叫"义务问答（obligatio）"，它类似于一种逻辑游戏，通常先给出一个命题的真值，参与者需要由此出发，去考虑与之相关的其他命题是否与它融贯。最后，（d）奥康和亚里士多德一样，处理了一些逻辑谬误。

B. 奥康论心灵语言

奥康的逻辑学包含着深刻的语言哲学洞见，其中一个重要成就是对心灵语言的创新解释。关于心灵语言的讨论，并非始自奥康，而是可以追溯到波爱修，甚至更早的奥古斯丁（图 15.9）。波爱修比较明确地区分了书面的、口头的和心灵的语言，奥康则对三种语言之间的关系做了系统而深入的考察。

在奥康的语言哲学图景中，相对于其他语言形态，心灵语词以及由它们构成的心灵命题和心灵语言具有优先性。这同样体现在他的记号理论中。所谓记号（signum），指的是能因其自身而代表其他事物的东西。这是一个外延很广的概念。人们谈论最多的首先是语言中的记号。例如我们可以用"马"这个字或声音作为记号，去代表现实世界中的马，或者心灵中关于马的概念。但奥康不接受这种流俗语言观，他首先强调口头语言相对于书面语言作为记号的优先性，认为书面语言中的词项作为记号是从属于口头语言的；也就是说，我们之所以把"马"这个

图 15.9　《克纳特福音书》抄本（约 1020 年），大英图书馆。此为《约翰福音》开篇"太初有道"。其中"道"在拉丁文中为"Verbum"，本意为"语词"，这里指三位一体中的圣子基督。奥古斯丁认为，正如作为圣言或神圣语词的基督存在于万物之先，我们内心中的语词作为基督的肖像，也出现于一切口头和书面语词之前。（《三一论》15.10.19）

字作为对现实世界中的马的记号，是因为我们在口头用与它对应的“mǎ”这个音节作为这样的记号。不过，我们这些接受汉语记号系统的使用者，之所以口头能用“mǎ”这个音节作为记号，是因为我们拥有关于马的心灵概念。因此，在奥康的语言哲学体系中，在这三种不同的语言中，心灵语言被看作最原初和最基础的语言。

心灵语言为什么具有这样的优先性呢？对于奥康来说，心灵语词，尤其是那些范畴性的心灵语词，它们可以**自然地**"代表（stand for）"一类给定的事物和它们的属性。心灵语言也是一种记号：它可以代替或意指心灵之外的事物。不过，我们语言中的“马”这个词可以有一个完全独断的、随机约定俗成的发音，它纯粹是先民独断的选择。比如说，它完全可以发“lù”的音，但仍然意指同样一群动物。而在奥康看来，我们的心灵词项"<u>马</u>"——这里用下划线来标示心灵词项——则自然地代表马，而不是鹿。

心灵语言的自然性使得它超越了习俗的约定：只有心灵中的语词才和语言之外的对象具有“自然的”对应关系。奥康为这种自然关系提供了两个可能的理由。

（1）我们心灵概念的形成，是从我们和外在对象的知觉性相遇（感觉）开始的。概念最终来源于可感对象对心灵的因果作用。因此，只要我们的感觉和理解能力处于正常状态下，我们就可以通过这一因果机制，建立起一种恰当的、对于心灵之外的世界中的对象的表征关系。奥康在这里显然没有考虑怀疑论的问题，而是近乎独断地相信上述因果机制保障了心灵可以获得恰当的概念和知识。

（2）我们的概念作为某种心灵图像，它与心灵之外的事物具有某种自然的相似性。例如，我们所拥有的<u>马</u>的心灵概念，哪怕我们的语言把它说成是“lù”，它在我们的心灵中也仍然是“四肢修长的”“可以疾速奔跑的”“奇蹄目”等。就此而言，心灵概念跟心灵之外的对象具有某种相似性。这条理由的麻烦在于它与奥康有关共相的理解活动理论是不相容的。因为奥康抛弃了早期的虚构对象理论，认为“马的概念”就是“我们对于马的理解活动”，而心灵的理解活动作为一个非物质性的活动，它本身和心灵之外的世界没有任何相似性。奥康的维护者或许会退回早期的虚构对象理论，强调理解活动的概念内容，或者它的意向性对象具有这种相似性。但这完全是心灵在认知之外额外投射出来的结果，这样一个解释同样很难经受怀疑论者的质疑。[1]

当然，以上理论困难并不专属于奥康的语言哲学，大多数古代和中世纪哲学家因为未曾严肃对待怀疑论的挑战，都存在这样的困难。我们不妨将心灵语言在代表外物时的自然性作为它的一个基本理论预设接受下来：和我们约定俗成的语言不同，心灵语言可以建立起词项和心灵之外的世界的一种严格对应关系——不仅是一一对应，而且是按照世界的物质属性对它进行的正确分类，或者说如实地表征外物。否则的话，我们就没有办法通过心灵词项构造心灵命题，进而获得知识。这一预设也让很多奥康的研究者认为，他所谈论的心灵语言实际上就是早期分析哲学家们所热衷的理想语言，在其中，我们可以找到概念和世界的理想连结。

回到奥康的讨论，他认为心灵语言自然地适合建设我们的思维和世界间的桥梁。用他自己的话来说：

> 概念词项是灵魂中的一个意向或印象（intentio seu passio animae），它以自然的方式意指或共同意指（significare vel consignificare）某物，并能成为心灵命题的一个部分，在该命题中指代（supponere）它所意指的对象。[2]

这里引入了两个关键术语："意指"和"指代"，它们指的是词项所具有的两个非常重要的语义学属性。之前我们使用"代表"这样一个相对含混的概念，来刻画语言记号和外在对象的关系，而奥康实际上用"意指"和"指代"这两个不同的概念来解释它们之间的语义关系。需要强调的是，心灵语言的理想性，帮助奥康解释心灵构造的概念如何可以**如实地**表征现实世界中的事物，这也构成了他对共相问题的另一个回应。但这个回应要获得更坚实的理论基础，就必须澄清意指和指代不同的语义功能。

C. 奥康论意指

意指（significatio）是古代中世纪语言哲学中一个非常独特的概念（图

---

[1]　参见奥康:《逻辑学大全》1.1。

[2]　同上。

图 15.10 《德尔斐神谕》红绘基里克斯杯（前 440—前 430 年），柏林旧博物馆。西方的"意指"概念起源于古希腊的神谕，神谕中的话语让人遐想联翩，但当事人往往并不确切地知道它究竟意指什么。

15.10），它不能完全兑换为今天所说的指称或意义。古人更多是用一个词项所产生的心理效用或认知效用来刻画意指这一语义功能，奥康也不例外，他认为，一个词项所意指的，就是它让我们想起来的东西。所以，通过意指这一功能，我们就可以建立"词项（作为一个记号）"和"语言之外的对象"之间的内在关联。

上述想法可以直接追溯到亚里士多德。[1] 在谈到亚里士多德传统的意指理论时，人们常常提到所谓的语义三角形（semantic triangle），它的三个顶点分别是语言中的词项、心灵中的概念、语言和心灵之外的对象。传统的亚里士多德派逻辑学家认为，语词不仅可以意指语言之外的世界中的对象，而且可以意指我们心灵中的概念。也就是说，当我听到"人"这个词时，我想起来的未必是心灵之外的个别的人或人的某种共性，而是心灵对于人的概念性把握，如人的定义。相当一部分逻辑学家进一步认为，语词通过意指心灵中的概念，然后再去意指心灵之外的事物。心灵的概念因此成为语词意指心灵之外的事物的中介。这类逻辑学家会遇到的一个麻烦是，我们的心灵概念为什么能够获得如实表征心灵之外的世界的特征，从而成为语言和世界之间的合适中介？

[1] 亚里士多德:《解释篇》1 16a3-9。

奥康的语言哲学则有所不同，它强调心灵语言的优先性。奥康认为，我们语言中的词项，并不会意指思想或心灵中的概念。无论是口头语言，还是书面语言，它们都不是意指而是**从属于**心灵概念：我们的语言之所以能够**以约定俗成的方式**去意指心灵之外的个别事物，正是因为心灵语言能够以**自然的方式**意指心灵之外的个别事物（图 15.11）。换句话说，心灵语言的优先性和自然适当性，决定了我们的语言从属于心灵语言。奥康尤为强调，我们通常使用的语词，无论是口头的、书面的，还是心灵的语言，它们首先都意指心灵之外的事物——只有我们稍后谈到的一些非常特殊的词项，如"属""种"等极少数逻辑用词才会意指心灵中的概念或意向，因为，当我们听到这些语词时，心灵中想到的正是人、猫、狗、颜色等类别概念，而不是具体的外在事物，这些和共相的本体论地位密切相关的词项我们稍后再讲。正是基于这一理由，奥康不再认为我们的语言要以心灵为中介才能通达外在世界，这有效地避免了心灵成为我们的语言通达外在世界的障碍。[1]

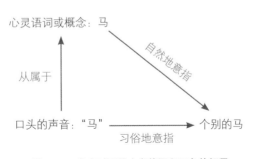

图 15.11　奥康对亚里士多德语义三角的解释

对于奥康来说，上述理论还有一个重要的理论后果。传统逻辑学家之所以认为语言可以意指思想，是希望保留语言可以传达思想这一直觉，强调我们语言的一个功能是把语言使用者的思想展示给另一个语言使用者。上述看似自然的主张在奥康这里发生了很重要的变化：奥康认为日常使用的语词——具有第一意向的语词——不能意指，而且也不需要意指心灵概念，因为在他看来，心灵的概念作为一种理想语言，是所有理性的人，所有人类语言的使用者都可

---

[1]　奥康：《逻辑学大全》1.1。

以凭借内省等方式通达的。我们不需要"别人用语言的方式"来向我们揭示一种恰当的马的概念应该是什么，因为这个心灵概念内嵌在我的心灵结构中。相应地，语言首先不是用来传达概念和思想，而是用来向我们揭示外在世界的信息。所以，无论是心灵语言，还是口头语言和书面语言，它们最终向我们展示的，都是这个世界本身是什么样的，而不是我们如何构想世界。[1]

或许我们可以通过对比布里丹对亚里士多德语义三角的解释（图 15.12），来把握奥康实现的理论突破。布里丹一方面坚持认为，我们的口头语言，直接意指的还是心灵概念，但它最终意指的是心灵之外的世界，另一方面则断然否认心灵概念作为我们的构造——他也是唯名论者——可以直接意指心灵之外的世界。在布里丹看来，心灵概念是我们以认知的方式构想或者把握心灵之外的事物的特征，从而使我们能够对世界进行恰当的表征，但它与外在事物之间并不构成一种直接的意指关系，因为意指是通过我们的口头语言和书面语言来实现的。如果说奥康更关注理想化的心灵语言，布里丹则是要把我们关注的焦点从理想语言带回现实的口头和书面语言。因为我们要通达语言和心灵之外的世界，首先还是需要通过自然语言。[2]

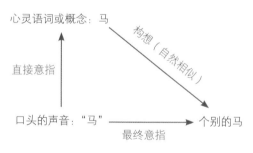

心灵语词或概念：马

直接意指

构想（自然相似）

口头的声音："马"　　　　　个别的马

最终意指

图 15.12　布里丹对亚里士多德语义三角的解释

回到奥康自己的意指理论，他区分了四种不同的意指方式，其中前两种也被统称为第一性的意指。

[1]　Paul Vincent Spade and Claude Panaccio, "William of Ockham," *SEP*, URL = 〈https://plato.stanford.edu/archives/spr2019/entries/ockham/〉.

[2]　布里丹：《辩证法大全》4.3.2。图 15.11、图 15.12 参考了 Stephen Read, "The Medieval Theory of Consequence," *Synthese*, 187 (2012), p. 901。

（1）第一种是最为严格的意指：

> 一个词项 t 意指一个事物 x，当且仅当"这是一个 t"这个命题**在当下**为真，并且指向 x。

例如，我拿着杯子说"这是一个杯子"，无论是在心灵还是在现实语言中，"杯子"这个词项都可以意指我手中的这个事物，因为"这是一个杯子"这个命题在当下为真。

（2）第二种意指则在时态和模态方面有所拓宽：一个词项 t 意指一个事物 x，当且仅当"这是一个 t"这个命题在当下（或在过去、或在未来、或可能）为真，并且指向 x。这就意味着，意指的对象可以是当下并不存在的，甚至只是可能存在的事物。例如，"恐龙"可以意指曾经在地球上生存过的一种爬行动物，就是因为"这是一只恐龙"过去为真；我们也因此可以有意义地谈论想象中的"人兽嵌合体"。奥康认为，前两种意指虽然有时态和模态上的差别，但它们意指的对象至少都是可能在心灵之外的世界中存在的。

（3）第三种意指又称第二性的意指，它实际上等价于我们稍后会进一步讨论的内涵。和前两种意指有根本区别，它涉及的是语言中的派生现象，认为一个词项可以意指由它派生出来的抽象概念。举个例子，"勇气（bravery）"指勇敢的人所具有的一种特殊的性格品质，它是从具体的勇敢者和勇敢行为中抽象出来的属性。在这个意义上，"勇气"从"勇敢的"派生而来。奥康认为，这解释了为什么"勇敢的（brave）"可以意指的不仅是一个勇敢的人，而且可以是这个人所拥有的勇气这一品质，因为当我们听到"勇敢的"时候会想到它。不过，当"勇敢的"意指勇气时，一个词项就是在意指它不能述谓的对象，这被称为第二性的意指，因为在第一性的意指中，词项 t 都是可以述谓它所意指的对象 x 的，而"勇敢的"尽管可以意指"勇气"，但勇气这种性质本身并不是勇敢的（Bravery is not brave）。

（4）第四种意指最为宽泛，它指的是任何语言单元（包括整个句子）所产生的心理作用。在奥康看来，任何语言单元，只要能让听者有所思考，它就有所意指。例如"我在喝水"这个句子，听者可以根据"我""喝""水"这些词项各自的意指，想到我在喝水这样一个事实，它与这些词项的意指并不相同。此外，我们还可以用"失明"来意指视力，因为"失明"让听者想到了视力的缺乏。[1]

对于我们的形而上学关切来说，更重要的是奥康基于意指理论所引入的指代（supposition）理论和内涵（connotation）理论，它们直接关系到普遍词项在运用中会遇到的困难，同时也直接影响了奥康的本体论主张。

D．奥康论指代

奥康认为一个词项所指代的，就是它在一个命题的语境中所替代的东西。很多研究者认为这里所说的"替代""指代"都可以理解为一种指称关系，帮助我们挑出一个对象。在奥康看来，指代关系需要满足这样一条法则：

> 如果一个词项 t 能够指代或者指称 x，那么"x is t"这样一个命题一定是成立的。[2]

也就是说，我们可以用 t 作为一个谓词去谓述 x。当我们说"苏格拉底是丑陋的"，"苏格拉底"指代的就是历史上那个著名哲学家，而这一指代之所以能成立，是因为我们可以说"历史上那个著名哲学家是苏格拉底"。"丑陋的"也是如此，它在这个命题中指代的是某个具体的、个别的外形并不美观的事物，这样的事物显然是丑陋的。

我们不难发现，"苏格拉底"也可以**意指**苏格拉底本人，因此，在进一步讨论不同类别的指代之前，有必要澄清指代和意指的区别。从表面上看，指代和意指所刻画的首先都是"一个词项"和"语言之外的对象"之间的关系。但它们有两个重要的不同：

（1）意指刻画的实际上是一种**心理的、认知的**关系，它所揭示的词项和对象之间的对应关系是通过心灵的设想活动来实现的；而指代则更接近词项和对象之间的语义关系，它无须语言之外的心灵活动来实现。指代关系考虑的不是语言使用者在心理或认知上的变化，而只是简单地用一个语言记号代替语言之外的对象。

（2）意指所揭示的词项和对象的对应关系，对于**语境**是不敏感的。无论何

---

[1]　奥康：《逻辑学大全》1.33。

[2]　同上书，1.63。

时，当我们使用"苏格拉底"这个词项时，只要不是在比喻的意义上或讨论这个词的拼写等特殊意义上使用它，而是在直陈句传递信息时使用它，它的意指就是固定的。这一点对于奥康的心灵语言理论非常重要，因为他认为语言的功能在于传递关于对象（尤其是外在世界）的信息。因此，词项作为最小的语言单元，如果不能保证和对象有这样一种严格的对应关系，并且在不同的语境中保持不变的话，我们的心灵就很难获得有关对象尤其是外在世界的知识。与此不同，指代首先是在一个具体的命题中给定的，或者说是对语境敏感的，从而使得我们在不同情境中可以使用具有同样意指的词项来指称不同的对象。

在引入意指和指代两个概念的基础上，奥康按照中世纪逻辑学传统区分了三种主要的指代，但给出了独特的定义。

（1）首先是人称指代（suppositio personalis）。当一个词项 t 指代它所意指的对象 x，无论以第一性还是以第二性的方式意指，该词项 t 具有人称指代。比如说在"所有狗都是哺乳动物"这样一个命题中，"狗"和"哺乳动物"都具有人称指代，因为"狗"会让我们想起个别的狗，例如忠犬八公、菲多、太空狗莱卡等。"哺乳动物"也是如此，只不过外延更广，还可以让我们想起苏格拉底、赤兔马等个别哺乳动物。而在这个句子中，这两个词项所替代的正是它们意指的对象，因此满足人称指代的条件。人称指代非常重要，因为如果一个命题要传递关于外在世界的信息，它就必须得有人称指代，以保障构成它的词项与对象严格对应的认知关系。

（2）其次是简单指代（suppositio simplex）。当一个词项 t 指代它并不意指的心灵概念时，该词项 t 具有简单指代。例如，"狗是一个种（species）"或"狗是一个共相"这样的句子中，主词"狗"具有的是简单指代。因为，在这个句子或命题中，"狗"指代的不可能是它所意指的像忠犬八公这样个别的狗，因为个别的狗，甚至它们的集合并不是共相，也不是自然分类中最小的种。它指代的仅仅是我们心灵中狗的概念。需要强调的是，此时，"狗"并不**意指**狗这个心灵概念，因为在所有语境中，"狗"意指的都是心灵之外个别的狗。

值得一提的是，奥康通过区分人称指代和简单指代，可以克服中世纪逻辑学家在谈到共相时遇到的一个三段论谬误：

大前提："人是种"或"人是共相"；

小前提："苏格拉底是人"；

结论："苏格拉底是种"或"苏格拉底是共相"。

奥康认为，这个推论尽管看起来符合正确的三段论推论形式，但它仍然包含着逻辑谬误，因为"人"在两个前提中的指代不同。当我们说，"苏格拉底是人"时，"人"指代的是它所意指的个别的人，因此具有人称指代；而当我们说，"人是种"或"人是共相"时，"人"所指代的是相应的心灵概念，它具有的是简单指代。因此，"人"在这两个命题中所指称或者替代的是不同的对象，因此，上述推理实际上犯了四词谬误，因而无效。

（3）最后是实质指代（suppositio materialis）。当一个词项 t 指代并非它所意指的某个口头或书面的表达式时，它具有实质指代。和简单指代一样，此时，一个词项所指代的也不是它意指的对象。例如，我们说"狗有八画"时，"狗"指代的并不是个别的狗，也不是狗的心灵概念，而是"狗"这个汉字它本身具有的特征。[1]

就我们所关心的形而上学问题而言，奥康的指代理论表明，当我们谈论和使用与共相相关的词项时，它其实并不指代（或指称）任何它所意指的东西，因此也不能使我们获得任何关于外在世界的实质信息。有关共相的命题，所表达的实际上是我们的心灵概念所具有的性质。因此，"狗是一个种"和"狗是一个共相"这样的句子，所揭示的只是狗这样的心灵概念所具有的性质。需要强调的是，在这两个命题中，"种"和"共相"这两个词项是有人称指代的。听到"种"这个表达式时，我们想到的就是狗、猫、人这样一些不能再进一步细分的自然类别的概念，它们可以称之为心灵中的第一意向（intentio prima）。在"狗是一个种"这个句子中，"种"作为一个逻辑概念显然是在指代它所意指的概念。这一点对于奥康来说颇为关键，因为一个词项的意指实际上是它的意义来源，如果一个句子中的词项都没有人称指代，那就没法和它们的意指发生关联，那么，该句子也就很难说是有意义的。前面提到的"共相"显然也是如此。

---

[1] 奥康：《逻辑学大全》1.64。

图 15.13　弗朗西斯科·佩塞利诺及其工作室 [1]《七美德》蛋彩画（约 1450 年），伯明翰艺术博物馆。画家以女性为美德的化身，同时为每一项美德配上了一个代表人物（自左向右）：智（梭伦）、义（所罗门王）、信（圣彼得）、爱（福音约翰）、望（大雅各）、勇（参孙）、节（大西庇阿）。与美德相关的这些词项通常都是奥康所说的内涵词项，它们第一性的意指都是下层拥有美德的具体的人或他们体现美德的行动，只有在派生的意义上它们才能意指上层的抽象属性。艺术家在具象化抽象概念时的应对策略和奥康的内涵语义学有异曲同工之妙。

由此可见，"种"和"共相"这样的词项尽管不能意指心灵之外的事物，但它们可以意指与之相关的原初的心灵概念或第一意向，后者自然地意指心灵之外的事物。因此，种和共相可以看作高阶的心灵概念，在中世纪逻辑学传统中它们也常被称为第二意向（intentio secunda）。[2] 反过来，"种"和"共相"在语言中的这一高阶地位，也表明真正的共相首先是这两个词项所意指的心灵概念，而不是普遍词项，更不是心灵之外的某种共同本性。

E．奥康论内涵

最后要提到的词项属性是内涵（connotation）。内涵实际上是一种特殊的意指方式，即第二性的意指。通过这种意指方式，某些与抽象性质相关的词项可以有两种不同的意指。例如，在"苏格拉底是勇敢的"这个句子中，"勇敢的"这一词项首先可以意指像苏格拉底这样勇敢的人，其次也可以意指他所拥有的勇气本身。而当一个词项具有第二性的意指或内涵时，它就成为一个内涵词项（图 15.13）。

奥康将内涵词项的对立面称为绝对词项，这类词项只能以第一性的方式进

---

[1]　工作室原文为 workshop。

[2]　奥康：《逻辑学大全》1.12。

行意指，从来不能以第二性的方式意指任何其他的东西，例如"人""动物""白色""气味"等。奥康所说的绝对词项大多可以归入亚里士多德传统的实体和质两个范畴。

内涵词项则不仅可以进行第一性的意指，而且可以以第二性的方式意指其他对象，例如"相似的""固态的""理智"等。以"固态的"为例，它首先意指的是形状和体积相对稳定、质地坚硬的物质，同时也可以意指将固体同液体、气体区别开来的特殊性质或结构，姑且称之为坚固性。"理智"也是如此，它首先意指能够进行理性认知的灵魂，但也可以在第二性的意义上意指这种活动本身。

奥康不仅用意指方式来界定绝对词项和内涵词项，而且以不同的定义方式来刻画它们的差异。他区分了实在定义（definitio realis）和唯名定义（definitio nominalis）。

实在定义被认为或多或少揭示了它所定义的对象所具有的本质形而上学结构，或者说它的实在结构。例如"人是理性的动物"，或者"人是由身体和理智灵魂组合而成的实体"。有意思的是，这两个定义中的被定义项，虽然指代的对象是一样的，都是个别的人，而且一个恰当的定义项，它的指代应该与被定义项的指代完全相同。但这两个实质定义的意指是不一样的，因为它们的定义项在我们的心灵中唤起的内容是不一样的：在第一个定义中，我们想到的是有感知、能自我运动的有生命物，也就是动物。然后在此基础上去设想那些具有理性认知和欲求能力的动物；在第二个定义中，我们先要考虑复合的实体，将它们同上帝这样的单纯实体区别开来，然后再从中选出那些由身体和理智灵魂两个要素构成的复合实体。这两个定义揭示的是个别的人所具有的形而上学结构，但它并不唯一，而是有不同的面向和维度。

与此相反，奥康认为，唯名定义并不能揭示它所定义的对象的形而上学结构，而是以一种精确的方式揭示它要定义的内涵词项的意指，以正确的顺序和正确的连接方式明确提及该词项以第一性的方式意指的对象和以第二性的方式意指的对象。这听起来非常复杂和抽象。还是以"勇敢的"为例，它的唯名定义应当指出它所意指的是拥有勇气这种性格特质的理性存在者。这个定义既要（a）包含以第一性的方式所意指的对象，也就是个别的人，同时又要（b）以恰当的方式提到以第二性的方式意指的对象，亦即勇气，最后还要（c）揭示这两个意指对象之间的关系，即个别实体与它的品质属性的关系。在奥康看来，在一个理想的语言系统中，唯名定义一定是唯一的，因为它只是在揭示两层意指之间的关系，而这种关系只能是唯一的。

在引入两种不同的定义方式之后，奥康指出，所有内涵词项都有唯名定义，但绝没有实在定义。反过来，绝大部分绝对词项，只有实在定义，没有唯名定义，当然，有一些绝对词项什么定义都没有，例如"苏格拉底"这样的专名。[1]

5. 奥康的范畴化约

奥康有关实在定义和唯名定义的区分，显然是基于它们预设的不同本体论图景：具有实在定义的绝对词项所意指的对象，亦即个别的实体或个别的质，它们包含着内在的、本质性的形而上学结构需要被揭示出来。而内涵词项所预设的两种不同意指对象，例如个别实体（"勇敢的人"）和它的抽象性质（"勇气"），并没有实在的形而上学结构将它们联系在一起，也因此缺少实在定义。这就向我们暗示，如果这里适用思维经济性原则，我们就有恰当的理由否认内涵词项以第二性的方式所意指的抽象性质能够在心灵之外实在。不过，在展示奥康如何大刀阔斧地削减亚里士多德传统的范畴数目之前，我们还要提到一个重要的理论工具，即所谓展示法（expositio）。

展示法是中世纪现代派逻辑发展出来的一种转写技艺。它把那些看起来成问题的词项，尤其是包含着过多本体论承诺、具有指称性特征的词项转写为具有同等解释效力但在本体论上无害的短语，从而避免承诺没有恰当理由去相信的存在物。与展示法相类似的转写技艺，在20世纪以来的分析哲学中得到广泛应用，其中一个著名的例子来自罗素的摹状词理论。

罗素谈到过一个著名的命题："当今的法国国王是秃子"，它看起来是有意义的。然而，在这个命题中，"当今的法国国王"这个短语看起来是一个指称性的表达，它挑选出了一个在世界中现实存在的人。但在我们生活的世界中显然不存在法国国王。因此，按照传统的解释，"当今的法国国王是秃了"这样一个命题，看起来表达的是一个并不存在的实体具有秃头这样的属性，这听起来非

---

[1]　奥康：《逻辑学大全》1.10。

常荒谬，或者至少让人费解。更糟的是它似乎还违背了排中律，因为不仅这个命题是假的，它的否命题"当今的法国国王不是秃子"也是假的。罗素认为，要解决这里的理论困难，我们需要重新分析原来的命题并将其转写为：存在着一个 x 并且（a）x 是当今的法国国王；（b）x 是秃子；（c）对于任意一个 y，如果 y 现在是法国国王的话，那么 y 就是 x。其中，最后一个条件是要保证 x 是唯一的法国国王，保留"当今的法国国王"所具有的特指特征。重要的是，在转写之后，"当今的法国国王"就不再作为指称性的短语充当这个命题的主项，而变成了关于 x 的一个摹状词。因此，我们在理解原命题的意义时，不需要承诺一个神秘的并不存在的实体来作为"秃头"这一属性的拥有者，同时也可以避免排中律失效的危险。

与此类似，奥康对一系列包含着内涵词项的命题进行了转写，以此向我们展示，尽管很多内涵词项看起来预设了与它所意指的抽象属性的范畴的存在，但实际上，我们可以通过转写避免这样的本体论承诺。例如"相似的"这一关系性词项，看起来就预设了"相似性"这一抽象性质，它属于关系范畴。奥康首先指出，作为一个内涵词项，"相似的"只有唯名定义，大致可以这样表述："当一个事物 x 具有和另一个事物 y 同类质（quality）p 的事物时，x（与 y）是相似的"。奥康认为，在这个定义中，我们首先想到的是具有某种特定的质的事物，一个个别的事物，这是"相似的"一词第一性的意指。但与此同时它也使我们想到这个特定的质 p。

需要注意的是，在亚里士多德的范畴理论中，质和关系是两个不同的范畴，对应着不同的存在物。而在奥康这里，一方面他承认"相似的"作为一个内涵词项，在它的转写中要包含某种抽象的质，但是它不需要包含相似性（similarity）这样一种被认为属于关系范畴的存在物。因为我们完全可以把包含着"相似的"这一谓词的命题转写为不包含任何相似性的表达式。例如，要使"苏格拉底相似于柏拉图"这个命题为真，根据奥康的唯名论定义，需要的仅仅是苏格拉底具有某种质，同时柏拉图也具有同一类型的质。比方说，我们可以从苏格拉底是白的，柏拉图也是白的出发，断言他们在肤色上是相似的。因此，我们不需要再在苏格拉底和柏拉图之间设定某种被称为"相似性"的关系，就可以判定"苏格拉底相似于柏拉图"这个命题的真假。通过刚才的转写，奥康的剃刀就去除了假设相似性这样的存在物的必要性。[1]

奥康运用类似的方式，把亚里士多德传统的十范畴中的七个范畴都清除掉，只保留了实体、质和少数关系范畴。在他看来，其他范畴都可以还原到这三个范畴。比如说量的范畴，就可以还原成实体的某种配置，完全不需要设定一个事物具有"二性""三性"这种量的属性来说明它为什么是两个或者三个。他之所以保留实体和质的范畴，是因为意指它们的词项是绝对词项，拥有可以揭示形而上学本质结构的实在定义。而在关系范畴中，奥康出于神学的考虑，认为像父子这样和三位一体学说紧密相关的关系范畴，必须保留下来，以保证它在神学上的有效性。即便如此，从哲学的角度看，奥康剃刀过后，留下的是一个极为精简的本体论系统。他借助内涵词项和绝对词项的区分，运用转写或展示法这种理论工具，使得中世纪晚期的哲学摆脱了对于亚里士多德范畴作为实在的存在物的预设。这确实是奥康剃刀的精彩运用，它实际上为近代自然哲学进一步数学化，彻底废除亚里士多德范畴理论奠定了重要基础。

二、布里丹的驴子与他的哲学心理学

1. 布里丹：生平与著作

在这次古代中世纪哲学之旅的尾声，我们介绍一位特立独行的哲学家布里丹（图 15.14）。布里丹被看作司各托和奥康之后最有原创精神、最有影响的 14 世纪哲学家，以坚定的唯名论立场而知名。他大约于 1300 年出生于法国的皮卡第省，很可能因为

图 15.14　布里丹《〈尼各马可伦理学〉问答》抄本（不早于 1416 年），圣母大学图书馆。

[1]　奥康：《逻辑学大全》2.11。

出身贫寒，靠助学金在勒穆瓦纳学院（Collège Lemoine）完成了初等教育。随后进入巴黎大学，于20年代初期获艺学硕士并留在艺学院任教，直至1361年左右逝世，其间曾两次出任巴黎大学校长。

和大多数同时代的哲学家不同，布里丹并没有选择在职业前景更为广阔的医学院、法学院或者神学院继续深造，而是留在了艺学院专注于哲学研究。他没有留下神学著作，这或许可以方便他不受搅扰地在逻辑学、形而上学等方面开展一场"静悄悄的唯名论革命（quiet nominalist revolution）"[1]。这场革命不仅涉及哲学立场的转变，更重要的是哲学方法论的变革。此外，布里丹也没有选择加入一个特定的修会，例如阿奎那和阿尔伯特所属的道明会，或者司各托和奥康所属的方济会，而是像根特的亨利一样，选择成为一个在俗教士。他的动机难以考证，但这个选择至少使他免于卷入当时神学院意识形态浓厚的论战，但也使得他的学生局限于在俗教士，因为上述两大修会都有自己的艺学教育系统。与此同时，由于没有托钵修会这一中世纪思想文化中坚力量的支持，布里丹的学说在他身后很长一段时间没得到应有的重视。

关于布里丹的生平，我们所知的事实大概就这么多。虽然他还有很多传奇，例如跟未来的教宗一起争风吃醋，然后被后者扔到塞纳河里之类，但大多不可信。布里丹的著作和他的教学活动紧密相关，最为知名的著作无疑是《辩证法大全》（*Summulae de dialectica*）（图15.15）。该书从现代派逻辑的角度重新审视中世纪的亚里士多德逻辑传统，因为它的系统性和原创性，在当时广为流行，被许多大学选作逻辑训练的基本教材，尤其是维也纳、布拉格、克拉科夫、圣安德鲁等刚成立的大学。除了这部巨著之外，他还撰写过《论关系》（*Tractatus de relationibus*）、《论共相》（*Tractatus de universalibus*）、《论推论》（*Tractatus de consequentiis*）等逻辑学、形而上学短论。不过，与当时的艺学教育体制相一致，布里丹的著作绝大部分是亚里士多德评注。他几乎为亚里士多德所有重要作品写过评注，尤其是我们要重点谈到的《论灵魂》。归在布里丹名下的《论灵魂》评注多达4种。

---

[1] Henrik Lagerlund (ed.), *Encyclopedia of Medieval Philosophy*, 2nd edition, Springer: Dordrecht, 2020, p. 926.

和奥康一样，布里丹最重要的哲学成就首先在逻辑学和语言哲学领域，他对于自反命题、不可解命题、宾词的分析等都有很多创见，而且进一步突出语义学的重要性，以至于有学者把他称为"一位中世纪的分析哲学家"。鉴于在介绍奥康时已经谈到不少中世纪逻辑学和语言哲学的成就，接下来将聚焦近年来布里丹研究较为突出的哲学心理学领域，从著名的"布里丹的驴子"说起。

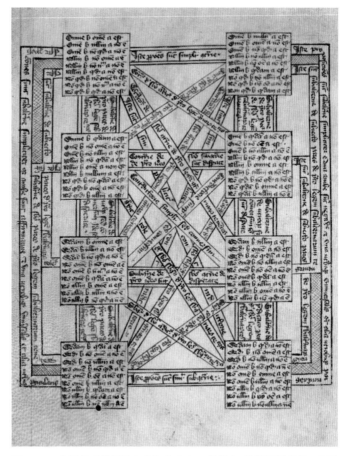

图 15.15　布里丹《辩证法大全》抄本（14世纪），梵蒂冈图书馆。布里丹将传统的对立方阵发展为更为繁复的"对立八边形"，其中，每个顶点由八个命题构成，这里考察的是模态命题间的关系，例如"所有人必然在跑"和"有的人必然不在跑"构成反对关系。

2. 布里丹的驴子与唯理智论行动哲学

和奥康的剃刀一样，"布里丹的驴子"并没有出现在布里丹的著作中。它描述的是这样一个思想实验：有一头驴会按照理性判断行事，它只会选择通过理性方式判断的最好行动路线行事。假设在它腹中空空时，面前出现了两堆一模一样的干草，这两堆干草的重量、色泽、体积等所有特征都一样，离驴子的距离也相等。看起来，这头能掐会算的驴子就会因为没有办法判断哪一堆干草更

图 15.16 《博物学者》抄本残篇（1340—1350 年），沃尔芬比特尔赫尔佐格·奥古斯特图书馆。在中世纪动物寓言中，驴是愚蠢和固执的象征。传说野驴会嘶叫 12 声标志秋分的到来，这正好是太阳进入天秤宫的时节。在天平两端固步不前的野驴像极了布里丹的驴子。

好，而没有办法做出理性的选择，最终只能在两堆干草间活活饿死。这无疑是一个荒谬的结果，"布里丹的驴子"也因此被用来批评一种卡通式的唯理智论动机理论，即认为我们的行动动机完全内在于理智的判断（图 15.16）。

这样的批评，其实可以追溯到亚里士多德提到过的一个荒谬场景：一个人如果又饥又渴，而他饥和渴的程度一样，此时他的面前既有食物也有饮料，那么，这个人就必然只能在他当下的饥渴状态中挨饿致死。[1] 后来的哲学家如安萨里和阿维洛伊也曾提到过类似的情境，不过，安萨里强调，自由意愿恰恰可以在理性判断没法分出优劣的情况下做出选择，以此打破僵局。[2]

布里丹尽管不曾谈到这样一头可怜的驴子，但他的唯理智论倾向，确实会使他的行动哲学遭受类似的批评，所以把它叫作"布里丹的驴子"或许并不冤。布里丹的行动哲学来源复杂，具有兼收并蓄的特征。

[1] 亚里士多德：《论天》295b32-34

[2] 安萨里：《哲学家的矛盾》1.46。

一方面，布里丹愿意像司各托和奥康一样，强调意愿是一种自我决定的能力，它能够独立于理性判断做出抉择。他在评注《尼各马可伦理学》（图 15.17）时强调，当我们的理性判断对于面前的行动路线没法分出优劣时，意愿可以做出这样一个自由的决定，即它拒绝在这种情况下在不同的行动路线之间做出选择，而是把不采取任何行动作为它的选择。意愿的这一主动退却，表明行动者希望等到他的理智有更好的判断时再做出选择，这看起来似乎是在捍卫意愿独立于理性的自由决定。

图 15.17 布里丹《〈尼各马可伦理学〉问答》抄本（14 世纪末），杜埃市立图书馆。精心装饰的拉丁文"Bonitas（善）"的首字母，上方的鸟应是鹈鹕。传说中它会啄开自己的胸部，用鲜血让自己的子女复活，常被看作基督自我牺牲的象征。

另一方面，需要注意的是，布里丹认为，意愿之所以能采取这种拖延策略，其前提是理智判定了以后再做决定更好。也就是说，即使是刚才我们所说的选择不做选择的意愿本身，它拒绝采取行动的自由，实际上也是以理智在先的判断为先导的。所以，如果理智竭尽一切可能，仍然认为两堆干草作为选择的对象毫无区别，或者左边的饮料和右边的食物同等重要，而且理智甚至没有办法判定以后再做决定更好，因为它已经正确地断定眼前的行动对象就其自身而言永无差别，那么，意愿仍然会陷入无所适从之中。[1]

---

[1] 布里丹：《〈尼各马可伦理学〉问答》3.3-5。

3. 布里丹论人的实体性形式的统一性

在上述对布里丹行动理论的简单描述中，我们可以注意到他对于灵魂和它的不同能力的关注。他在为亚里士多德《论灵魂》撰写的多部评注中，不仅对灵魂的本性和性质进行了深入的分析，而且对灵魂研究这个学科——未来的哲学心理学——在整个自然哲学中的地位也有深刻的探讨。

让我们回到 1277 年的谴责和禁令。1277 年的一个重要哲学后果是，哲学家们对于自己处理亚里士多德传统的方法论有了更自觉的反思，布里丹也不例外。既然他选择了将艺学院的哲学研究作为自己的终身事业，澄清哲学研究的界限和方法就变得尤为紧要。

中世纪哲学家的一个重要工作，是决定灵魂研究究竟属于自然哲学还是第一哲学。其中最为关键的是：非物质的理性灵魂和理智活动，它们究竟在什么意义上可以成为哲学研究的对象？这个问题在 1277 年之后，往往同灵魂作为实体性形式的本体论地位联系在一起，尤其是和实体性形式的单一性和多样性的激烈论争联系在一起。

实体性形式的多元论认为，在人这样一种复杂的实体中，有多层实体性形式：先有一层实体性形式使其成为实体，然后另一层物质性形式使之成为物质实体，植物灵魂让他成为有生命的，动物灵魂使之成为有感知和能自我移动的，直至最后理性灵魂使他成为有理性的。这种多元论者，看起来倾向于否定**理性灵魂**本身可以成为自然哲学研究的对象，因为它作为最高层的实体性形式并不在物质身体之中。但这并不意味着**人的灵魂**就不能成为自然哲学研究的对象，因为在理性灵魂之外，人还有其他的实体性形式，比如说人所拥有的动物灵魂和植物灵魂，它们就存在于身体之中。人作为动物性的、有生命的存在，仍然可以是自然知识研究的对象。

实体性形式的单一论则认为，无论多么复杂的实体，它的实体性形式都只有一个。因此，如果单一论者同时坚持理智活动彻底的非物质性，这就意味着人的整个灵魂都不能成为自然研究的对象。因为人只有一个实体性形式，也就是它的理性灵魂。理性灵魂作为一个非物质性的实体性形式，它所规定的人的存在从本质上不同于其他物质性的存在。因此，研究可感物质和自然运动变化的自然哲学，显然就不适合于这样一个非物质的不朽的灵魂。对于中世纪神学院的学者们来说，这或许不是一个太大的问题，因为他们可以将自己对理性灵魂的研究归入独立于自然研究的领域，这也是后来理性心理学被看作特殊形而上学的分支的一个重要起源。但是对于布里丹，对于他这样一个以广义的自然知识为业的艺学硕士来说，这就构成了一个方法论上的巨大挑战：作为一个实体性形式单一论者，要说明自己在艺学院研究灵魂哲学的合法性，他就需要同时辩护如下三个命题：

> （1）人只有一个灵魂，即理性灵魂；
>
> （2）人的理性灵魂的存在是非物质性的；
>
> （3）人的灵魂可以成为自然哲学或广义上的自然知识研究的对象。

布里丹所面临的挑战显然不仅关乎灵魂研究的学科地位，而且触及我们一再讨论过的理性灵魂的本体论地位问题。因为上述第二个命题涉及理性灵魂的非物质性，这是一个被亚里士多德传统哲学家广泛接受的命题，此前在论及亚里士多德、新柏拉图派、伊斯兰世界的哲学家以及阿奎那时，我们谈得已经足够充分。[1] 这里将着重分析第一个命题和第三个命题。

第一个命题直接关系到实体性形式的单一性。布里丹对于人只有一个理性灵魂作为其实体性形式的论证，分为两个步骤：他首先（1）追问一个动物的植物灵魂和它的感性（动物）灵魂是否同一，然后（2）考察人的理性灵魂是否不同于他的动物灵魂。

（1）布里丹首先用他的术语重构了实体性形式多元论者的立场。多元论者认为自然本性有不同的层级，它体现在同一个基体中会有不同的实体性形式。例如在苏格拉底之中，就会有一些具有从属关系的实体性形式，构成一个自下而上的等级秩序。先有一个最底层的形式使他成为实体，再有一个形式使他成为物质，另一个形式使他成为活物，另一个形式使他成为动物，最后一个最高层的种的形式（*forma specifica*）使他成为人。[2]

---

[1]　见本书 8.3.2; 10.2.3; 10.3.4; 10.4.3; 10.5.2-3; 12.4.3。

[2]　布里丹：《〈论灵魂〉问答（第三次讲授）》2.4。

在亚里士多德传统中，实体性形式既规定了个别实体的专属存在，也规定了该个别物作为一个自然类别的成员的存在。换句话说，苏格拉底的实体性形式既规定了苏格拉底之为苏格拉底，也规定了苏格拉底之为人的存在。应当承认，实体性形式多元论有它的理论优势，尤其是在古代中世纪普遍接受的本体论等级秩序背景下，它通过逐层叠加的实体性形式，直观地展示了物质世界不同层级的存在方式。多元论也因此成为中世纪经院哲学的主流主张。这一理论在谈论实体的毁灭尤其是人的死亡时还会有特别的优势，因为如果实体性形式是单一的，而人的死亡意味着作为唯一实体性形式的理性灵魂与身体的分离，那么，苏格拉底死后的身体或尸体就和苏格拉底本人没有丝毫关系，因为这具尸体已经失去了规定苏格拉底之为苏格拉底的实体性形式。这看起来不仅和我们谈论"苏格拉底的尸体"的语言实践相抵牾，而且和中世纪尊崇圣徒遗骸的宗教实践相冲突。与之形成鲜明对照的是，实体性形式多元论者认为人的死亡只意味着灵魂的分离，苏格拉底的物质性形式（corporeitas）作为更底层的实体性形式仍然赋予他的尸体以实体性形式（图 15.18）。

然而，实体性形式多元论会遇到的理论挑战也是严峻的。在多元论者看来，形式总是对应着相应的质料：如果形式是多样的，质料自然也如此。但是，只有在一个复合物最底层的质料，也就是相对于实体性（substantialitas）的质料才是没有任何形式和规定性的原始质料。在这之上，都是一个较低的形式和它的质料构成一个复合物，它们再合在一起，共同作为上一层形式的质料，例如实体性与原始质料结合之后，成为物质性的质料，物质性与实体性和原始质料结合之后，又成为植物灵魂的质料，如此叠加，直到产生人的理性灵魂的特殊质料。

阿维森纳和阿奎那已经注意到，多元论者的质形论分析会导致上层的形式变为偶性形式，因为任何一个事物在拥有了实体性形式之后再获得的形式都是偶性形式。例如，在苏格拉底之中，假设物质性（corporeitas）作为实体性形式使它成为一个有形物体（corpus），那么，在此之外，使苏格拉底获得生命、感觉和理性的植物灵魂、感性灵魂和理性灵魂就都只能是偶性形式，因为它们都是出现在一个已经现实存在、具有独立本质的事物之上，这也就意味着对于苏格拉底的身体来说，他作为人的存在只是一种偶性存在，这显然是一个荒谬的

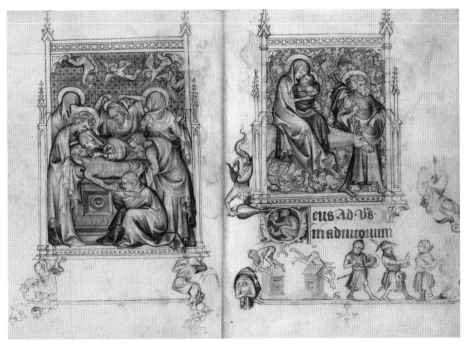

图 15.18　《埃夫勒的让娜的时祷书》抄本（约 1324—1328 年），纽约大都会艺术博物馆。左为基督入殓，右为耶稣全家逃往埃及。基督教的教义似乎暗示了基督活着时的身体和他死后的尸体并没有实质性变化，例如信经《尼西亚信经》中提到的人子受难、被埋葬、下降地狱乃至复活，都一再强调是同一个位格在经历这一切。而实体性形式单一论者在解释这一教义时无疑会遇到更大的困难，阿奎那在他的即席问答中就曾多次被问到这一话题。

结果。[1]

　　不过，布里丹的回应更为出彩，因为他不需要引入上述论证的核心预设：任何事物在拥有实体性形式之后，就只能获得偶性形式。这一预设很可能预先拒斥了实体性形式多元论的可能性，有乞题的嫌疑。布里丹给出了一组共 5 个论证，其中最有趣的是一个思想实验。根据多元论者的主张，一匹马的植物灵魂在实在上不同于动物灵魂，因为它们是不同的实体性形式。那么，上帝就有能力去除其中一个而留下另一个。尽管在现实世界中它们总是结合在一起，但只要我们能够做出实在的区分，这就意味着它们的区分至少不包含逻辑矛盾，在逻辑上或形而上学上是可能的，上帝也就有能力使得它们现实地分离，使得这种逻辑或形而上学可能性成为现实。而上帝在去除动物灵魂之后，就剩卜植

[1]　阿奎那：《〈箴言集〉评注》2.12.1.4。

物灵魂及其质料，因此马就成为一株植物；同理，去除植物灵魂之后，就剩下一只动物。反推回去，这就意味着原来的马是由一株植物和一只动物构成的，这显然是荒谬的。[1]

在这个思想实验中，我们引入上帝的绝对权能，只是把他作为思想实验得以成立的条件，更为生动地说明多元论主张所暗含的逻辑可能性会导致的荒谬后果，因此，上帝的存在本身并不会影响上述论证的哲学特性，我们完全可以用可能世界语义学或其他方式来说明这里所涉及的逻辑可能性及其荒谬后果。这个论证质疑的首先是实体性形式的多样性对于一个给定类别的事物的单一本性的威胁。它的缺陷在于没有考虑到实体形式多元论者通常持有的形式等级制的思想：在上述实体性形式中，上层形式预设了底层形式。根据这一主张，动物灵魂根据定义，就必须以植物灵魂的存在为前提。如果动物灵魂必须如此定义的话，那么上帝也不能够在动物灵魂定义不变的前提下，使一个动物灵魂脱离植物灵魂的存在。但另一方面，如果我们不接受等级制主张的话，这个思想实验就仍然有效。布里丹在他的著作中引入了不少这样的思想实验来完成论证，在中世纪的语境中令人耳目一新。

（2）我们接下来看布里丹论证"人只有一个灵魂"这一命题的第二个步骤，即人的灵魂是否不同于他所拥有的动物灵魂。在这一步中，布里丹明确地引入了思维经济性原则，我把它称为"布里丹的剃刀"："如果所有事情都可以通过一个单一的〔灵魂〕得以解释，设定多个灵魂就是徒劳无益的（frustra）。"[2] 布里丹进一步说明单一的理性灵魂如何可以解释不同类型的人类活动。

> 在我想来，就像上帝亲临整个世界，而且是直接地没有任何距离地（sine distantia）亲临于它的每一个部分，人的灵魂也以某种方式没有任何距离地亲临整个人的身体。但是有一点不同，上帝不是内在于世界的形式，而灵魂则赋予人的身体以形式，并且是内在于其中的（inherere）。因此，就这灵魂适合于理解而言，它就被称作理智的〔灵魂〕，就它适合于感觉而言，就被称作感性的〔灵魂〕，就它适合于营养而言，就被称作植物的〔灵

[1] 布里丹：《〈论灵魂〉问答（第三次讲授）》2.4。

[2] 同上书，3.17。

魂〕，就它适合于推动身体进行位移运动而言，就被称为能动的（motiva）〔灵魂〕，其他的说法也是如此。[1]

布里丹强调人的理性灵魂直接与身体相结合，它们之间没有任何作为中介的其他形式，所谓人的感性灵魂或植物灵魂等说法，只不过是对人的同一个理性灵魂的不同能力和活动的一种称谓。在其他语境中，布里丹强调这里所说的同一个人的理性灵魂、感性灵魂和植物灵魂，只有定义上的区分，没有实质的，甚至没有司各托所说的形式的区分。借助思维经济性原则，布里丹干净利落地阐释了人的灵魂或者心灵的内在统一性。

当然，布里丹的上述主张要得以成立，有一个关键点值得进一步讨论和澄清，即人的灵魂以什么样的方式内在于（inherere）人的身体之中？此前已经提到灵魂和身体的紧密结合，用布里丹上面的话说，它们之间"没有距离（sine distantia）"。在非理性灵魂中，这一点清晰地体现在：非理性灵魂的存在和活动都依存于身体，例如我们的感知活动需要一个身体器官。从活动基体的角度来看，我们可以说感觉能力实际上就是感官所具有的某种品质或物理状态，或者说它的生物功能。在这个意义上，我们可以说感性灵魂是在身体上延展的，它因为我们身体器官的不同而可分。那么，理智灵魂也是如此吗？这个问题对于布里丹之所以棘手，是因为他接受亚里士多德传统的理智概念，认为理性灵魂的存在是非物质性的。这样一个非物质的存在如何能够内在于物质身体之中，它如何既能因为营养生长、感知等活动而在身体上延展，同时又因为理解等非物质活动而不具备任何延展性？对于我们的讨论来说，更重要的是，这样一个以近乎神秘的方式内在于身体之中的理性灵魂如何能够成为广义的自然哲学研究的对象？

4. 布里丹论作为知识基体的灵魂

布里丹非常小心地把灵魂哲学既同形而上学区分开来，也同狭义的自然哲学区别开来。他认为人的灵魂可以成为这三个知识门类研究的对象，但它们考

---

[1] 布里丹:《〈论灵魂〉问答（第三次讲授）》3.17。

察的是它的不同特征。

首先看形而上学。在布里丹看来，形而上学研究的是一个事物简单的、内在的本性。在谈到灵魂时，形而上学不再把对灵魂的研究放在它和身体结合之后产生的质形复合物的框架中。它关心的不是作为质形复合物的一个部分的灵魂及其属性，而是人的灵魂自身的本性，也就是它的非物质性。

然而，在亚里士多德哲学传统中，人类灵魂的非物质性活动，无论是理解还是意愿，都从感觉开始，都依赖人作为质形复合体的存在。这决定了人的灵魂没法成为一个纯粹由形而上学研究的对象。与形而上学的灵魂研究相反，狭义的自然哲学在研究人类灵魂时，关注的是作为质形复合物一部分的灵魂。自然哲学研究的对象是那些具有自然本性，并且在时间中运动和变化的事物。所以，自然哲学家关心的是灵魂与身体结合后的物质性存在，尤其是与灵魂的活动相伴随的生理变化，也就是所谓灵魂的"生机功能"，它使人得以作为一个有生命的事物存在。布里丹强调，生机功能是由我们的身体所具有的特殊品质决定的。所以，我们会看到人和橡树是由两种不同类别的灵魂所产生的两种有生命的事物。当自然哲学把它们作为研究对象时，它关心的首先是这株植物或这只动物的身体所具有的质和量的特征，它们的不同器官、体液、质量等。简言之，自然哲学讨论灵魂，更关心的是拥有灵魂的身体和它因此具有的生理机能。

真正的灵魂哲学或灵魂学（scientia de anima）介于形而上学和狭义的自然哲学之间。与自然哲学不同，灵魂哲学拒绝将灵魂本性的研究等同于对身体品质的纯粹生理性的或还原论式的自然主义描述，而是强调，即使在与身体的结合中，灵魂也有专属于它自己的不可还原的属性或品质，例如灵魂是身体的现实性、推动者、形式、目的等。在这个意义上，灵魂可以根据相应的生机功能划分为不同的灵魂能力。但是，与形而上学不同，灵魂哲学在论及灵魂的不可还原的属性时，并不涉及对于灵魂独立本性的断定，而只关系到它在人这个复合体中所专有的属性。对于灵魂本身的非物质性的讨论从定义上就不属于灵魂哲学的范畴，灵魂哲学对于灵魂本性的讨论都必须依赖我们可以观察的生机活动和身体品质。

布里丹在评论亚里士多德著名的灵魂定义时，给出了这样一段论述，来展示为什么灵魂哲学仍然要在一个广义的自然哲学框架下进行：

> 自然哲学家只就实体与它的运动和活动之间的关系来研究实体。而由于自然形式为了实现它们的活动，需要一个特定的质料，它在质和量的品质上已经适合于这样的活动，自然科学家因此必须要通过专属的质料来定义形式。所以，灵魂就必须通过自然的、有器官的身体来获得其自然定义。[1]

这段话虽然有些抽象，但不难理解。举例来说，感性灵魂作为动物的自然形式，它要实现视觉活动，就必须要有一个独特的身体部分，它具有适合获得视觉形式的恰当的质和量，例如眼睛，它要适合于接受可见光。因此，自然哲学家在定义视觉，乃至定义感性灵魂时，就总是通过相关的身体品质来进行。作为艺学院里的自然哲学家，布里丹在拒绝了狭义的、还原论的自然哲学解释之后，他仍然坚持亚里士多德的基本立场，强调理性灵魂作为身体的形式或目的而实现的活动，仍在广义的自然研究的范围内。例如我们已经提到的感知、营养生长等需要身体器官实现的活动。即使是理智思考、意愿这样一些非物质活动，也是从感知开始的。我们可以在理性灵魂与身体相关的本性和活动这个限度内来理解理性灵魂。[2]

毫无疑问，布里丹的灵魂哲学，作为还原论的自然哲学和二元论的形而上学之间的中间路径，它的内部包含着巨大的张力。在他的解决方案中，人的理性灵魂因为其非物质性而同人的身体产生了一种不同寻常的内在关系，这种内在关系，因为灵魂的专有属性的非还原论特征，只是部分地可以通过自然知识的认知途径通达。这也就意味着人和其他动物在灵魂和身体关系上的差异进一步被扩大了，这是他为了在自然哲学的框架下坚持谈论理性灵魂这一非物质的实体性形式所付出的代价，这也将亚里士多德传统中的自然主义倾向和理智的非物质性之间的张力推到了极致，依赖亚里士多德基本理论框架的经院哲学在人的灵魂问题上的发展已经接近终结，未来的心灵哲学将会抛弃亚里士多德质形论这一沉重的负担，重新回到柏拉图的怀抱，重建理性灵魂或心灵作为独立

---

[1] 布里丹：《〈论灵魂〉问答（第三次讲授）》2.3。

[2] Jack Zupko, *John Buridan: Portrait of a Fourteenth-Century Arts Master*, Notre Dame: University of Notre Dame Press, 2003, pp. 208-210.

图 15.19 博纳米科·布法马可《死亡的胜利》湿壁画（1335—1340 年），比萨墓园。14 世纪是一个危机四伏的时期，大饥荒、黑死病、百年战争、农民起义、天主教会大分裂，让人不安的事件无处不在。然而，危机中仍然有生机：在这死亡支配一切的壁画的左上角，也有僧侣安心阅读，继续灵修和沉思生活。1350 年之后哲学的发展并没有停滞，新的大学不断建成，印刷术的发明极大地改变了知识传播的方式。人文主义的兴起为哲学反思提供新的研究领域和思想资源，经院哲学也将在 16 世纪迎来新的繁荣（史称"白银时代"）。

的非物质实体的本体论地位。

哲学的风向行将改变，我们就此作别（图 15.19）。

阅读材料

1. Ockham, *Summa logicae* I (excerpts, Hyman, 608-615).

2. Buriddan, "John Buridan on the Immateriality of the Soul" (Klima, 219-224).

3. 《中世纪哲学》，第八章，第 5—10 节。

进一步阅读指南

原始文献

Marilyn McCord Adams and Norman Kretzmann (trans.), *William of Ockham: Predestination,*

God's Foreknowledge, and Future Contingents, 2nd edition, Indianapolis: Hackett, 1983.（奥康有关自由意愿的讨论，附有详细评注）

Philotheus Boehner (ed. & trans.), 1990. *William of Ockham: Philosophical Writings*, revised edition, Indianapolis, 1990. （按主题编选的奥康哲学文选，初版年代略早）

Alfred J. Freddoso and Henry Schuurman (trans.), *Ockham's Theory of Propositions: Part II of the Summa logicae*, Notre Dame, Ind.: University of Notre Dame Press, 1980. （《逻辑学大全》第二部分英译文，涉及命题理论，附有长篇导论）

Guillelmus de Ockham, *Opera philosophica et theologica*, Gedeon Gál, *et al.* (eds.), 17 volumes, St. Bonaventure, N. Y.: The Franciscan Institute, 1967-1988. （奥康神学和哲学论著拉丁文校订本）

Guillelmus de Ockham, *Opera politica*, H. S. Offler, *et al.* (eds.), 4 volumes; Volumes 1-3, Manchester: Manchester University Press, 1956-1974; Volume 4, Oxford: Oxford University Press, 1997. （除了《对话录》之外的奥康政治学著作拉丁文校订本）

Johannes Buridanus, *Summulae*, edited by E. P. Bos et al., Turnhout: Brepols, 1994-2013. （《辩证法大全》拉丁文校订本，共 9 卷，仍缺第 7 卷）

Gyula Klima (tr.), *John Buridan: 'Summulae de Dialectica'*, Yale Library of Medieval Philosophy, New Haven-London: Yale University Press, 2001. （《辩证法大全》完整英译文）

Gyula Klima et al. (eds.), *John Buridan's Questions on Aristotle's* De Anima—*Iohannis Buridani Quaestiones in Aristotelis De Anima*, Cham: Springer, 2023. （即将出版的《论灵魂》拉丁文校订本与英译文，将取代现有版本）

John Lee Longaway (trans.), *Demonstration and Scientific Knowledge in William of Ockham: A Translation of* Summa logicae *III-II, De syllogismo demonstrativo, and Selections from the Prologue to the Ordinatio*, Notre Dame, Ind.: University of Notre Dame Press, 2007. （《逻辑学大全》第三部分英译文，涉及证明性三段论，附有详细评注）

Michael J. Loux (trans.), *Ockham's Theory of Terms: Part I of the* Summa Logicae, Notre Dame, Ind.: University of Notre Dame Press, 1974. (《逻辑学大全》第一部分英译文，涉及词项理论，附有长篇导论）

Peter Gordon Sobol (ed.), "John Buridan on the Soul and Sensation: An Edition of Book II of His Commentary on Aristotle's Book of the Soul, with an Introduction and a Translation of Question 18 on Sensible Species," Ph.D. dissertation, Indiana University, 1984. （布里丹《论灵魂》第三次讲授第二卷校订本，附有导论）

William of Ockham, *Dialogus*, John Kilcullen, *et al.* (eds.), Oxford: Oxford University Press for the British Academy, 2011-. （《对话录》拉丁文校订本及英译文，已出版三卷，更完整的网络版见 http://publications.thebritishacademy.ac.uk/pubs/dialogus/ockdial.html）

John Alexander Zupko (ed. & tr.), "John Buridan's Philosophy of Mind: An Edition and Translation of Book III of his 'Questions on Aristotle's *De anima*' (Third Redaction), with Commentary and Critical and Interpretative Essays," Ph.D. dissertation, Cornell University, 1989. （布里丹《论灵魂》第三次讲授的第三卷校订本，附有详细评注）

研究文献

Marilyn McCord Adams, *William Ockham*, 2 volumes, 2nd edition, Notre Dame, IN: University of Notre Dame Press, 1989. （奥康哲学经典综述）

William Courtenay, *Parisian Scholars in the Early Fourteenth Century, A Social Portrait*, Cambridge-New York: Cambridge University Press, 1999. （有关 14 世纪早期巴黎经院哲学的经典思想史研究）

*Gyula Klima, *John Buridan*, Great Medieval Thinkers, Oxford-New York: Oxford, 2009. （布里丹哲学的出色导论，尤其长于逻辑学与理论哲学，与 Zupko 的导论互补）

Gyula Klima (ed.), *Intentionality, Cognition and Mental Representation in Medieval Philosophy*, Fordham University Press, 2015. （出色的中世纪心灵表征理论研究文集）

Gyula Klima (ed.), *Questions on the Soul by John Buridan and Others: A Companion to John Buridan's Philosophy of Mind*, Cham: Springer, 2017. （唯一的布里丹心灵哲学专题研究论文集）

Armand A. Maurer, *The Philosophy of William of Ockham in the Light of Its Principles*, Toronto: Pontifical Institute of Mediaeval Studies, 1999. （传统研究进路的奥康哲学导论）

*A. S. McGrade, *The Political Thought of William of Ockham*, New edition, Cambridge: Cambridge University Press, 2002. （奥康政治哲学经典导论）

Claud Panaccio, *Ockham on Concepts*, Aldershot, England: Ashgate, 2004. （奥康认知理论经典研究）

Claud Panaccio, *Mental Language: From Plato to William of Ockham*, translated by Joshua P. Hochschild and Meredith K. Ziebert, New York: Fordham University Press, 2017. （心灵语言学说出色的哲学史研究）

Claud Panaccio, *Ockham's Nominalism: A Philosophical Introduction*, Oxford: Oxford University Press, 2023. （作者是研究奥康心灵语言理论和唯名论最知名的权威，这本英文的系统研究学界期待已久）

Robert Pasnau, *Metaphysical Themes 1274-1671*, Oxford: Clarendon Press, 2011. （中世纪晚期与近代早期形而上学发展史研究，以问题为纲）

Jenny Pelletier, *William of Ockham on Metaphysics. The Science of Being and God*, Leiden: Brill, 2013. （奥康形而上学研究，重点关注"是"这一核心概念）

Risto Saarinen, *Weakness of the Will in Medieval Thought, From Augustine to Buridan*, Leiden-New York-Köln: E. J. Brill, 1994. （中世纪意志软弱问题的经典思想史研究）

Sonja Schierbaum, *Ockham's Assumption of Mental Speech: Thinking in a World of Particulars*, Leiden: Brill, 2014. （奥康心灵语言理论的专题研究）

*Paul Vincent Spade (ed.), *The Cambridge Companion to Ockham*, New York: Cambridge University Press, 1999. （奥康哲学导论文集）

K. H. Tachau, *Vision and Certitude in the Age of Ockham: Optics, Epistemology and the Foundation of Semantics 1250-1345*, Leiden: Brill, 1988. （奥康知识论的哲学史专题研究）

J. M. M. H. Thijssen and Jack Zupko (ed.), 2001, *The Metaphysics and Natural Philosophy of John Buridan*, Leiden-Boston-Köln: Brill, 2001. （布里丹理论哲学研究文集）

*Jack Zupko, *John Buridan: Portrait of a Fourteenth-Century Arts Master*, Notre Dame, IN: University of Notre Dame Press, 2003. （同样出色的布里丹哲学导论，尤其长于心灵哲学与实践哲学）

《斯坦福哲学百科》（*SEP*）词条

Binarium Famosissimum

*John Buridan

Medieval Theories of the Categories

Medieval Theories: Properties of Terms

Mental Representation in Medieval Philosophy

Nominalism in Metaphysics

The Medieval Problem of the Universals

*William of Ockham

重要概念对译表

CONCEPT INDEX

以下列举本书中出现的核心概念，按照汉语表述的音序排列。其中，古希腊语和拉丁语文献中出现的概念，将给出相应的古希腊文转写或 / 和拉丁文，以及本书作者接受的英译文（有时不止一个）；阿拉伯语中出现的概念，因作者不识阿拉伯语，仅列出通行的英译文；当代哲学概念或哲学史概念，则给出英文表述。

爱欲 eros, amor, love

本体 hypostasis, hypostasis, hypostasis

本体论论证 ontological argument

本原 archē, principium, principle 或 beginning

本质 to ti ēn einai, essentia, essence

必然性 chreōn 或 anankē, necessitas, necessity

辩论 disputatio, disputation

辩证法 dialektikē, dialectica, dialectic

表象 phantasia, imago, representation，参见想象（力）

表真 veridical

表征主义 representationism

宾词 Predicabile, predicable

补偿原则 tisis, recompense

不定 apeiron, boundless 或 undefined

不自制 akrasia, incontinentia, akrasia

城邦 - 灵魂类比 city-soul analogy

冲动 hormē, appetitus, impulse

词项 terminus, term

　　绝对词项 terminus absolutus, absolute term

内涵词项 terminus connotativus, connotative term

助范畴词项 terminus syncategorimaticus, syncategorical term

此性 haecceitas, thisness，参见奇特性

存在物 ens, entity

　　理性存在物 ens raitonis, being of reason

道义论 deontology

定义 definitio, definition

　　定义的优先性 priority of definition

　　实在定义 definitio realis, real definition

　　唯名定义 definitio nominalis, nominal definition

第二因 causa secundaria, secondary cause

动力因 kinoun, causa efficiens, efficient cause

对立方阵 square of opposition

多外之一 one-over-many

二象性 duality

范畴 katēgoria, categoria, category

非是者 to m (e)on, non-being

分离性 chōriston, separatio, separatedness

概念论 conceptualism

感觉 aisthesis, sensus, sensation

个别化 individuatio, individuation

功能 ergon, operatio, function 或 characteristic
    activity

共通感 koinē aesthesis, sensus communis, common
    sense

共相 katholou, universalium, universal

核心含义 pros hen, focal meaning

怀疑论 skepticism

基体 hypokeimenon, subiectum, substrate

记号 signum, sign

技艺 technē, ars, craft

讲授 lectio, lecture

节制 sōphrosunē, temperantia, temperance

诘难法 elenchos, elenchus 或 Socratic method

精灵 daimonion, daemon

决定 proairesis, arbitrium, decision

快乐 hēdonē, voluptas, pleasure
    动态的快乐 kinetic pleasure
    静态的快乐 katastematic pleasure

快乐主义 hedonism

困局 aporia

理性 logos, ratio, reason

理智 nous, intellectus, intellect
    获得理智 acquired intellect
    品质理智 nous en hexei, intellectus in

habitus, dispositional intellect

潜能理智 nous pathētikos, intellectus
possibilis, potential intellect

现实理智 actual intellect or intellect in
actuality

质料理智 hylikos nous, intellectus materialis,
hylic intellect

主动理智 nous poiētikos, intellectus agens,
agent intellect

良心 synderesis, synderesis

良知 conscientia, conscience

量词转换谬误 quantifier shift fallacy

灵魂 psychē, anima, soul
    灵魂不朽 immortality of the soul
    灵魂三分 tripartition of the soul
    宇宙灵魂 psychē kosmou, anima mundi, World
Soul

流变说 doctrine of flux

流溢 emanatio, emanation

逻格斯 logos, ratio, account 或 reason
    逻格斯悖论 paradox of logos

美德 aretē, virtus, virtue 或 excellence
    美德交互性 reciprocity of virtues
    美德统一性 unity of virtues

美诺悖论 Meno paradox

明智 phronēsis, prudentia, practical wisdom 或
prudence

目的论 teleology
    目的论论证 teleological argument
    行动目的论 teleology of action
    自然目的论 natural teleology

目的因 telos, causa finalis, final cause

内涵 connotatio, connotation

内省 introspection

偶然性 contingency
    共时性的偶然性 synchronic contingency
    历时性的偶然性 diachronic contingency
判断力 vis aestimativa, estimative power
偏斜运动 clinamen, swerve
品质 hexis, status 或 habitus, disposition
普纽玛 pneuma, spiritus, pneuma

其他可能性原则 Principle of Alternative
Possibilities
奇特性 singularitas, singularity
前苏格拉底哲学 Presocratic philosophy
潜能 dynamis, potentia, potentiality
    对象性的潜能 potentia obiectiva, objective
potentiality
    基体性的潜能 potentia subiectiva, subjective
potentiality
情感 pathos, passio, emotion
    欲望性情感 concupiscilis passio, concupiscible
emotion
    意气性情感 irabilis passio, irascible emotion
区分 distinctio, distinction
    概念的区分 distinctio conceptualis,
conceptual distinction
    实在的区分 distinctio realis, real distinction
    形式的区分 distinctio formalis, formal distinction
缺乏 sterēsis, privatio, privation

认可 synkatathesis, consensus, consent

善好 agathon, bonum, good

善意解释原则 charitable interpretation

圣四 tetraktys, tetrad

施特劳斯学派 Straussians

失效因 causa deficiens, deficient cause

实体 ousia, substantia, substance

实在论 realism
    质料本质实在论 material essence realism

实在性 realitas, reality

实质 quidditas, quiddity，见事物性

是者 to (e)on, ens, being

事态 status, state of affair

事物性 thingness，见实质

双重真理 duplex veritas, double truth

思辨力 vis cogitativa, cogitative power，参见特
殊理性

思维 noein, intelligere, think

四枢德 four cardinal virtues

苏格拉底对话录 Socratic dialogues

苏格拉底谬误 Socratic fallacy

苏格拉底式无知 Socratic ignorance

所言 lekton, dictum, sayable

他心问题 problem of other minds

特殊理性 ratio particularis, particular reason，
参见思辨力

通种 megista genē, summa genera, greatest kinds

同名同义 synōnymos, univocalis, univocal

同名异义 hōmonymos, aequivocalis, homonymous

同一 identity
    历时性同一 diachronic identity
    共时性同一 synchronic identity

图宾根学派 the Tübingen School

唯理智论 intellectualism

唯名论 nominalism

 唯名论派 nominalistes, nominalists

谓词 praedicamentum, predicate

谓述 katēgorein, predicare, predicate

谓述方式 praedicatio, predication

我错故我在 Si enim fallor, sum; If I am mistaken, I exist.

无矛盾律 law of noncontradiction

无情 apatheia, impassivity

无忧 ataraxia, freedom from worry

物质性 sōmatotēs, corporeitas, corporeity

习俗 nomos, convention

现代路线 via moderna

现实性 energeia or entelecheia, actus, actuality

 现实活动的双重性法则 principle of double activity

相对主义 relativism

相容论者 compatibilist

想象（力）phantasia, imaginatio, imagination，参见表象

小小人难题 homunculus problem

心灵语言 oratio mentalis, mental language

信念 doxa, opinio, belief

形式 eidos, forma, form

 实体性形式 forma substantialis, substantial form

 形式理论 theory of Forms

形式性 formalitas, formality

形式因 eidos, causa formalis, formal cause

幸福或美好生活 eudaimonia, beatitudo 或 beata vita, happiness 或 well being

 悬浮者 The Floating Person

样式 species, species

 可感样式 sensibilis species, sensible species

 理智样式 intelligibilis species, intelligible species

意气 thymos, ira, spirit

意向 intentio, intention

 第二意向 intentio secunda, secondary intention

 第一意向 intentio prima, primary intention

意愿 boulēsis, voluntas, will

 意愿的两种倾向 two affecitons of the will

意指动词：sēmainein, significare, signify；名词：sēmasia, significatio, signification

勇敢 andreia, audacia, bravery

游叙弗伦问题 Euthyphro problem

宇宙 kosmos, cosmos

 宇宙论 cosmology

 宇宙论论证 cosmological argument

 宇宙生成论 cosmogony

宇宙大火 ekpyrōsis, conflagation

语义三角形 semantic triangle

欲求 orexis, appetitus, desire

欲望 epithymia, concupiscentia, appetite

元哲学 metaphilosophy

707

展示法 expositio, exposition

拯救现象 sōzein ta phainomena, saving the phenomena

正义 dikaiosunē, iustitia, justice

 自然正义 natural justice

知识 epistēmē, scientia, knowledge

 证明性知识 epistēmē apodeiktikē, scientia demonstrativa, demonstrative knowledge

值得选择的中立物 adiaphora proēgmena,

preferred indifferents

指代 supponere, supposit

  简单指代 suppositio simplex, simple supposition

  人称指代 suppositio personalis, personal supposition

  实质指代 suppositio materialis, material supposition

质料 hylē, materia, matter

  特指质料 materia designata, signate matter

  原始质料 prōtē hylē, materia prima, prime matter

质料因 hylē, causa materialis, material cause

质形论 hylomorphism

智慧 sōphia, sapientia, wisdom

智者运动 Sophistic movement

中道 doctrine oft he mean

种 eidos, species, species

种差 diaphora, differentia, differentia

主词 hypokeimenon, subiectum, subject, 参见基体

主导部分 hēgemonikon, the governing part

自然 physis, natura, nature

自然法 ius natulale 或 lex naturalis, natural law

自然神学 theologia naturalis, natural theology

自然主义谬误 naturalistic fallacy

自谓述 self-predication

自我调适 oikeiosis, self-appropriation

自愿 hekousion, voluntarium, voluntary

后 记
POSTSCRIPT ————

本书写作缘起于 2020 年春。一场突如其来的瘟疫将所有人困在家中，课程也随之转为线上。因为完全没有线上教学经验，为稳妥起见，我选择了课前录播外加线上答疑的方式来讲授"西方哲学（上）"这门课。这是一个当时让我备受困扰，但事后却为之庆幸的决定。

我从 2010 年开始讲授这门课程——当时还叫"西方哲学史（上）"，既沿用过非常传统的"数人头"方式，也尝试过论题至上的讲法，各有优劣，最终稳定为当前的折中方案，积累了大量的笔记和课件。但我一向不喜欢念讲稿的授课方式，一直也没有将这些素材整理为系统的文字，结果在课前录制 PPT 时遇到了不小的困难。独自面对电脑屏幕自言自语，时间仿佛凝固了一般，担心一言一行都会成为未来的"呈堂证供"，近乎强迫症般地纠正各种各样可能的错误，为此不惜反复自我审查，一遍遍重录 PPT 的每个页面，一学期的精力几乎都消耗在这门课的录制上，疲惫不堪。当时唯一感受到的好处是，不必担心平时线下 2 学时的时间限制，可以放飞自我，将所有计划讲授的内容录完（每讲约两个半小时）。说来惭愧，这也是这门课程开讲以来唯一能完成教学计划的一次。

我常劝告学生不要把时间花在整理课堂录音上，重要的是把握哲学发展的历史线索和理解基本论证的思路。然而，这次我必须感谢一群不听劝告的"好事者"。正是在读到他们精心整理的录音稿之后，我更为直观地感受到一学期的努力不曾白费，从而萌生了将其整理出版的念头。这些"好事者"是：李宇、伍宇晟、张石然、叶芯华、赵浴辰、王琨琪、金贝格、田浩宇、单惟童、薛子城、蒙净、彭博、马臻、隋绍丹、王怡宁、明朗、莫善卿、杨远哲、陈鑫涵。非常感谢他们付出宝贵时间做这样的单调工作。同时，我也要特别感谢马正禾提供了录音稿和这份名单。

2022 年春，我因再次讲授"西方哲学（上）"而重读录音稿。在为仍然存在的口误和错误解读而一身冷汗的同时，也感觉它的基本构架和主要内容已经成形，与市面上流行的哲学史教材和读物相比也有自己的特色，稍稍坚定了修改出版的决心，以便未来作为相关课程教材使用。这一想法很快得到北大社合作多年的编辑王晨玉女士的支持，本书最终也由她和田炜女士合作编辑完成。她们细致严谨的编辑工作让本书得以进一步避免各种讹误，在此谨致谢意。我喜欢左图右史的讲授方式，在成书时也尽力保留，这为排版和印刷带来更大挑战。非常感谢晨玉的协调，让本书最终能以如此精美的形态面世，堪称"最美哲学史著作"。在此，同时要感谢北京大学外国哲学研究所和"万人计划青年拔尖人才"项目为本书彩印出版提供的资助。

本书涵盖西方古代和中世纪哲学史，时间跨度长达两千年。我同时在这两个哲学史子领域工作多年，但或许正因为如此，越能意识到要以一己之力全面展示西方哲学在近代以前的发展近乎痴人说梦。之所以不自量力地出版这样一本导论性著作，是因为在多年教学中我强烈地体会到当前相关哲学史读物的局限：一方面，为了面面俱到地展示西方古代和中世纪的哲学史全景，教材作者采取概论式写作方式，往往难以深入哲学历史文本的论证细节，不得不浅尝辄止；另一方面，相关领域针对专门论题的文集和专著往往门槛过高，而且关注的焦点过于集中，并不适宜初学者。在流行的教材和专门的前沿研究之间有一条不易逾越的鸿沟，我多年的教学实践和这本书的写作就是尝试为有兴趣深入理解哲学的前现代形态的读者提供一些帮助。

除此之外，我个人的训练背景和研究兴趣也让我更为敏感地察觉古代哲学研究者和中世纪哲学研究者彼此间的隔膜：前者对古代哲学的核心论题在中世纪的理论拓展往往知之不多，而后者则常常难以理解古代哲学研究者在少数核心文本和论证上所倾注的巨大心力。二者的共同之处是，他们眼中的哲学史发展往往会突出断裂而不是延续。我在比利时鲁汶大学"德伍尔夫－芒雄（De Wulf-Mansion）古代、中世纪和文艺复兴哲学研究中心"接受博士训练。该中心强调近代以前哲学的连续性，尤其是古代哲学传统在中世纪的接受史，其"亚里士多德拉丁化"项目声名卓著。我的博士导师卡洛斯·斯蒂尔（Carlos Steel）教授是该研究传统的卓越代表，不仅以新柏拉图派研究闻名，而且在经院哲学研究领域也成就斐然。我一直希望延续这一学脉，在汉语世界开拓相似的研究传统。不过，在强调前现代哲学连续性的同时，我还关注哲学的古今对话。我相信，这样的研究视角也会给本书的历史叙事和论证分析留下独特的印记。

在古代和中世纪哲学研究领域，我不仅受益于我的博士导师和鲁汶的诸位师友。这里特别要提到北京大学哲学系外国哲学教研室同龄的三位先生。首先是去年离世的张祥龙老师，他教授的"西方哲学史（上）"是我的古希腊哲学启蒙，而当时推荐的教材正是赵敦华老师的《西方哲学通史（第一卷：古代中世纪部分）》（北京大学出版社，1996年），我当时还仔细地读了赵老师的《基督教哲学1500年》（人民出版社，1994年），从中受益良多。真正让我下定决心以哲学史为业的则是靳希平老师，在他那里我第一次真切地体会到用古代语言细读古代哲学文本的魅力。

完成学业之后，对我的研究教学和本书写作影响最大的是剑桥大学的马仁邦（John Marenbon）教授。他的《中世纪哲学：历史与哲学导论》堪称哲学史写作的典范，历史视野开阔，理论反思深入，真正做到了历史重构的点面结合。该书的基本方法论旨趣深刻地塑造了我的中世纪哲学观。他曾被聘为北大的荣誉教授，来京开设多门课程，我和北大的同学们都受益良多，也习惯称呼他"马老师"。和马老师交往越深，我越惊叹他的博学、勤奋和开放。他总是能不经意间拓展新的研究领域，将敏锐的哲学洞见和扎实的历史分析结合起来。

本书从其受益的学者还有很多，他们大多已经出现在每讲之后的书目中，此处不再一一赘述。我要感谢北大哲学系多年来对我教学科研工作的支持，尤其是外国哲学教研室诸位同事营造的宽松友好的工作氛围，让我能够享受理想的工作状态，安心以自己的方式探索近代以前的哲学。

我刚回国时，北大图书馆相关领域的收藏乏善可陈，连一些基本的校订本都没有，常常陷入无书可用的窘境。因此要特别感谢校图书馆的陈体仁和负责哲学图书采访的各位老师以及哲学系分馆的各位同仁，在他们的鼎力支持下，北大的西方古代和中世纪哲学相关收藏得以初具规模。我曾经担任过哲学系分馆馆长，一直牢记陈老师的教诲："要让书等人，而不是人等书。"同时，我也要感谢所有参与过相关课程的同学和助教，没有他们的反馈，这本书会是另一个模样。

和大多数学术著作致谢一样，家人出现在最后，因为他们的地位特殊。我将此书题献给我的父母，没有他们就不会有我，也自然不会有这本书，这显而易见。不那么显而易见的是，没有他们从我高中理转文以来始终如一的理解和支持，或许我仍会以哲学为业，但这条窄路无疑要更加曲折。我也要感谢我的妻子惠慧和我们的一双儿女乐山、乐水一直以来的陪伴，尤其是 2020 年的春天。当时我们都困居家中，我为了准备和录制课程视频常常焦躁不安，甚至不可理喻。没有他们的宽容和体谅，那段时光将会更加煎熬。最后的最后，感谢我的猫老师灵灵和牧牧，他们的眼里有整个宇宙。

吴天岳

2023 年 3 月 9 日改定于北京大学外国哲学研究所

北京大学哲学教材书目

楼宇烈等	东方哲学概论	王海明等	美德伦理学
赵家祥等	历史唯物主义新编	张志刚等	宗教研究指要
赵家祥等	马克思主义哲学教程	陈 波	逻辑哲学
张世英	哲学导论	叶 朗	美学原理
张文儒等	现代中国哲学	邢滔滔	数理逻辑
赵敦华	西方哲学简史	胡 军	知识论
赵敦华	现代西方哲学新编	程 炼	伦理学导论
陈 来等	中国哲学史	杨立华	中国哲学十五讲
王海明	伦理学原理	杨立华	宋明理学十五讲
王 博	庄子哲学	**吴天岳**	**古代中世纪哲学十五讲**
孙尚扬	宗教社会学		